语言学及应用语言学名著译丛

语义学

（上卷）

〔英〕约翰·莱昂斯 著

李瑞林 梁宇 李博言 译

SEMANTICS: 1

商务印书馆
The Commercial Press

This is a Simplified-Chinese translation of the following title published by Cambridge University Press:

Semantics 1: 9780521291651
© Cambridge University Press 1977

This Simplified-Chinese translation for the People's Republic of China (excluding Hong Kong, Macau and Taiwan) is published by arrangement with the Press Syndicate of the University of Cambridge, Cambridge, United Kingdom.

© The Commercial Press, Ltd., 2024

This Simplified-Chinese translation is authorized for sale in the People's Republic of China (excluding Hong Kong, Macau and Taiwan) only. Unauthorized export of this Simplified-Chinese translation is a violation of the Copyright Act. No part of this publication may be reproduced or distributed by any means, or stored in a database or retrieval system, without the prior written permission of Cambridge University Press and The Commercial Press, Ltd.

根据英国剑桥大学出版社 1977 年英文版译出

Copies of this book sold without a Cambridge University Press sticker on the cover are unauthorized and illegal.
本书封面贴有 Cambridge University Press 防伪标签，无标签者不得销售。

此版本仅限在中华人民共和国境内（不包括香港、澳门特别行政区及台湾地区）销售。

作者简介

约翰·莱昂斯（John Lyons, 1932—2020）

英国学术院院士、美国语言学会荣誉会员，以语义学论著蜚声国际；1987年受封为爵士，2016年获得英国皇家学会颁发的"语言学终身成就奖章"；著作包括《结构语义学》(1963)、《理论语言学导论》(1968)、《语义学》(两卷本，1977)、《语言和语言学》(1981)、《自然语言和普遍语法》(1991)、《语言语义学入门》(1995)等。

译者简介

李瑞林 广东外语外贸大学教授，中国比较文学与跨文化研究会副会长，中国英汉语比较研究会语言服务行业专业委员会副会长，《翻译史论丛》《Babel》《英语世界》编委，2011年荣获全国第六届"文津图书奖"推荐图书奖。

语言学及应用语言学名著译丛
专家委员会

顾　问　胡壮麟

委　员（以姓氏笔画为序）

　　　　　马秋武　　田海龙　　李瑞林

　　　　　张　辉　　陈新仁　　封宗信

　　　　　韩宝成　　程　工　　潘海华

总　　序

商务印书馆出版的"汉译世界学术名著丛书"在国内外久享盛名，其中语言学著作已有 10 种。考虑到语言学名著翻译有很大提升空间，商务印书馆英语编辑室在社领导支持下，于 2017 年 2 月 14 日召开"语言学名著译丛"研讨会，引介国外语言学名著的想法当即受到与会专家和老师的热烈支持。经过一年多的积极筹备和周密组织，在各校专家和教师的大力配合下，第一批已立项选题三十余种，且部分译稿已完成。现正式定名为"语言学及应用语言学名著译丛"，明年起将陆续出书。在此，谨向商务印书馆和各位编译专家及教师表示衷心祝贺。

从这套丛书的命名"语言学及应用语言学名著译丛"，不难看出，这是一项工程浩大的项目。这不是由出版社引进国外语言学名著、在国内进行原样翻印，而是需要译者和编辑做大量的工作。作为译丛，它要求将每部名著逐字逐句精心翻译。书中除正文外，尚有前言、鸣谢、目录、注释、图表、索引等都需要翻译。译者不仅仅承担翻译工作，而且要完成撰写译者前言、编写译者脚注，有条件者还要联系国外原作者为中文版写序。此外，为了确保同一专门译名全书译法一致，译者应另行准备一个译名对照表，并记下其在书中出现时的页码，等等。

本译丛对国内读者，特别是语言学专业的学生、教师和研究者，以及与语言学相融合的其他学科的师生，具有极高的学术价值。第一批遴选的三十余部专著已包括理论与方法、语音与音系、词法与句法、语义与语用、教育与学习、认知与大脑、话语与社会七大板块。这些都是国内外语言学科当前研究的基本内容，它涉及理论语言学、应用语言学、语音学、音系学、词汇学、句法学、语义学、语用学、教育语言学、认知语言学、心理语言学、社会语言学、话语语言学等。

尽管我本人所知有限，对丛书中的不少作者，我的第一反应还是如雷贯耳，如 Noam Chomsky、Philip Lieberman、Diane Larsen-Freeman、Otto Jespersen、Geoffrey Leech、John Lyons、Jack C. Richards、Norman Fairclough、Teun A. van Dijk、Paul Grice、Jan Blommaert、Joan Bybee 等著名语言学家。我深信，当他们的著作翻译成汉语后，将大大推进国内语言学科的研究和教学，特别是帮助国内非英语的外语专业和汉语专业的研究者、教师和学生理解和掌握国外的先进理论和研究动向，启发和促进国内语言学研究，推动和加强中外语言学界的学术交流。

第一批名著的编译者大都是国内有关学科的专家或权威。就我所知，有的已在生成语言学、布拉格学派、语义学、语音学、语用学、社会语言学、教育语言学、语言史、语言与文化等领域取得重大成就。显然，也只有他们才能挑起这一重担，胜任如此繁重任务。我谨向他们致以出自内心的敬意。

这些名著的原版出版者，在国际上素享盛誉，如 Mouton de Gruyter、Springer、Routledge、John Benjamins 等。更有不少是著名大学的出版社，如剑桥大学出版社、哈佛大学出版社、牛津大学出版社、MIT 出版社等。商务印书馆能昂首挺胸，与这些出版社策划洽谈出版此套丛书，令人钦佩。

万事开头难。我相信商务印书馆会不忘初心，坚持把"语言学及应用语言学名著译丛"的出版事业进行下去。除上述内容外，会将选题逐步扩大至比较语言学、计算语言学、机器翻译、生态语言学、语言政策和语言战略、翻译理论，以至法律语言学、商务语言学、外交语言学，等等。我也相信，该"名著译丛"的内涵，将从"英译汉"扩展至"外译汉"。我更期待，译丛将进一步包括"汉译英""汉译外"，真正实现语言学的中外交流，相互观察和学习。商务印书馆将永远走在出版界的前列！

胡壮麟
北京大学蓝旗营寓所
2018 年 9 月

目　录

体例说明 ··· 1

前言 ·· 3

第一章　引言：基本术语与概念 ······································ 1
1.1　'意义'之意义 ··· 1
1.2　使用与提及 ·· 5
1.3　对象语言与元语言 ·· 10
1.4　类符和形符 ·· 13
1.5　形式、词位与表达式 ··· 18
1.6　理论、模型与数据 ·· 25

第二章　交流与信息 ··· 32
2.1　何为交流 ·· 32
2.2　简易交流模型 ·· 35
2.3　信息的量化 ·· 40
2.4　描述信息、社交信息和表情信息 ····························· 49

第三章　语言符号系统 ·· 56
3.1　言语和非言语传信 ··· 56
3.2　副语言现象 ·· 62
3.3　语言与媒介 ·· 66
3.4　语言的设计特征 ·· 68
3.5　语言的起源 ·· 82

第四章　符号学 ... 91
- 4.1 意指 ... 91
- 4.2 象征符号、类象符号、标指符号与征候 ... 95
- 4.3 唯名论、实在论和概念论 ... 106
- 4.4 语形学、语义学与语用学 ... 111

第五章　行为主义语义学 ... 117
- 5.1 一般态度 ... 117
- 5.2 行为主义的具体特征 ... 120
- 5.3 行为主义意义理论 ... 122
- 5.4 行为主义语义学的评价 ... 130

第六章　逻辑语义学 ... 135
- 6.1 语义学的形式化 ... 135
- 6.2 命题演算 ... 138
- 6.3 谓词演算 ... 144
- 6.4 类逻辑 ... 152
- 6.5 时间、情态与可能的世界 ... 159
- 6.6 模型论语义学与真值条件语义学 ... 166

第七章　指称、涵义和指谓 ... 173
- 7.1 引言 ... 173
- 7.2 指称 ... 176
- 7.3 涵义 ... 197
- 7.4 指谓 ... 206
- 7.5 命名 ... 216
- 7.6 语言习得中的指称、涵义和指谓 ... 224

第八章　结构语义学（一）：语义场 ... 231
- 8.1 结构主义 ... 231
- 8.2 索绪尔的二元特征 ... 240

- 8.3 相对主义和功能主义 ... 247
- 8.4 语义场 ... 252
- 8.5 词汇组合关系 ... 263
- 8.6 语义场理论的一般评价 ... 269

第九章 结构语义学（二）：涵义关系 ... 272
- 9.1 对立与对比 ... 272
- 9.2 方向对立、正交对立与对跖对立 ... 284
- 9.3 非二元对比对 ... 292
- 9.4 上下义关系 ... 296
- 9.5 词汇的层级结构 ... 301
- 9.6 词汇空位 ... 308
- 9.7 有标记词项与无标记词项 ... 312
- 9.8 部分-整体关系 ... 319
- 9.9 成分分析法 ... 326

参考文献 ... 345
主题索引 ... 370
姓名索引 ... 393

插图目录

图 1　通信模型 …………………………………… 36
图 2　意指三角关系 ……………………………… 93
图 3　一元否定联结词真值表 …………………… 140
图 4　二元联结词真值表 ………………………… 141
图 5　类的并集和交集维恩图 …………………… 156
图 6　各种历时变化 ……………………………… 258
图 7　词汇的层级结构模型 ……………………… 302

体例说明

小型大写字母

表示语义成分和意义的其他抽象元素或相关项(参见 9.9)。

斜体

1. 表示按照正字法书写的形式(不同于词位或表达式:参见 1.5);
2. 根据标准体例,表示某些数理和逻辑符号。

单引号

1. 表示词位和表达式(参见 1.5);
2. 表示引录的句子(如系统句:参见 1.6);
3. 表示文章的标题。

双引号

1. 表示意义(参见 1.5);
2. 表示命题(参见 6.2);
3. 表示引语。

星号

表示首次提到的术语,后续也偶尔用于提示术语的专门涵义。

注释

1. 术语以星号标注时，不再使用单引号；
2. 句子、表达式或词位以数字标记并另起一行时，省略单引号，但在同样情形下仍使用斜体和双引号；
3. 引用其他著者时，通常保留其原作体例。有时，为了避免歧义或混淆，也会予以调整。

前　　言

　　我六年前动笔写这本书，初衷是写一本篇幅短小的语义学单卷本，或许既可满足不同学科学生的需要，也可激发普通读者的兴趣。事实上写成的书稿和预想的有些出入，某些方面尚不周全，可篇幅已经超出很多，只能分两卷出版。

　　上卷大部分内容比下卷宽泛，相对来说自成一体。就前七章而言，我尽量在篇幅允许的范围内将语义学纳入符号学（此处界定为对人类和非人类传信系统的研究）的总体框架。关于意义和交际，动物行为学家、心理学家、哲学家、人类学家和语言学家有各自的言说，从中我试图提炼出相当于语义研究方法之类的东西，纵使不拘一格，但求连贯一致。写这部分内容遇到的最大困难之一是术语问题。反观语义学和符号学文献，对于相同的术语，不同著者表达的涵义大不同；对于本质上相同的现象，也会有若干不同的表述，此类情况屡见不鲜。鉴于此，我只能说，无论是面对不同术语或相同术语的不同解释做出选择，还是以我本人的知识视野引导读者注意某些术语陷阱，我都尽可能做到慎之又慎。曾经一度我希望能够做到，本书任何一处使用任何词语，只要取某种专门涵义书中就不再出现非专门的用法，但我很快便放弃了这种不切实际的雄心！英语一些最平常的词语（如 case、feature、aspect）在语言学及相关学科都有非常专门的用法；无论我如何努力尝试，终究发现没有它们根本就无以为计。我相信，语境（以及引入专门术语时加星号的做法）即使说做不到完全消除，还是可以减少歧义和降低误解的可能。

上卷最后两章介绍结构语义学（更精确地说，是结构词汇学）。这是我二十年来大部分时间都在断断续续关注的话题。尽管所谓的结构主义语义分析法在语言学人当中不再如以往那么流行，但我仍然相信它对语言分析大有裨益。

下卷可独立于上卷来阅读，只要读者熟悉或者准备接受上卷所阐释的概念和区别。下卷（除语境、语体和文化这章以外）是从相当狭义的语言学视角讨论语义学问题。我不仅澄清和系统梳理他人的研究成果，而是希望做得更多；这也是本书写作时间远远超过预期的原因。下卷分为八章，其中有五章即语义学和语法三章中的两章，直指、空间和时间一章，语气与言外之力一章，以及情态一章，如果我理解无误的话，涵盖一些我自己的观点。不妨拭目以观！

如前所述，这本书在某些方面未如构想的那么全面，没有论及词源学和历史语义学或是同义性，很少触及语篇结构（所谓的篇章语言学）或是隐喻和语体。这些话题一旦展开，这本书就只能写得更厚。有时候，就算意犹未尽，也得收笔。

在撰写本前言之际，我非常清楚，我刚刚作别爱丁堡，这个有着全世界最优秀的语言学系之一，我度过十二个春秋的地方。这些年来，无论写作还是教学，来自不同系科同事的建议和批评都让我获益良多。就这本书而言，他们当中有很多人都提供过帮助，要么替我校阅书稿的部分章节，要么讨论（某些时候还贡献）某些观点使之最终成文。他们是：John Anderson, R. E. Asher, Martin Atkinson, Gillian Brown, Keith Brown, John Christie, Kit Fine, Patrick Griffiths, Stephen Isard, W. E. Jones, John Laver, Christopher Longuet-Higgins, J. E. Miller, Keith Mitchell, Barry Richards, James Thorne。尤其是 Ron Asher 和 Bill Jones，他们都通读了全部打字稿，Bill Jones 还承担了索引编制工作。除了这些爱丁堡的同事和早前在爱丁堡共事过的同事，还有许多人就部分书稿提出了宝贵意见，他们是：Harry Bracken, Simon Dik, R. M. Dixon, Françoise Dubois-Charlier, Newton Garver,

Gerald Gazdar, Arnold Glass, F. W. Householder, Rodney Huddleston, R. A. Hudson, Ruth Kempson, Geoffrey Leech, Adrienne Lehrer, David Makinson, P. H. Matthews, G. A. Miller, R. H. Robins, Geoffrey Sampson 和已故的 Stephen Ullmann，还有 Anthony Warner。毫无疑问，书中仍存在不少谬误和不足。所幸我有很多朋友帮助，他们在很多相关领域的专业知识水平远在我之上；否则，我走偏出错会比现在频繁得多。

和所有的教师一样，多年来我从学生那里学到的，要比学生从我这里学到的多。在写作本书期间，我有幸主持了几个语义学研讨班，指导了数量可观的语义学博士论文。有两位学生的名字我必须提及，我非常清楚，本书的一些观点直接源自她们：Marilyn Jessen, Cláudia Guimārães de Lemos。当然，毫无疑问，其他学生也为下卷很多原创性的内容贡献了思想。

我要特别感谢 Rena Somerville。过去几年她一直担任我的秘书（我遇到过的最好的秘书）。手稿的一些章节，她打过很多稿，凭记忆也许都至少能复述出这些章节的要点来！这本书的大量打字工作都是她在家利用晚上甚至周末完成的：我希望她的家人饶恕我就这样偷走了属于他们的时间。

最后，我必须对我的夫人和孩子表达感谢。他们心甘情愿承受我写作时不时爆发的沮丧情绪和坏脾气，或者是完全心不在焉的状态，忍耐我推延那么多承诺过的出游和度假计划。我尤其要感谢我的夫人，对于我的写作及其他一切，她始终给予爱和支持。

约翰·莱昂斯
1976 年 11 月于萨塞克斯郡法尔默

第一章

引言：基本术语与概念

1.1 '意义'之意义

本章将提出若干一般性的观点，介绍'意义'（meaning）的某些区别特征，以便其余各章理所当然地沿用。尤其需要注意的是，此处介绍的任一术语以及给定的专业解释，书中只要用作专业术语，都会毫不例外地取其既定意义。这些术语，本章及后续章节采用其专业意义时，都会以星号标记。有时，星号也用来提示读者，前文出现过的某一术语，此处取其专业意义，而不应按非专业意义解读。所有以星号标记的术语，都会在正文或注释中加以解释。

语义学一般被定义为研究意义的一门学问。本书暂且采用这一定义。此处对'意义'的认识是后续章节关涉的一个主要问题。关于此论题，奥格登和理查兹（Ogden and Richards, 1923）曾出版过一部经典之作。从此甚或更早时期算起，语义学家习惯于强调这样一个事实（姑且当作事实）：作为名词的'meaning'和作为动词的'to mean'本身蕴含诸多可辨别的意义。[①] 思考以下各句，便可认识到一系列意义：

[①] 利奇（Leech, 1974：1ff）提示说，"语义学家好像总会投入过多时间，以解开'"意义"的意义'之谜，将其视为语义研究不可或缺的初始过程"；之所以如此，是因为他们一直试图"从他学科角度来解释语义学"。在我看来，问题并不这么简单。不借助各种非语言意义，就不能理解或明示语言意义，这一观点至少是存疑的。

(1) What is the meaning of 'sesquipedalian'?
(2) I did not mean to hurt you.
(3) He never says what he means.
(4) She rarely means what she says.
(5) Life without faith has no meaning.
(6) What do you mean by the word 'concept'?
(7) He means well, but he's rather clumsy.
(8) Fame and riches mean nothing to the true scholar.
(9) Dark clouds mean rain.
(10) It was John I meant not Harry.

有人说过，上述实例中的名词'meaning'和动词'to mean'，意义各有不同。这些意义可以辨别，但并非不相关联。然而，它们之间有何联系，又是颇有争议的一个难题。

其中的某些意义（或涵义（sense））可以辨别出来，采用的方法是，在相同语境中用其他语词来替换，进而探究所生发的语句是否对等。例如，句（2）的'mean'似乎可用'intend'（有意）替代，同时不改变句子的整体意义；'significance'（重要性或'value'，价值）与句（5）语境的'meaning'相等。再者，'intention'（意图）这一意念似乎也与句（4）、（6）、（7）以及（10）的理解相关。尽管动词'mean'的每一种用法似乎有所不同，使用'intend'替换'mean'（此操作自然可行）可以成立，就会使句义发生某种变化。句（8）的'mean'与句（5）的'meaning'涵义相近：一般都会认为，'Life without faith means nothing'和'Fame and riches have no meaning for the true scholar'分别与句（5）和句（8）大致相当。就句（1）语境的'meaning'而言，'intention'或'significance'与其意义均不对等：'intention'此处根本无法使用，以'significance'替代'meaning'生成的语句（'What is the significance of 'sesquipedalian'?'）与句（1）的意义大相径庭。

句（3）和句（4）尤其值得玩味。它们预设了一种可能性：言说一回事，意指另外一回事。这本身就够令人费解了：如何用特定的语词或语词组合表示言外之意呢？（关于这个问题，回想一下，便可知道，矮胖子（Humpty Dumpty）的态度特别极端，十分死板。当然，对于爱丽丝（Alice），我们更多的是同情。）解释句（3）的意义概念似乎跟句（4）很是不同，但又不是完全不相关。句（10）也是如此，也许还有句（6），其中似乎蕴含说话人识别（或指涉（refer* to），下文会用到该术语）某一特定人、事或情景的意图，而听话人很可能没有准确识别出来。在这一方面，句（3）和句（4）有相似之处，也有不同之处。然而，这些相似之处和不同之处的性质，至少可以说，是难以捉摸的，并且会随着恰当言说这些句子的语境而发生显著改变。

值得指出的还有，句（1）可以改说成'What does 'sesquipedalian' mean?'，但'Who(m) did you mean – John or Harry?'却不能说成'Who was your meaning – John or Harry?'（或'What was your meaning – John or Harry?'）。句（3）和句（4）也不能说成含有名词'meaning'而不用动词'to mean'的句子，果真要这么说，就会很不自然。这一点如此说来，十分明显，也挺重要，对于第七章有关命名和指称的讨论尤其如此。

到了这个阶段，我们就不再进一步分析动词'to mean'和名词'meaning'的意义了。从上述例子的简略讨论中可以明显看出，'to mean'和'meaning'的意义（或涵义）的相似和相异交织成一个网络，因此不可能说任何一个意义与其他意义毫无关联。大多数语言学家和某些哲学家往往总是采用句（1），也可能还有句（10），来佐证'meaning'和'mean'的使用或涵义，但这不是语义学家关注的内容。本书也会关注如句（1）中名词'meaning'的涵义。然而，颇有争议的是，'意义'的这种涵义，如果与'意图'概念无关，则是无法解释或理解的；如果与'重要性'（significance）（或价值）无涉，也同样无法解释或理解。正如我们所知，'意图'和'重要性'与名词'意义'和动词'意指'的其他不同涵义的解释有关，至少对于某些涵义来说，是这样的。①事实上，正如我们将在后面的章节中看到的那样，这样的区分，就算不是必需，也是值得期待的。不过，实际情况依旧是，语词和句子的意义是在交际情景中使用语言习得和维持的。如第二章会强调的一样，交流（communication）这一概念是以意图和重要性这两个概念为前提的；归根结底，某一语言的语词和句子的意义，如果不从说话人使用语词和句子的意图角度来看，理论上则无法解释，经验上也无法验证。

还有一个迥然不同的观点也许要说一说。这个观点初看似乎不值一提，更说不上强调了。它是这么说的：'meaning'是一个普通的日常英语语词（至少大体上与其他语言的有关语词相匹配：法语的'signification'，德语的'Bedeutung'，等等。这一匹配过程本身颇有趣味，其他语言也许并没有一个独立词可以涵盖英语动词'to mean'和名词'meaning'的所有涵义）。如果不选择性地赋予'meaning'一词更严格的专业涵义，就别指望将所有称之为'meaning'的东西纳入兼具统一性和连贯性的语义学理论范畴。换言之，限定其专门涵义，方可将其纳入语义学。

前文列举的例句类型表明，'meaning'和'to mean'在使用上存在差异，这或许足以清晰地佐证上述观点。对于'What is the meaning of (the word) X？'等形式的代表性句子集合——如句（1）——来说，上述观点也同样有效，认识到这一点十分重要。根据提问的环境、X的词类及其使用的语境，我们可望得到的回答，不仅在细节上，甚至在类型上，都会有所不同。语词的意义和（非惯用的）短语或句子的意义应有所区分，这是显而易见的。同样显见的是，短语或句子的意义生发于其内

---

① 莫里斯（Morris, 1964：vii）提示说，意指（signification）与重要性（significance）之间存在一种基本关系，其事实根据是，"很多语言中都有和英文'meaning'一样的语词"，伴有意指和重要性（价值）双极涵义。这一点我不否认。但我并不认为所有的语言学意义皆可从意指上得到令人满意的分析结果（参见第四章）。进一步来说，意图性（intentionality）这一概念似乎和重要性同等重要。'意义'范畴之下的诸多概念彼此关联，构成一个复杂系统，重要性是其中的一个元素。

部结构的语词意义。然而，语义学家却忍不住诱惑，试图把'What is the meaning of the word X？'的所有回答都归于同一理论模子。这种诱惑必须予以抵挡。下文将介绍一系列专业术语，用以描写语词意义（以及句子意义和话语意义）的不同特征和类型，并适时从理论上给予承认。不过，我们倒不会坚持认为，其中的任何一个术语比其他术语更基本（如看似恰切称谓的'意义'）。全书使用的'意义'这一术语本身，将在可称作普通语言意义或日常意义这一层次上使用，也就是下文拟描述的直觉性、前理论性意义（参见 1.6）。

1.2 使用与提及

自然语言最显著的特征之一是自我指涉或自我描述。这一特征不仅足以区分自然语言和其他物种使用的传信系统（signalling system），而且还可以区分自然语言和通常所指的人类非言语交流（参见 3.4）。用以描述语言这一特征或属性的术语即为反身性（reflexivity）*。① 语言在一定程度上可以回指自身。

上一节讨论'意义'时，已经借用了日常语言的'反身性'这一概念。如'What is the meaning of 'sesquipedalian'？'这样一句，它不仅是一个英语句子，也是一个针对英语本身提问的句子（在解释规范、言说语境合宜前提下）。另一个典型例子是'The word *Socrates* has eight letters'，句中使用的 *Socrates*，并不是通常所指的苏格拉底其人，而在某种意义上指的是单词本身。（可以看出，引录'sesquipedalian'和 *Socrates* 这两个单词时，分别采用了单引号和斜体两种不同标记体例。产生这种差异的原因将在 1.5 节中予以详述。）

---

① 下文使用的'反身性'（也译作自反性——译者）这一术语，取其较为传统的涵义，可见于'反身代词'（reflective pronoun）这一短语，也指可以区分反身代词和非反身代词的属性。至于取何种涵义，从上下文分析，总会一目了然。

我们可以且必须使用语言来谈论语言，这给语言学家，特别是语义学家，制造了一些具体困难。语义学家务必有一套现成的专业术语和标记体例，才可以区分语言的反身性和非反身性（常规）使用特征。基于此目的主张的又常见于文献的一个术语区别特征是使用（use）*和提及（mention）*。① 以'What is the meaning of 'sesquipedalian'?'为例，说出'sesquipedalian'这个语词，只是在提及。再以'He is inordinately fond of the sesquipedalian turn of phrase'为例，说出'sesquipedalian'这个语词，就是在使用。尽管本节标题用了'使用'和'提及'这两个术语，但由于在文献中频繁出现，讨论时也一直采用，故后续各章节不再用作专业术语。几乎不可避免的是，动词'use'会当作非专业语词来使用；一本语义学著作使用如此普通的一个语词，既有专业涵义，又有非专业涵义，就可能产生混淆。进而言之，提及一个语词也就是使用该词语，只不过是以特殊方式使用罢了，这一观点是有争议的。

区别一个语词的反身性*用法和其他用法，颇为重要，逻辑学家一直坚持这一看法。其中的原因，思考一下如下错误论证，便会清晰可见：

（1）He hates 'John'.
（2）The man over there is John.
（3）Therefore he hates the man over there.

我曾说过，上述论证明显是错误的。显而易见，大前提句（1）中的'John'一词属于反身使用：指的是一个名字，而不是叫这个名字的人。该词在小前提句（2）中的用法有问题，对此，我们不用深究：它在大

---

① 有关'使用'与'提及'的哲学文献颇为丰富。扎比等人（Zabeeh et al., 1974 : 20-31）总结了有用的相关文献；关于这一论题的哲学类论文，加弗（Garver, 1965）的文章可能助益最大，从语言学角度来看，也最为缜密。'使用'与'提及'之分不可与'使用'与'意义'之分混为一谈。'使用'与'意义'之分是日常语言哲学家迄今讨论颇多的一个论题（参见第13页脚注①），被维特根斯坦（Wittgenstein, 1953 : 43）提升到特别显著的一个位置。维氏有一句名言："语词的意义在于其在语言中的使用。"不过，这样的口号一旦脱离语境，就会产生歧义。

前提句（1）和小前提句（2）中的用法明显不同，这一点足以说明我们当下的目的。句（1）的'John'是反身性用法，由引号这一书写形式标示。在口语中，也许根据语境便可明了。如果不明了，可在'John'的前面插入短语'the name'或某个类似表达式，就会十分清晰：'He hates the name 'John''。

有关语言反身性使用的理论探讨，由于'词''短语'等术语的歧义性，一直多有混淆，以如下两个句子为例：

（4）*John* has four letters.
（5）I hate 'John'.

多数哲学家、语言学家、逻辑学家总会说，两个实例使用的是同一个词，而且都是反身性用法（或者说是提及，而非使用）。但句（5）和句（4）是否指称同一实体，这一点丝毫都不明晰。况且，一个使用斜体，另一个使用引号，实际上预设了所指实体的不同。句（4）的所指合理又清晰（此时暂且不管形符（token）*和类符（type）*的区别：参见1.4）：它是由4个字符组成的一个序列。从原理上说，这一实体无法读出来，但按照惯例却与一套复杂的语音组合相关联，可识别为'John'这个名字的口语形式。鉴于此，实体本身则可识别为这个名字的书面形式。

但还是思考一下人们或然期待解读句（5）的两种方式。其一解读也许是，我讨厌所指涉的英文名字，无论是什么媒介（medium）*（不论是书面语，还是口头语：参见3.3），也无论何种形式（form）*（不论是*John*，还是*John's*：参见1.5），但我不反感其他名字，比如说法语的'Jean'、德语的'Johann'、意大利语的'Giovanni'或俄语的'Ivan'。另一种解读取决于同一性（identity）或对等性（equivalence）这一概念，据此才可以说，法语的'Jean'和英语的'John'是同一个名字。还有许多其他可能的解读（无疑，有些合理一些，有些则不然）。眼下，能注意到上文提到的两种解读，面对句（5）的翻译问题时能指出二者的明显不同,也就足够了(有时,翻译专有名词是合适的,有时则不然:参见7.5)。实际上,前一种解读是题中之意;正因为如此,才使用了单引号,没有使用斜体或双引号。

John 和 'John' 的区别,也许看上去不仅难以察觉,而且也没有必要,因为英语专有名词,除了 *John's* 这样的所有格形式之外,没有曲折变化(有人也许会像许多语言学家一样,倾向于把 *John's* 当作 *John* 的衍生形式,*John* 才是该名字的真正或内在形式)。然而,在屈折变化的语言中,一个语词可能有若干关联形式,其书面表征在字母数量上可能差别很大。例如,拉丁语名字 'Johannes' 在具体句子中的语法功能不同,就会以不同形式显现:*Johannes*、*Johannem*、*Johanni* 等。如此一来,'Johannes' 的常规基本形式(citation-form)*(即通常用来指称该词的形式:参见1.5)书写起来就有8个字母。但是,一个语词的基本形式原则上要与语词本身有所区分。有关语言反身性使用的讨论,由于没有注意这样的区分,因而产生了不少乱象。

关于清晰区分不同语言实体(如 *John* 和 'John')的重要性,此处不再赘述。然而,可以给出一个例子,以此说明如果一个语词的书面形式(或表达式)和该语词(或表达式)本身之间不能保持某种区分,就可能出现问题。蒯因(Quine, 1940:23-26)在关于使用和提及的经典论述中分析了如下例证:

(6) 'Boston' has six letters.
(7) 'Boston' is a noun.
(8) 'Boston' is disyllabic.

同时,他认为这些句子有别于:

(9) Boston is populous.

上述实例赋予不同属性的对象是 'Boston' 这个名称,而不是以 Boston

命名的城市。蒯因在此遵循的是标准的哲学规范，据此，通常使用单引号来表示某一表达式被提及，而不是被使用。正如他所言，"表达一个名称或其他表达式之名，通常的做法是将被命名的表达式放入单引号之间。"他接着说道："提及 Boston，就用'Boston'或其同义词；提及'Boston'，就在'Boston'或其同义词之外再加上单引号。"这么说来，'Boston'就是命名 Boston 的表达式；''Boston''则是命名'Boston'的表达式。

乍一看，这么做很直接。但是，语境中的'表达式'（expression）这一术语又该如何理解呢？正是表达式本身在被命名之时，可以说才可放在引号之间。显然，引号之间的内容只不过是一串字母；就例证而言，命名 Boston 的表达式，其常规书面形式正是由字母串组构的。因此，似乎可以认为，表达式只不过是组构其常规书面形式的字母串而已。蒯因将句（6）解释为一个陈述，将'Boston'的属性归结为含有 6 个字母，这与他把常规书写形式和表达式等同起来的做法是一致的。但他又认为，句（7）赋予'Boston'以名词这一语法属性，句（8）赋予'Boston'以双音节这一语音属性。但是，如果说名词、双音节连同有 6 个字母都是属性的话，就不能把具有这些属性的表达式和构成表达式常规书面形式的字母串等同起来。其原因是，说一个序列的视觉上可感知的形状具有某种语音属性，显然是没有意义的。把一个表达式的语法属性直接与其常规书面表征关联，而只是衍生性地与其口语形式相联系，似乎也不合理。应注意的是，有关句（4）和句（5）的讨论涉及表达式与其书面或口头形式的区别特征，虽然没有明确解释，但也有所暗示。上文提出将二者区分开来的主张与此没有干系。

同样，上述主张也与英语结构的任何具体描述对 *John* 和'John'或 *Boston* 和'Boston'差异的表达方式无关。等有了必要的专业术语，才能对这种差异做出更为精确的描述（参见 1.6）。就目前而言，完全可以说，至少有两种合情合理的方式可以明确表达 *John* 和'John'的区别；而我们采用哪种方式，一部分取决于我们的语法理论，一部分取决于我们对书面语和口头语关系的理解。我们可以说，*John* 是'John'的常规书面表征，也就是书面语'John'的基本形式，而且书写形式看来是它的一个属性，语音形式是其另一个属性（事实上，多数语言学家认为，词汇的口头形式是原始的，书面形式是衍生的，这一点在此无关紧要：参见 3.3）。或者，我们可以说，引号之间的内容既不是表达式本身，也不是其某一属性的一种表征，而是另一种实体，与作为其常规基本形式的表达式既有区别，又相互关联。

如果采用其中一种做法，则可以处理这样一种情形：根据'this sentence'这一表达式的某种解释，如下两个句子（或者其言说形式）即为真：

(10) This sentence contains the word *contains*.
(11) This sentence contains the word 'contain'.

相形之下，下面这个句子（如果依照使用斜体这一常规）显然为假：

(12) This sentence contains the word *contain*.

就句（12）而言，它的确包含了 *contain* 这一形式，但该语词并没有（根据'word'这一术语的任何标准定义）发挥语词应有的作用。

1.3 对象语言与元语言

这对概念的区别与使用和提及的区别相似，某些作者甚至将二者等同起来。尽管如此，还是值得专门讨论。

对象语言（object-language）* 和元语言（metalanguage）* 两个术语相互关联，也就是说，它们是相互依存的。正如上一节所述，我们少不了用语言来言说语言或描述语言。我们不是用一种已知语言反身性地描述其本身，而是用一种语言描述另一种语言。这样的话，便可以说，被描述的语言即为对象语言，用以描述的语言即是元语言。我们可以用英语来描述法语，也可以用法语来描述英语，例如，句（1）是以英语为形式对对象语言法语的一个语词所做的元语言（metalinguistic）*描述。相对于另一种语言来说，此处把其中一种语言当作元语言。

（1）The French word 'homme' is a noun.

然而，也许比较常见的做法是，将'元语言'这一术语限定于专门建构的形式化系统。我们将始终使用这种意义上的'元语言'（尽管不是'元语言的'）。按照正常情况，元语言拟包括用以识别和指称对象语言成分（语词、语音或拼写等）的术语。此外，还将包括其他一些专门术语，用以描述这些成分之间的关系及它们组构短语和句子的方式。根据人们对元语言与对象语言二者关系的惯常理解，元语言表达式，以命名为方式，指称对象语言的语词和短语；如上一节所述，将对象语言某个语词或短语的常规书面基本形式放在单引号之间，即可构建其元语言名称。所以，从这一点来看，'man'即是一个特定英文语词的名称；'homme'（相当于英语的 man）即是一个特定法语语词的名称。

不过，对于上述观点，必须小心谨慎，以免误解。元语言的原理与对象语言大不相同。因此，元语言词表不必含有属于对象语言的任何现实语词或短语。所以，'man'这一元语言表达式，即放在单引号之间的常规书写形式，应该与其所命名的英语语词只是在系统上关联，这么做不是必须为之，而是为了方便起见。采用任何其他书面规范，也可达成构建元语言名称的目的，前提是要明确哪个对象语言语词或短语由哪个元语言名称命名。例如，我们可以对对象语言词表的语词进行编号，然后用数字来指代我们希望给予元语言描述的任何语词。因此，假如以'239'来指代（无论按照什么原则）基本形式为 *homme* 的法语词，句（1）的说法便可改成如下形式：

(2) The French word 239 is a noun.

实际上，如果我们异想天开，用'汤姆''迪克''哈里'之类的名字命名对象语言，以识别其语词和短语，也没有什么不可以。元语言名称与该名称所指代的对象语言（无论是不是自然语言）之间的联系原则上是任意的。即使是在元语言基于自然语言某一子系统生成的情况下，任意性原则依然有效。形式化即便是根植于并基于日常语言的词汇和语法，也往往涉及日常语言的严密组织问题。

12 下面将说明为何没有必要将一种语言的反身性表述和关于该语言的元语言表述等同起来。语言的反身性使用，并不依赖于该语言的先验形式化，也不是以接受某些指定描述性表述类型的显性规约为前提的。就'What is the meaning of 'sesquipedalian'?' 或 '*Socrates* has eight letters' 这样的句子而言，我们不是在使用'sesquipedalian'这个语词和 *Socrates* 这种形式，而是在对它们进行命名。但是，以此来说明日常语言的反身性使用特征（虽然有些哲学家持有这种观点），似乎也是不合理的。

阐明了上述观点，并给予了适当的强调，我们接着可以实话实说了。元语言表述和反身性表述的差异远不如我们从事的语言学研究所提示的那么显著。换言之，关于语言的讨论，尽管其目的在于尽可能精确，其方法是采用多之又多的专业术语，但事实上必须借助的语言或多或少却是日常英语，而不是专门建构的某种形式语言（formal language），或经过适当约束进而被视为一种形式语言的英语子系统。其实，从原理上讲，日常语言使用的完全形式化是否可行，也是一个颇有争议、可以辩驳的问题。日常语言丰富、复杂，又被认为充满不一致性，是把它视为一种基本且不可简约的语言，还是认为它在某种意义上源自（或衍生于）一种比较简单、相对有规律、属性上和建构的形式语言相类似的语言，也是哲学领域颇有争议的一个问题。[①]

[①] 任何形式化都依附于语言的日常使用，因为必须基于日常语言才能对形式化产生直觉性的理解（参见 6.1）。当下，对于这一点的认可度，可能比以往更为广泛。

所谓的日常语言哲学家一直倾向于持有第一种观点,而形式语义学家一直倾向于持有第二种观点。[1]因此,日常语言哲学家经常谈使用和提及,形式语义学家则经常谈语言和元语言,这一点绝非偶然。

本节一直使用的'语言'(language)这一术语,取其在形式逻辑领域的常用意义;使用的'日常语言'或'自然语言'与'构造语言'或'形式语言'形成对比。本书其他章节使用'语言'这一术语,如果没有界定,则表示'自然的人类语言',如日常英语和日常法语。关于语言的一些普遍特征,下文(3.4)将予以讨论。

如下文可见,就塔斯基(Tarski)的真值定义而言,语言和元语言的区分至关重要;塔斯基的定义及其相关规约是所有现代形式语义学的基石(参见6.5)。

1.4 类符和形符

类符*和形符*这两个术语,还有下文可见的不少其他术语,都是由美国哲学家皮尔斯(C. S. Peirce)引入到语义学的(参见4.1)。[2]现在,这对术语的应用十分广泛,虽然与其他重要术语对时常混为一谈。形符和类符的关系可称之为一种实例化(instantiation)*关系。可以说,形符是其类符的实例化*形态。首先考察以下两个句子:

(1)There are nine letters in the word *reference*.

---

[1] 关于所谓的日常语言哲学,著名代表人物有奥斯汀、莱尔(Rylel)、斯特劳森(Strawson)和厄姆森(Urmson),参见 Caton (1963), Chapell (1964), Cohen (1966), Passmore (1957), Urmson (1956), Warnock (1958)。关于形式语义学,参见第六章。也有学者从生成语法角度(参见10.3)探讨日常语言哲学和形式语义学问题,有关争议,参见 Fodor & Katz (1964)。

[2] 参见皮尔斯《论文集》(*Collected Papers*)的 4.537 和 2.245 部分。关于形符与类符之分,最近的许多语义学和符号学著作中均有所阐述或援引;不过,也时不时被误解。

（2）There are five (different) letters in the word *reference*.

无论如何解释同一性和差异性的内涵，两个句子都为真。其中蕴含一个明显的意义，即 *reference* 一词有 9 个字母；还蕴含同样明显的另一个意义，具体而言，字母 *e* 出现 4 次，字母 *r* 出现 2 次，其余字母各出现 1 次，所以 *reference* 包含 5 个（不同）字母。这么来说，还真不错。不过，能不能更精确一些呢？

援引类符-形符之分（type-token distinction），我们可以说，*reference* 一词每出现一回（只要书写正确或印刷无误），*e* 就实例化 4 次，*r* 实例化 2 次，*f*、*n*、*c* 各 1 次。按照顺序，第 2 个字母与第 4 个字母（无论 *reference* 这个单词何时出现）是不是一样呢？如果所说的'字母'是字母类符，那答案是肯定的；如果是字母形符，则不然。同样，对于语词（更准确地说，词形式：参见 1.5）也是如此。以下句子无论如何出现，同一词类符（word-type）*a* 都会有两个形符：

（3）I sold a book to a friend.

顺便说一下，句（3）佐证的是另一种模糊性。从一个角度来看，*a* 是一个字母（因此不是一个形式）；从另一个角度来看，它是一个语词（更准确地说，是一个词形式：参见 1.5）。这种模糊性（可称之为层级（level）*模糊性：参见 3.4）显然有别于类符-形符的模糊性。

形符是独特的物理实体，在时空中居于特定位置。它们与其他独特的物理实体相似，也与其实例化的类符一致，鉴于此，可识别为同一类符的形符。

类符和形符的区别以及它们之间的关系，上文已经有所解释，可满足此处之需。全书还将会根据其具体用法进一步予以阐明。现阶段要把握的重点是，若说同一字母在某一书面语词中出现两次，或同一语词在同一句子中出现两次（不过，的确也有这种情形：同一字母在不同语词中出现，同一语词在不同句子中出现），就可将这种同一性称作类符-形符同一性。应注意的是，这并不意味着类符-形符同一性这一概念可以直接应用于句（1）和句（2）这样的句子。总体上，句（1）和句（2）可按类指（generic）*陈述来识解（参见7.2），换言之，它们是在描述 reference 这一词类符，而并非其任一具体形符。但就句（2）来说，只有将 reference 的任一特例（某一形符）类推至全部形符，并根据类符-形符同一性原则，才可以解释得通。只有在词形符（word-token）内，字母才可描述为使某一类符实例化的形符（即独特的物理实体）。同时，从大类上说 reference 这个词类符（不仅仅是其一形符）含有 9 个字母，显然才有意义。

在多数情况下，我们对特定语言的陈述都是一般性的，故引录形符而不引录类符的场合十分鲜见。假如有人特别想引录形符而不引录类符，就要使用赖兴巴赫（Reichenbach, 1947：284）的形符引用符（token-quotes）*这一手段。它们是小小的箭头，其功能是标示箭头之间的内容，也就是所认为的对类符实例化的形符。采用这种手段，可按照如下方式书写句子，把意图中的解释明示化：

(4) There are nine letter-tokens and five letter-types in the word ↘ reference ↙ .

(5) ↘ This sentence contains the word 'contain' ↙ .

(6) ↘ This sentence contains the word *contains* ↙ .

(7) ↘ This sentence contains the word ↘ *contains* ↙ ↙ .

所有这些句子（确切地说，所有这些文本句*；参见1.6）都显示出一种特定类型的反身性，可描述为形符反身性*：可解释为指称由形符引用符号标示的实体。[①] 形符引用符这一手段的应用范围颇为有限（参见 Linsky,

---

[①] 赖兴巴赫提出的'形符反身性'（token-reflexive）多见于文献，出现频次远高于形符引用符这一手段，但它经常粗略地用作'标指性的'（indexical）（其中一种意义，参见4.2 和 Bar-Hillel, 1954）或'自我专用的'（egocentric particular）（参见 Russell, 1940: 96）的对等词。

1950），①故本卷将不再使用。此处之所以介绍，只是为了阐明形符反身性这一概念。下文涉及奥斯汀（Austin, 1962）的施为性（performative）*话语和表述性（constative）*话语的区别特征之时，上述概念将会发挥相当重要的作用（参见 16.1）。

乍一看，类符-形符之分，如果不能说没意义，似乎也是微不足道的。毕竟，在日常生活中，我们很少受到类符-形符模糊不清之困扰。发一份十来个语词（不管何种文字）的电报，我们被告知要付不少钱的时候，就会明白'词'意味着什么。不过，不妨思考一下这样几个问题：大写字母是否和相应的小写字母一样都是类符的实例？一个语词的斜体是否和衬线体一样都是同一类符的实例？甲和乙分别手写的同一单词是否一回事？这些问题的答案不取决于绝对同一性这个概念。实例化关系涉及相对某个目的或功能的同一性识别问题。在多数实际情况下，涉及何种同一性也许是十分清晰的，但却不能从某种程度的物理或感知相似性上具体描述，认识到这一点颇为重要。就此处讨论的模式识别问题而言，能否在完全不考虑功能因素的情况下对物理或感知相似性进行合理测算，的确是令人存疑的。*reference* 这一书面语词（准确地说，是 *reference* 这一书写形式的特定形符）有 9 个字母形符，但只有 5 个字母类符，对此，我们可以轻而易举地做出判断，这在很大程度上源于英语拼写的标准化和我们的学校教育。从这个角度来看，*reference* 一词的字母和字母表的字母别无二致。不过，将口语形式识别为同一类符的形符则要困难得多。

从模式识别过程来看，我们描述了形符是如何被范畴化为类符的，也强调了功能因素和常规识别标准之于经常被称之为纯粹感知过程的重要性。也许，有一点值得补充，从心理学角度来看，模式识别和通常所说的概念形成之间可能没有什么明显区别。可以这么说，小孩在掌握'桌子'（形成'桌子'的关联概念）一词的意义之前，就一定能够认出形状不一、

---

① 林斯基（Linsky, 1950）运用赖兴巴赫的形符引用符指出并澄清了不少混淆之处。

大小各异的物体，有些可恰切地称为桌子，有些则不可以。上述类型的概念形成，仅仅根据被识别为桌子的物体的感知相似性是无法解释清楚的，这一点在讨论语义学的一般问题时经常都会指出。形式与意义关系的任意性或约定俗成性也是如此（参见 3.4）。形式同一性也根植于或至少部分根植于特定语言社区成员默认的规约之中，这一点在语言学著作之外强调得比较少。

我们小心谨慎地阐明了形符和类符的区别，本书还会经常运用这一区分。不过，在语境可明示意图的情形下，倒不必从术语或标记上区分类符和形符了，否则就有故弄玄虚之嫌。重要的是，掌握了类符-形符二者关系的本质，要意识到它们可能会引起歧义，并且能在必要时运用该术语进行澄清。

在这一点上，可以举一个简单例子，至少从原则上能够说明类符-形符同一性标准的重要性。语义学的哲学文献里有很多文章，讨论传统上所称的间接话语或间接引语，也讨论如下这类句子或真或假的条件指定问题（其中 p 代表任意命题）：

(8) John said that p and so did Mary.

显然，若句（8）为真，约翰和玛丽就不必说出同样的词符串：或许，他们甚至一直在说两种截然不同的语言。对语义学家来说，间接话语问题是实实在在的真问题。那所谓的直接话语（可能更基本）又如何呢？

一般认为，除非约翰和玛丽产出同一类符的两个不同形符，与如下模型一致的句子（其中 X 表示任何语言的任何话语类符之常规正字法表征）则不可能为真：

(9) John said X and so did Mary.

这么表示足够清楚了。难点在于准确描述 X 的可能范围以及 X 不同实例的类符-形符同一性标准。只要将注意力集中于某一标准书面语，或仅仅使用口语形式的书面表征进行操作（如果使用字母文字的非草体印刷形式，则尤为如此），往往就会低估指定句（9）真假条件的难度。下一章将用一定篇幅讨论什么是话语的言语成分（参见3.1）。就言语成分而言，同一类符的两个话语形符应在形式上是一致的，也就是说，它们应是相同序列的相同形式之实例。判断不同话语的类符-形符同一性之时，上述一点如果说不是充分条件，倒也是必要条件。然而，除此之外，还需要什么条件，目前尚不清楚。布隆菲尔德（Bloomfield, 1926）曾阐述过这样一条原则（其语言学假设之一）：每个话语完全是由形式构成的（正如每个形式完全由音位构成一样）。从此以降，语言学家一直都想当然地认为，对于任何语言来说，类符-形符的同一性问题都是可以判定的。然而，对于布隆菲尔德的假设，语言学家在理论上有所承诺，但赋之以实证内容之时，却经历了巨大困难。

在结束类符-形符同一性这一话题之前，还需要提及另一种同一性关系。它与类符-形符相似，但有待于区分。这种关系如同原作与复制品的关系（参见 Cohen, 1966：4-5）。比方说，甲写下 reference 这个单词，乙模仿甲的笔迹（无论是有意还是无意，都无关紧要）也写了个 reference。甲和乙书写的 reference 都可判定（根据类符-形符同一性的合理标准）为同一类符的形符：从这一点来看，两个 reference 具有同等地位。原作与复制品（replicas）*的关系显然有别于类符与形符的关系。上面佐证复制（replication）*关系的例子相当单薄。更有趣的是一场讲话与其回放录音之间的同一性关系。如下文可见，甚至更复杂、理论上更有趣的是话语与写作的关系（参见3.3）。在一定限度内，把书面文字描述为口头文字的复制品似乎也没什么不对，虽然它通常并不是复制特定的词形符。

1.5　形式、词位与表达式

本节要区分三个术语，据我所知，还不曾有人区分过，它们是形式

(form)、词位(lexeme)和表达式(expression)。'形式'在前几节已有所使用,'表达式'也使用过,但没有给出任何解释。我们谨慎地使用了'形式',采用的是布隆菲尔德(Bloomfield, 1926)最初界定和多数语言学人沿用的涵义。'表达式'这一术语源于哲学语义学。但哲学家和逻辑学家不曾对形式和表达式,还有词位和表达式,做过具有一致性的区分。

首先,介绍形式和词位的区别,显然这与语词有关。定义书面英语(我们再次首先聚焦书面语)'word'(语词)的一种方式也许是:语词即字母组成的序列,在常态排字实践中,两侧以空格间隔。有了这一定义,不同报纸和出版机构可顺理成章地采用各自的版式设计风格。如此界定'word'的涵义,也与电报等类似实务的计费方式相宜。这种语词即是形式*:更确切地说,是词形式(word-form)*。如前所述,语言学基本形式(正字法上而非语音或音系上的文字表征)的常规是使用斜体。这是前文使用和提及一节谈到 John 一词有 4 个字母之时采用的规范。

现在看一下关于英语的一个元语言命题,"found 和 find 是同一词的不同形式"。'语词'这一术语在此显然有两种涵义(在专业和非专业讨论中颇为常见)。如果说 find 和 found 是同一个语词的不同形式或属于同一个语词,那么'语词'的涵义指的就是词汇词(vocabulary-word);词汇词是我们称之为词位*的一个子类(语言学的通行用法对此有一些支持)。① 全书的词位基本形式以单引号标示。所谓词位的基本形式*,指的是所在语言的标准词典和语法习惯上采用的词位形式(也许,这与特定语言社区日常语言反身性使用过程的基本形式不总是相同;可能还有其他规约也在起作用,例如,动词不定式与拉丁语第一人称单数形式的使用)。

---

① '词位'这一术语在语言学中有若干不同涵义。此处区分'形式'和'词位',旨在与马修斯(Matthews, 1972, 1974)的区分保持一致。马修斯付出了不少努力,使之更加精确。据我所知,'表达式'一词,除了与'内容'(content)相对的语符学涵义(参见 Hjelmslev, 1953),在语言学中从未被定义过。

认识到基本形式实际上是词位的一种形式（用于特定的反身性或元语言目的）这一点颇为重要：它不可与词位本身相等同。有了区别词形式和词位的表示规范，我们才能毫不含糊、没有歧义地说，*find* 和 *found* 是 'find' 的不同形式。然而，需要提醒读者的是，这并非标准的标记规范。多数语言学家使用斜体标示形式和词位；哲学家往往使用引号标示形式、表达式和词位。

现在说一说双引号的用法。双引号在本书中主要用于两个目的：其一，为了引用本身（此处为 quotation，有别于 citation）；其二，指称某一形式或词位的（最宽泛）意义。似乎没有必要系统地区分双引号的这两种用法，因为讨论的上下文总会清楚地显示其意图所在。我们将主要关注词位的意义；指称词位的意义不用斜体，给其基本形式打上双引号即可。比方说，'X' 是词位，那么 "X" 则是 'X' 的意义。由此可见，"door" 是 'door' 的意义。假设法语词位 'porte' 和英语的 'door' 同义，就可以说 'porte' 的英语意义是 "door"（提醒读者注意，'意义' 这一术语既不严谨，也不精确，一直保留使用，也只是为了方便起见。在此阶段，我们无意提出诸如此类的问题：能否说不同语言的词位从一种或另一种涵义上来讲有着相同的意义？这些问题将在后续章节进行探讨）。下面将解释引录句子和话语的表示规范。迄今，除了编号和换行（或使用形符引用符）之外，句子和话语的引录一直采用单引号。

如上一节所述，类符–形符关系与识别两个或多个形式的同一性有关。由于类符–形符之分不适用于词位，因此没有必要使用 '词形式形符'（word-form-token）和 '词形式类符'（word-form-type）这样的术语。这样一来，使用 '词形符' 和 '词类符' 来指称上述两个术语实际上更严谨，故不可能产生混淆或歧义。无论何处，只要语境清晰，足以显示意图之中的涵义，就可按照业已识别的4种涵义的任一种来使用 'word' 一词。如前文所述，许多文献把类符–形符关系与其他区别特征混为一谈：尤其是与截然不同的形式词位关系相混淆。甚或更常见的是，将类符–形符与词位和词形符之间的复合关系相混淆，在频次计数上尤其如此：所谓的文本词的类符形符比，如果不能说总是，也通常是词位-词形符比的测量指标。①

现在仔细考察一下将形式识别为同一类符的形符这一问题。此处关注的形符应是相同字母以相同顺序组成的，本文把这一点当作判断书面英语同一性的充要条件。应注意的是，形式也许（从形态学上来说）简单，也许复杂。此处不必非常精准地说明形态复杂性的内涵，实际上，不深入细节，也做不到精准。就当下的目的而言，如下两个句子足以阐明形态简约性和形态复杂性的区别：

（1）Ignatius of Loyola was the founder of the Society of Jesus.
（2）With any other hand at the helm the ship of state would surely founder.

句（1）有 *founder* 这一形式；句（2）也有同样的形式；根据我们对'形式'的定义，它们是同一类符的形符（同一形式的实例）。从形态学上分析句（1）的 *founder*，可见其复杂性，由 *found* 和 *er* 组成（可以认为，二者在形态学上是简约的）。而句（2）的 *founder* 相对简单，不能进一步分析为具有语法功能的成分。（必要之时，就复杂形式而言，可采用连字符标示其形态学结构：*founder* 即可写成 *found-er*。）

某些语言学家也许想施加这样一个条件：被识别为同一类符的形符，其形式也应是同一词位的形式。不过，从术语学角度来看，不这么做，似乎更方便。此处要说的是，上文把 *found* 这一形式识别为 *found-er* 的一个成分，不仅与'found'（意为"建立"或"铸造"）一致，还与'find'的过去式一致。术语上的这种判定，其优势在于，我们可以这么认为（根据'形式'一词的另一相当常见的用法）：不用考虑形符的意义或其对词位的赋义，仅仅根据形符的构成，便可把形式识别为同一类符的形符。术语上的这种判定和布隆菲尔德（Bloomfield, 1926）及其大部分追随者（这方面也包括乔姆斯基（参见 10.3））的做法相一致。对于'形式'这一术

---

① 如在彻里（Cherry, 1957）和米勒（Miller, 1951）这样的经典著作中。

语，此处的确没有含糊不清，这一点从同音异义（homonymy）*角度稍加思考便会一目了然。

'found'一词有"建立"之义，也有"铸造"之义，多数英语词典都会分词条解释。词典中也可能还有'find'的过去式 *found* 这一词条，这是因为它在形态上不规则，而且根据便捷原则，词位（采取基本形式）和不规则形式也必须按字母顺序单列（参见 13.1）。有两个独立词条，意味着词典编纂者或编辑已经判定，该处涉及两个不同的词位（并非一个词位含有两种意义），即'found$_1$'和'found$_2$'。就此实例而言，如此判定也许部分取决于（标准的英文及欧洲其他语言词典经常如此）这些词的衍生历史（参考拉丁语的'foundare'与'foundere'，在现代法语中依然有'fonder'与'foundre'之分）。然而，从我们目前的观点来看，词源学上的考量，与此并无理论上的关联（参见 8.2）。不过，抛开历史渊源，'found$_1$'和'found$_2$'也许是根据"意义不同，互不关联"这一点区分的。相比之下，'eye'可能只有一个词条，无论其意义是"视觉器官"还是"针眼"，因为此处认为二者相关，故'eye'被当作一个多义词位。下文会关注意义的相关性与不相关性之间的这种区别，此时不再深究细研。

正如通常所定义的那样，同形（音）异义词（homonym）*是指形式（语音）相同、意义相异的词（即词位）。事实上，如上文所述，判断的标准不是意义的差异性，而是意义的非相关性，以此才可判定'found$_1$'和'found$_2$'是同音异义词。可是，"形式相同"又如何呢？如我们所知，这样的词位皆为抽象实体，并没有形式可言，而是与由一种或多种形式构成的集合相关。鉴于此，我们必须按照下述涵义理解同形（音）异义词的惯常定义才行：同形（音）异义词是其所有形式相同的词位。

同形（音）异义词的进一步条件是语法功能的同一性。相对之前的明示或讨论而言，这一条件越来越多地被假定为不可或缺。'found$_1$'和'found$_2$'两个表达式均满足两个条件：(ⅰ)形式的集合相同，如 *found*， founds，founding 和 founded；（ⅱ）语法功能一致。两个词位不仅都有动词义，而且形式相同，语法功能也相同。无论是'found₁'还是'found₂'，在任一情形下，founds 都是第三人称单数现在时形式；founded 是过去式，等等。不用细想便可看出，上述两个条件在原则上至少是相互独立的，从结果上来看，未必同时都有效。鉴于此，除了完全同形（音）异义词，我们也可识别出各种部分同形（音）异义词（包括同形异义词（homography）* 和同音异义词（homophony）*）（参见 13.4）。

词位和形式之分，不仅适用于单词，也适用于短语，从传统英语词典词条不仅有单词而且还有短语这一点清晰可见。许多短语（phrasal）*词位，无论怎么看，都是习惯用语：'red herring'（转移注意力的东西）、'kick the bucket'（翘辫子）、'in full swing'（处于兴盛阶段），等等。这一问题下文不再进一步讨论。此处要强调的是，词词位（word-lexeme）只是词位的一个子类。粗略地说，词位即是词典单列为词条的单词和短语。

现在介绍一下表达式*这个术语。如前文所述，哲学家和逻辑学家在讨论语言时经常使用该术语。当然，'表达式'这一术语的存在，并不是将其与'词位'和'形式'相区分的充分理由。问题是，使用三个术语是否必要，至少是否方便。

首先要说的是，我们陈述某事或某物的时候，需要一个术语来表示可用以识别或指称任何说话内容的语言单位。针对此目的，哲学语义学最常采用的术语是'指称表达式'（referring expression）。另外，还需要一个术语来涵盖可给所指对象定性的语言单位。说来说去，哲学家普遍使用的术语还是'表达式'，具体来说，是'述谓表达式'（predicative expression）：表示某种属性的表达式可以说是其赋予属性的实体的谓项。用蒯因的例子（参见 1.2）来说：我们可以用'Boston'来指代 Boston，同时可使用表达式'populous'（人口众多）这一谓项，赋予其人口众多这一属性。下文将详细讨论指称、指谓、赋值以及述谓等语义概念。上文给出的简单例子对当下的讨论很适用。由此来说，可以假定的是，有些语言单位具有指称功能（指称表达式），有些语言单位对于被指称实体具有述谓或断言功能（述谓表达式）。我们也要承认，两组单位（这些单位的一部分或全部是否具有其一功能，而不具有另一功能，姑且不论）都可恰如其分地被称作表达式。我们的问题是，如此定义的表达式是否等同于（至少是某些语言的）语法学家基于独立理由而确立的形式或词位呢？

24　　如果说'Boston'在'Boston is populous'中是一个表达式，那么表达式和形式可不能等同起来，对此，上文已有所证明（参见1.2）。现在，恰好'Boston'不仅可描述成表达式，而且也可描述成词位（假如认为专有名词属于语言的词汇系统：参见7.5）。但是，也有无数的复杂表达式，它们显然不是词位，其意义取决于成分词位的意义和语言的能产性语法规则，例如：'the city where he has lived, loved and lost'（他生活、热爱、迷失的城市），'the home of one of the world's greatest living logicians and philosophers of language'（当今世界最伟大的一位语言逻辑学家和语言哲学家的寓所），'the place where, some two hundred years ago, several hundred chests of tea were thrown into the harbor in protest against the taxes imposed on tea by the British'（大约两百年前数百箱茶叶被倒入海港以抗议英国强征茶叶税的地方）。诸如此类的复杂表达式就不是词位，也不能和出现在特定句子里的形式相提并论。前文提到，简单表达式和形式不可等同，这一观点在此同样有效，复杂表达式和形式也不可等同。进而言之，有的时候，我们要这么说才对：同一表达式在不同句子中往往出现两种或更多不同形式，依据的是它在句中的语法功能。例如，拉丁语表达式'ille homo'（意为"那个男人"）根据语法功能可呈现为 *ille homo, homo ille, illum hominem, hominem illum, illius hominis* 等形式。若想以同样原则处理好如下两个翻译上对等的句子的矛盾，则必须能这么说才行——英语句（1）包含同一表达式'that man'的两个实例，同样，拉丁语句子（2）也包含同一表达式'ille homo'的两个实例：

(1) I know that that man is my father, but that man is not my father.
(2) Scio illum hominem meum patrem esse, sed ille homo meus pater not est.

由此说来，就存在一个内在的复杂语言实体，在句子中显现的形式是由语法决定的现实表征（realization）*。正是这一内在的实体发挥着指称表达式的功能，而不是这一实体的某个或另一个形式，要能这么说，还是挺有意义的。同时，显然易见，表达式与其形式的关系，词位与其形式的关系，两种关系即便不等同，也是相似的。再者，如下文可见，英语和其他语言至少有一些词位可用作指称表达式抑或述谓表达式。鉴于此，就不会从标记上对词位和表达式进行区分：两者均采用单引号标记。

精准描述词位和表达式的关系以及形式和词位的关系，其中产生的一个问题是，缺少特定的语法理论框架，描述就根本无法做到精准。进而言之，对不同语言来说，这些关系的描述多少会有所不同。实际上，就某些语言的描述而言，区分形式和词位按理说可有可无；许多语言学家总是说，英语（虽然没有古汉语或越南语那么明显）就是这样一种语言。这个问题将在后续章节（10.1）进一步讨论。不过，此处同时可以假定的是，上文关于形式、词位和表达式的解释足以让读者清晰使用相关术语和标记。有关语言的诸多哲学探讨（特别是关于使用、提及、对象语言和元语言的讨论），由于没有明确语言实体的具体类型，就算事实上并非无效，也是模糊不清的，至少这一点应是显见的。如后文所述，语言学和符号学领域关于结构二重性（双重表达）的常见描述也是如此（参见3.4）。

1.6　理论、模型与数据

所观察（或可观察）的话语与语言学人描写某一特定语言时假定（和

用作例证）的合法句子之间的关系是间接的，对此，语言学之外的人一般是意识不到的。这一关系的本质到底为何，这是语言学人争论的一个议题。和往常一样，乱象之多是术语不一致造成的。围绕数据与理论的关系问题，语言学领域一直存在理论上的分歧。即使术语本身是一致的，也化解不了分歧，但会澄清有关问题，或许还会消除某些误解。鉴于此，本节将简述我如何看待数据和理论的关系，同时引介一些术语规约，以便在必要时能清晰分辨可观察的现象和不同的理论构念。

首先区分一下语言行为（language-behaviour）*和其背后的语言系统（language-system）*。① 我们说某人在讲某种语言，例如英语，就意味着他在进行某种行为或活动，在此期间，他发出或长或短的声音信号，还会产生与声音信号交互的非声音信号，也会决定声音信号的理解方式。所谓的声音信号即为话语（utterance）*。

'话语'这一术语（不同于法语所说的'énonciation'和'énoncé'）具有歧义性，因为它可能是一种行为（说话行为，即法语的'énoncé'），也可能是这一行为所产生的声音信号（即法语的'énonciation'）。必要时，上述两种涵义可用话语行为（utterance-act）*和话语信号（utterance-signal）*两个术语加以区分。关于'话语'这一术语，哲学家或许习惯于取行为（或活动）之义，语言学家则习惯于取信号之义。② 也许值得指出的是，对于'话语'这一术语，布隆菲尔德（Bloomfield, 1926）和哈里斯（Harris, 1951）曾清晰界定过。鉴于它在语言学领域模糊不清，可将其识解为指谓信号行为的一部分或该行为传输结果的一部分。然而，无论布隆菲尔德或哈里斯，还是新近的多数语言学家，事实上都将'话语'用作

---

① '语言行为'和'语言系统'这两个术语分别用来翻译索绪尔（Saussure, 1916）的'言语'（parole）和'语言'（langue）（参见8.2）。它们以叶姆斯列夫（Hjelmslev, 1953）的'过程'（process）和'系统'（system）为原型。

② 如下文可见，话语是当今的语言哲学家按照奥斯汀（Austin, 1962）的言语行为理论框架（the frame of the theory of speech-acts）经常讨论的一个议题。在此语境下，'言语行为'（speech-act）这一术语有着特殊涵义，有别于'话语信号'（参见16.1）。

信号，而不是产生信号的行为，这一点是显而易见的。本书无论何时使用'话语'这一术语，如果没有进一步限定，均可理解为与'话语信号'等同。

正如哈里斯（Harris, 1951：14）的定义，话语是"某一个体在其沉默前后所产生的任何长度的言语"。我们将采用这一定义（但会有所扩展，以涵盖书面语和口头语）。按照此定义，话语长度不一，它可以是一个词、一个短语或一个句子（'句子'的涵义稍后解释），可以是一个序列的句子，也可以是一个或若干语法不完整的句子片段，还可以是充当插入成分的一个句子或句子片段。简而言之，话语和句子之间不是简单的对应关系。

说话人的行为及其产出的话语均可观察，在某种程度上可用纯粹的有形或外部术语来描述。'语言行为'和'话语'（如本节所用）属于语言学家元语言范畴的前理论性（pre-theoretical）词汇和观察性（observational）词汇，也就是语言学家基于特定理论框架对自己的数据进行描述之先或之外能够使用的术语。不过，语言学家还有一套可任意使用的术语，只是与原始数据的关系不那么直接罢了，对此下文将会有所描述。这些术语可称为理论性术语，因为和前理论性术语或观察性术语相比，它们的定义和解释被定格在特定的语言学理论之中。

从'前理论性'和'观察性'两个术语迄今的用法来看，它们似乎是对等的[①]。但实际上并非如此。其中的原因是，语言学的前理论词汇包括很多来自日常话语的关于语言的术语。其一术语，对我们来说也是最重要的一个术语，即是'意义'。另一个术语关乎口头语，是为'词'。而就词形符而言，尽管它们可能是物质实体，但不能根据纯粹的外部标准将其

[①] 观察性术语在科学方法论的实证研究中发挥作用，鉴于此，在此必须强调这一点。巴尔-希勒尔（参见 Bar-Hillel, 1964, 1970）在不同场合强调了区分理论性和前理论性语言学词汇的必要性。但不必据此认为，二者的区别十分显著，可以和卡纳普、亨佩尔或赖辛巴赫等逻辑实证主义鼎盛时期的学者相提并论；参见 Carnap (1956), Popper (1968)。

识别为语音流的独立单位。'意义'和'词'这样的术语，若在某一特定理论框架之先和之外使用，便可称为直觉性（intuitive）*术语：它们有赖于说话人对母语的直觉。无疑，如此直觉深受标准书面语正规训练的影响，因此一定不能想当然地将其视为评判自发性话语实际用法的可靠指引。然而，没有任何理由去怀疑我们的说话方式和说话的思维方式之间存在的某种程度的对应关系。语言学尤其是语义学的其一目标是，阐明母语使用者的直觉，例如，认为有的话语可接受或者对等，有的话语不可接受，等等。① 一般来说，直觉性概念可见于前理论阶段，以'可接受性'（acceptability）、'意义''对等'（equivalence）等术语表示，涵盖多种多样可辨识的现象。为了方便起见，必须有所取舍，要么保留前理论术语，限制其理论应用范围，要么采用一个全新术语取而代之。如上所述，本书把'意义'当作一个前理论性、直觉性术语，也会适时采用不同理论性术语来指称不同的意义特征，也把'可接受性'作为前理论性术语贯穿始终地予以使用，通过观察或直觉决定其是否适用于特定语境。②

话语是独特的有形事件，故可采用语言学的观察性元语言予以指称。然而，语言学家一般不把话语当作独特的观察性实体来关注。他们感兴趣的是类符，而非形符，不可能仅仅按照外部的观察性标准将话语形符识别为相同话语类符的实例。如果说两个话语是同一类符的形符，其实是在说它们在结构或功能上有着某种共同特征，说母语的人由此可识别出其同一性。应强调的一点是，前理论阶段识别类符-形符的同一性，是以直觉为基础的。或许，有人会认为，对两个信号进行声学分析，就有可能从理论上对两个话语的结构同一性进行描述；对两个话语行为进行纯粹的行为分

---

① 伊特科宁（Itkonen, 1974）等人总是认为，语言学整体上和社会科学一样，是阐释性的，而不是经验性的，其目的仅限于对直觉认知进行明示化和系统化，不过，这只是少数人的观点。

② '可接受性'这一术语最初是乔姆斯基如此使用的（参见 Chomsky, 1957：13）。及至当下，使用的涵义略有不同（参见 Chomsky, 1965：11）。有关'可接受性'概念的新近讨论，参见 Al (1975)。

析，就有可能从理论上对两个话语的功能同一性或意义进行描述。但这么做并不可行。语言学家当下的普遍共识是，两组话语形符在声学上也许全然不同，但对母语使用者而言，它们在结构上却是相同的。至少就绝大多数话语而言，把功能同一性看作是对同一刺激的反应（刺激本身被独立且恰当地分类，从而组成某一特定类符的形符），似乎也不可能把话语识别为同一类符的形符。

以英语为例，语言学家描述语言，即是建构科学家通常称之为模型的东西，不是具体语言行为模型，而是该行为显现的规律性特征的模型（更准确地说，是语言学家定义的那部分语言行为的模型，是由方法论决定的，属于语言学范畴）：语言学家构建的是某个语言系统的模型。我们说某人说英语或会说英语，指的是其掌握了支配我们所识别的那种语言行为的原理。我们在前理论阶段将该语言行为视为说英语。用乔姆斯基（Chomsky, 1965）的术语来说：说英语的人习得了一定的语言能力（competence）*，正是这种能力让他的语言运用（performance）*成为可能，并且在语言运用中得以显现。值得注意的是，潜在的语言系统和语言学家的语言系统模型在本书中已有所区分。①

现在该说一说话语和句子的关系。如同'词'一样，'句子'这一术语也用于日常非专业话语之中，是对语言的一种描述；就书面语而言，标点符号、大小写等体例把什么是句子差不多都说清楚了。从某种意义上讲，日常会话的话语往往语法上不完整或有省略，这在传统语法中司空见惯。可望假设的是，对于书面语来说，所谓的'完整句'（与'不完整句'相对）这一术语合情合理，便可将本质上相同的涵义用于口头语。后续章节（3.1）将讨论重音和语调之于言语的作用。

现在可以区分一下两类句子，一是可以言说的（部分产生于语言行

---

① 乔姆斯基并未延续这一区分。他刻意使用'语法'（grammar）（取其常规涵义：参见 10.1）这一带有系统模糊性的术语来指称母语使用者的语言能力及语言学家的能力模型（参见 Chomsky, 1965：25）。

为）的句子，一是在语言学家语言模型中被当作抽象理论实体的句子。如有必要从术语上区分这两种涵义，前者可称为文本句（text-sentence）*，后者可称为系统句（system-sentence）*。根据语言学日益规范的标准用法，本文使用文本（text）*这一术语来表示连接在一起的语段，无论是口头语还是书面语、对话还是独白，一概如此。显然，文本句可识别为相同类符的形符：因为文本句要么是话语（书面语或口头语），要么是话语的一部分。如前文所述，文本句既可以是完整的，也可以是不完整的。

文本句和系统句的关系可能相当复杂，在非正式或随意性话语中尤其如此，这是语言学家当中颇有争议的理论问题。后续有关章节（14.6）再讨论这个问题。同时，我们拟遵循简化的假设，即系统句与说母语的人直觉判断为语法完整的文本句的单词顺序一一对应。

现在根据巴尔-希勒尔（Bar-Hillel, 1970 : 365）的建议，系统区分一下'陈述'（statement）、'疑问'（question）、'命令'（command）等术语，也系统区分一下'陈述性'（declarative）、'疑问性'（interrogative）、'祈使性'（imperative）等术语。前一组术语，无论是行为还是信号，我们都将它们的使用与话语相联系；对于后一组术语，我们将它们的使用与系统句相联系，然后再衍生性地与文本句相关联，因为文本句在语法结构上与系统句紧密对应。若一个句子被称为陈述句，其典型功能或用途即是陈述（例如，告知某人某事）；若被称为疑问句，则是提出问题；若被称为祈使句，则是发出命令（或请求）。但'陈述句'与'陈述'并非总是一一对应，'疑问句'与'问题'、'祈使句'与'命令'也同样如此。问题可以通过陈述句来提出，命令也可以通过疑问句来发出，凡此种种。因此，我们必须区别句子的语法结构和交际行为类型。交际行为通过在特定场景或某一类可识别的场景中言说句子才可得以执行。

如果我们对此处概述的区别特征敏感的话，那么使用术语时就不必学究气太浓。根据以上所言，很明显，系统句永远都不会作为普通语言行为的产物出现。当然，从元语言角度讨论语言结构和功能，可采用系统句的表征。正因为是表征，所以通常才会在特定语言的语法描述中引证。因此，下文中诸如'言说一个句子'之类的表达式可理解为产生一个文本句，但这并不意味着借由话语可识别系统句。

最后要说的一点与符号表示（notation）有关。迄今为止，系统句和话语（包括文本句）并无清晰的标记之分：二者均使用单引号。从此之后，单引号将继续用于系统句、表达式和词位（而且按照规范，无论何时，这些语言单位如有编号，并且独占一行，则不用单引号）。① 斜体将用于话语（及单词形式、短语形式等）。例如，*I saw him yesterday* 是与系统句'I saw him yesterday'相对应的文本句。*John Smith – I saw him yesterday – told me he's getting married* 是一个话语，其语法结构可解释为'John Smith told me he's getting married'一句中插入了'I saw him yesterday'。*Next Friday* 是一个句子片段型话语，与无限多的系统句相关联，依据的是某个形符出现的上下文。当然，应该清楚的一点是，系统句使用单引号，话语使用斜体，并不意味着前者是表达式，而后者是形式。②

---

① 还应注意的是，术语附有星号，就会省略引号。从符号标记的角度来看，这会遮蔽附有星号的术语的'使用'和'提及'之间的区别（当然，反之则不然）。应补充说明的一点是，尚没有人试图对符号的'使用'和'提及'在标记上做出区分。

② 话语信号实际上是形式，但话语信号之于句子的关系，与形式之于表达式的关系并不一样。

第二章
交流与信息

2.1 何为交流

说语言是交流的工具，就是在言说一个自明之理。事实上，任何令人满意的'语言'定义，不涉及交流这一概念，则是难以想象的。进而言之，意义和交流之间存在一种内在联系，没有交流，就无法解释意义，许多语义学家认为，这一点显而易见，起码看似如此。可是，何为交流？英文'communicate'和'communication'以其日常的前理论意义广泛运用于各种语境。我们随时会说到事实信息的交流，也随时会说到情感、心绪和态度的交流。毫无疑问，该词的不同涵义（如果确实不同的话）是相互联系的；迄今提出的各式各样的定义，试图把不同涵义纳入一个十分普遍的理论概念之中，而界定这一概念的依据则是社会互动或有机体对刺激的反应。[①] 此处将采取另一种方法对'communication'及其同源术语'communicate'和'communicative'进行解释，相对于日常使用的涵义来说会有些窄化。所谓窄化就是将其涵义限定为通过某一现成的传信系统*有意传输信息的行为；至少在讨论的初始阶段，本文会进一步将其限定为有意传输事实信息或命题信息。

人类用来传递信息的主要传信系统是语言，尽管不是唯一。下一章

---

① 彻里的著作（Cherry, 1956）时下堪称经典。史密斯（Smith, 1966）全面概述了这一研究领域，其中收录了一些颇为重要的文章。

将讨论语言和非语言传信系统的异同。此处介绍的概念和术语旨在能适用于两类系统。可以假定，本节使用的'信号'（signal）、'发送者'（sender）、'接收者'（receiver）以及'传输'（transmission）等术语的涵义从语境上足以清晰判断。下一节将介绍这些术语，将其纳入一个简易传信系统模型；其后的章节将重点从语言维度加以讨论。

如果发送者的目的是让接收者意识到他不曾意识的内容，便可以说信号是交流性的（communicative）*。这样说来，信号是否具有交流性，则取决于发送者一方如何取舍或选择。如果发送者的行为方式仅限于某一种（也就是说，不能在不同行为之间进行选择），显然就不能传达任何信息。可以说，这一点是显然易见的，也是'选择'这一语义学最基本原则赖以存在的基础。基于不同选项的选择或选择可能性，如果不是意义性（meaningfulness）的充分条件，也是必要条件。这一原则经常被表达为如是口号：意义或意义性意味着选择。

'交流性的'的意思是"对发送者来说是有意义的"。但'有意义的'（meaningful）还有另一层涵义，为此，本文将保留'信息性的'（informative）这一术语以及'信息'（information）和'告知'（inform）两个同源表达形式。如果一个信号让接收者意识到他不曾意识的内容，那么这个信号则是信息性的*（姑且不管发送者的意图）。因此，'信息性的'意味着"对接收者来说是有意义的"。如果信号告诉的是他已知的东西，就等于什么也没告诉（故意含糊使用'告诉'（tell）这个动词），也就是说没有信息性。因此，普遍为人所接受的口号，'有意义意味着选择'，可从发送者或接受者角度分别予以解释。此时值得注意的是，发送者的意义涉及意图这一概念；接受者的意义涉及价值或重要性这一概念。意图和价值两个概念，在开篇讨论'意义'的意义之时已有所指涉（参见1.1）。

非常标准的理想化交流过程是，发送者所传达的内容（可以说是发送者在可能的备选方案中选择并载入信号的信息）和接收者从信号中获取的信息（可以认为是接收者从同一组备选方案中选择而来）被假定是相同的。但是，现实实践中经常会出现误解；对此，我们必须给予理论上的思考。

34 语言使用中的交流性成分固然重要，但不应过分强调，以免忽视社会交往中颇为重要的有信息性的非交流性成分。所有话语都会包含一定数量的信息，虽然是说话人给出的，但并不是他有意选择传达的；听话人通常会以某一方式回应此类信息。关于这一点，下一章（3.1）再接着讨论。

还有两点与交流这个概念有关，故应提及，但此处不详细讨论。第一点与信号的实际接收者和预期接收者的区别有关。通过信道与发送者相联系的接收者不止一个，发送者的交流对象只是接受者当中的一个（或一些），这种情况并不罕见。如此说来，发送者可能会在信号中加入识别预期接收者或受话人（addressee）*的某种特征，以此提请他注意信号或做出回应。在通过语言进行交流的过程中，最明显的情形是，发送人往往会使用姓名或其他某种称谓，下文（7.5）称之为呼语（vocative）*功能。但是，接收者和受话人的区别在交流中有着更广泛的关联意义，如后文（14.2）可见，发送者往往会根据他对预期接收者的知识状态、社会地位等因素的构想来调整要言说的内容。

第二点具有更普遍的理论重要性：成功的交流，不仅取决于接收者的接收行为以及他对发送对象是他而不是别人这一事实的理解，而且还取决于他对发送者的交流意图的认识，以及他针对该意图相应采取的行为或做出的认知反应。长期以来，这一直是意义和交流这一议题在非哲学领域探讨的共同之处（如 Gardiner, 1932）；新近，格莱斯（Grice, 1957）和斯特劳森（Strawson, 1964）等学者从哲学角度对此进行了有力论证。

就事实陈述（或自称是事实陈述之类的东西）而言，一般情况下，发送者的本意是，接收者应相信被告知的内容：他应该认为所言是真实的，而且应将其作为事实储存于记忆之中。此外，发送者的愿望是，能让接收者相信这样或那样的事实，而这样的愿望通常出于其他目的或与其他目的
35 有关。例如，我们有各种各样的理由希望引起某人对下雨这一事实的注

意：我们可能认为，他知道不需要浇灌花园会很高兴；我们可能担心，他不应忘记带雨衣或雨伞；我们可能希望，他会关上窗户或把晾晒的衣服收回来。我们告诉别人下雨的目的不尽相同，但通常除了想告诉他一个他之前不知道的事实之外，还有别的目的。其实，可能的情况是（通常是这样），我们实际说的东西本身是没有信息的，因为接收者知道（我们可能知道他知道）我们提请他注意的任何事实。这丝毫没有让此处运用的交流和信息两个概念失效。一个非信息性（non-informative）话语的产生，应该是为了让接收者从中（尽管平淡无奇，但也是说出来的话）推断出一些未言之事和上下文不言自明之事，这样的提示丝毫没有自相矛盾之处。然而，可以假设的是，非信息性话语的解释，有赖于我们在具有信息性的语境下解释同样话语的能力，也有赖于我们推断发送者在某些特定场合产生这样或那样话语形符的目的的能力。'下雨了'（It's raining）这句话的意义具有某种程度的恒定性，与某人可能这么说的具体目的无关。问题是，'下雨了'和可能为了陈述事实而说出的任何任意句子的这种恒定意义，是否可以说内在地取决于交流意图这样更一般的概念？

此处不深究这个问题。不过，某些特征将在后面（16.1）讨论言语行为（speech-act）* 时再加以探讨。同时，可以指出的是，陈述者应当言说自以为真的话语，或者欲使受话人相信被告知的内容，对于交流性和信息性陈述来说，这两点并非至关重要，但可以说它们倒是事实信息得以正常交流的假设条件。不言而喻，本书的大部分内容都在阐述这一假设。①

2.2 简易交流模型

此处引入的模型，其应用不限于语言交流，也无意于涵盖语言交流的方方面面和全部类型。采用的'交流'一词的涵义不超出上一节阐明的有

---

① 刘易斯（Lewis, 1969）从哲学角度指出，真理性规约是语言操作的必要条件。

限范围；我们眼下关注的是涵义甚至更为有限的'交流'，即我们一直所称的事实信息的交流。

此处的简易交流模型采用通信工程术语来描写，其基础是香农和韦弗（Shannon and Weaver, 1949）的经典著作所描述的模型。在过去20年里，类似于图1的块状图频现于许多出版物；其中的术语，经过某些小的修改，被心理学家广泛采用，在较小程度上也为语言学家所采用，可见于关乎交流的一般讨论之中。这些术语，和它们在通信工程领域可能的原始用途相比，适用范围更加广泛，认识到这一点颇为重要。因此，不应认为它们仅仅指称某个电气、机械或电子信号传输系统。仅举语言学的一个例子。雅各布森（Jakobson, 1960）基本上采用的正是这种分析手段，对语言的不同特征或功能以及语言话语传输的不同信息进行分类（参见2.4）。20世纪50年代末，关于语言的一般性讨论多采用这些术语。

```
                传输的信号        接收的信号
                   ↓                ↓
    X ·····→ 传输器 ·····→ 信道 ·····→ 接收器 ·····→ Y
                            ↑
                          噪声源
```

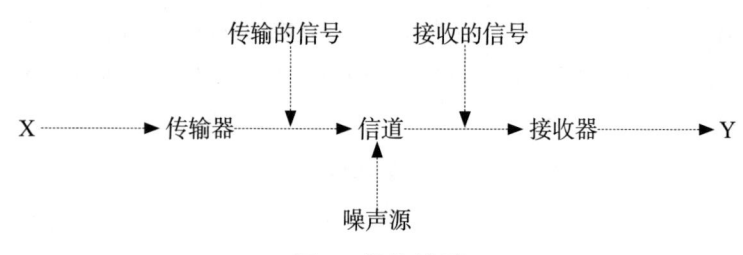

图1　通信模型

现在解读一下上图（图1）。X是信源（source）*，Y是信宿（destination）*。正如上文所述，此处可将图1表述为：X向Y发送某种信息。但是，就该模型而言，'发送'（send）一词模糊不清，介于通信工程领域通常称之为讯息（message）*的来源和实际传输之间；从原理上说，我们必须把信源和传输器（transmitter）区分开来。不过，我们可以在两种情形下继续使用'发送者'一词：其一是，同一机器或有机体既是信源又是传输器（通常如此），或其本身包含这两种机制；另一种情形是，区分讯息来源和信息传输不怎么重要。X发起的讯息由传输器*编码（encode）*成信号*。该信号通过特定信道（channel）*发送给接收器*。接收器将信号解码（decode）*成讯息，将讯息传递给Y（如果能有一个不同的术语将'接收器'和'信宿'包括在内，像'发送者'涵盖'信源'和'传输器'一样，就会很方便。我们以前曾在这一较宽泛的意义上使用'接收者'（receiver）一词，如果其一般意义和上述较为专业的意义之间不发生冲突，我们还会继续如此使用。'接收者'和'受话人'二者的区别上一节已有所解释。）可以观察到的是，鉴于信道噪声（noise）*引发失真的缘故，传输的信号可能与接收的信号有所不同。这一点有可能但也不一定会导致通信故障。稍后再回到这一点：还有，我们也许会忽略噪声源以及传输的信号与接收的信号之不同。

如上所述，我们必须谨慎地解释此处介绍的所有理论术语，使之具有足够的普遍意义。电话信号是以变化的电流形式通过电线传送的；说话使用的声音信号是以声波形式通过空气传送的。其他信号系统利用气味、手势等传送信息；不同的信道可根据所使用的编码或解码系统的性质和所进行的操作来区分。有些研究者根据接收者所采用的感觉方式来区分信道，故有视觉信道、听觉信道或触觉信道之别；不过，如此使用该术语，也许其涵义和通信工程领域略有不同。下文（3.3）将区分'信道'和'媒介'（medium）*两个术语。

事实上，信源和传输器以及接收器和信宿，不仅可能是同一机器或有机体的一部分，而且也可通过使用相同的处理机制而相互连接。这在人类交流和动物交流中十分典型，其间大脑参与信息的生发和编码。还有一个更复杂的问题，具体而言，发送者可能在传输信号时监控信号，同时有意识或无意识地使用来自传输过程的反馈来修改信号，甚至修正信息。所有这些复杂特征目前都给忽略了。

某些讯息或某些类型的讯息可能是信道依赖型，也就是说，它们只能通过某一特定信道予以指定。但是，我们过去往往把我们称之为事实的多数讯息假定为信道独立型：它们可以通过各种可选信道的某一种信道传送，也许还可以同时通过若干信道传送，或者说，有的使用一种信道，有的使用另一种。

不仅可以进行一对一通信（X 和 Y 都是独立生物体或机器），而且可以进行一对多通信，原则上也可以进行多对一通信。当然，前一种形式的通信，即某一信源 X 同时向若干目标 Y、Y'、Y" 发送同一讯息，已经司空见惯：X 可能在给一群人演讲或者在和许多朋友说话。许多物种利用的信道具有广播传输和定向接收特性。也就是说，信号像普通的无线电信号一样，向各个方向传送：它们不是向特定的位点发射。不过，接收者（器）必须转向或以其他方式指向发射器，才能接收到信号。广播传输和定向接收特别适合于一对多通信。

对于语义理论来说，比信道属性更重要的是以下几种可能性：（ⅰ）两个或两个以上的信号可能是对等的，每个信号对相同讯息进行编码；（ⅱ）某一特定信号可能是模糊的，对不止一条讯息进行编码。话语的对等性和歧义性是常见的语言现象。

无论是信源 X，还是信宿 Y，都会处于某种知识或信念状态：每个人都会在自己的记忆或大脑中储存一定数量的命题（proposition）*。'命题'这一术语的确切意思是什么？对此，此时不必探究（参见 6.2）。不过，有充分的理由可以如是说：命题是由句子表达的（包含在语句之中），可以为真，也可以为假。

事实信息或命题信息的交流，现在可以用我们的简易模型来描述。X 可以获得一组命题 $\{P_1, P_2, P_3, ..., P_n\}$。他选择其中一个命题 P_i，将其编码（或让其编码）为一个信号，通过信道将其传输（或让其传输）出去；该信号被解码，作为一条讯息（假设该讯息没有扭曲或乱码）抵达 Y。只要命题 P_i 还没有包含在 Y 的知识库里，而且与 Y 已知的（或 Y 认为是真的）其他命题没有冲突，就会被 Y 接受和储存；Y 的事实知识（或信念）库也会由此而增强。就正常的语言交流而言，可以说，X 做出一个陈述，表达了自以为真的一个命题。如果交流成功，Y 就会相信和记住这个命题。如果 Y 已经拥有 P_i，则编码 P_i 的信号，如上一节所述，是没有信息性的，

Y 的知识状态不受影响。但是，如果 P_i 与 Y 拥有的其他任何命题 P_j 相冲突，Y 可以这么做：可以拒绝 P_i，认为它不真实；可以将 P_i 存储在 P_j 的位置，因为它和 P_j 相冲突；可以暂停判断，实际上存储了 P_i 或 P_j（但不是两者）为真的信息。

诚然，以上关于命题知识交流的描述，是非常图式化的，也是高度理想化的，但并非没有价值。如此描述的一个好处是，注意到简易模型的缺陷，我们才能更清楚地观察交流过程的各种因素及其相互作用。现在列举一些比较明显的不足。

（ⅰ）尚没有谈到这种可能性：有些命题的可及性较之其他命题也许更强，也可能因时而变；也没有考虑到另一种可能性，即事实可能会被暂时或永久遗忘。我们的假设是，所有的命题要么存储在记忆之中，可随时提取，要么根本就没有存储。这显然是不现实的。如果试图在通用计算机上执行上述通信模型，一开始就得解决好提取和存储这两个问题。

（ⅱ）没有区分先验（a priori）*（独立于经验的）命题和后验（a posteriori）*（基于经验的）命题。莱布尼茨（Leibniz）所说的理性真理和事实真理的区别状态（参见 Russell, 1949：207），从最早期及至当下，一直是哲学领域的一个核心问题，也将以这样或那样的形式成为本书始终关注的一个问题。它和当前语境的相关性在于，如果两个命题冲突，那么其一命题应被认为是偶真性的，而另一命题应被认为是不可辩驳的理性真理，这一点显然至关重要。即使排斥理性真理和事实真理的区别（也就是必然和偶然、分析*和综合*的区别，参见 6.5），也必须承认，在我们的世界观里，自以为真的命题比其他命题占据更重要的位置；往往激发哲学家兴趣的命题，还有描述日常生活的普通命题，也同样如此。给出的所有命题，对于我们的注意力和接受水平，并非有着同等的竞争力。

（ⅲ）在被认为是真或经验事实的命题集合内部，尚没有把源于自我观察或直接经验的命题与通过学习或推理过程得到的命题相区分。然而，信念的来源肯定会对我们坚持信念的程度产生影响，也可能会对信念的储存形式产生影响。

（ⅳ）没有考虑到这样一个事实：交流过程的参与者总会对彼此有些了解或认识，并且会在交流过程中不断调整彼此的看法（特别是关于真诚度和可靠度的看法）。当 X 将 P_i 告知 Y 时，Y 本身不仅接受或拒绝 P_i，而且（除非有理由怀疑 X 的真诚度）还会储存 X 认为 P_i 为真这一事实；而 X 认为 P_i 为真这一事实本身就是一个命题，Y 在与 X 的进一步交往中都会假定它是真的。同样，只要 X 没有理由怀疑他一直能把 P_i 传达给 Y，并且让 Y 信以为真，从此就会遵行这样的假设：Y 不仅现在认为 P_i 是真的，而且也知道 X 知道 Y 认为 P_i 是真的。显然，Y 对信息提供者的真诚度和可靠度的评价，是决定 Y 是否接受 P_i 为真的一个重要因素。与此关联的不仅仅是 P_i 固有的合理性或 P_i 与 Y 的事实知识库存储的其他此类命题的关系。同一命题，可能由两个不同的信息提供者在本来相同的情况下传达给 Y，但 Y 可能认为一个为真而接受，另一个为假而拒绝。

这些也许是本节提出的人为简化交流模式存在的最严重缺陷。不过，我们关注的不是构建一个现实的交流模式本身，而只是关注语言结构如何决定于其应该履行的交流功能。鉴于此，我们不再详细讨论此处提出的问题。然而，上文提出的观点却十分重要，故应贯穿于本章始终。另外，我们的知识并非全部都可以准确地描述为命题，这一更具一般性的观点，也应融贯于本章之中。

2.3 信息的量化

到目前为止，我们一直差不多按照日常涵义使用'信息'一词。然而，'信息'还有另一种涵义，一直用于传播研究领域。为了避免混淆，我们将从术语上区分它的两种涵义。第一种我们称之为信号信息（signal-information）*；第二种我们称之为语义信息（semantic information）*。

'信息'这两种涵义的差异（在文献中并不总是明确区分）与识别一个信号（作为 S_i 而不是 S_j）和用所编码的讯息（P_i 或 P_j）解释该信号之间的差异有关。例如，如果 *He had a book* 和 *He had a look* 两个句子是作为口头话语（作为声音－听觉信道的信号：参见 3.1）产生的，其声学上的差异则是，一句包含此处所称的 *b* 音，另一句包含 *l* 音。能让接收者将某一特定声音识别为 *b* 而不是 *l*（或任何其他潜在的声音）的信号，也就是最终能使接收者将某一特定形式识别为 *book* 而不是 *look*（或任何其他潜在的形式）的信号，其任何物理特征都可被描述为信号信息：在口头话语情形下，是声学信息；在书面话语情形下，是视觉信息。另一方面，'语义信息'更接近于日常的、非专业涵义的'信息'，将前者定义为一个理论术语，才可以说它对后者具有明示功能。显然，本章第一节使用的'信息'取'语义信息'之义。我们说一个信号有信息性，就意味着该信号向接收者传递某种语义信息（告知他某些内容）。信号信息和语义信息，虽然必须加以区分，但正如我们将观察到的一样，它们在话语解码和解释过程中是相互作用的。

通信数学理论或通常所说的信息理论（information-theory）* 领域量化的正是信号信息这一概念。最初提出信息理论，针对的是从成本和可靠性角度实现信号传输效率最大化这一非常实际的问题。迄今为止，还没有确证早期的一些热心支持者为此提出的所有主张。但近二十多年来，它一直是许多推测和实验的源泉；其基本概念之于有关通信的讨论都是最重要的。此处只需尽可能地简要总结。[①]

首先假定有一组固定的、有限的潜在信息，X 可能希望将其中一条发送给 Y。我们再进一步假定，每条讯息只能经由一个信号进行编码。Y 知道 X 要向他发送一个信号，但不知道是信号库里的哪一个。现在将信

---

① 相对香农和韦弗（Shannon & Weaver, 1949）而言，韦弗（Weaver, 1949）的论述更受欢迎。有关进一步的细节和可能的应用，参见 Miller, 1951; Cherry, 1957; Smith, 1966。为了使语言学家熟悉一般原理，霍凯特（Hockett, 1953）做了大量工作。

号信息的内容定义为 Y 的期望值（expectancy）的函数，用出现的概率（probability of occurrence）来解释'期望值'。首先假设 Y 的期望值对所有信号都是一样的，也就是说，他接收任何一个信号的期望值不高于其他信号。将期望值与概率等同起来，便可以说 Y 认为所有的信号都是等概率的。Y 对概率的了解或计算，原则上可能取决于各种因素。然而，习惯上，在这种情况下，'概率'的定义等同于'统计概率'：按照统计学上稳定系统的出现频率（frequency of occurrence）进行计算。这实际上是在说，Y 的期望值可假定为完全取决于他曾经收到这些信号的相对频率。鉴于这些信号是等概率的，故可以说它们含有等量的信号信息。

信号信息量如何量化（以比特（bit）*为单位），对我们目前的目的来说，没有任何意义。重要的一点是，信号信息量与出现概率成反比：一个信号的出现概率越大，所包含的信号信息就越少；一个特定信号的出现完全可以预测（如果概率为1），则不会承载任何信号信息。既然根据这些原理可以测量信号信息，就可计算出信道的容量和任何信号的信息量。如果一个信号占用的信道容量超过必要的程度，那么它在这个程度上则是冗余的（redundant）*。传信系统的冗余度是以其最大潜在容量和实际容量之间的差异来测量的。降低系统之内的冗余度，便可以降低传输成本，但正如可望看到的一样，也会降低系统的可靠性。总而言之，从信息论中得出了两条具有普遍重要性的原则：第一条是，信息内容与出现概率成反比；第二条（还将回到这一点）是，一定数量的冗余，不仅是不可避免的，而且是可取的。

及至当下，我们将讯息视为不可分析的整体，并认为它们是整体性地被编码为信号。然而，语言信号并不是整体性的，起码不具有这样的典型性。话语有一个内部结构。事实上，它们有两个层级（level）*的内部结构，即形式和声音（参见 3.4）。统计学上的考虑在这两个层级上都是相关的。

先以较低或次要层级为例。为了简明起见，仅从书面英语上说明其统计结构。众所周知，在任何足够大、有代表性的英语样本中，不同字母的总体出现频率是不同的：e 的出现频率比 t 高，t 比 a 高，a 比 i 高，等等。我们可以计算它们的相对出现频率，并给每个字母分配一个出现概率：然而，与整体出现概率相区别的是各种条件（conditional）* 概率，我们可以将其归纳为两大类：位置（positional）* 概率和语境（contextual）* 概率。所谓位置性出现频率，指的是某一字母在词形式结构的某一特定位置出现的相对频率：首位、末尾，等等。例如，在英语中，b 在词首出现的概率较高，但在词末出现的概率较低。语境性出现频率是指某一特定字母在一个或多个其他字母的语境中出现的相对频率。此处的'语境'一词并不意味字母与字母的相邻性，认识到这一点颇为重要，而是语境与计算语境概率的字母的相邻性，对此，我们可使用转移（transitional）* 概率这一更具体的术语。例如，r 在前面为 t 的语境中出现的转移概率相对较高，但在前面为 s 的语境中（同一词形式）出现的转移概率非常低。

应用信号信息量与统计概率成反比这一普遍原则，同时使用和以往相同的公式，便可计算出某一给定字母之于特定结构位置和特定语境的信号信息量。在限定情况下，给定字母的条件概率为 1（它的出现将完全取决于结构位置或语境）。例如，在英语中（除了少量借词和音译专有名词外），字母 u 紧随 q 之后的情形即是如此。因此，在这种情形下，u 没有信号信息内容：它完全是冗余的。

同样的原则也适用于词形式这一层级。迄今，针对不同种类的文本，已经计算出英语特定词形式的总体概率，并以各种所谓的词频统计形式发布。计算位置概率和语境概率是比较单调乏味的，而且关于这个层级的条件概率，可获取的有用信息很少。然而，直觉上清楚的一点是，我们能够运用词的结构位置和语境方面的知识，便可增强我们猜测文本中省略了什么词的能力，这种能力已经在许多实验场景中得到验证。正如 q 之后的 u 冗余一样，在 want...come 这样的语境里，to 这一词形式也是冗余的（不管 want 之前或 come 之后是什么），只要已知有一个独立的词形式（或者说，从该词的传输时间或包含的次级单位的数量来看，长度这样或那样的词形式）出现，即是如此：在这样的语境里，to 没有信号信息内容，故可省略，不会影响正在发送的信息。

关于信息理论的讨论，现在谈第二个要点：具体而言，一定程度的冗余*，对于语言和任何通信系统，都是必不可少的，以此抵消噪声*的失真效应。'噪声'一词此处按照通信工程的技术涵义来使用，指的是系统内部存在的影响信号如实传输的干扰因素或缺陷。每一个信道，无论物理特性如何，都会受到或多或少的随机噪声的影响；噪声会遮蔽经由信道传输的某些信号信息。这样一来，所接收的信号，其信息内容或多或少地会有别于所传输的信号（见图1）。如果传输的信号没有冗余，那么在传输过程中丢失的信息就无法被接收者恢复，信号解码就会出现错误。书面语错别字属于噪声概念这一范围：它们通常不被读者所注意，其原因是，即使是书面文本再小的部分，其冗余度也很高，足以抵消信息损失。就口头语而言，无论是由于说话人和听话人的不完美表现，还是由于产生话语的物理环境的声学条件，噪声都可用来理解任何类型的话语失真现象。

理想的系统是这样的：可在信号中编入足够的冗余信息，从而使接收者能够恢复因噪声而丢失的任何信息。如果传输条件相对稳定，如果预期的可靠度也相对稳定，不会因传输的信息类型而发生改变，那么就有可能设计出一个近似于这种理想的系统。应该清楚的一点是，语言信号在不同场合的传输条件有很大的不同，而且在某些情形下，准确地听到言说的内容比在其他情形下更为重要。因此，不可期望语言非常接近传信效率的理想状态。在语言的历史发展过程中，传信效率的某种普遍原则在起作用，对此时有提示，尽管未曾有人令人信服地证明，这个涵义上的传信效率是语言变化的一个主要决定因素。效率原则的一个表现是，往往缩短使用频率最高的形式；这一因素在语言的历史发展过程中的作用，至少其小规模的作用，已被充分证明。

信号信息内容，如通信数学理论测量的一样，经常被称作惊喜值

（surprise value）；正是该理论的这一特征，如果说有的话，把'信息'的两种涵义联系在一起，对此，本文使用'信号信息'和'语义信息'这两个术语加以区分。因为，一般而言，似乎的确有理由这样说：某条新闻的惊喜值越大，其重要性（'significant'的某种涵义）就越强。例如，人们常说的"人咬狗"，比起"狗咬人"，更有新闻性。如上文所述，一个信号（或该信号的某一部分）的概率为1（其出现是完全可以预测的），则可界定为没有承载信号信息。就其语义信息而言，这似乎在直观上也是可以接受的。如果接收者意识到某一讯息非传输不可，那么就算接收到传输过程对该讯息编码的信号，也不会增加他的知识储存。因此，完全由语境决定的东西不含任何信息，这一信息理论原则，与上一节介绍的原则——有意义意味着选择——是一致的。

　　前文对信息理论原则的说明人为地有所简化。其假设前提是，有一序列数量固定且有限的潜在讯息，每条讯息都可整体性地被编码成一个或唯一信号。在某些情形下，某一语言的某一有限部分往往这样使用。但这些情形几乎不会被认为是语言使用的典型。同一讯息往往有备选编码方式（不同的话语可以有相同的意义），同一信号可对多条讯息进行编码（话语可以是含糊的）；而且，说话人和听话人的大脑肯定不会已经储存了一张表，将所有可能的讯息以及对这些讯息进行编码的合适信号全部列出。此外，话语的接收不可能截然分为两个不同的过程：首先是识别信号，然后是解释信号。在声学信号解码过程中，听话人往往借助于他对词的位置概率和语境概率的知识；即使是识别声音，也是如此。如果真可以说听话人懂得语言的统计结构，那么他计算词的条件概率，也不仅仅取决于这方面的知识。影响他的还有，他对说话人在特定情形下想说什么而形成的一般性预期；也就是说，他至少部分地根据他所认为的讯息内容对信号进行解码。也就是说，在语言话语处理过程中，信号信息和语义信息以一种非常复杂的方式相互作用；任何关于语言生产和接收的理论模型都必须考虑到这一点。由于信号信息和语义信息之间存在这种复杂的相互关系，也由于其他一些原因,要准确运用信息理论处理语言话语,就会遇到巨大的、也许是无法解决的问题。然而,由此却不可以认为,上述一般原则不适用,尤其是信号信息量与接收者的期望值成反比这一原则。主要的困难是,接收者的期望不只是声音(或字母)和词的统计概率的函数。其他类型的、也许比较主观的概率,也有相关性。

47　　现在可以提出这样一个问题:语义信息内容,能否像信号信息内容一样,可以量化。关于语义信息的量化问题,已经提出了某些主张。尽管这些主张迄今还没有发展到可有效应用于语言的日常使用这等程度(不清楚这些主张原则上能否发展到这个程度),但至少在某些方面可阐释告诉某人一个他不曾认识的事实意味着什么,故值得简略讨论一番。数年前,巴尔-希勒尔和卡纳普(Bar-Hillel and Carnap, 1952)提出了语义信息理论,此处也只是对该理论极不正式的描述。

　　不妨考虑这样一种情形:X 在给 Y 描述某个事态;假设这个事态完全可以通过四个命题的断言来描述:P_1、P_2、P_3 和 P_4。例如,我们也许会关注 a、b、c 和 d 四个人是否都已成婚这个问题。我们的假设是,Y 对这个问题的初始知识态最小。可能的事态会有 16 种,任何一种都可能符合实际。现在看一看将四个命题的任一命题传达给 Y 的效果:例如,命题 P_1 "a 已婚"。如果他接受这个命题,视其为真,就会把这个命题放入他的事实知识库;实际上,他从 16 种可能的事态中去除了与"a 已婚"这一事实不相容的 8 种。他先前对实际事态的疑虑减少了一半。现在不妨假设一下,随后的另一个不同命题,也就是命题 P_2 "b 已婚",传达给了 Y,Y 予以接受,视其为真。他原以为可能发生的一系列事态减少了一半(从 8 到 4)。如果把 P_1 和 P_2 合并在一起传送,就会看到效果是一样的。

　　正是基于上述考虑,卡纳普和巴尔-希勒尔发展了他们的语义信息理论。他们首先将状态描述(state-description)*定义为描述某一可能事态的完整命题集,然后将一个命题的语义内容定义为它所剔除的状态描述集。这意味着什么，从刚才的简单例证中应该清楚可见。还应该清楚的一点是，尽管我们通常不以这种方式谈论被告知某一事实的涵义，但语义内容这一概念与我们对命题语义信息特征的前理论概念非常一致。如"a要么已婚，要么未婚"这样的重言式（tautology）命题，告知信号接收者的是，他以前没有意识到的一个命题，而且这一命题无法排除Y最初准备视为可能的16种宇宙态（state of the universe）的任何一种。然而，如"a既是已婚又是未婚"这一矛盾命题，是没有信息的，其涵义有所不同，有点自相矛盾，它承载的内容过多："它排除了太多的内容，与任何宇宙态都不相容"（Bar-Hillel, 1964：301）。从心理学上说，该命题试图告知接收者的内容，超过其概念架构可容纳的程度，因而才会让他困惑不解。最后，如果命题 p 所排除的状态描述类包括但又不被包括在另一个命题 q 所排除的状态描述类，那么 p 的语义信息量则大于 q。鉴于此，"p 和 q"的语义信息量也就大于"$-p$ 或 $-q$"。卡纳普和巴尔-希勒尔刻意避免使他们的语义内容概念与接收者的知识状态相对起来。然而，似乎清楚的一点是，至少在一定限度内，可以这样解释。例如，可以坚持认为，在Y被告知 p 为真之后，向他同时传递 p 和 q，其信息量比只传递 q 不见得就大。

此时，关于重言命题语义上不具信息性这一原则的定性，应提醒读者注意的一点是，就许多重言命题而言，该原则在直觉上是可接受的，但还有些命题，它们却是重言式的或者必然为真，从逻辑上讲，它们是从其他被视为公理的命题中推导而来，而且通常被认定为具有信息性。最明显的例子是数学命题。例如，对于 x 和 y 的所有值来说，"$(x^2-y^2) = (x+y)(x-y)$"必然为真，这是可以证明的。如果把这个命题传达给一个人，而他之前不知道或没有意识到它是真的，一般认为，就会增加他的知识储备。如此重言式的但显然具有信息性的命题，在现代哲学语义学中占有至关重要的地位（参见6.5，7.3）。

卡纳普和巴尔-希勒尔接着对命题表达的语义信息量进行了定义，依据的是卡纳普（Carnap, 1950）提出的逻辑概率（logical probability）这一概念。正如前文所述，香农-韦弗运用概率这一概念测算信号信息量，其定义的依据是相对频率：我们称之为统计概率（statistical probability）。除了相对出现频率之外，不可能有任何客观的概率定义，对此，概率理论的许多现代研究均有所提示或暗示。卡纳普不认同这种说法，他认为'可能的'（probable）这一前理论表达式有两个根本不同的涵义，但一直在混淆使用，而每个涵义各有其适用范围。我们说到掷骰子掷出6的概率是 *1/6*），大概就是在付诸统计概率这一概念。可是，我们说到下雨的概率（根据某些气象观测的证据）是 *1/6*，则是在给两个命题赋予一定的逻辑关系（归纳型）：第一个命题是给出"会下雨"这个假设；第二个命题是报告相关气象观测的证据（通常为复杂命题，由许多简单命题组成）。卡纳普称这种概率为逻辑概率，在他看来，它是以归纳推理为基础的，通常被描述为具有主观性，可用相信或确定程度来解释。卡纳普是以某一假设对给定的一系列证据的确认程度来定义的。任何人对假设的相信程度，无论如何衡量，是否等于确认程度，那是另一个问题。问题的关键是，逻辑概率可以被定义和测量，作为某一命题系统的属性，从系统使用者的信念中抽象出来；卡纳普的理论旨在测量这个涵义上的逻辑概率或归纳概率。后续章节在讨论'情态'时，还会涉及逻辑概率这一概念（参见17.1）。

卡纳普和巴尔-希勒尔正是在下述总体框架下对语义信息这一概念进行定义的。其基本思想是，语义信息和信号信息一样，都是消除不确定性。两种信息的区别可以用这样的说法来表达：一种消除信号是什么的不确定性，另一种消除讯息是什么的不确定性。然而，在两种情形下，概率与信息内容之间存在着同样的反比关系：某一信号的统计概率越大，其信号信息内容就越少；某一命题（无论是否以讯息形式传递）的逻辑概率越大，其语义信息内容就越少。然而，事实证明，对于一个命题所包含的语义信息，也有其他的解释和测量方式，其依据是，我们的记忆中是否有能使我们剔除的状态描述的绝对数，或者是否有先前已知命题没有剔除的状态描述的相对数。根据卡纳普和巴尔-希勒尔的理论，语义信息的两种测量手段之间存在着数字关系，对此，我们不用深究，或许也可看出如下做法的合理性：按照上述总体思路，区分'信息性'的两种涵义，从而明确（或许以各种方式）'信息性'（或'重要性'）的特定涵义，以此判断出有的事实比别的事实更具信息性（或重要性）。语义信息内容正是在这个意义上与信号信息内容相类似。然而，衡量语义信息是采用逻辑概率，还是参照其他某种期望值概念，则是另一回事；在此，我们不再进一步追问。状态描述这个概念指一组命题，描述某些实际或可能的事态，对此，后续有关章节（参见 6.5）将予以讨论。

2.4 描述信息、社交信息和表情信息

及至本章，我们有意集中注意力，重点考察了事实信息或命题信息传递的内涵。上文探讨了何为事实信息这一问题，对此，若要更精确地描述，并非易事，现阶段的讨论也不可能做到。就目前而言，我们对这样的表述已是心满意足：如果信息旨在描述某种事态，那么它就是事实性的。

许多语义学家说起语言来，好像其唯一或主要用途就是交流事实信息。有的认为，描述事态只是语言的一种功能；另外，正如我们的其他习惯和行为模式一样，语言也用于建立和维持社会关系，表达我们的态度和个性。此时，不详细讨论这个问题。不妨简单地这样假设：语言有三种或多或少可辨识的功能，即描述（descriptive）* 功能、社交（social）* 功能和表情（expressive）* 功能。我们把这三种不同功能关联起来，便可认识到语言话语编码的三种不同的语义信息。描述信息（或描述性意义），如上文所述，是事实性的：可明确断定或否认，至少在条件许可的多数情形下，也可客观验证。关于具有描述意义的话语，这里举一个实例，*It is raining here in Edinburgh at the moment*。此话语

是否一定或通常包含额外的非描述性信息，这个问题可以暂时放在一边。正如稍后将看到的那样，描述性意义才是哲学语义学长期关注的重点。针对意义的这一特征，现有文献还使用了其他术语，包括'指称性'（referential）、'认知性'（cognitive）、'命题性'（propositional）、'意念性'（ideational）和'指示性'（designative）。

表情意义和社交意义的区别远非清晰可辨。许多著者将两者归并为一个术语（如'情感'（emotive）、'态度'（attitudinal）、'人际'（interpersonal）、'表情'（expressive）等）。如果把表情意义（比通常的涵义狭窄一些）定义为"与说话人的特征协变"的意义特征（Brown, 1958：307），把社交意义定义为"旨在建立和维持社会关系"的意义特征，那么两者显然是相互联系的。我们只有作为社会群体的成员才能与他人互动，进而在互动中建立个人身份和人格（参见 Argyle, 1969）。描述语言（和人类其他传信系统）的社交功能和表情功能的共同点，最合适的术语是'人际'*一词（参见 Halliday, 1970：143）。然而，如果考虑从术语上区分这两种功能，也很方便，因为语言学理论颇有争议的一点正是个人的语言使用受社会规约限制的程度。克罗齐（Croce, 1902）和沃斯勒（Vossler, 1932）等人或许夸大了个体创造性表达语言的作用；另有一些人，如马林诺夫斯基（Malinowski, 1935），在较小程度上还有弗斯（Firth, 1950），也许过分强调了社会制约因素的力量。[①]

若干年前，比勒（Bühler, 1934）提出语言功能的三分法，在许多颇有影响的语言论著中占有重要地位，但与本文采用的分类有些不

[①] 贝内代托·克罗齐（Benedetto Croce）很少被英语语言学家和语言哲学家提及。另一方面，正如莱普奇（Lepschy, 1966：98）指出，他是萨丕尔（Sapir, 1921）明确认可影响力的极少数学者之一。克罗齐的研究是以德莫罗（De Mauro, 1965）的语义学发展理论为宏观背景展开的。虽然我把克罗齐、沃斯勒与弗斯、马林诺夫斯基进行过对比，但每个人阅读这四位学者（或萨丕尔）的著作时都会认识到，他们每个人都承认社会约束条件和个人创造力之于语言使用和发展的作用：这充其量是一个平衡问题。布拉格学派的语言学家也一直赞同语言的社交功能和表情功能的互补作用（参见 Garvin, 1955；Vachek, 1964）。

同。就其中的两个功能而言，比勒使用了'Darstellung'（"表征"）和'Ausdruck'（"表情"）两个德语术语，分别与我们所说的描述功能和表情功能紧密对应。对于第三种功能，比勒使用了'Appell'（呼吁）一词，我们称作呼语功能*。比勒的分类基础是，他从三个基本成分出发对典型言语行为（Sprechakt）所进行的分析，即说话人、受话人和话语可能指称的外部情景。①根据指涉的是三个当中的某一个而非另外两个这一点，便可知该话语的主要功能是表情性的、呼语性的或描述性的。比勒的分析和传统的分析之间存在着明显的联系。传统的分析将典型的话语情景视为一出戏，三种角色通过人（person）*这一范畴得到语法上的承认（参见 15.1）；比勒及其追随者也明确提到了这种联系。不过，他们强调认为，不仅主语为第一人称的话语才有表情性，也不仅主语为第二人称代词的话语才有呼语功能。他们还强调了这样一点：如这里所认为的，话语具有一种功能而排除其他功能的情形，如果说有的话，也是极少的。正如下文可见，比勒的三分法也与他对特征、符号和信号的区分有关：每一个话语都是一般性的，不管它的功能有多具体，都是说话人心中所想的表情性特征，是描述所指对象的符号，是面向接受者发出的呼语信号（参见 4.1）。

对于比勒的方案，雅各布森（Jakobson, 1960）有所修改和扩展。主要的修改之处体现在，用'conative'（意动）代替了'vocative'（呼语）（即'Appell'）。这不是一个纯粹的术语替换问题（雅各布森用'referential'（指称）代替'representational'（表征），用'emotive'（情感）代替'expressive'（表情），也许是同样的道理）。雅各布森使用'意动'一词，并明确将其与比勒的面向受话人这一概念相联系，大概是在暗示（和其他人所做的一样），它主要是工具性的，用以满足说话人提及受话人这一心愿和欲望。因此，语言的意动*功能与通常所说

---

① 这与基于奥斯汀（Austin, 1962）的研究所使用的'言语行为'的涵义有所不同：参见 16.1。

的工具（instrumental）*功能密切相关，即语言的使用是为了达成某种实际效果。此外，从本书有关语气和情态的讨论中可以看出，清晰区分表达说话人意愿的话语和对受话人施加某种义务的指令性话语，并非每每可为（参见 15.1）。不过，这一点可以暂时不谈，仅需注意的是，雅各布森等人所谓的意动功能一方面与表情功能相融，另一方面还与工具功能相融。

雅各布森还考虑到交际过程的另外三个组成要素，也认识到其中的每个要素实际上都可能是话语的焦点，以此拓展了比勒的方案。第一个要素是所使用的语言（用雅各布森的术语来说，即符码（code）*）。任何话语，如果其主要功能是证明对话各方使用的是同一种语言或方言，或以同一方式使用该语言的表达式，就可称之为元语言（metalinguistic）*。关于语言的这一功能，前一章已经论说得非常充分（1.2，1.3）。

第二个要素是交流信道（参见 2.2）。日常会话的许多话语以开启信道或保持信道畅通为其主要交流功能。例如，我们可以用各种常规问候语（*Good morning!* 等等）或仪式化的开场白（*Wonderful weather we are having!* 等等）来启动对话。还有一些彼此认同的话语，往往用来结束一次谈话（*It's been lovely to see you again! / Give my regards to your wife* 等等）；有的话语旨在延长谈话时间，或者向说话人示意受话人仍在情景之中，倾听着他的言说。这种信息一直被称作交互管理信息（"参与者在安排互动时序过程中为了相互协作而交换的信息"：Laver & Hutcheson, 1972：12），大部分是通过副语言（paralinguistic）*信号（眼动、手势、身姿等，参见 3.2）来传达的。不过，其中有一部分是编码于语言话语的言语成分。这种言语"通过纯粹的词语交流以建立人际合作关系"，为此，马林诺夫斯基（Malinowski, 1930）创造了'phatic communion'（应酬语）这一术语。据他所言，这种言语的目的是"以纯粹的交谊需求为驱动建立人际合作的纽带，而不是交流任何思想"。雅各布森借用应酬（phatic）*一词，更具体地指称语言所具有的信道导向型功能，这一功能有助于建立和维持交流关系。如此解释的话，应酬功能就非常接近我们一直所说的语言的社交功能，或者至少是社交功能的重要组成部分。①

最后，还有雅各布森所说的诗学（poetic）* 功能，'诗学'一词的涵义十分宽泛，不仅与诗歌有关，而且总体上也与语言的艺术性或创造性使用有关。诗学功能是根据面向雅各布森所说的讯息（message）这一点定义的，此处的讯息也许称之为"编码成信号的讯息"更妥帖。语言的诗学使用的特点是，如果不是遮蔽的话，它往往会模糊形式和意义的朴素区别，而形式和意义通常是分析语言结构的工具。诗歌的许多手段，如节奏、尾韵、谐元韵、头韵、格律、交错格等，运用的都是语言的媒介性*（参见 3.3）。像丁尼生（Tennyson）的 *And murmuring of innumerable bees* 这行诗，如果用音型相异的其他词形式替换 *murmuring* 或 *innumerable*，即便用以替换的词形式总体上保留了同样的意思，也会损失很多意义（从'意义'的某种相关涵义上来看：参见 1.1），这种现象在文学批评领域司空见惯。对此，需要补充的是：如果说莫里哀（Molière）笔下的茹尔丹（Jourdain）先生一生都在不知不觉中说散文，那么我们一生时常都在说诗，不管我们是否刻意这样做，也不管我们是否意识到这种做法，我们都在某种程度上利用母语资源，而这些资源取决于显现语言的媒介属性。就语言的诗学使用而言，信号信息和语义信息往往融合在一起，这种方式是上述简易交流模式所不及的（参见 2.3）。

关于语言的功能，上文简要总结了比勒的分析以及雅各布森的修改和扩展方案，主要是因为这些成果的影响非常大，了解其分析所采用的术语，在后来的研究者看来，是理所当然之事。另一个原因是，关于这两种方法的讨论，虽然简约，但业已表明，分析交流行为的必要或至少典型成分，可对话语以及编码于话语的各种信息进行多种分类。也许，没有一种分类方案可以说是唯一正确的。此外，不难发现，元语言功能和诗

---

① 拉弗（Laver, 1975）认为，'phatic communion'（应酬语）这一概念应赋予略微宽泛的解释。

学功能是紧密相连的：在日常的语言使用中，明确区分对象语言（object-language）和元语言，并非总是可行。注意形式本身，而不是通常所认为的表达形式的意义，也许正是某一特定形式诗学运用的重要组成部分。同样，清晰区分元语言功能和应酬功能，或者应酬功能和意动功能，也很困难。如果 X 使用 'sesquipedalian' 一词，Y 问他是什么意思，Y 显然是在利用语言的元语言功能，或者反身功能（参见 1.2）。不过，他也可能在尝试着不让交流中断，又或大概在向受话人发出吁请。

也许不存在独特且明显正确的分类方案，但这不会让业已提出的各种方案丧失价值。此处介绍的许多术语，针对不同种类的话语和编码于同一话语的不同种类的信息，将在后续章节使用。同时，下文将采用的不过是表情信息、社交信息和描述信息这样具有整体性的三分法，也使用'人际'这一术语（就语言而言）涵盖'表情'和'社交'。

既然语言同时具有描述功能和人际功能，那么就会产生各种问题。语言之外的其他符号系统（衍生或寄生于语言的系统）是否具有一种功能而排除另一种功能？这个问题下一章将予以讨论。另一个更复杂的问题是，语言的描述功能和人际功能是如何相互关联的。话语分类的部分依据是，用以表达话语的句子的语法结构，如陈述、疑问、命令、请求、愿望、感叹等。其中，唯有陈述才可以说是描述事态的。探究疑问、命令、愿望或感叹之真假，是没有意义的。因此，探究陈述以外的话语明确断言了什么命题是没有意义的。然而，正如下文可见，我们可以探究陈述之外的话语隐含或预设了什么命题（同时，除了某些陈述明确断言的命题之外，还隐含或预设了什么命题）。我们还可以追问，是否存在某种类似于逻辑学上的真理概念以验证或判断疑问、命令等形式的有效性。从直觉上讲，拒绝服从命令似乎类似于否定一个断言。这些议题将在以后的章节中讨论（参见 16.2）。即使是现在，也会明显地看到，提问和回答，以及发出命令，必然涉及语言的社交功能；讨论愿望和感叹之类的话语，都必须付诸表情功能。

考虑到后续章节拟详细讨论的内容，还可提说的一点是，语义学领域新近的某些颇为有趣的研究工作受到奥斯汀（Austin, 1962）这一命题的启发：做出描述某种事态的陈述，就是从事一种特殊社会活动，调节该活动的规约跟调节许诺、提问或命令等其他行为的规约相似或部分相同。如果我们接受这个观点，那么无论如何限定语言的描述功能，我们都必须承认，它依赖于社交功能和表情功能，而且从这个程度上讲，其基础性也不及后者；这也许是关注语义学的多数语言学家、人类学家和社会心理学家的观点。可以认为（实际上将在下一章提出），对于自然语言来说，描述功能比人际功能更为显著，而人际功能为其他人类和非人类传信系统所共有。但这并不意味着描述功能的基础性比其他功能更强。论及逻辑语义学时，必须牢记这一点（参见第六章）。

第三章

语言符号系统

3.1 言语和非言语传信

'言语交流'(verbal communication)和'非言语交流'(non-verbal communication)两个术语广泛用于区分语言与其他符号(semiotic)*系统,即传信行为系统(system of signaling-behaviour)。据本书采用的观点,这些术语有两点不妥之处:(ⅰ)'非言语交流'通常适用于人类和其他动物的传信行为,可能有信息性,但未必有交流性(参见 2.1);(ⅱ)'言语交流'指的是以语言为媒介的交流,由此来看,这或许意味着语言话语仅仅是由词构成的,但在本节中我们会发现,口头语言含有至关重要、的确不可或缺的非言语成分。使用'言语交流'或'言语行为'这样的表达式来指称语言行为,起码有潜在的误导性。①

关于口语的讨论可从声音信号(vocal signal)*和非声音信号(non-vocal signal)*的区分开始,其依据是,信号是否经由声音-听觉信道(vocal-auditory channel)*传送。据观察,此处定义的声音-听觉信道,依据的是发声和听觉两个端点,以及信源产生声音和终端接收声音的方式和

---

① 如此言说术语问题,似有故弄玄虚之嫌。不过,可以认为,使用'言语行为'(verbal behaviour)来指称事实上的语言行为,使用'非言语交流'(如今的社会心理学家经常将其缩写为 NVC)来指称非语言交流,这种做法对语言与非语言研究是非常不利的。本章出现的大部分内容是对莱昂斯(Lyons, 1972)的一种修正和扩展。对于莱昂斯这篇文章的批评以及欣德(Hinde, 1972)对其他章节的批评,参见 Mounin (1974)。

机制，而不只是依据连接两个端点、传送信号的信道本体的属性。这一点本身是值得注意的，因为从文献中还可找到其他定义。将信号主要分为声音和非声音两种（而不是声学与非声学，或者听觉与非听觉），我们可从容地认为，所谓的言语器官在人类使用的信号传输系统中占据显著位置。正因为声音-听觉信道用于传输语言，也正因为语言被公认为人类使用的最重要、最发达的符号系统，所以要首先区分声音信号和非声音信号。此时仅仅专注口头语言，因为我们认为它比书面语言更基础、更自然（这一涵义将在3.3节中加以解释）。

并非所有的声音信号都是语言。首先，我们必须排除诸如喷嚏、哈欠、咳嗽、打鼾之类的生理决定的声音反射（vocal reflex）*。虽然它们是信号，可传输（在多数情况下是非自愿的），也可被接收者理解，但没有人不愿意将它们视为语言之外的东西。如果它们以生理反射出现在言语之中，也只是给信道加入噪声而已（参见2.3）。如果按照已有的个人或文化惯习故意发出这样的声响以达成交流目的（例如，我们咳嗽以提醒说话人，有人走过来可能会听到说话），那么也是在语言之外或独立于语言。

从语言学角度来看，更具争议的是音质（voice-quality）*（也称为声音集（voice-set）*），指的是"个体言语的恒久性背景声音常量"（Crystal, 1969：103）。与声音反射不同，音质必然与言语相伴相随。进而言之，音质提示说话人的身份和相关信息，以此发挥重要的表情功能与社交功能，这一点在人际关系中颇为重要。音质也许同时含有生理成分和文化成分，与社会心理学家所讨论的自我展示（self-presentation）*这一现象十分相关（参见 Argyle, 1967）。我们将沿循绝大多数语言学家的观点，将音质描述为语言之外的东西。然而，必须强调的一点是，将其描述为语言之外的东西，并不意味着它与探究语言本身毫不相关（参见 Laver, 1977）。

现在区分一下言语（verbal）*、韵律（prosodic）*和副语言*这些

59 特征或成分。每个正常的英文话语都是伴随特定的语调型式（intonation-pattern）或语调曲线（intonation-contour）生产的，而决定语调型式的因素，一部分是话语的语法结构，另一部分是说话人的态度（如怀疑、讽刺、惊讶等）。而且，根据语法功能和其他各种因素（包括话语的语境预设、说话人的态度等），每个词的发音都会有一定程度的重读（stress）*或强调。例如，重读 *I haven't seen her* 一句中的 *seen*（比方说是在回答 *Have you seen Mary?* 这个问题）也许是用来暗示：虽然没看见人，但有她的消息。相形之下，如果突显 *Mary*，暗示的则是，虽然没看见她，但见到了另一个人。语调和重音是英语采用的、也是此处唯一需要提及的主要韵律*特征。事实上，它们叠加在构成话语言语成分的形式串上。它们也可能是非言语的，也就是说，不能用于识别组构话语的词形式。不过，它们却是通常所说的言语信号的重要组成部分。

就英语和其他语言而言，语调和重音的声学相关性非常复杂，此处不予以讨论。然而，应指出的一点是，不仅语调，而且还有重音，都涉及音高（pitch）的变化；在每一情形下，除了音高之外，还会涉及其他因素。把特定语言（如英语）当作母语使用的人，应该能够分辨不同的语调型式，也应该能够说清话语的某个特定词或短语是否重读。话语信号（utterance-signal）的声学特征，一方面有助于区分语调和重音，另一方面有助于区分不同类型的语调和不同程度的重音。他们即使不能识别这些声学特征，也的确能区分不同的语调和重音。就我们的目的而言，上述这一点足以说明问题。

对于包括英语在内的一些语言来说，重读可以用来区分不同的词形式。例如，动词'produce'的注音形式（和基础形式）与名词'produce'的注音形式的不同之处在于，前者是第二音节重读，后者是第一音节重读，即 *prodúce* 与 *próduce*（尖音符（acute accent）表示词内的重音位置）。英语有若干对具有派生（derivational）*关系的动词和名词，它们都是采用这样的重读方式区分的（口语如此）。在这种情形下，词重音

（word-stress）和后缀有无的作用是相同的。例如，-ment 或 -al 两个后缀可将'amazement'或'refusal'这类名词的形式与派生*它们的动词形式相区分（参见 13.2）。在其他情形下，词重音区分的不是派生形式，而是屈折（inflexional）*形式，即同一词位的不同形式（参见 1.5）。英语没有屈折词重读的实例。不过，其他语言倒是有现成的例子，如西班牙语的 canto（"我唱"）与 cantó（"他 / 她唱"），俄语的 góroda（"城市的"）与 gorodá（"城市"）。这样的情形还有第三类，即词重音用于区分形态上不相关的词位形式，如英语的 differ 与 defer。本段所举证的三种情形表明，词重音与常规或强调型句子重音在功能上有所不同；词重音和构成词形式的辅音和元音一样，都是声音信号的言语成分。

就某些语言（通常指声调语言（tone-language）*）来说，词形式是通过音高差异来区分的：同样的词形式，一个用升调，一个用降调，或是一个用高音，一个用低音。① 以汉语为例，不同词位以声调区分，和英语通过对比元音和辅音区分词位一样，乃随即可为的平常之事。以契维语或埃维语（以及许多其他西非语言）为例，同一词位的不同屈折形式（例如同一动词的不同时态）以声调区分，像英语通过有无特定后缀区分同一词位的不同屈折形式一样，也颇为常见。语言学习惯于使用'语调'这一术语来描述叠加于言语成分的声调型式或曲线，而不用于描述本段提到的声调差异。声调差异用于区别词形式，因而是言语成分本身不可分割的一部分（参见 Bolinger, 1972）。

这么说来，重音和音调的差异已经界定明确。不过，如上所述，在描述话语的言语成分时，二者的差异，有时也许必须考虑，有时也许不必考虑。在这一方面，语言之间的差异颇大。然而，无论何种语言，重音、语调等韵律特征都是话语非言语成分的重要组成部分，这样假设倒

---

① '声调语言'这一术语虽然在语言学中已经确立，但定义得极不精确，识解得也不正确，似在提示非声调语言没有系统使用声调。从特定角度来看，派克（Pike, 1948）对声调语言的论述可谓经典。

是合情合理的。

副语言*这一术语以其多种涵义应用于文献之中。此处使用该术语，不仅涵盖声音信号的某些特征（如响度及大体上可称作声调的东西），而且还包括在正常口语交流中起辅助作用的手势、表情、眼部动作等。语言行为的副语言成分将在下一节简要讨论。此时要说明的重点是，韵律特征和副语言特征依据一般音系原则是无法区分的，非得考虑功能因素不可。①

从及至当下的论述中清晰可见，语言和非语言的边界何在，最终应将什么纳入语言学家的语言系统模型，在这些问题上还存在相当大的分歧。当然，作为方法论上的要求，我们可以断定，应当设定韵律与副语言之间的边界。事实上，多数语言学家也确实这么做了。不过，这种表象上的一致却掩盖了相当多的分歧。对于语调和重音以外的声音特征，哪些应算作韵律，哪些应算作副语言，语言学家莫衷一是。在考察语言传信与非语言传信的关系时，始终应记住的一点是，言语、韵律和副语言既互相渗透，又自成一体。还应记住的是，副语言成分与非言语韵律成分是话语的基本组成部分。

现在可根据话语不同成分的这种分类，针对语言做出几点概括性描述。第一，语言学家或许会认同，尽管辨识出来的所有成分都必不可少，但言语成分比非言语成分趋于中心，韵律特征比副语言特征趋于中心，重音和语调比其他韵律特征趋于中心，副语言特征比音质趋于中心（或者说边缘化程度较低）。语言学家采用中心性（centrality）一词评价的原因似乎在于，某一特定成分越靠近中心，跟其他物种的传信系统和语言之外的人类传信系统相比，语法上就越高度结构化，

---

① 最近，学界对副语言和韵律现象的研究兴趣十分浓厚（参见 Key, 1975）。此处的探讨在很大程度上依赖于克里斯特尔的成果（Crystal, 1969, 1975）。他总结了迄今为止的研究工作，提供的综合参考文献颇有价值。关于声音和非声音副语言特征的新近研究成果，拉弗（Laver, 1976）的概述宜于参考。

指向上也越贴近人类语言。因此，从这个涵义上说，言语成分虽然不是语言行为唯一或最不可或缺的部分，但可以认为是最具区别特征的部分。

　　第二点更加具体，与不同语言成分的符号功能有关。有人曾偶尔提示道，语言信号和非语言信号通常传递两种不同的语义信息，前者传递描述信息，后者传递表情信息或社交信息。如前文（2.4）所述，这三种信息或意义无法清晰区分。它们像话语的言语成分和非言语成分一样，互相渗透，紧密关联；它们的关系不是相互对照，而是互为补充。一句英文话语是否可理解为描述事态，至少部分取决于与之相宜的重音型式（stress-pattern）和语调曲线，在某些情形下甚或完全如此。陈述句和一般疑问句的区别，可通过某些形式的在场与否或这些形式的排序方式来表示（比较 They go to school now 与 Do they go to school now? 或者比较 They are going to school now 与 Are they going to school now?）。不过，在多数情形下，也可通过语调来表示。对待陈述句与请求句或命令句的差异也是如此。He will do it by Tuesday 这句话，如果伴有适切的韵律和副语言特征，就可认定为陈述（虽然是预测性的或承诺性的，而不是纯粹描述性的）；如果伴有另一组韵律和副语言特征，则可理解为命令或请求。因此，非言语成分与语言的描述功能相关，至少可以将陈述与陈述之外的话语相区分。进一步说，正如下文可见，所谓韵律或副语言对话语的调变（modulation）*，可能会对言语成分表达或似乎要表达的描述意义产生反向作用。然而，它们不可能像换词那样（如将 He is tall 改成 He is angry），完全改变某个陈述的描述意义。因此，从这个涵义上便可以说，言语成分与语言的描述意义密切相关，非言语成分与语言的社交功能和表情功能密切相关。不过，正如我们所知，这一结论不应被理解为具有如是言下之意：关于如何运用口语做出描述性陈述的任何讨论可以忽略非言语成分。也不应假定，描述性陈述的言语成分总是包含纯粹的描述性信息。所有语义学著者都强调说，许多词并非是纯粹描述性的。在描述性意义上，它们可能还有表情性内涵（狭义一点说，是情感性的）。说话人选择一个词而不选择另一个词，通常表明他对所描述内容持有的态度，而且无论是有意还是无意，都可能产生让听话人愉悦或反感的效果。

经常可以观察到的一点是，就话语行为而言，以非言语形式指示的语义信息，偶尔会与言语成分传递的信息产生冲突或矛盾。（关于这一点，通常描述的依据是不同信道或不同情态所指示的信息差异。不过，'信道'或'情态'（modality）在此都不是恰当的术语；再说，也未必涉及信道的差异：或许声音-听觉信道传输的复合信号的不同成分相互矛盾。如同逻辑学一样，语言学最大限度地保留'情态'这一术语，就是为了区分可能、必要、义务等特征，参见 17.1）。应注意的一点是，符号冲突现象，不仅存在于声音信号和非声音信号之间或话语的语言成分和副语言成分之间，而且也存在于言语成分和韵律成分之间。话语也许具有陈述句的语法结构（就其言语成分而言），不过，也可能在结构上叠加表示疑问的语调特征。鉴于此，我们可以大胆得出进一步的结论：无论何时，只要话语的言语部分所传递的语义信息与关联韵律或副语言特征所传递的语义信息之间出现矛盾，那么正是后者决定了话语是提问而不是陈述，是不确定的建议而不是疑问，凡此种种。

3.2 副语言现象

最典型的语言行为形式可见于同一文化的成员面对面交谈之中，也正是'常态语言行为'（normal language-behaviour）这一术语的涵义所在。无论是书面语还是口头语，语言的其他所有的用法或表现，都以这样或那样的方式衍生于按照这种涵义理解的常态语言行为。

如前文所述，常态语言行为既有言语成分，也有非言语成分。非言语成分包括有声现象和无声现象，有声现象又有韵律和副语言两个部分。前文已指出，'副语言的'（paralinguistic）这一术语（连同'副语言'（paralanguage）和'副语言学'（paralinguistics））在文献中有多种用法。实际上，有人说过，"其趋势是涵义不断拓展，及至近乎无用的程度"（Crystal, 1969：40）。不过，本书使用该术语，还是取其相当宽泛的涵义（虽然宽泛程度尚不及其他某些著者）。该术语将始终涵盖非韵律有声现象（音高、响度、时长等特征的变化），也涵盖无声现象（眼部动作、点头、表情、手势、身姿等）。不过，无声现象只有与话语的结构和意义相结合，决定该话语的结构和意义，进而调节对话进程和参与者的人际关系，才可称作副语言现象。这样定义的副语言现象依附于语言，而且是以语言为前提的。因此，'副语言学'或'副语言'这两个术语在此没有任何专门用途；前者也许意味着副语言现象的考察是其他某个学科之事，与语言学无涉；后者也许意味着副语言现象构成一个独立的（尽管是语言类的）传信系统，但这并不是此处采用的观点。

重要的是，要认识到有声和无声副语言信号都是所有常态语言行为不可或缺的组成部分，对此，上一节已有所阐述。正如阿伯克伦比（Abercrombie）所言："我们用发声器官说话，但用整个身体和别人谈话……副语言现象……与口语相伴相随，相互作用，共同生成一个完整的交流系统……副语言现象是会话研究的一部分：如果不考虑副语言成分，就无法恰当地理解口语在会话当中的使用特征"（Abercrombie, 1968：55）。如果将恰当的副语言成分省略，参与会话的人就会感到困惑、紧张或者不悦；也许，他们说话就会错乱，或多或少也不连贯，还可能戛然而止。简而言之，没有恰当的副语言提示，谈话即使不会难以为继，也会有所抑制（参见 Argyle, 1967：37–39）。

副语言现象之于常态语言行为的功能可归纳为调变*和停顿（punctuation）*两类（尽管上一节已清楚表明，这些功能不是副语言成分所独有的）。

话语调变*指的是给话语添加一定的态度渲染成分，表明说话人介入言说内容的程度，也表明他影响或说服他人的愿望。如前文所述（参见

3.1），话语的副语言特征有时会排斥而不是补充言语和韵律成分所包含的信息；'调变'这一术语适用于两种情形。通常所说的声调涵盖最重要的、具有调变功能的发声特征；我们经常会听到 It's not what he said but the way that he said it（重要的不是他说了什么，而是他怎么说的）这样的话语，这就证明听话人认可发声特征的重要性。

话语停顿*指的是话语首尾以及话语内部不同位点的分界，以强调某些表达，将话语切分成可管理的信息单位，征得听话人许可把话说下去，等等。

就声调这一不严格的说辞而言，比较专业的讨论需要辨识声音动力学特征的一整套变化：响度、节奏、音高波动、连续性等（参见 Abercrombie, 1967：95–110）。每天都可以观察到，说话人激动或生气的时候（在某些情形下，他只是佯装愤怒；因而，无论其目的为何，都是在故意传达错误信息），往往说起话来，声音就会很大，音高也会异常。声音动力学特征的其他变化，对于未经训练的观察者来说，描述起来就不怎么容易。不过，这些变化毕竟存现于常态语言行为之中，参与者还是会做出反应。迄今，从音系上分析这些变化，同时把它们与态度和强调的差异特征相关联，这方面的研究已经取得了一些进展。点头（在某些文化里）伴随或不伴随说话，都表示赞同或同意，就是一种最明显的无声现象，可划作副语言现象，发挥着调变和停顿功能。还有其他不少头部和手部动作以及面部表情变化，都可调变和切分语言话语；对此，近年来也进行了相当广泛的研究。文献中不断强调的一个普遍观点是，有声和无声现象在很大程度上是学会的，而不是本能的，因语言而异（或者应当说是因文化而异）。例如，众所周知，讲希腊语或土耳其语的人表示不同意见或异议，会把头向后仰起，而不是左右摇摆。如果一个人想在最大程度上把语言说得准确、流利，不让别人产生误解，就不仅必须能够控制语言成分，也必须能够控制副语言成分。

上段提到的这种副语言特征，也可从它们在社会互动中的一般作用这个维度加以探讨。社会心理学家已从这个角度对副语言特征进行了探究。例如，有人指出，在谈话过程中，说话人需要从听话人一方不断获得反馈，以确保听话人在听他说话，对他的言说有共鸣，愿意让他继续说下去，等等。这种反馈大多体现为点头、哼声和眼部动作。说话人和听话人还必须解决说话时间分配（floor-apportionment）*问题，从而轮流承担或让出说话权。从这一点来看，谈话就是一种社会互动事件，和其他社会互动没什么不同；实际言说的内容也许相对并不重要。谈话的首要功能是建立和维系社会关系，表明某一个体属于某一社会群体，维护自己的身份和人格，向他人展示自己的某种形象（参见 Goffman, 1956）。在区分人际意义和描述性意义时，我们将上述功能纳入'人际'这一范畴，并且强调认为，这两种意义在语言中不可分割地联系在一起（参见 2.4）。

当然，研究非语言传信现象，可以不考虑它在语言行为中与话语的互动关系；对此，不少学者从这一角度进行了探究。的确，这正是通常所说的'非言语交流'和'副语言'的意义所在。语言行为之外的非语言信号所实现的符号功能不是描述性的，而是近乎绝对的社交性和表情性，似乎跟作为语言行为一部分的非语言符号伴随其副语言功能而发挥的那些功能没有显著差异。既然我们主要关注语言语义学（linguistic semantics），此处就不再探究非语言传信现象之于社会互动的作用，也不再详论与分析人类非语言传信系统有关的那些主张（参见 Laver & Hutcheson, 1972）。然而，倒可以提说与此相关的两个专业术语。第一个是体势学（kinesics）*（参见 Birdwhistell, 1970），通常用于研究利用手势和其他身体动作的传信系统；第二个是体距学（proxemics）*（参见 Hall, 1959），用于研究社会互动参与者根据亲密度、性别、社会角色等调整个人姿态和体距的方式。跟手势和其他身体动作一样，社会互动过程对于人际空间的运用,从许多可识别的社会个人维度(socio-personal dimension)来看,因文化而异,在同一种文化里也会有所不同。

3.3 语言与媒介

正如我们所知,当今世界大部分地区的语言要么是口头的,要么是书面的。西方的传统语法起源于古希腊,后来由古罗马和中世纪的学者继承,得到进一步发展;它近乎只关注文学语言,相对较少分析日常口头言语。19世纪期间,语言的历史发展研究取得巨大进步,学者们更清楚地认识到,先前不同时期书面文本的语言变化——历经几个世纪将拉丁语改造成法语、意大利语或西班牙语的那种变革——唯独从相应口头语言的变化角度才能解释得通。世界上所有伟大的文学语言归根结底都衍生于特定社群的日常口语。从语言学角度进一步来说,某个地区或某个社会阶层的言语,本应是特定语言社群标准文学语言的发展基础,而其他地区或社会阶层的不同方言(dialect),正如特定语言社群有文化的成员通常的看法一样,现在应看作是主流语言的低等版或非标准版,这是一个具有历史偶然性的问题(参见14.5)。重要的是要意识到,非标准的方言和标准的文学语言相比,其规律性和系统性总体上并不见得逊色。许多人在学校里学的是标准书面语的语法,从未学过任一非标准方言的语法(即使在家也许会说方言),正因为如此,他们才会认为,非标准的方言根本上就不够系统。

口头语言是基础性的,这是现代语言学的一个基本原则。然而,这并不意味着要把语言和言语等同起来。我们必须区分语言和显示语言的媒介*。媒介这一概念与前一章(2.2)提到的交流信道*有联系,但如下文所述,必须对两者有所区分。关于文字和言语的关系,有一个共识性的说法,在此我们予以沿用。具体而言,口头语的产生先于书面语,也就是说,口头语从第一媒介转移到第二媒介,书面语才得以产生(参见 Abercrombie, 1967：1-19）。① 其言下之意是，声音，具体而言，也就是语音（phonic* sound）（人类发声器官能够产生的一系列可听到的声音）是语言系统得以实现的自然媒介或基本媒介；书面话语是语言从语音（phonic）*这一首要媒介向书面（graphic）*这一次要媒介转移的产物。

应当注意的是，我们采用'语音'这个术语来描述口头语言的媒介，采用'声音-听觉'这个术语来描述通常传输声音的信道（3.1）。信道和媒介的区分之所以重要，是因为口头语和书面语均可通过各种不同的信道传输。例如，用布拉耶盲文（Braille）写的一条信息，经由触感而非视觉解码。但是，它是由点组合而成的，和书面语字母是一一对应关系；盲文的词形式也与书面语的词形式一一对应。简而言之，以盲文书写的信息和以规范文字书写的信息在结构上是同构的，这才是关键所在。我们使用'媒介'这一术语，而不使用'信道'，关注的是书面语和口头语在功能和结构上的系统性差异，而不是信号的实际传输过程。诚然，其中许多差异，至少从起源上来看，可归结于口头语和书面语所采用的不同传输信道的物理差异。但这些差异不一定取决于每次说话实际采用的传输信道。口头英语也可采用书面形式传输，尽管以规范文字书写不能令人十分满意；书面语可通过许多不同渠道传输，如今已是一种常态。只要稍加思考就会明白，将媒介和信道相联系，需要解释的复杂因素颇多。例如，许多正式的演讲，虽然是口头进行的，也有口头语的音系结构，但就其语法和词汇而言，却是以书面媒介组构的。自发性谈话的逐字记录表明可能存在相反情形：在文字结构层面，它们属于书面媒介；但在语法和词汇上，它们却是根据口语媒介的选词和组词原则构建的。另一方面，小说中的对话段落，虽然标榜是交谈记录，但经常过于脱离现实；写在报纸和广告上的内容（就是让人读的）大多深受口头语言的影响。尽管如此复杂，但有一

---

① 不过，我的'媒介'定义在某些方面有别于阿伯克伦比。我的观点受到叶姆斯列夫的实体（substance）概念影响（参见 Hjelmslev, 1953）。针对这些现象，还有其他一些分类和分析方法。

点颇为重要：口头语可以写下来，书面语也可以说出来。这一点取决于二重性（duality）*原则，也取决于两个层次结构的相对独立性（参见3.4）。这里不妨提说一下日常使用的两种说法，一个是'书卷体'（bookish），一个是'口语体'（colloquial），这也许多少可以说明上文所述的相互关系以及讲母语的普通人对这种关系的认识。

上文强调了语言在很大程度上独立于显示语言的媒介，现在必须对口头语言和书面语言在功能和结构上的差异给予适当的承认。实际上，二者在语法和词汇上存在重要差异；口语的韵律特征和副语言特征在书面语中只能以标点符号和斜体等方式粗糙地、很不完整地予以表示。书面文本的任何部分在传输之前，都可编写、推敲和编辑。书面文本比口头话语更具持久性（或者说，录音方式发展起来之前是这样的），也因此在整个历史上被识字的群体用来整编、保存和引证重要的法律、文化和宗教文件，从而使书面语言越来越正式，越来越受人尊重。书面语言促使人们把书面文字视为弗斯所恰切比喻的"偶像"（graven image）（Firth, 1937：第四章），也促进了文学（literature）和经文（scripture）这些概念的发展。要描述语言及其在现代社会的作用，就必须承认这一点：大凡书面语言都是从口头语言衍生而来的，姑且如此，从结构和功能上来说，已经颇具独立性。[①]

3.4 语言的设计特征

'设计特征'（design feature）这一术语由霍凯特（Hockett）提出，指

[①] 书面语言和口头语言的部分独立性是许多语言学家没有认识到的一点。对此，布拉格学派的语言学家一直给予认可（参见 Vachek, 1945/9, 1964），词汇学家（参见 Uldall, 1944；Spang-Hanssen, 1961）在不同的理论框架下也同样认可。一般而言，后布隆菲尔德时代的美国语言学（包括乔姆斯基的生成语法：参见10.3）一直强调口语优先原则，甚或到了扭曲的程度。值得注意的例外是博林格（Bolinger, 1946）以及最近豪斯霍尔德针对整个话题所进行的颇具启发性和原创性的探讨（Householder, 1971：244-264）。

的是一些一般属性，以此将语言和人或动物使用的其他符号系统相区别。后续出版的著作（参见 Hockett, 1958, 1960；Hockett & Altmann 1968）将最初的语言特征或关键属性从7种扩展到16种。有的设计特征仅仅关乎交流信道和声音信号的物理属性（参见 Householder, 1971：24-42），此处将不予考虑。其余特征的四个对理解语言作为传信系统如何运作尤其重要，此处将从任意性、二重性、能产性和离散性四个方面加以详细讨论，也会简单提及其他特征。

（ⅰ）任意性（arbitrariness）。霍凯特使用任意性*这一术语，其涵义稍窄一些，与类象性（iconicity）*形成对比（参见4.2）。任何信号或某一信号的任何成分，如果在某一方面与其意指或表示的事物之间存在"几何相似性"，那么就是类象的（iconic），否则就是任意的（Hockett, 1958：577）。然而，采用'任意性'这一术语来描述与下述三个方面没有衍生关系的任何特征，却是合法的：一是正常传输语言的信道属性；二是产生和接收语言所采用的生理和心理机制；三是语言按要求执行的功能。霍凯特所使用的狭义"任意性"（即类象性的不在场），其重要性业已得到认可（尤其是索绪尔的认可，见 Saussure, 1916），这不仅与解释语言起源这一问题有关，也与语言系统的符号通用性和适应性有关。对此，我们稍后将详细讨论（参见4.2）。就当下而言，足以说明，选择合适的表形来表征每个英语单词的意义是很困难的。对于表示物体和空间关系的语词来说，找到合适的符号也许不难；但对某些词语来说，就很困难；对另外一些语词来说，也许就不可能。如果一个系统能够表达的意义仅限于信号与意义的几何相似性这样的意义，就不能表达很多信息，不及我们运用熟知的语言自如表达的信息量。因此，任意性促成语言的通用性和灵活性。

从类象性角度来看征兆（symptomatic）*信号（参见4.2），尤其有趣。比如，一般都会认为：响度增大、音高增强与愈加愤怒、愈加兴奋相关，二者之间具有类象性；而且还可以说，这种现象是天然的，不是约定俗成的。换言之，它是生物学决定的，而非文化决定的。这种所谓的天然类象性,无疑是语言行为不可或缺的一个重要特征(尽管会被描述为副语言,而不是语言),也是人类和动物所使用的其他传信行为的根本特征。

(ii)二重性(duality)。霍凯特所说的二重性*,更完整地说是指'模式化二重性'(duality of patterning),学术文献中也使用'双重表达'(double articulation)(参见 Martinet, 1949)这一术语。二重性被普遍认为是语言的一个普遍特征。确实,一些学者(尤见 Hjelmslev, 1953)主张,应基于先验理由将二重性当作语言必不可少的一个区别特征。

重要的是,不要将二重性与有意义这个属性混为一谈:论述二重性原则,完全不必提及意义。说语言具有二重性,也就是说语言有两个层级*的组织结构,即音系(phonological)*层和语法(grammatical)*层,而且这两个层级是相互联系的,高一层级的片段(形式)由低一层级的片段(音位)构成。①

至少就许多语言而言,论及音系层分析和语法层分析的关系,不能简单地说低一层级的单位(音系)组构了高一层级的单位(语法),也不能说高一层级的单位有意义,低一层级的单位没意义。正如前面章节(1.5)所述,这一点会让我们把某个形式与相应的词位相混淆。古汉语或越南语等所谓的孤立型(isolating)*语言(宽泛地说)的所有单词均

---

① 照此处的情形,这差不多是一种简化的说法。我们可以把音位看作音系层的最小片段,但它不一定是最小单位,因为音位可进一步分析为同步成分(区别特征(distinctive feature)*)集。区别特征的概念(最小的对立音系成分)可追溯到特鲁别茨柯伊(Trubetzkoy, 1939)。雅各布森(参见 Jakobson & Halle, 1956)相继对其进行了完善。后来,该概念经过进一步完善,被纳入乔姆斯基的生成语法(参见 Chomsky & Halle, 1968)。关于区别特征,叶姆斯列夫(Hjelmslev, 1953)的认识略有不同,称之为表达单位(ceneme)*。有关区别特征研究现状的讨论,参见 Householder (1971: 147–193)。还应补充的一点是,具体描述话语的言语部分存在何种片段性音位,语音分析远不能达到穷尽性。还必须解释重音和语调等韵律特征;所谓的超音段(superasegmental)*特征是否具有二重性,目前还存在争议。然而,此处根据需要对二重性原则简化处理,足以满足当下的目的。需要强调的一点是,此处丝毫没有论及高一层级单位的意义性。

不变化（每个词位都有且只有一种形式）。分析语言时，哪怕是孤立型语言，如果不考虑同音异义*（参见 13.4）实例的话，就不必区分形式与词位。就所谓的黏着型（agglutinating）*语言来说，如土耳其语和日语（也许包括世界上的多数语言），若不是因为同音异义现象，也有理由认为，没有必要区分形式与词位。这是因为黏着型语言的词形式可分析为词素（morpheme）*序列，每个词素都不变化，和孤立型语言的词不发生变化是一样的。其基本语法单位是词素而不是词。不过，对于屈折型（inflecting）*语言来说，如拉丁语和希腊语，似乎颇有必要区分词形式和词位。事实上，西方传统语法主要与拉丁语和希腊语有关，其中的一些概念不恰当地被迁移到不同类型的语言。就这些语言而言，将词形式（在可分析之处）分析成较小的语法片段，并不产生由稳定的词素构成的序列。①

就多数规则词形式而言，英语要么是孤立语，要么是黏着语。如'beautiful'这样的形容词就只有 *beautiful* 一种形式，由 *more* 和 *most* 修饰，分别生成比较级和最高级短语形式。但'rich'这样的形容词却与 *rich*、*richer* 和 *richest* 三个词形式相关联，*rich-er* 和 *rich-est* 在特征上是黏着性的。*-s* 这个后缀出现在一般现在时第三人称单数动词之后（如 *come-s*），语法上就会很复杂。在这一点上，它跟拉丁语和希腊语的后缀趋同：*-s* 同时标记第三人称单数和现在时，但以同样的形式标记规则名词的复数（如 *boy-s*），语法上就没那么复杂。这从另一角度再次表明，英语的规则屈折形式具有黏着语的特性。

我们已经认识了'词'的两种涵义（参见 1.5）。'词'还有第三种涵义，参照英语便可有效区分。*I loved* 中的 *loved* 和 *I have loved* 中的 *loved* 是同一个词吗？很显然，两个实例使用的词形式相同；这一简单形式的组

---

① 语言类型三分法，即屈折语（融合语）、孤立语和黏着语，似乎不再像 19 世纪的许多语言学家看得那么重要了（参见 Pedersen, 1931；Jespersen, 1924）。不过，如果解释得当，同时剥离其演进之影响，三分法还是有其用处的（参见 Bazell, 1958）。

合方式是一致的，即 love-ed。同样显而易见的是，I loved 中的 loved 和 I have loved 中的 loved 是同一词位 'love' 的形式。但是，还有另一种观点倒可能会认为，这两种形式（虽然是同一类符的形符：参见 1.4）是两个不同的词，或者更确切地说，它们实现的是不同的词。I loved 中的 loved 体现 'love' 的过去时，而 I have loved 中的 loved 实现的是（同一动词的）过去分词。我们将 'love' 的过去时和过去分词称为两个不同的形态句法（morphosyntactic）* 词，同时认为形态句法词是词形式的基础（或通过词形式得以实现）。正如前文所述，两个不同的形态句法词可由同一个词形式来实现：传统上称之为融合（syncretism）*。相反的情形也可能成立，我们称之为交替（alternation）*：例如，dreamed 和 dreamt 就是同一内在形态句法词的两个交替性实现形式。①

此处区分词位、形态句法词和词形式，主要目的是强调音系层分析和语法层分析二者的关系可能相当复杂。它们有益于非正式地谈论语言，即使任何特定语言的非正式语法描写还都没有从理论上承认词位、形态句法复合体和形式是不同实体。本书论及各种语法理论时将尽可能保持中立（参见 10.1）。

从符号学角度来看，二重性的优势在于，采取各种不同方式把相对少的低一层级的成分组合起来，从而能够区分大量的形式（因此，也可间接地区分大量词位和表达式）。结合语法的能产性属性（下文中将予以讨论），二重性可说明这样一个事实：任何自然语言都能基于数量相对较少的一组音系成分构造出无限多的、形式各异的话语。

二重性在语言中起作用，也就与任意性有关。假设某一给定形式的每个音系成分必须与某个意义特征之间产生可识别的类象性关系，无论这种关系是约定俗成的，还是自然的，那么将不同音系成分组合起来显然就可

---

① 有关进一步的讨论和参考文献，参见 Matthews (1972, 1974)。此处使用的术语和马修斯（Matthews, 1974）的术语一致，在某些方面有别于莱昂斯（Lyons, 1968）的术语。

能有严格的制约条件。假设某一给定的音系成分与其外在形式的意义之间存在一种恒定而非类象性关系，情况也是一样的，如达尔加诺（Dalgarno, 1661）和威尔金斯（Wilkins, 1668）建构的系统。[①]（假如说）就某一语言而言，所有与空间位置有关的形式都始于相同音位，所有与婚姻有关的形式都终于相同音位，不一而足，并由此从一致性和逻辑性上断定其优越性，也远抵不过两个方面的局限：一是灵活性缺失，二是由一组为数不多的成分组构的长度有定的词形式数量有限。

二重性和任意性分离，在自然语言中仅限于小规模：最明显的例子是语音象征（sound-symbolism）与拟声（onomatopoeia）现象（参见4.2）。然而，对于某些特定的音系成分或特定类型的音系结构来说，赋之以某一具体语法功能并非不常见；这一点即便不会增强语言系统的类象性，但也往往削弱语言系统的任意性。例如，某些语言的名词形式在音系结构上有别于动词形式；有些语言的代词、介词和连词在音系结构上和名词、动词、形容词等形式显著不同，凡此种种。此处也应提及特鲁别茨柯伊（Trubetzkoy, 1939）所称的边界信号（boundary-signal（Grenzsignale）），也就是，既标记形式的边界又使形式在语流中得以凸显的音位或韵律特征（参见 Martinet, 1960）。重音在许多语言中以这种方式发挥作用，例如捷克语，一个话语的每个词形式的第一音节都要重读；又如土耳其语，最后一个音节往往重读（个别例外）。作用于土耳其语、匈牙利语等语言的元音和谐（vowel-harmony）据观察也具有这样的功能；而在其他语言里，元音和谐可用来将词形式标记为特定语法类的成员，也可用来连接语法上关联的形式。[②]

---

① Loglan（一种逻辑语言）便是一个现代例证，参见 Brown (1966)；茨维基（Zwicky, 1969）的有关述评兼具论证性和批判性，其中还提出若干具有一般理论旨趣的观点。有关达尔加诺和威尔金斯的著述的背景，参见 Salmon (1966)。

② 特鲁别茨柯伊及其追随者根据边界信号这一概念研究有关现象，在方法上有别于名为伦敦学派的语音学家（参见 Palmer, 1970）。

二重性和任意性分离，对于特定语言的音系成分组合，往往会施以某些限制。音系成分可否组合，上文已提到相关限制条件；除此之外，还有其他一些限制，有的系统，有的随机，均与语法功能和意义无涉。例如，英语没有以 *tv-* 或 *sr-* 开头的词形式（除一些专有名词形式之外）。这不是因为这种辅音组合本身难以发音，经常出现在许多语言（如俄语）的词形式之首，而是因为所有语言都有类似的约束或限制，才有了我们所说的一个层级的音系结构，而不只是音系成分库（集）那么简单。制约音位组合的某些限制是随机的，而不是系统的，如此言说之义可通过 *gred* 或 *blick* 这两个虚构的词形式加以佐证。英语没有 *blick* 这样的词形式，故与其音系结构没有任何关系；它和 *bnick* 不同，没有违反英语音系学的任何系统性原则（参见 Chomsky & Halle, 1968）。实际上，它是一个潜在的词形式，只是在语言系统中还没有实现而已。显然，无论系统也罢，随机也罢，音系成分组合的限制条件越多，信号冗余就越多。如前文（2.3）所述，信号冗余对抵消信道噪声至关重要。

（ⅲ）能产性（productivity）。本文采用的能产性*这一术语，是指语言系统的另一属性。该属性能使母语使用者构造和理解无限多的话语，包括此前从未遇到过的话语。其重要性在新近的语言学文献中已有所强调，特别是与解释儿童语言习得问题有关的文献（Chomsky, 1957, 1965）。掌握语言不能仅仅通过记忆和模仿完整的话语，假如需要证明这一点的话，那么儿童在很小的时候就能说出之前从未听过的话语，便是充分证据。早期关于语言起源与习得的很多推测均未给予能产性足够的重视，而仅仅专注于解释孤立的词或话语如何获得意义这个问题。能产性绝不是一个小问题，不过，这个问题的答案即便再令人完全满意，也不足以解释语言起源或母语使用者在儿童阶段的语言习得状况。

按照能产性这一属性评估符号系统，重要的是不能忽视这样一点：借以构建新话语的原则具有形式上的复杂性。相对于先验话语的数量构造一定数量的新话语未必可反映这种复杂性。例如，说蜜蜂飞舞具有能产性，是因为蜜蜂能系统变换自身相对于太阳的位置，还能在飞舞期间变换身体运动的强度（参见 Hockett, 1958；Thorpe, 1972），从而产生无限多的不同信号（蜜蜂飞舞指示蜂蜜源的方向与距离）。这么一说颇具误导性。决定蜜蜂飞舞能产性的原则在形式上很简单，而控制语言能产性的句法原则具有复杂性和异质性，二者迥然不同。

关于能产性，此处仅从语言的语法结构方面进行了阐释。应当注意的是，这种能产性至少在很大程度上具有任意性特征。例如，就英语和德语而言，作为单一定语的形容词一般居于所修饰的名词之前，而法语一般则将其置于名词之后；爱尔兰语的动词一般放在句首，而土耳其语的动词则在句末位置。词序的任意性程度可见一斑，语言的语法结构也是不遑多让。然而，得出了这样的概括性结论，我们紧接着一定可将其限定为如是说法：语法上的一切并非都是任意性的。例如，*John came in and he sat down* 一句中的 'he' 指的是 John，而在 *He came in and John sat down* 中则不是，这个实例恰好反映的一种英语事实是，有任意性，并且无法解释。代词（除非出现在从句中）要么指向环境之下的实体，要么指向先前提到的实体（参见 15.3），根据这一原则，上述实例是可解释的。而这一点则取决于两个事实：一是自然媒介中通过正常声音－听觉信道传输（参见 3.3）的语言话语是实时生成和处理的；二是先验话语对后验话语的语境有放大或改善作用。语法结构的非任意性还有其他例子；重要的是，任何时候讨论语言的本质，都应该记住这些例证。

当然，有些话语是新颖的，但这并不只是说它们不曾出现在说话人或写话人的往昔经验中，而是体现在被认可的独特风格上。对于这种新颖性或独创性，采用'创造性'（creativity）这一术语来描述再合适不过了（虽然语言学家通常称之为能产性）。创造性究竟是语言的属性，还是特定说话人或写话人在特定场合使用语言而产生的显著特征，这一点仍存在争议。不论这个问题如何决断，在词位的隐喻性使用之际，在别具一格的词位组合之间，创造性清晰可见。显然，创造性取决于语言系统的语义结构，由来已久，颇为语义学家所关注。和能产性一样，创造性是否受规则管约，在何等程度上是任意的而不是被激发的，对于这些问题，本书将不持任何坚定立场。

（iv）离散性（discreteness）。离散性*这一术语适用于符号系统的信号成分（signal-element）。如果成分是离散的，也就是说成分之间的差异是绝对的，而且不可能随成分的增减而发生渐变，就可以说系统是离散的（discrete）*；相反，则是连续的（continuous）*。

语言的言语成分是离散的，也就是说，两个词形式，仅仅从其形式角度来看，要么绝对相同（作为相同类符的形符），要么绝对不同。也许，令人有所不解的是，口头或笔头产出的到底是两种不同词形式的哪一种；按照通常用以区分两种形式的物理属性来说，信号本身也许就有很大的不确定性。但信号一定是发出了，而且必须有非此即彼的解释，也就是说，不能将其理解为介于两者之间或综合两者意义的第三种形式。①

显然，离散性在逻辑上并不取决于任意性，但它与任意性相互作用，以增强系统的符号灵活性。两个词形式可能差异很小（仅是一个离散成分之别），也许是意义上可能完全不同的词位形式，如 bear 和 pear。实际上，差别很小的词形式也许是涵义上迥然不同的词位形式，归属不同的语法类；当信道噪声趋于遮蔽或破坏通常用于区分词形式的信号物理差异时，这些词形式有增强和保持离散性的作用。在通常情况下，一种形式的出现概率远高于另一种形式（取决于接收者的期待：参见 2.3），在实践中就不可能产生误解。

与语言的言语成分相对照，上述以蜜蜂飞舞为例证的符号系统是连续的，不是离散的；这是其能产性赖以存在的基础。蜜蜂的身体运动在强度上直接而持续地变化着，与花蜜源距离的不断改变相对应。还应注意的

---

① 此处需要某些限制条件，参见 Bolinger (1961)。

是，蜜蜂飞舞不是任意的，因为表征距离的是蜜蜂腹部运动的强度，还有蜜蜂身体相对于太阳的运动方向。

以上专门列举并详细讨论了语言的四个设计特征，即任意性、二重性、能产性和离散性。这四个特征可见是以不同方式相互联系的。它们体现在所有语言之中，独立于信道和媒介而存在。除语言之外，四个设计特征是否可见于其他符号系统，还是个问题。但即便答案是肯定的，其规模和互联方式似乎也有别于语言。另外，值得指出的一点是，四个设计特征无疑是语言的言语成分的典型特征，但对于非言语成分来说，显然并非如此。语调和重音等韵律特征是否表现出二重，它们在多大程度上是任意的、离散的，都是语言学家争议的问题。因此，就此而言，同时从其典型功能来看（参见 3.1），语言行为的韵律和副语言特征，与言语成分相比，更类似于其他类型的非言语传信。

（Ⅴ）语义性（semanticity）。任何符号系统都具有语义性*，或具有能够表达意义的属性，这样言说似乎有点同义反复。讨论不同系统的语义性是否有用，取决于定义或解释意义的精准程度。霍凯特根据外部环境信号与特征之间的关联关系界定了语义性，但过于笼统，不能用来对符号系统进行分类。该定义丝毫没有说明关联的性质，也没有说明外部特征是信号的必要因还是充分因。如果对假定的关联之性质更缜密地界定，就会发现许多语言话语与任何可独立识别的外部特征之间没有丝毫清晰可见的联系，从后文（第五章）有关行为主义（behaviourism）的讨论中也会看到这一点。采用语义性的某个定义几乎没有多大价值，因为可能产生两个方面的不利结果：一是将人类和非人类各式各样的行为都看作是有意义的；二是将大量明显有意义的语言行为排除在外。

如前文所述，描述语言行为必须考虑意义的许多不同类型或特征，而且，不可指望使用单一的解释或定义涵盖所有的意义。本书已对交流性信号和信息性信号做了宽泛区分（2.1）；由于二者的区分取决于意图性（intentionality）这一概念，故以此为依据来表明非人类的任何信号是交流性的，而不是信息性的，是令人存疑的。另外，本书还大致区分了描述意义、社交意义和表情意义（2.4），发现非言语成分往往表达后一种意义而不是前两种（3.1）。能够将所有的非人类信号恰切地说成是描述性的，而不是表情性的或社交性的，照样也是令人存疑的。说到非人类符号系统，通常很难判定某一特定信号传达的信息与接收者有关，还是与环境有关，或者与二者都有关，这种情况让前述问题的讨论变得更加复杂。欣德（Hinde, 1972 : 93）认为："迫在眉睫的时候，对一系列人或事断然切分是任意的。"例如，"树后面有一只猛兽""我知道树后面有一只猛兽""我害怕，树后面有一只猛兽""我害怕"，诸如此类。不过，至少可以认为，所有的非人类信号都是表情性的。我们在探索语义学领域过程中有望识别所有不同类型的意义，不过，据此分析非人类传信行为，将会是十分困难的，也会让我们过度偏离核心目标。此处要阐明的主要观点的是，某些类型的意义似乎是语言独有的（尤其是语言的言语成分），有些意义则是语言与非人类符号系统共有的。

（vi）位移性（displacement）。语言具有位移性，我们才可能指称在时空上超越话语行为本身的事物和事件。位移性*这一术语可追溯至语言和意义的行为主义观。这一观念认为，语词和话语的主要功能是指称即时情景的特征；伴随这些特征，语词和话语作为刺激才与反应发生关联（见第五章）。语言表达与话语情景之外的事物和事件产生关联，则是二次发展的问题。

霍凯特早期在讨论语言的设计特征时，是如此定义位移性这一概念的："一条信息，如果其前后信息的关键特征与传输的时间和地点相脱离，就是位移性的"（Hockett, 1958 : 579）。霍凯特在同一著作的其他章节一直认为，儿童最早期的语言话语，跟他们的非言语信号一样，都不是位移性的。他接着又说："语言信号经常是位移性的；我们往往指称不在周遭的事物"(Hockett, 1958：354-355)。从这个意义上说，语言的位移性是无可辩驳的；儿童语言习得研究对如是观点提供了支持：位移这种现象的确出现在语言习得的早期，而不是在晚些时候才有。不过，是否可以说非人类信号系统（或实际上还有人类非言语系统）皆有位移性，则取决于如何定义时空距离（spatiotemporal remoteness）和指涉（reference）这两个概念。

像 *War was declared in 1939*（1939年宣战）这样的话语、鸟儿注意到尚在远处的捕食性动物而发出预警，蜜蜂指涉远处的花蜜源，等等，以此来界定位移性，是没有多大意义的。从另一方面来说，新近的黑猩猩研究业已表明，它们能够发出和解释信号，指涉的是脱离直接环境的实体（参见3.5）。

（vii）互换性（interchangeability）。所谓互换性*指的是"系统中传送信息的任何有机体也在同一系统中接收信息"（Hockett, 1958：589）。霍凯特的进一步观点在一定程度上是理想化的。他认为，"理论上，说一种语言的任何人，只要能理解别人说的话，也都能说出同样的话"。其理由是，即使有些话语包含我们之前闻所未闻、不能恰当使用的表达式，我们通常都能理解。然而，将听话人的能力和说话人的能力（假如承认听和说两个事实是理想化的）等同起来，这在理论上是理想化的，但倒也是完全合法的。关于语言还有一个重要事实，我们使用本质上完全一样的系统，既是发送者，又是接收者。许多动物的传信行为却并非如此。例如，某个性别的成员释放求偶信号，只有同类异性成员才会回应，这种现象并不罕见。

（viii）全反馈（complete feedback）。这一属性取决于互换性，与说话人能听到并监控自己的说话行为这一点有关。这不仅是在产生信号的特定物理条件下监控信号能听度的问题，还涉及检查自己说出的话语是否可以理解、形式上是否正确以及必要时是否做出调整这些问题。从这种意义上来说，其他物种是否可以通过反馈来控制信号，目前尚不得而知，但人类的话语生产过程能够通过反馈来控制语言话语，而且实际上也是如此，这一点极为重要。

（ix）专门化（specialization）。定义专门化依据的是触发（triggering）这一行为主义概念，具体指某一有机体对另一有机体的行为产生的间接影响。一个信号的直接物理影响，与它对接收一端的有机体的行为产生的影响，在功能上彼此不关联，则是高度专门化的。例如，餐桌上摆好餐具，家里人都看得见，其效果和说一句"晚饭快好了"是一样的。可以说，摆好餐具的功能和效果是彼此关联的，而语言话语可不是这样。霍凯特一直认为专门化是一个程度性问题；在这一方面，人们说得最多的一句话是："和已知的动物交流样例相比，语言的专门化更有广泛性"（Hockett, 1958：579）。不过，如果说（第五章讨论行为主义语义学也始终这么说）触发整个概念不适合解释我们的许多语言行为，当然更可取。和触发的确适用的情形的专门化程度相比，其不适用这一点反倒是语言更加显著的一个特征。

（x）文化传习性（cultural transmission）。与基因传习相反，文化传习性指的是，会说某一特定语言的能力是通过教与学从一代到另一代传习下来的，而不是本能。语言语法结构一般特征的知识是基因传习的，还是文化传习的，这个问题此处不必讨论（参见3.5）。决定语言结构的某些普遍原则，儿童生而知之，就这一假说而言，即使是最有力的表述形式（参见Chomsky, 1965），也必须承认特定语言的相当一部分结构都是后天学会的。同时必须认识到，其他物种的许多传信行为，曾一度被认为是纯粹出于本能，而现在都知道是通过本能和学习相结合掌握的。例如，有证据表明，苍头燕雀鸣啭的一般形式是由本能决定的，但形式的精细化发展和矫正，则取决于小鸟是否能倾听成熟鸟鸣啭。因此，就文化传习性而言，语言系统和非人类符号系统的差别并非清晰可辨。

（xi）可学性（learnability）。语言具有这一属性，任何人类，不论种族或祖先，在童年时期都有可能学好任何一门语言（前提是，身体或心理上没有影响语言习得过程的某方面缺陷，并且经常在适当的环境条件下接触该语言的样本）。和文化传习一样，从这个意义上讲，很难确定可学性在非人类符号系统中的适用度。有的鸟类能模仿其他鸟类特有的鸣声；现在都知道，某些鸟类特有的鸣声是通过或许可称作方言差异的东西来区分的，而方言差异则取决于鸟类从孵化到成熟所在的特定群落。因此，似乎清楚的一点是，鸟鸣声起码在某种程度上具有可学性（参见Thorpe, 1972）。

（xii）反身性（reflexivity，霍凯特称之为 reflectiveness）。此属性前文已有所讨论（参见 1.2）。此处仅需说明的是，据我们所知，语言之外的非人类符号系统没有这一属性。除非一个系统不仅有表情功能或社交功能，而且还有描述功能，否则很难想象它可以像语言一样来指涉自身。

（xiii）避实性（prevarication）。所谓避实性*指的是使用符号系统欺骗或误传的可能性。许多著者认为，避实性这一属性，和反身性合用，最能清晰地将语言符号系统与其他所有传信系统区分开来。不过，现在已有一些关于某些哺乳动物和鸟类出现避实之举的讨论。一种动物发出令对方放心的信号，将另一种动物诱入陷阱，是否算作欺骗呢？一只鸟伪装受伤，诱使捕食性动物将它追出鸟巢，这样的行为是否可说明使用'避实性'这一术语的合理性？我们能提出这样的问题，也再次提醒我们，研究动物的传信行为，必须根据可观察的信号发送和接收行为，从外部对现象进行描述。另一方面，我们研究人类的传信行为，如果给自己强加一些无谓的、不必要的限制，而且按照原则刻意不诉诸信念和意图，就会让人感觉乏味，思维僵化。

进而言之，也许可以认为，不应把避实性视为符号系统自身的属性，而应视为系统使用者的行为和意图特征。霍凯特最初在描述语言的核心属性时，把一些现象归于位移性之下，后来才一直放到避实性范畴。例如，他特别指出，孩子饿哭了，那是真饿了，但一个人不论饿了还是没饿，都可以发出"我饿了"这样的语言信号（Hockett, 1958：354-355）。按照这个实例的用法，'位移性'看来疑似一个行为主义术语，用来描述语言行为的一个显著特征，可更准确地描述为不受刺激控制（freedom from stimulus-control）的状态（参见 5.3），这可能是严格意义上的说谎和欺骗的先决条件，因而也是避实性的先决条件。

本节或详或略地介绍了霍凯特提出的用以划分符号系统的所有设计特征（不含与传输信道有关的特征）。从讨论中可得出的最明显的结论是，仅仅基于特定系统显现的一定数量的属性进行分类，不可能有很大理论价值。许多属性的定义，说不上十分笼统，也是一般性的，因而只会遮蔽而不会显示语言系统和非人类信号系统的显著差异。正如前文所述，某一特定系统是否具有某种属性，经常是不确定的。这些问题没有被忽略，但也没有得到采用这一分类方案的学者足够重视。无疑，部分原因是，动物传信系统的分类，如果仅仅依据上述设计特征的有与无，就无法与根据演化发育对物种进行的生物学分类产生关联（参见 Hinde, 1972：93）。当然，这并不是说，根据设计特征对符号系统进行精细分类，必然也不会产生关联。也许，甚至会有这样一种情况：各种符号系统所表示的语法复杂度和不同类型的意义，如果有一个合适的测量工具，那么其本身就可用来对系统进行分类，效果也会好于本节所讨论的一系列迥然不同的设计特征。

3.5　语言的起源

从符号学视角讨论语言，难免会遇到这样一个问题：是否可以表明或合理假定我们所知的语言演生于某种非语言传信系统。对此，本节只是尽可能简单地论述（参见 Hewes, 1973；Liebermann, 1974/5）。

由久以来，关于语言的起源，人们一直争论不休。远在达尔文的《物种起源》（1859）杀青之前，曾有学者提出了一些理论，以解释语言演生于非言语交流系统的过程，诸如本能的有感而泣、手势、有节奏的集体吟唱，不一而足。不过，正是达尔文的论著，还有他对语言起源的推断，对19世纪末语言起源进化论的建构产生了特别的推动作用。当时，语言学颇受进化论影响，但在过去的五十来年里，多数语言学家对语言起源问题没有表现出什么兴趣。原因不外乎是，已知现存的或曾经存在的数千种语言中未见从简单态向复杂态发展的演化迹象。假如有早期原始人交流形式的记录可解读的话，我们或许有能力讨论语言起源问题。事实上，多数语言学家都说，这个问题无法回答，而且无论怎么看，这与语言结构一般理论的建构以及运用该理论框架对特定语言进行描述全然无关。多数语言学家对语言起源进化论的态度往往是不可知论的态度。心理学、生物学、动物行为学等领域的学者，如果希望说点什么的话，也许会说，语言一定是从某种非语言传信系统发展而来的；而语言学家大概会这样回应：事实上，始终没有任何实在的语言证据可以支持这一信念。

不过，可以认为，尽管现存的语言没有任何证据可以证明语言结构是从原初形式发展为高级形式的，但语言起源的相关讨论可采用来自两个方面的证据：一方面是儿童语言研究；另一方面是语言和非语言信号的结构和功能比较。关于儿童语言习得这个论题，我们回头再议。第二类证据本章开始几节已有所提及，而问题在于证据的评价。本章不断强调的一个观点是，所说的纯语言和非语言在语言行为上没有明显区别；许多符号功能（尤其是所划分的表情功能和社交功能，而非描述功能）显现于语言行为，也可见于人类和动物的非语言传信过程。语言的语言特征和非语言特征相互渗透，密切关联；某些意义特征或语义性是语言和非语言共有的。我们能否据此认为语言是从非语言演化而来？情况显然并非如此。我们对'演化'（evolve）一词的内涵缺乏解释，也对非语言演化为语言的假定运作机制缺乏解释。这样一来，基于言语交流和非言语交流结构和功能的连续性而形成的证据只是纯粹的旁证，虽然与某一形式由彼及此的演化和发展过程相容，但最终却不能给予证明。语言的言语成分之起源可能完全不同，与非言语成分相互渗透则是尔后渐进发展的问题。这样假设也罢，那样假设也罢，从先验角度看，似乎都是合理的。

在此语境下，语言的发声问题颇为重要。不妨假设一下，我们偶遇人类的一个社会，他们不发声（除了释放声音反射和一组有限的表情信号，以示愤怒、恐惧、性唤起等情态），而是靠一套复杂的手势系统来交流。不妨进一步假设，分析这些手势，可见其语法结构（或复杂度相似的语法结构）跟我们的口头语言是一样的；手势可达成与口头语言相同或相似的交流功能，具有语言不同于其他符号系统的独特属性（任意性、二重性、能产性以及离散性）。面对上述假设性发现，我们肯定会说，这样的社会有自己的语言。

关键之处是，探讨语言或至少语言的言语成分，可以不考虑其主要使用或自然显现的媒介（3.3）。而且，如前文所述，书面语言是人类的一种主要交流手段，已经有了一定程度的独立性。不同文化里的聋哑人使用的各种手势符号语言（gestrual sign-language）也是如此，尽管不少手势和文字一样最初都是从口头语言衍生而来。比较人类的传信和动物的传信，或者比较人类的言语传信和非言语传信，应适当给予重视的一点是，人类大多有会学习、学好习的能力，不仅能在不同信道之间进行转换，而且还能在不同媒介之间转换，并且使语言的言语部分在很大程度上保持不变（参见3.3）。也许，可称之为语言的媒介可转换性（medium-transferability）*，此概念至少和语言的另一设计特征，也就是霍凯特所说的可学性，是同等重要的（参见3.4）。不过，如豪斯霍尔德（Householder, 1971：34f）所示，将语言和言语相联系，是必然的，而不是偶然的，如此界定语言几乎没有什么用处。

我们也许会问，假如有一个群体与我们的主体社会相分离，而且还完全弃用了我们的口头语言，如此假想难道不可能吗？他们的书面语或手势语在何种意义上仍然有赖于其他社会成员使用的口头语呢？难道它不能像书面语部分独立于口头语一样独立发展吗？如果儿童没有首先掌握与书面语部分对应的口头语，就不能教他们学习吗？目前，这些问题的答案尚不明晰。不过，与此有关的证据倒是有一些。

有人——尤其伦内伯格（Lenneberg, 1967）——认为，语言是物种特有的（species-specific），取决于人类独有、动物缺失的生物习性。据大量的解剖学和生理学证据提示，人类的设计好像就是用来生成和接收言语的。观察结果表明，与人类关系最密切的其他灵长目动物的发声器官非常不适合于产生语音，而且（与某些鸟种形成鲜明对比）它们通常使用的也只是有限的声音信号。所有的正常儿童习得口语往往都要经历固定的发展序列。这个序列的第一阶段是咿呀学语，其特点是产生相对丰富的一组不同声音；正是在这个阶段，孩子开始习得母语的韵律形式。因此，似乎清晰的一点是，孩子出生时，生理上就适于发声，而且似有遗传天性，首先重复一系列语音，接着根据身边听到的语言逐步发展并完善自身对音型（sound pattern）的控制能力。

有充分证据表明，儿童即使有失聪、失明或其他先天性身体失能状况，也能习得语言。这一事实有力地支持如是假设：所有儿童都有十分强大的动机习得语言，丝毫不亚于习得他们成长的社会通用的其他行为系统。进一步说，儿童阶段有一个大脑和语言貌似调谐的关键期；如果这一时期没有学会语言，或许就根本再也学不会了。这个事实，如果是事实的话，就意味着儿童学习所在社会主要交流系统的动机与能力是与生俱来的。

上文总结的证据表明，人类在生物学上有两种天性：一是发声，二是交流。对此，人们通常的解释是，人类是基因编程的，所以才能学会口头语，不过这一点尚没有得到证明。从原理上讲，发声天性和交流天性并没有基因上的联系。新近也有观点认为，和语言直接衍生于哺乳动物稍微有限的声音符号之说相比，语言更可能是从手势系统演化而来的，只是后来才和发声产生了关联（参见 Hewes, 1973）。就已知的早期人类生存条件而言，语音媒介的生物学优势十分明显，而且经常有所提及。具体而言，声音信号与视觉信号不同，它白天夜晚都可传送；发送者和接收者之间的树丛、巨石等都阻挡不了；声音信号还可以同时传送给一群散布四处的接收者；声音信号的生成也不干扰其他活动。

迄今已有的神经生理学证据不是终结性的。我们一直都知道，人类的大脑与高等猿类有所不同，体积更大，颅顶骨区域，尤其是脑左半球发育更好；迄今已有的假设认为，脑左半球的发育与语言的演化之间存在因果关系。就言语接收而言，言语成分通常似乎是由左脑处理的，而声音信号的韵律特征，两个脑半球均可解释。然而，视觉输入是脑右半球处理的。另外，两个脑半球似乎都参与语言的语法和语义处理。脑右半球能够理解指称具体对象的表达式，仅脑左半球能够理解较为抽象的表达式，再一次表现出某种程度的专门化特征。果真如此的话，似乎的确可证实如是假说：语言的演化与脑半球主导这一现象是有联系的。但这也意味着，语言处理并不只是在所称的左脑语言中心进行的。有趣的是，脑半球主导之说似乎和我们基于其他理由所描述的语言学特征较为显著的那个部分特别相关：该部分以任意性、离散性、能产性以及二重性为设计特征，它们共同发挥作用，生成复杂而灵活的符号系统；该部分在不同媒介之间随即转换，还具有描述功能。但是，脑半球主导似乎也与人的普遍认知能力发展有关。言及脑半球主导和语言演化的关系，我们可以说的不外乎这一点：语言的演化取决于人类认知能力的演化，而这很难说是一个原创性的命题。①

　　上文提到儿童语言习得经历的相对连续的发展序列，也提到整个序列的第一阶段始于儿童出生后第三个月，以咿呀学语为特征。第二阶段，也就是单词句（holophrastic）*言语期，快一岁的时候开始，产出的是不合语法结构的单词句话语。两岁期间进入下一阶段，产出的是简单的两词或三词电报式话语，缺少现在时与过去时、单数与复数、定冠词与不定冠词等英语语法区别特征的外显标记。在语言习得的第二和第三阶段，儿童逐渐改善自身对口头语使用的片段性音系区别特征系统的控制能力。只有当儿童达到第三发展阶段，我们才能说，他在产出方面已经习得某种语言。

---

① 有关论述，参见：Caplan & Marshall (1975), Dimond & Beaumont (1974), Lenneberg (1967), Schimitt & Worden (1974), Whitaker (1971)。

不过，儿童在口语生产中显现其辨别音系和语法特征的能力之前，早就能识别声音，并能理解成人话语的某些语法区别特征，这也是有可能的。如果这样的话（根据互换性和全反馈特征：参见 3.4），我们也许可以得出这样一个结论：儿童早期阶段的语言系统习得稍微先于其言语产出机制的发展。有证据表明，这种情况属实。但无论如何，有一点似乎是清楚的，语言习得往往历经一个序列的可识别的不同阶段。①

目前尚不清楚的是，儿童语言习得是否独立于一般认知能力而发展？还有，其他物种不能超越语言习得的某个阶段，是否因为不能达到较高的认知水平，而不是因为缺乏与生俱来的特定语言官能？乔姆斯基（Chomsky, 1968, 1976）极力认为，人类所有语言的语法结构都是由一套非常具体的原则决定的；儿童生来就有一种天性，能够识别在语言关键期接触的任一语言的原则。然而，对于语法结构原则的普遍性，语言学家远远没有达成共识，从而减弱了上述观点的说服力。所有语言的语法在形式上都相当复杂，这一点无可辩驳；所有语言执行相似的符号功能，所有的人有着相同的一般认知能力。总体上来看，上述两点也许足以阐明语言之间所有的相似之处，这么说或许也是正确的。关于这一点，值得注意的是，很多学者认为语言习得的发展序列和皮亚杰（Piaget, 1923）等心理学家所识别的认知发展阶段之间存在相关性。

曾多次有人尝试训练黑猩猩使用口语，但收效甚微。在一个最著名的实验中，一只叫维吉（Viki）的黑猩猩幼崽经过六年强化训练，也只能发出四个类似于英语单词的声音信号（Hayes & Hayes, 1955）。新近，又有人做了两个更进一步的实验，取得了很大成功。一个实验的对象先是一只叫华秀（Washoe）的黑猩猩（Gardner & Gardner, 1971），后来还有与华秀互动的二代黑猩猩。另一个实验的对象是一只叫萨拉（Sarah）的黑猩

---

① 儿童语言习得方面的文献十分广泛，而且不断增多，参见 Bates (1976), Brown (1973), Clark & Clark (1977), Ferguson & Slobin (1973), Flores d'Arcais & Levelt (1970), Greenfield & Smith (1974), Hayes (1970), Huxley & Ingram (1972), McNeill (1970), Moore (1973), Slobin (1971)。

猩（Premack, 1970）。不过，两个实验都没有教黑猩猩学口语；其原因如前文指出的一样，正是非人类灵长目高等动物的发音器官不能完全适于语音生产，而且这一点已经得到大家承认。有人曾经认为，仅仅这一事实也许就可说明以往无法教会黑猩猩口语的原因。教给华秀的是一套美国听障人士所用的手势系统，被称为美式手语（American Sign Language）。这个系统和声哑人使用的其他系统有所不同，不依托手语字母的拼法，组合手势生成话语的原则也有别于英语单词的语法组合原则。大约三年后，华秀一共掌握了87个符号，能够生成将近三百种二符组合，并得体地使用这些符号，而且许多组合似乎是她不曾遇到过的。她还产出了一些较长的话语。二代黑猩猩的进步甚至更为显著。

另一只黑猩猩萨拉所训练的是由100余块大小、形状、颜色各异的塑料组成的词汇；让她将这些词汇与特定意义关联起来，可识别为英语某些专有名词、普通名词、动词、形容词和副词的意义；而且，让她根据实验者所设计系统的句法结构按照特定的线性顺序将塑料词形式组合起来。萨拉与华秀一样，都可以正确产生以前未曾见过的组合。因此，两只黑猩猩均显示，它们有能力习得具有某种程度的句法结构和能产性的符号系统。是否可以说它们的能力与人类的语言能力在程度和类型上有所不同呢？或许，这在很大程度上要看我们如何定义'语言'了。两只黑猩猩所学系统的语法复杂性都不及成年人类所使用的语言系统。但从形式的复杂性来看，它们的系统似乎和儿童语言系统或成人熟练使用的美式手语没有显著差异；就萨拉的传信行为而言，尤为如此。

特别有趣的一点是，在语法和语义上，黑猩猩的话语可与上述儿童语言习得第三阶段的话语相提并论。有人经常提示认为，这一阶段的儿童话语，一方面可根据表情意义和社交意义予以解释，另一方面可根据一组数量不多、较为具体的结构意义（如呼语、愿望、属性、方位、施事等）予以解释，这样一来，便可针对不同语境将同一单词组合与不同的结构意义相联系（参见 Bloom, 1973）。有人声称，黑猩猩的话语可以用相同的结构意义来分析，从其出现的语境之外来看，也同样存在歧义性和不确定性问题。布朗（Brown, 1970）特别将分析儿童两字或三字话语所需的一组结构意义与皮亚杰假定的感觉运动智能（sensory-motor intelligence）（参见 Sinclair, 1972, 1973）相联系。不仅人类使用感觉运动智能，动物也使用。感觉运动智能生发于婴儿，历时许多月份，是以婴儿与周遭有灵和无灵实体互动为基础形成的。言下之意是，语言发展的最早阶段是由感觉运动智能控制的，后续阶段则不是；因此，我们也许可以预想到某些物种能达到最早阶段，但却无法超越。从结构和功能上看，人类的非言语交流（包括语言的非言语成分）与动物的传信系统可以相提并论。鉴于此，或许可以接着提出如是假设：非言语交流一般是由感觉运动智能控制的；相形之下，形式上发育成熟的语言（尽管继续依托感觉运动这一基础）则需要更高级的认知能力。这一假设似乎与脑半球主导说是兼容的，也与左右脑半球之于语言行为的已知作用是兼容的。无论如何，既然儿童的传信行为和黑猩猩的传信行为可以相提并论，那么有人要说人类传信和非人类传信之间存在不可逾越的鸿沟，则是令人存疑的。①

但是，从上文对语言演化的讨论以及早先对语言的言语成分和非言语成分的比较中，可以得出一个更重要的结论。具体而言，语言是否演生于某种非言语传信系统这一问题，提得不够精确，故无法给出肯定或否定的回答，而不只是我们缺乏能够回答这个问题的证据。人类的传信系统和非人类的传信系统之间，语言与非语言之间，也许没有明显区别。但如前文

---

① 不用说，这个问题颇具争议。在我看来，文中所述只不过是审慎之思。当然，神经生理学或人类学研究未来的发展，姑且无法预测，但有可能以这样或那样的方式戏剧性地改变学术观点的平衡状态。撰写本节主要参考了数量较少的一般性文献。除了文内提到或早前注释列举的文献之外，被证明有参考价值、可作为非专业人士的入门读物有：Adams (1972), Bateson & Klopfer (1974), Bower (1974), Hinde (1972), Sebeok (1968, 1974), Sebeok & Ramsay (1969), Whitaker (1971)。讨论了一些哲学问题的文献有：Chomsky (1968, 1976), Cooper (1973), Hook (1969), Sampson (1975)。

所述，至少成人语言与语法复杂性和描述功能有关的某些属性，似乎是语言独有的，而且与言语成分尤其相关。如果断定拥有这些属性是我们称之为语言这种东西的区别特征，便可以正确无误地这么说：语言在根本上或性质上有别于其他传信系统。不过，对于'语言'，我们同样也可拟构一个定义，据此大家就会倾向于这么说：语言和非语言的差异，不是种类上的问题，而是程度上的问题。思考语言是否为人类所独有这一问题，应当把问题的纯定义特征牢记于心。同样要牢记的是，不论以何种方式定义语言以证明是否为人类独有，语言的日常使用总是与人类和动物的其他传信行为有关，从中便可见微知著。理性主义语义观看样子仅限于考察语言的描述功能，往往只关注言语成分，对语言这一符号系统的解释不够充分。阐明这一观点，同时不否认描述功能是语言最显著（如果不是最基本）的符号功能，始终是本章的核心目标。

第四章

符号学

4.1 意指

通常使用 signification（意指）*这一概念来描述语言表达式的意义；也就是说，语词和其他语言表达式一般被认为是在某种意义上指示（signify）或指代（stand for）其他事物的符号（sign）*。这里所谓的其他事物到底是什么，如下文所述，一直是个有争议的问题。无论符号指代什么，要是能有一个中性的专业术语来描述，就会方便一些。为此，笔者跟许多著者一样，也使用拉丁语 significatum（所指）*这个术语。

许多著者在讨论意指这个概念时，区分了符号与象征符号（symbol）、信号（signal）与象征符号、象征符号与征候（symptom）等术语对。但遗憾的是，不同著者定义这些术语的方式各不相同。例如，奥格登和理查兹将象征符号视为"人际交流使用的符号"（Ogden & Richards, 1923：23）；相形之下，皮尔斯虽然也将象征符号视为符号的一个子类，但他的定义依据却是符号和所指二者关系的常规性质（Peirce, 1940：104）。米勒的定义也不例外（Miller, 1951：5）。但是，莫里斯在某些方面紧跟皮尔斯，认为"象征符号是可以替代意义相同的其他符号的符号"，"象征符号之外的所有符号都是信号"（Morris, 1946：23-27）。比勒（Bühler, 1934：24-33）是这样描述话语的：话语是说话人心中的征候，是意指或所指对象的象征符号，是听话人接收的信号（参见 Ullmann, 1957：68；1962：12）；而彻里（Cherry,

1957：7）采用'符号'一词来描述"交流过程的任何物理事件"，将'象征符号'专门用作"仅在特定历史语境下可理解的宗教和文化象征符号"，例如，皇冠、十字架或山姆大叔。①

'符号''信号''象征符号''征候'的上述各种定义显然表明，已有的文献对任一术语都没有给出标准的单一性解释。迄今，一直采用信号*这个术语来指称某一信道传输的、接收者可理解为对讯息编码的任何内容（第二章）。本文将按照此义继续使用该术语。如前文所述，语言话语（即话语行为的产物）是信号，可归为相同类符的形符（1.4，1.6）。如果当下接受所有交流都是以符号为媒介这一观点，我们便可以说，讯息就是符号，要么由更简单的符号组成，要么不是。因此，信号是符号的编码。

意指通常被描述为三元关系，可进一步分析为三个二元关系，即两个基本关系和一个衍生关系。奥格登和理查兹（Ogden & Richards, 1923：II）以及后继的不少语义学或交际学著者，以三角形为表征方式，简单明了地呈现了这一分析方法。图2采用字母来命名图形的三个角。现有的文献采用各种不同术语来命名。不过，至少就当下而言，字母A表示符号*，字母B表示概念*，字母C表示所指*。这种做法与至少一种传统的意指分析方法是一致的。例如，有个学术名言如是说，"vox significat（rem）mediantibus conceptibus"（参见Ullmann, 1957：71），可译作"语词通过中介性概念指称（事物）"。拉丁语的'vox'是描写语音的标准术语，过去通常用来描述仅从形式（尤其是口语形式）上考察的语词，但使用起来却不尽统一，有时指词形式，有时指词位或表达式。如前文指出，很少有人区分'词'的不同涵义。现代不少标准的意指分析方法，之所

---

① 上文只是一少部分参考文献，另外可参见 Baldinger (1957), Barthes (1964), Buyssens (1943), Eco (1971), Greimas *et al.* (1970), Guiraud (1971), Langer (1942), Mounin (1970), Mulder & Hervey (1972), Prieto (1966), Spang-Hanssen (1945). 有趣的是，印度的意指理论在许多方面和西方的意指理论是并行的，甚或还要早一些，参见 Kunjunni Raja (1963)。

以效果欠佳，就是因为没有考虑到这一点：在本文语境下，我们将'vox'解释为指称词位，暂且不考虑（跟我们总结的文献一样）词位和表达式的区别。还应指出的是，使用'significatum'（所指）这一术语的著者在阐释上存在一些分歧。例如，莫里斯（Morris, 1946）认为，B（而不是 C）是 A 的所指，C 是 A 的所指对象（denotatum）*。此处不探究这些术语的差异，也不探究对于差异所依赖的意指这一概念的不同认识，更不探究意指三元分析的扩展形态，否则就要另外增加一个元素，将符号使用者或使用语境纳入模型。

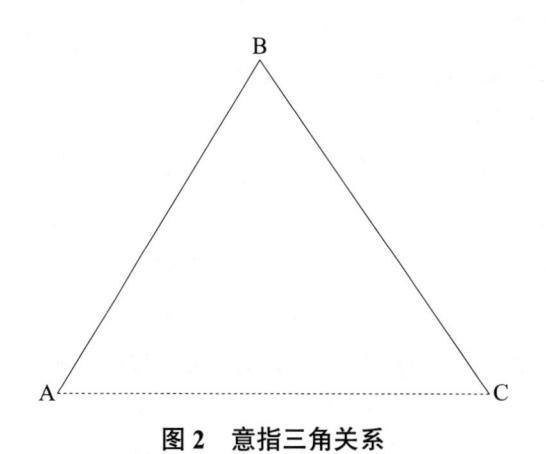

图 2　意指三角关系

词位（A）与所指（C）的关系是间接的，以概念（B）为中介，上图以 A 和 C 之间的虚线表示。A 和 B、B 和 C 之间是连续的，表示两个更基本的关系。上图是对奥格登和理查兹绘图的一种改造。在仔细考察他们的分析方法之先，也许可以观察到的一点是，根据某些传统描述，AB 和 BC 表示两个意指关系：词位指示概念，概念指示事物。

前文（1.1）已经提到，奥格登和理查兹区分了'意义'的各种意义。他们特别关注误解和误释问题，认为相当一部分问题归结于如是思维倾向：符号与其所表示的事物之间存在某种内在的、不可消解的关系。他们声称，语词和事物的关系是纯粹的衍生关系，也就是一种推定的非因果关系,源于交流过程说话人和听话人(或作者和读者)大脑里产生的联想。认识到这一点,交流就会得以改善,思维也会更加清晰。(所谓的普通语义学运动,肇始于美国学者科日布斯基(Korzybski, 1933)的研究,经由蔡斯(Chase, 1938)和早川(Hayakawa, 1949)等人的研究,得到进一步拓展。有人声称,将语词视为约定俗成有余、充分性不足、用以指称事物的符号是有害的,颇有必要让人们认识到这一点。正是类似这样的一种期望对语义学运动产生了启迪。也许,把这样的语义学称作治疗语义学更合适一些。)然而,AB 关系和 BC 关系却被说成是真正的因果关系。从非常一般的意义上说,可以将奥格登和理查兹对这些关系的阐释描述为行为主义性质的阐释。外部世界的某一客体(C)在说话人的脑海里引起一种想法(B),这一想法接着又让说话人产生一个符号(A)。奥格登和理查兹终究没有区分过符号和信号。因此,他们才认为,符号在一定程度上是未经进一步处理而传输给听话人的。然而,我们可以轻松自如地将编码和解码阶段插入交流过程,也不会影响他们的方案。符号在听话人脑海里唤起一个想法,接着将他的注意力引向 C。此处要注意的一点是,据认为,说话人脑海里的思想源于外部环境的各种因素或刺激。正是由于这个原因,上文才表明,奥格登和理查兹的理论在一般意义上是行为主义性质的。他们往往使用行为主义者特别不喜欢的思维类表达式——如'思想'(thought)(5.1),这一点无关紧要。在知识和交流的机械论框架下,不应将思想或概念假定为理论构念,这是完全没有理由的。下一章将更明晰地讨论行为主义意义理论。

奥格登和理查兹使用指称对象(referent)* 这一术语来说明 C,如今已为语义学家所普遍采用。然而,值得注意的一点是,在奥格登和理查兹看来,B 和 C 之间是指称关系,而 A 和 C 之间则不是。不过,如下文(7.2)可见,语词或表达式指称(或指代)事物,而不是概念指称事物,这一说法不足为奇。

常有学者试图消除 B 或 C，同时又坚持认为，语词的意义就是它的所指对象。乌尔曼（Ullmann, 1957：72）认为，C 不是语义学家的直接关注点，就决定词义的相关事物而言，其属性是从事物中抽象而来的，用 B 来表示。根据索绪尔（Saussure, 1916）的分析（符号不是 A，而是 A+B 这一复合实体），乌尔曼将 B 描述为思维实体，也将 A 描述为思维实体，认为它们在头脑中是动态、双向关联的："如果我听到'桌子'这个名称，就会想到一张桌子；如果我想到一张桌子，如果有必要的话，就会清楚地说出它的名称"（Ullmann, 1957：69-70）。因此，意义是 A 和 B 的相互关系，"彼此可以相互召唤"。有的学者怀疑将意义的解释注入唯心主义的模子这一做法，一直质疑语词与事物之间是否需要 B，也就是说，它们之间是否需要思想或概念之类的中介。在他们看来，语词的意义只不过是它指代的特定对象或一类对象。此时，我们不再继续讨论这两种意义观，因为它们从意指角度定义意义，每每遭到了广泛批评。对此，本章下文再述。

具体到意指三元分析的细节，存在的分歧颇大，甚至在认同 A、B、C 三要素必须兼顾这一点的学者当中，也是如此。A 应定义为物理实体还是思维实体？B 具有何种心理或本体状态？C 是否指向特定场合的某个事物？说出特定符号（或编码符号的信号）是否可以指称事物的全部？或者说，还存在第三种可能性：该符号是不是一类事物的典型或理想表征？此处不必讨论这些问题，但应做到心中有数。这些问题很重要，下文还会再现，只是形式有所不同。

4.2　象征符号、类象符号、标指符号与征候

新近的许多符号理论研究颇受皮尔斯著作的影响。本节回顾皮尔斯针对不同类型的符号所使用的术语。皮尔斯是本领域最精细、最具原创性的一位著者；同时，遗憾的是，他也是理解起来最困难的一位

著者。关于他的理论，谁也无法在其成果集当中找到完整可靠的描述。不过，这并无多大影响，因为我们不关注其理论的细枝末节，只关注他提出的颇具普遍性的某些区别特征。无论如何，皮尔斯的影响多是间接的。

皮尔斯用来指称符号理论的术语是'semiotic'，与洛克的《人类理解论》(*Essay on Human Understanding*)(Locke, 1690)一文使用的术语相同。这个术语取自希腊语，意思是"意指"，源于希腊医学根据身体征候诊断疾病的行为。斯多葛学派(Stoic)哲学家也曾使用过这个术语，以涵盖逻辑学与认识论。不过，当今的多数著者将 semiotics(符号学)*用作名词，将 semiotic(符号学的)*用作相应的形容词；本文也将采取这一用法。就当下而言，我们把符号学视为符号理论或意指理论；之后还会指出，由于该术语已被多数权威人士采用，所以将其理解成对传信系统的分析会更好一些；读者随后也可回想到上一章采用的涵义。符号学与语义学有何不同，也是下文要讨论的一个问题。'符号学'的另一(几乎对等)表述是索绪尔(Saussure, 1916)所采用的记号学(semiology)。其学科范围更宽泛一些(记号学本身又是社会心理学一个分支)，语言学则是记号学的一个部分。也许，'记号学'这一术语在承继索绪尔独特视角的学者当中使用最为广泛(参见 8.1)。

皮尔斯识别了多达十类符号，每一类还有进一步的细分。不过，他的分类标准却是相互交叉的。本文只关注其分类的一个维度以及由此产生的三种不同符号，即象征符号、类象符号和标指符号。

(ⅰ)象征符号(symbol)。皮尔斯定义象征符号的依据，是符号与其意指之间蕴含的约定俗成性或任意性。任意性是语言的一个设计特征，其重要性前文(3.4)已有所提及。词语的形式与其意义之间的关系是自然的还是约定俗成的？哲学领域有一个争议正是围绕这个问题展开的，孕育了传统语法，决定了传统语法的后续发展。

索绪尔(Saussure, 1916)把他所说的"语言符号的任意性"(形意关系的约定俗成性）当作其整个理论的一个最基本的原则。多数语言学家（尽管并不总是认同语言符号这一概念）一直沿循索氏的这个观点。他们一致认为，不管人类进化发展的某个早期阶段是什么状况，就所有的已知语言而言，语词和其指代对象的关系都是任意性的。相对来说，这种情形几乎没有例外。此语境下'任意性'的意义也许和通常一样，可通过例证予以解释，比如英语的'tree'、德语的'Baum'和法语的'arbre'。我们可以假定的是，这些语词的意指是相同的；换言之，它们可用来指称同一类对象。它们在形式上的差异颇大，其中一个指称树木未必就比另外两个更自然、更恰当。确切地说，不论是'tree'（*tree*, *trees*）、'Baum'（*Baum*, *Baüme* 等）还是'arbre'（*arbre*, *arbres*），写下来也罢，说出来也罢，没有哪种形式就天然地表示树木或其独有的特征。相形之下，英语的'cuckoo'、德语的'Kuckuck'以及法语的'coucou'的口语形式却天然地表示所指鸟类的特有叫声（参见 Ullmann, 1957：88）。此处例举的传统上所谓的拟声词（onomatopoeia）*，对于索绪尔语言符号任意性一般原则来说，是普遍公认的一种例外；拟声形式在所有语言系统词形当中只是一小部分。进而言之，即使是拟声形式，也有任意性或约定俗成性的某些成分，因为拟声形式是生成的，符合特定语言的音系系统，而不是直接模仿它们（更确切地说，是它们编码的词位）所指代的声音。

　　我们按照语言学家的习惯做法解释了任意性原则。但要注意的是，索绪尔的语言符号分析将所指的事物（所指）等同于意指三角模型的 B，而不是 C（参见 4.1）。鉴于此，我们也许可以像一些学者一样认为，索绪尔框架下的任意性原则适于描写连接 A 和 B 的纽带，而不适于描写 A 和 C 之间蕴含的关系（奥格登和理查兹认为，这种关系是间接的，而非真正意义上的因果关系）。这个问题和索绪尔意指理论的其他相关问题一样，在语言学刊上的讨论已经十分广泛（参见 Ullmann, 1962：81）。关于索绪尔意指分析的细节以及由此产生的讨论，此处不深入探究。需要说明的是，目前可意识到的一点是,任意性概念要比初看起来复杂得多。要强调的是,'任意'和'约定俗成'并不等同,这一点业已十分明了。

英语的词位'tree'与 *tree* 和 *trees* 两种形式相互关联(而与其他形式没有关联,例如 *bodge* 和 *bodges*),其中没有任何内在原因可言(使用传统的表述方式本质上是没有理由的)。鉴于此,关于任意性原则,才能提出许多比较有趣的问题;我们由此发现,学者们之间的分歧巨大。不管与什么样的形式关联,英语是不是必须要有'tree'这样的词位?任何一种语言一定都有(或者说不一定都有)语义上等同于英文'tree'这样一个词位,这么说到底意味着什么?如随后的章节所述,索绪尔和其他结构语义学者坚持的观点是,每种语言不仅有自己的形式库,而且还有自己的意义或概念系统(参见 8.1)。

(ⅱ)类象符号(icon)。皮尔斯指称非任意性符号的术语是类象符号*。区别类象符号和象征符号,他写过这样一个段话:"有一种符号,即便其对象不存在,也具有使其产生意义的特性,是为类象符号。例如,铅笔画一道,表示一条几何线……另有一种符号,假如没有阐释项在场,就会失去使其成为符号的特性,是为象征符号。说出的任何话语,只有被理解为具有特定的意指,才会有相应的意指内容,正是此理"(Peirce, 1940:104)。可观察到的一点是,皮尔斯的定义使用了'阐释项'(interpretant)一词。按照皮尔斯的理论,阐释项是指符号所产生的思维效应:我们可将其视为语义三角模型中与符号相关联的概念。象征符号的约定俗成性或任意性,或许有别于被称作类象(iconic)*符号的自然主义属性,它是以使用者的惯例知识和意识为基础的。如前文(3.4)所述,语言中不仅有和非言语信号指示系统相联系的拟声词,而且还有其他许多类象性特征。

正如皮尔斯所述,类象符号和象征符号的区别非常不清晰。可以说,类象性取决于符号与其对象在几何或功能上的某种天然相似性。不过,相似性(resemblance)整个概念至少是不可信的,它和借以判断两个事物相似性的关联特征的识别过程无涉。我们识别一个符号与其对象的相似性（用皮尔斯的术语来说），时常依据的是我们对于阐释的文化惯例的了解程度。因此，'类象性'不能等同于'自然性'。我们一方面可以区分什么是自然的（不是学会的），什么是文化的；另一方面又能区分什么是任意的，什么是非任意的。鉴于此，类象符号看来就是非任意性符号的一个子类，其相似性可能是自然的，也可能是文化的。进而言之，相似可能是多种多样的。因此，类象性充其量只是语言的一个复杂的异质性特征，和在其他符号系统的情形是一样的（参见 Eco, 1972）。口头语的许多拟声形式，还有所称的表意书写系统的文字和象形字，只不过是微弱的类象形式；也就是说，认识其意义的时候，我们才能看出形式和意义的某种相似性，但不能仅仅根据形式推导出意义。值得注意的另外一点是，就埃及人、玛雅人曾经使用的、中国人仍然使用的书写系统而言，'表意文字'（ideogram）这个术语容易产生误解：这些所谓的表意文字表示或对应的是口头语的形式或词位；它们并不直接表示意义或思想；相对来说，极少数以图形方式表示各类事物。进一步来说，随着所谓的表意文字的类象性逐渐减弱，所有书写系统的灵活性不断增强，从符号学角度来看，效率也在不断提高（参见 Gelb, 1963）。总的来说，语言中可见的类象性相对较弱；我们真正使用较强类象性信号的时候，例如，在伴随言语的副语言动作中，或在模仿过程中，一般来说，只有根据情景的冗余性和接收人识别说话意图的能力，才能解释这样的符号。

至此，我们从形式和意义的（各种类型的）相似性这一视角讨论了类象性。这也许可称作原初类象性（primary iconicity）*；这种类象性显然有赖于媒介。例如，cuckoo 这一英语词形式在语音媒介上是类象的，在书面媒介上却不是。一种形式（或一组形式）与不同的意义相联系，不同意义之间的相似性或相关性，对于自然语言的词汇分析来说，是至关重要的。对此，下文（13.4）将详细讨论。此处或许要指出的一点是，形式和意义之间也可能存在一种更复杂的类象性，这种类象性是意义扩展的结果;从历史角度来看,意义扩展是指基本义被拓展为转移性隐喻义(metaphorical)*的过程。例如,设想英文有一个拟声词,其发音类似于猫头鹰的叫声(如注音形式'cuckoo'的发音类似于杜鹃的叫声)。如果这个词的意义是"猫头鹰",便可佐证类象性。(事实上,像'cuckoo'一样,该词指的是声音的来源,而不是声音本身;不过,鸟类和动物发出的特殊声音,和它们的外形一样,都是其自身特有的一部分。它们独特的声音以类象性的方式在语音媒介上得以表征,而它们独特的外形则通过书面媒介予以表征,如埃及象形文字一般。)然而,不妨设想一下,该词的意义不再是"猫头鹰"(尽管其本意如此),而是"明智的"或"智慧",便会产生一个实例,可表明所谓的衍生类象性(secondary iconicity)*。就词的形式而言,首先依据的是与鸟儿独特叫声在类象性上的关联关系;而就词的意义而言,依据的是广为认可的猫头鹰与智慧的关联关系。这两种关联关系过去通常被视为是自然的,而非约定俗成的。斯多葛学派及其后继之人采用传统的修辞手法(隐喻、转喻、提喻等)来解释意义从原始义或基本义到次要相关义这一假定的自然扩展过程。新近以来,这些修辞格一直被用来整理关乎意义变迁的历史文献(Bréal, 1897;Stern, 1931)。尽管用词不同,但经常都会提到衍生类象性,将其视为语言起源和演进过程的一个操作因素。

所谓的衍生拟声词是衍生类象性的特例。乌尔曼就是按此方式对拟声词分类的,例如,*dither*、*dodder*、*quiver*、*slink* 等形式和各种运动有关;*gloom*、*grumpy*、*mawkish*、*slatternly* 等词位形式表示"某种物理特征或道德品质,通常为消极"(Ullmann, 1962:84)。例举的这些衍生拟声词,作为口语词形式,听起来就感觉符合各自的意义,虽然实际上并没有表示声音本身或声音源,但却说明了所谓的语音象征(sound-symbolism)*(或语音联觉(phonaesthesia)*)这一现象。对此,语音学、语义学和文体学等方面的文献进行过广泛探讨(参见Ullmann, 1962:84ff)。毋庸置疑,特定语言的某些语音或语音组合与意义特征相关联(这种关联有时多用于诗歌），但不能确定不同语言共用语音象征原则的程度。语音象征现象似乎仅限于语言中相对不多的一部分词汇。

上文讨论了类象性和规约性的关系，从中得出的主要观点是，二者不是明显对立的，这一点和皮尔斯以及其他许多人各自的分类方案所提示的有所不同。例如，文化上认可的猫头鹰与智慧之间的关系有可能是基于某种自然的东西，也有可能不是。但是，在我们所生活的文化内部，这种关系尽管有惯例的支持，但肯定不是任意的。无论如何，在这一点上，和在其他许多方面一样，对于什么是生物决定的，什么是文化决定的，什么是先天的，什么是后天的，最终也许就无法区分。

'类象性的'（iconic）这个术语在文献中已经完全确立。尽管只不过是一个标签，表示一组迥然不同的、非任意性的形式和意义关系，但还是一个有用的术语。不过，重要的是，不能将其当作'自然的'（natural）之同义词来解释。和'象征性的'（symbolic）不同的是，'类象性的'之优势在于，在符号学之外没有其他非专业的涵义。读过符号学和语义学文献的人都应该意识到，皮尔斯及其后继之人把'symbol'（象征）和'symbolic'（象征性的）当作专业术语来使用，但却没有充分理由一直沿用下去。对于猫头鹰和智慧之间的这类关系，使用象征性的*一词来描述似乎更好一些，例如，可以说，猫头鹰是智慧的象征*，或者说猫头鹰象征（symbolize）*智慧。抛开其他因素不说，这种表述更贴近日常语言的非专业用法。

根据一般原则描写非任意形式-意义（form-meaning）关系或意义-意义（meaning-meaning）关系的最佳专业术语，也许是索绪尔提出的理据性的（motivated）*，该术语已为语言学家所广泛采用（参见 Ullmann, 1973：352ff）。如果这种关系是形式和意义的关系，一般原则又是某种相似性，那么其形式则可用'类象性的'来描述。按照这种涵义理解的类象性，则是一种比较具体的理据（motivation）；可以是主要理据，也可以是次要理据，但始终取决于呈现其形式的媒介之属性。采用'类象性'

这个术语来解释隐喻这样的意义-意义关系，是没有多大价值的（虽然我们知道隐喻可能是衍生类象性的构成要素）。

（ⅲ）标指符号（index）。和前两类符号相比，皮尔斯的第三类符号的异质性甚至更强。他给标指符号*下了这样一个明确的定义："标指符号是一种符号，假如其对象被移除，就会立即丧失使其成为符号的特征，但在没有解释项的情形下，又不会丧失该特征"（Peirce, 1940：104）。可以看出，该定义之所如此表述，就是避免象征符号、类象符号及标指符号在范畴上相互交叠，至少理论上来说是这样的。皮尔斯继而以例为证指出，带有弹孔的模具就是一个标指符号："没有射击，就没有弹孔；但是，不管谁有意或无意将弹孔归因于射击，弹孔都会在那里"。不过，如何运用上述定义来解释他给出的其他例子，就不甚清楚了：一个男子走路一扭一扭，"有可能表示他是水手"；"日晷或时钟表示每天的时间"；"敲门声是个标指符号"。总之，"引起注意"或"让人吃惊"的任何东西都是标指符号（Peirce, 1940：108）。指示代词也是标指符号，因为"它们唤起听话人的观察力，从而在意识和对象之间建立真正的联系"（Peirce, 1940：110）。

皮尔斯的追随者似乎没有人像他一样宽泛地使用标指符号*、标指性的（indexical）*和标示（indicate）*这类术语。莫里斯（Morris, 1946：76）采用'标识符'（identifier）这个术语表示"面向特定环境的某一区域对行为产生引导作用的时空位置类符号"。他采用'标示符'（indicator）来表示具有标识符功能的非语言信号，如指向的手势。所以，莫里斯的'标示符'和皮尔斯的'标指符号'尽管有联系，但范围有所窄化。就'标指符号'和'标指性的'而言，文献中似乎普遍采用两种截然不同的涵义。阿伯克伦比（Abercrombie, 1967）用'标指符号'指称"反映作者或说话人个人特点的符号"；这个定义显然会涵盖皮尔斯所说的"一个水手走路一扭一扭"这个例证，也会涵盖引起我们注意或让我们惊讶的符号或信号。尽管可能不是全部，但还是有一些。另一方面，某些哲学家使用'标指性的'这一术语来描写语境依赖型句子（例如，"我饿了"）。具体而言，言说的陈述句所表达的命题，其真值随言说场合而发生改变（参见 Bar-Hillel, 1954b）。'标指性的'在哲学上的如此用法似乎源于这一点：皮尔斯用其指称指示代词等语词，以引起听话人对即时情景的注意。关于'标指符号''标指性的'以及'标示'，本书拟采用的定义比较贴近阿伯克伦比的定义。

本书使用标指性的*这一术语遵循的标准是，符号 A 和其所指 C 之间应该存在某种已知或假定的关系。这样一来，A 出现意味着 C 的在场或存在才会成立。就我们的目的而言，这还不够具体：我们的目的在于把握皮尔斯的一般定义的精神（不必采用 A 和 C 应相邻或两者的联系应独立于解释项而存在这样的条件）。我们说有烟即有火，或者说，言语不清是醉酒了，我们就是根据上文给出的一般定义在暗示，烟和言语不清是标指符号：意味着（通过指向实体）火或醉酒的存在。不过，上述两个实例也满足了一个更具体的条件，也就是我们可为标指符号设定条件的条件。有烟不仅仅意味着某个地方起火了，也标示*着火是烟的源头。口齿不清不仅仅意味着醉酒了，也标示着说话人的醉酒状态。所有的标指符号都会以上述方式传达符号源信息，我们将其视为标指符号的基本特征。

'标指性的'还有另一种说法，即表情性的*，在语言学、心理学、行为学文献中颇为常见。本书第二章在区分不同类型的意义时，就是如此使用'表情性的'这一术语的（2.4）。不过，该术语的缺点在于，它在文体学中也经常用作其他涵义：如果一个短语比较生动或者效果更好，不管它是否反映作者的何种心态或个性，我们都会说，这个短语的表现力比另一个更强一些。读者应注意的一点是，当'表情性的'表示与'标指性的'本质上相同的涵义时，它便是一个关键术语，可见于比勒（Bühler, 1934）的理论，也可见于雅各布森等布拉格学派语言学家的著作，后者颇受比勒的影响。但是，既然我们采用了更合适的通用术语，以表示与发话人特征协变并因此显示发话人特征的话语信息（参见 3.1），就可将'表情性的'

仅限于说话人或写作者以独创方式确立或显示其个性的标指性话语特征。因此，从这个意义上讲，表情性即是创造性*的一部分（参见 3.4），属于文体学范畴，不属于语义学范畴（就符号学或语言学的这两个分支彼此能够区分而言，参见 14.5）。

标指符号和标指信号可采用不同方式予以分类。阿伯克伦比（Abercrombie,1967:7）的分类，有"标示组员身份"的，也有"表示个体特征"的，还有"揭示说话人状态变化"的。拉弗（Laver,1968）的三分法略有不同，具体分为生物、心理和社会三类。阿伯克伦比和拉弗主要关注的是言语，尤其是言语的音质*和副语言*特征（3.1）。不过，'标指性的'也可有效地用于其他话语特征，既有口语话语，也有书面话语。一个人的发音或书写，可标示他是某一区域或社会文化群体的成员、他的性别和年龄、他是谁、他的情感状态或态度，等等。不仅如此，还可标示他所使用的特定形式、词位或语法结构。事实上，通常描述作者个人风格的很多内容都是标指性的，体现的正是上述涵义。

此处拟采用的分类和阿伯克伦比的分类基本相同。将信源描述为特定个体的标指符号和标指特征，可称作个体识别（individual-identifying）*（或个体特质（idiosyncratic）*）标指符号（特征）；与个体在共同体内部的社群成员身份（特定的年龄、性别、体格、个性等）相关的标指符号和标指特征，可称作群体识别（group-identifying）*标指符号（特征）。有必要的话，群体识别类标指符号（特征）还可细分为地域识别（region-identifying）*类或地域（regional）*类（根据个体的地理区域）、地位识别（status-identifying）*类或地位（status）*类（根据个体的社会地位）、职业识别（occupation-identifying）*类或职业（occupational）*类，等等。长期以来，语言学家一直研究群体识别类标指特征；在语言社区每每可识别这些特征，属于日常或前理论意义上的'口音'（accent）、'方言'（dialect）及'行话'（jargon）等术语范畴。

标指符号大类中有一个子类特别值得一提，也就是阿伯克伦比所划分的第三个子类（"揭示说话人状态变化"的标指符号）。他和其他许多著者一样，给该类别贴上了'情感'（affective）这个标签。这一类别的标指特征通常指的是态度。但是，就'说话人的状态'而言，采用相对宽泛的定义，似乎比'情感'或'态度'（attitudinal）所提示的意义要更好一些；相应地，对于定义如此宽泛的标指符号，我们拟使用征候（symptom）*这一术语予以描述。符号或信号包含的任何信息，只要给接收人指示发送人所处的某种状态，无论是情绪（恐惧、愤怒、性唤起或严阵以待等），还是健康态（患喉炎等）、醉酒态或其他什么态，便可将其描述为该状态的征候*。在许多情形下，虽然不是所有，将上述状态解释为征候之因，似乎也是合理的。可以观察到的一点是，此处使用'征候'一词，其涵义和医学领域接近；如前文所述，'符号（学）'一词最早在希腊语中使用，它将征候当作符号来解释，具有诊断之术的性质（参见 Morris, 1946：285）。事实上，'征候'一词在文献中使用得十分广泛，采用的正是此处所给的'征候'之义。不过，其涵义的波动程度和'象征符号'或'信号'却不在同一水平。

特别要注意的一点是，此处定义'征候'，也考虑到上文提到的比勒的用法（4.1）。根据定义，每个话语，对于接收人来说，都是发送人心中所思所想的一个征候。但是，针对'说话人的状态'这一表述，上文给出的一般性解释是否有意义，倒是存疑的。不过，有些人或许要反驳说，每个话语都是发送人内心状态的征候，只是个中涵义稍有不同，因为话语是由特定的神经生理学程序决定的，承载着可用来推断该程序性质的信息。这么说也许是对的，尽管就口头话语生产而言，目前的研究要得出如是结论尚为时过早：听话人往往视作同一话语类符的每个形符都是某种别具一格的神经生理学程序的产物。即便如此，话语昭示说话人的神经生理学状态，也只是针对接受过训练的观察者而言的，而不是针对习惯上的信号接收者来说的。

应注意的一点是，此处的'标指性'（包括'征候性'）在定义方式上与'任意性'和'类象性'不相兼容。许多征候性和个体特质性的标指符号，有的要么有自然理据，要么有规约理据；有的则是任意性的。还应强调的一点是，正如前文所述（3.1），语言信号（language-signal）相当复杂：就一个话语信号来说，有些成分也许是标指性的，有些成分也许是非标指性的。根据本节提出的标指性特征的具体分类，'标指性'一词涵盖了社交意义的许多方面。前文业已指出，唯有借助社会群体内部建立的人际关系，我们才能维护自身作为个体的独特人格（2.4）。

4.3 唯名论、实在论和概念论

现在，我们必须稍加审视概念在诸多传统和现代意义理论中所发挥的作用。如下文所述，这是哲学和心理学领域充满争议的一个话题。重要的是，所有语义学家都应意识到这些争论的存在，即使他们不是哲学家或心理学家。其中涉及的问题，对于主张解释语言与世界关系的任何语义学理论来说，都是至关重要的。本节的讨论将引入一定数量的大致标准的术语，以供后续之用。

我们姑且承认，外部世界存在各种各样的实体（人、动物、植物等），每一实体都是一个个体（individual）*，并且具有或拥有某些可感知或可理解的属性（property）*。由此说来，我们采用的正是日常使用的形上之法。

所谓概念（concept）*，即是观念、想法或心理构念，大脑借此理解或认识事物。如前文所述，在传统的意指分析中，概念调和词语和对象。不妨回想一下"语词通过中介性概念指称（事物）"这一口号式的说法，它正是对上述观点的概括（4.1）。语词的指称对象一直被称作所指*。对于中介性概念一说，不妨采用意指*这个术语来表示。这样一来，便可这么说，语词直接指称的事物即是意指，间接指称的事物即是所指。现代语义学的许多理论将概念称作语词的'意义'，将对象称作'意指之物'（the thing-meant），由此对两者进行了区分（参见 Gardiner, 1932；Ullmann, 1957：70）。

概念通常是按照二分法进行分类的，如简单与复杂、具体与抽象、独特或普通、普遍与特殊。这里不必深入探讨此方案的细枝末节。然而，应注意的一点是，鉴于西方传统语法理论与逻辑理论的紧密联系，具体名词与抽象名词、专有名词与普通名词等这些传统语法区别特征在部分程度上有赖于上述方案（参见 11.3）。普遍与特殊正是我们此时尤其关注的一组区别特征。其原因是，它是所谓的普遍特征问题的源头，至少从术语上来说是这样的。这个问题，从柏拉图时代及至当下，一直是哲学领域论争颇为激烈的议题，表现为唯名论（nominalism）*与实在论（realism）*之争，主导着后来的逻辑学和形而上学。该论题与 14 世纪名为奥卡姆的威廉（William of Ockham）这位英国哲学家颇有干系。

如'男人'或'美丽'这样的语词用作谓词，可赋予个体以男人或美丽的属性，与此相关的一类概念即是普遍特征（universal）*。普遍特征的传统问题与本体状态有关，与心理状态无关。在认识和感知主体的心智之外，普遍特征是否先验地独立存在？也就是说，它们是否超心灵地或客观地存在？所谓的正统观点，在受到唯名论挑战之前，认为普遍特征是客观存在的。因此，'概念'这一术语可用作两种涵义：不仅指我们现在所称的心智概念（mental concept）*（本节上文采用的正是这种涵义），也指心智在认识和感知外部世界时所理解的假设性超心灵实体，我们称之为客观概念（objective concept）*。古代有两个版本的实在论，一是源自柏拉图的实在论，或许可称作超验（transcendental）*实在论或极端实在论；相形之下，另一个源自亚里士多德的实在论，或许可称作内在（immanent）*实在论或温和实在论。根据柏拉图的观点，客观概念（或柏拉图所说的理念）存在于个体之外，与个体相分离；可以说，个体只是以某种方式呈现概念。然而，经院哲学在综合建构逻辑学、认识论和形而上学时普遍采用亚里士多德的温和实在论，唯名论者首先攻击的也正是这一版本的实在论。弗雷格（Frege）和罗素（Russell）等一些有影响力的现代学者，他们持有的观点与柏拉图相近，也遭到了后期唯名论者的批评。

亚里士多德的观点是，每一个体（或实体（substance）*）的构成都有两个不同又不可分割的原则，即质料（matter）和形式（form）。质料是构成事物的原材料，体现的是个体化原则，使每一个体独一无二，有别于其他所有个体。形式（其涵义不同于本书用作专业术语的'形式'：参见 1.5）是事物可理解、可感知的实质或本质，内在于事物之中，没有独立的存在。形式是普遍的，因为不同的个体可能有相同的形式。例如，人（Man）这一客观的普遍概念（可分析成更简单的概念）以形式内在于所有的个体之中，谁都能正确无误地赋予其是为人的属性。

唯名论者反对如此看待词与物的关系。他们认为，普遍特征是指示个体并以某种命题形式指称个体的名称（故有'唯名论'之标签）。仅有个体存在，没有任何客观的、心智之外的普遍特征。此时，需要强调这样一点，也颇为重要：中世纪的唯名论者并不否认关于外部世界认识的客观性，也不否认个体固有的属性。他们坚持认为，没有红色（redness）这样的实体，只有红色的事物，也就是说，只有我们根据颜色的相似性冠以'红色'（red）之名的个体对象。所以，普遍特征服从于通常所说的奥卡姆剃刀（Ockham's razor）*这一原则，即本体论上的简约或经济原则。根据该原则，"如无必要，勿增实体"，或者说，不采用看上去真实可靠但又不怎么常见的形式。因此"如无必要，就不应假定复数的实体"。中世纪唯名论者摒弃的正是客观概念，而不是心智概念。

如上所述，就我们认识外部世界的可能性而言，唯名论未必有主观论或怀疑论的意味。奥卡姆至少似乎这么认为：我们对个体的认识是直接的，也是直觉的，是由个体自身引发的。关于这个话题，他不得不说的一席话饶有趣味。因为理解一个对象是直觉的，所以头脑中才会自然生发该对象的概念。个体概念是对象的自然符号，可看作是书面或口头词语的意义，特定语言的语词指称概念是约定俗成的。"英国人和法国人注意到一头奶牛，他们的头脑中就会形成相同理念或"自然符号"（natural sign）（终极概念（*terminus conceptus*）），尽管付诸语词或文字表达之时，英国人使用的是约定俗成的符号'cow'，法国人使用的是约定俗称的符号'vache'（Copleston, 1953：54）。① 因此，依据奥卡姆的上述解释来判断，他的观点是，词和概念的联系是约定俗成的；但概念这种东西却不是约定俗成的，直接理解世间各种对象而形成的概念，所有的语言都会有相应的语词予以表达。

现在采用概念论（conceptualism）* 这一术语来指称如是语义学理论：它们将词或其他表达式的意义界定为说话人和听话人在头脑中产生的关联概念。就"概念论"而言，从相当宽泛的涵义上来说，不仅传统的实在论和唯名论可称作概念论，而且可供选择的其他各种理论也可称作概念论，包括哲学家有时从更专业、更有限的涵义上应用该术语的理论；换言之，这种理论的普遍概念具有心理效度，但无本体效度，是经由大脑建构的，而不是直接理解的。②

语义学采用的概念论，无论何种形式，往往都会遭到来自两个方面的严厉批评。③ 首先，姑且存在与词相关联的概念，从而（呼应前文乌尔曼的引语，参见 4.1）可以这么说：我听到'桌子'一词，一张桌子的概念就会出现在我的脑际；如果想到一张桌子，就可根据要求调用'桌子'一词，但没有证据表明，此种概念在平常的语言行为过程中发挥着什么作用。众所周知，内省法（introspection）是不可靠的。但是，也没有别的方法确定一系列概念是否伴随话语的生产与理解过程；对于肯定的观点，

---

① 如此表述奥卡姆的观点，在每个细节上是否都精确，也许是有争议的；不过，倒也简单明了地表达了他的一般观点。

② 本书使用'概念论'这一术语，其涵义始终有别于哲学家惯用的涵义。

③ 必须强调的是，关于概念论，此处再现的批评意见和心理学理论将概念假定为理论构念这一点没有任何关系。

内省法也提供不了任何明确的支持。当然，如果要求一个人（在提及而非使用之语境下）形成桌子的某种心象（mental image），他也是可以做到的；一个人生产或接收某些话语的时候，偶然也会形成同样的心象。然而，这并不能证明，我们对于所有的语词，通常都这么做，或者说，有必要这么做。这里也不应反对如是说法：假如没有桌子这一概念，我们就不能识别桌子，也因而不能正确使用'桌子'一词。这不仅是事实，而且不言自明。因为有人可能会认为，有桌子这个概念，就意味着能识别对象类的成员，这样一来，在必要之时便可正确使用'桌子'一词来描述，这是许多心理学家所采用的概念形构（concept-formation）*这一术语的全部意蕴。我们一定是先掌握了桌子之概念，然后才有了理解'桌子'的意义这种说法；但是，却不能由此就认为，概念介入包含'桌子'一词大部分话语的生产与理解过程。语义学的许多著者都使用'概念'这一术语，但涵义根本就不清晰；也许，这本身就足以批评他们的术语使用问题。毕竟，这是一个历史悠久且富有争议的术语。如果有人将语词的意义界定为与语词相关的概念，不管他是谁，都应向读者解释他所说的概念大概指的是什么。

114　　第二方面的批评，不仅反对概念论，也反对根据所指对象界定词义的任何语义学理论。无论这样的理论是把意义界定为意指过程还是所指对象，都会遭到反对。只要我们将注意力局限于桌子这样的对象，似乎就有理由说，用以指称对象的语词是符号。在类似情形下，至少我们可以相当清楚地描述语词和对象之间的关系。然而，我们一旦将意指这一概念扩展，以涵盖所有的词位，就会面临完全琐碎化的风险。因为，说一个词的意义是它的所指对象，如果接下来不去识别不同类型的意指，也就等于说一个词的意义就是它的意义。所以，似乎比较可取的方法是，限定指示或指代这一概念的范围，专门用以描述语言的一个子类，涵盖真正指代事物的语词或表达式，并且符合'指示'的某一清晰可辨的涵义。第七章将继续讨论这个问题。同时，应提醒读者注意的一点是，本章讨论的意指一直仅限于词位的意指，没有刻意区分形式、词位和表达式（参见 1.5）。一旦做出区分，才可能高度一致地运用"语言单位指代其他事物"这一概念。对此，下文将予以阐明。①

4.4 语形学、语义学与语用学

如今，习惯上将符号学划分为语形学（syntactics，又译句法学）、语义学和语用学（pragmatics）三个子领域。这一划分方式最终可追溯至皮尔斯，但清晰划分并让人们熟悉符号学的第一人却是莫里斯（Morris, 1938：6）。承继其研究之人是卡纳普（Carnap, 1942：9）。他和莫里斯（还有布隆菲尔德）一样，曾经都是《国际统一科学百科全书》（*International Encyclopaedia of United Science*）的撰稿人（Neurath et al., 1939）。该书具有强烈的还原主义（reductionist）和物理主义（physicalist）倾向。后来，莫里斯（Morris, 1946）在其行为主义符号理论框架下对上述分类进行了完善。当时，莫里斯深感有必要指出的一点是，'语用学''语义学'和'语形学'这些术语"一直存在含糊不清之弊，对于本领域的问题，阐明不足，遮蔽有余。有的著者用以表示符号学本身的子领域，而有的著者用以表示符号学所关涉的对象语言的各种符号"（Morris, 1946：217）。

不同著者指涉符号学（semiotics，或莫里斯和卡纳普所称的 semiotic）的三个子领域时，采用的划分方式稍有不同。莫里斯的早期著作是如此定义的：语用学研究"符号与解释者的关系"，语义学研究"符号与其适用对象的关系"，语形学研究"符号与符号的形式关系"（Morris, 1938：6）。后来，他还提出了一种更为精细的分析方法，"在摆脱某些制约因素和模糊

---

① 本节的这些问题，通常是从语言和现实的关系这一维度进行讨论的（参见 Urban, 1939）。关于新近一些研究途径的系列文章，参见 Olshewsky (1969：653-731)。

问题的同时,保留了现行分类的特征",使三个术语"在行为导向性的符号学框架下得以解释"(Morris, 1946:218-219)。其修正的定义是:"语用学是符号学的一部分,以符号出现的行为域为范围,研究符号的起源、用途和效用;语义学研究以各种方式进行指示的符号的意指过程;语形学研究符号的组合特征,但不考虑其具体的意指过程,也就是不考虑符号与符号的行为关系。"

卡纳普对于符号学的三分法和莫里斯早期的做法相近,只不过限于自然语言和逻辑推演:"如果在考察过程中明确指涉说话人,或者更宽泛地说,指涉语言使用者,就将其归为语用学……如果将语言使用者抽离,仅分析表达式及其所指对象,就是语义学。最后,如果再把所指对象抽离,仅分析表达式之间的关系,就是(逻辑)语形学"(Carnap, 1942:9)。读者会观察到的一点是,'说话人'这个术语由相对宽泛的术语'使用者'所替代;'使用者'这个术语的一般化程度较高,是不是因为它既包括口头语的说话人,又包括书面语的书写人(这样一来,话语'发送者'或'生产者'这类术语也照样会十分宽泛)?是不是旨在将听话人和阅读者也纳入使用者范围呢?对此,目前尚不明晰。不过,倒是有一点似乎非常明晰:在语用学领域,相对符号接收者而言,卡纳普似乎更自然地认可符号生产者这一视角(即便在他指涉"包括说话人、听话人和环境在内的整个情景"(Carnap, 1958:79)时也是如此)。相形之下,莫里斯早期的描述却是根据符号对解释者的影响来定义语用学的(尽管后来不只是研究符号的影响,也研究符号的起源和使用)。关于符号学三个子领域的区分,还有一些比较流行的描述也不怎么精准。有一批著者共同撰写了一本论文集,其编者前言就是一个典型例证,把三分法视为论文集规划的一个重要的组织原则:"……语形学研究符际关系;语义学研究符号和事物的关系;语用学研究符号和人的关系"(Smith, 1966:4-5)。后来,该书是根据信号(符号)对人的影响来定义语用学的。

对卡纳普来说,语义学(至少纯语义学)和语用学的区别,与语言和逻辑推演（卡纳普称其为'构造型语言系统'（constructed language-system））的区别相匹配或相关联：从"表达式的意义分析"来看，语义学和语用学是两种"根本不同的形式"；一方面，语用学关乎"历史给定的自然语言的实证研究"；另一方面，纯语义学关乎"构造型语言系统的研究"。卡纳普认为，描述语义学（探究"历史给定的自然语言"表达式的意义）"也许可视为语用学的一部分"（Carnap, 1956：233）。他之所以希望将描述语义学纳入语用学领域，似乎是因为他认为，具体的表达式在使用上存在差异，这不仅在语言行为上不可避免，而且在描述上也必须予以考虑。然而，他尽管把纯粹语义学和描述语义学视为"根本不同的两种分析形式"，但在后来的一些成果中却清楚表明了这样一个观点：纯语义学为描述语义学提供模型。巴尔-希勒尔（Bar-Hillel, 1954a）在提出将卡纳普和其他逻辑语义学家的研究成果应用于自然语言分析这一主张时，也持有相同的观点。

莫里斯曾参与了卡纳普哲学一部专辑（Schillp, 1963）的撰写工作。他在文章中指出：卡纳普倾向于"将语用学视为经验学科，而且认为不可能存在与纯语义学和纯语形学相协调的纯语用学"（第88页），尽管如此，在讨论符号和使用者的关系时，也没有任何理由不去采用纯理性的和描述性的术语。这样一来，便可将'逻辑'这一术语的适用范围（如皮尔斯的建议）予以拓展，使之贯穿于整个纯符号学领域。对此，卡纳普在他的回复中给予认可（Schillp, 1963：861），并在随后发表的《论语用学的某些概念》（Carnap, 1956：248-250）一文中也表达了相同观点。不过，莫里斯、卡纳普和巴尔-希勒尔一致认为，不管纯语义学和纯语用学如何区分，自然语言的意义分析必然都少不了语用考察；他们尤其认为，分析性（analytic）*陈述和综合性（synthetic）*陈述的区别取决于所描述语言的使用者接受意义的决策（参见6.5）。巴尔-希勒尔在新近发表的一篇论文中特别强调了普通语言的"基本语用特性"（Bar-Hillel, 1970：206-221）。

关于语形学、语义学和语用学三分法的发展，上文概述了莫里斯、卡纳普和巴尔-希勒尔的研究成果。显而易见，如此区分适用于描述和构建逻辑推演，但是否也适用于描述语言，至少是无法确定的；及至当下，还没有语言学家区分过这些术语。假如按照莫里斯（Morris, 1946：220-223）和其他学者的主张将语言学纳入符号学领域，显然就有必要对整个语言学领域及其分支加以限定，描述这些术语时也要比以往更谨慎、更精准。如上文概述明示，一般认为，语用学和语义学在自然语言意义分析方面的区别是有争议的。后续章节有几处还会谈到这一点，在讨论语境*问题时尤其如此（参见 14.4）。

上文引用了莫里斯和卡纳普的观点，其中也划分了句法（或语形学）和语义学。现在，我们关注一下二者的区别。首先，要注意的是句法定义的模糊性。卡纳普的定义显然没有将句法限制在语词的组合关系这一点（尽管他后来对纯语义学系统进行了形式化处理，从中可清楚看出，他也考虑到了语词的组合关系）；其中的一个定义清楚地描述了句法的合式条件。从传统来看，语言学家和哲学家已经区分过构造句子和短语应遵循的两个合式原则：其一，说出的话语符合语法（与不符合语法相对）；其二，说出的话语有意义（与无意义相对）。如果说语义学研究意义，那么语义学和语形学想必都会存在组合方面的问题。不过，卡纳普和莫里斯的句法定义均没有考虑到这一点。对于他们的句法（或语形学）定义，还有进一步的批评：该定义未对形式、词位和表达式加以区分（参见 1.5）；这样一来，在描述语言时，便无法确定如何、何处才能将形态或屈折变化与句法区分开来。

就语义学的定义而言，它在很大程度上取决于意指这一概念，对此，前一节已有所批评。如上文所述，将意义定义为是语词和事物之间的关系是行不通的；卡纳普的所指对象或莫里斯的反应倾向等理论实体的假设必须确证其合理性，要证明的不是它们的本体效度或心理效度，而是它们是否适于描写日常语言使用方式这一目的。语言的多数表达式其实并不是被当作符号来使用的（也许，反身用法除外：参见 1.2）。对此，即使建立各种各样的意指模态（如莫里斯的做法）加以认可，说到底也不是令人满意的一种方法。意指只不过是符号众多不同功能的一种。

最后讨论符号学*这一术语本身。定义符号学最行之有效的方法是，不把符号学视为符号理论，而视其为传信系统（即通过某种信道传输信息的系统（参见2.1））理论。我们可以将传信系统（即符号系统）区分为自然*和人工*两类：所谓自然，不是说信号是类象性的，而非象征性的（皮尔斯所取的涵义：参见4.2），也不是说信号的局部或整体是本能性的（不是学会的），而是说信号是"历史给定的"（卡纳普也许认为如此），只是还没有刻意建构而已。如果有某种无所不包的普通符号学理论，并且适用于人类或非人类的所有自然传信系统和人工传信系统，那么将语言学纳入这样的理论是否可能或者有效，乃是一个开放性问题。本章和上一章试图指出的是，从符号学视角来看，语言系统和非语言系统之间的异同。从本章及至其他章节，我们将或多或少地只关注语言；只要有助于此目的，我们就会借用上文介绍的符号学概念，但不一定非要把语言语义学纳入普通符号学理论。

上文回顾了莫里斯、卡纳普和巴尔-希勒尔的成果，追溯了语形学、语义学和语用学三分法的发展，但这一分类迄今却很少为语言学家所采用。也许，此时应补充的一点是，目前，越来越多的语言学家对照'语义学'，已开始使用'语用学'这一术语。但多数语言学家使用该术语并没有联系到这样一个观点：语言学是或至少应该是符号学的一个分支。绝大多数逻辑学家和哲学家在区分语义学和语用学之时也是如此。实际上，就目前而言，从皮尔斯对整个符号科学的构想来看，三分法的起源与语言学家或哲学家当下的划分方式几乎不怎么相关。从皮尔斯的著作可知，语用学是符号学的一个分支，它和名为实用主义（pragmatism）的哲学运动之间甚至更没有什么干系（对此，我们不曾言说过什么）。从历史来看，实用主义独立于实证主义（positivism）和行为主义而存在，但它们之间却有很多共同点（参见 5.1）。[1] 令人感到奇怪的是，许多逻辑学家和哲学家当下居然付诸语形学、语义学和语用学三分法。他们之所以这样做，倒是为了支持传统的形而上学之说，也就是支持卡纳普这样的逻辑实证主义者竭力反对的那种学说，更宽泛地说，反对者还包括《国际统一科学百科全书》的所有撰稿人。[2] 但是，上述划分与统一科学运动相联系，也许只不过是短暂的一次历史偶然；就对待科学的一系列普遍态度而言，莫里斯、卡纳普和布隆菲尔德是相同的；除此之外，他们之间的确没有别的共同之处。

---

[1] 关于皮尔斯这一方面的研究成果，参见 Feibleman (1946)、Gallie (1952)。
[2] 有关的一系列观点，参见 Bar-Hillel (1971)、Davidson & Harman (1972)。

第五章
行为主义语义学

5.1 一般态度

本章关涉行为主义意义理论。当今,行为主义虽然不及十来年前那样广为接受,但曾在美国心理学界长期居于主导地位,不仅对心理学家,而且对某些语言学家和哲学家提出并探讨语义学的一些基本问题产生了巨大影响。[①]

首先区分一下两种行为主义:一是作为一般态度的行为主义,二是作为成熟心理学理论的行为主义,如此区分也许是有用的。本节拟探讨的是涵义较为宽泛的行为主义,以识别赋予其特殊之力或意味的四个典型原则或倾向。

首先要指出的是,行为主义怀疑'心智'(mind)、'概念'(concept)、'思想'(idea)等一切心灵主义术语,同时排斥内省法,认为它不是心理学获取有效数据的方法。排斥内省法的理由不难理解。每个人的想法和经验都是他自己的,他说给别人的想法和经验非常不可靠。实际上,说到个人行为背后的信念和动机,一个人在刻意误导他人的同时,也很可能不由自主地在欺骗他自己。既然如此,尽管许多人的内省报告可能广泛一致,但不足以保证其可信度。行为主义者认为,内省证据和通过考察获

[①] 下文的目的不在于全面描述行为主义,仅提出对于语义学发展至关重要的观点。经典教科书有 Osgood (1953)。了解一般背景知识,参见 Carroll (1953),Osgood & Sebeok (1954)。

得的行为证据不相符,则是无用的(至少可能会产生误导);内省证据与相对可靠、公开可取的观察证据完全相符,则是冗余的。这么说来,心理学应限于可直接观察的事物,应关注外显行为,而不应关注不可观察的心理状态和过程。

排斥心灵主义(mentalism)*(从此涵义上讲)是沃森(J. B. Watson)发起的行为主义(behaviourism)*运动的核心。他的经典教科书于1924年出版;不过,在此前的数年间,他一直在论文和讲座中倡导其学说的主要原理。和在语言研究领域一样,排斥内省法的结果是,将注意力集中转向可观察、可记录的话语,以及话语与话语生产即时情景的关系。(关于这一点,值得注意的是,许多心理学家把'言语行为'这一术语当作'语言'来使用,而且经常首先使用'言语行为',而非'语言'。前几章已说明了优先使用'语言行为'而非'言语行为'的理由,也对语言行为和内在的语言系统进行了区分:参见 3.1, 1.6。)语言是心理学家探究的一种特别重要的行为,因为语言能让心理学家至少在理论上把思想看作行为,也因此省却意识(consciousness)这个概念。有观点认为,所有的思想皆可视作无声的言语,表现为发声器官轻微的、不易察觉的动作。实际上,无声的思想,如有必要,便可放大,也可从外部观察。鉴于此,思想就是一种行为形式,和其他事物一样,可付诸科学研究。

此处拟列举行为主义的第二个一般特征,即人类行为和动物行为无本质区别这一信念。如前文所述,思想,也就是通常描述为意识的东西,在原理上可看作是悄无声息的语言行为。解释语言行为的方式无异于解释人类和动物的其他行为。决定动物行为和人类行为的原理没有本质差异,这一信念是连接行为主义心理学与进化生物学和动物学的纽带,如前一章所述,也是莫里斯(Morris, 1946)等学者开展学术探索的基础,以创建适于所有自然传信系统的普通符号学理论。根据人类行为和动物行为之间存在假定的连续性这一点,提出如下和语义学相关的问题,既饶有趣味,也十分适切。人类行为,特别是人类的语言行为,可以说是有意义的,动物行为也是有意义的，二者的涵义是否相同？语言与其他物种使用的传信系统有何区别特征（如果有的话）？它们之间又有什么共性特征（如果有的话）？这些问题第三章已有详论，下文在讨论行为主义时还会简要述及。

行为主义的第三个特征表现为如是一种倾向：最大限度地降低本能和其他先天驱力或官能的作用，在描述动物和人类习得行为样式时，强调学习所发挥的作用；强调后天养成，不强调先天赋予，也就是说，多归因于环境，少归因于遗传。就此而言，行为主义与理性主义相对立，自然与经验主义为伍，因为经验主义主张，经验（尤其是通过感官输入获得的经验）是知识的主要来源；相形之下，理性主义则重视心智之于知识获得的作用，强调心智基于先验原理进行推理的能力。我们讨论语义学原理，几乎在每个节点上，都会面临理性主义和经验主义的冲突问题。如后文（6.1）所述，逻辑语义学与经验主义，尤其实证主义，一直联系紧密：经验主义认为，自然科学寻求和获得的科学知识是唯一真正的知识形式；知识无一例外地是以感觉经验（sense-experience）为基础的；沉溺于形而上的推想，追寻现实的终极原因或本质，是徒劳的。如前文（4.3）所述，比较传统的意义理论是按照理性主义（或概念论）的模子铸造的。

此时要提及的是行为主义的最后一个或第四个一般特征，即行为主义机械论或决定论。这两个术语（有时会加以区分，但此处视为等同）应理解为指涉如是观点：从因果上看，宇宙中发生的一切都是同一自然法则决定的，无灵物质的运动和转化是如此，人类行为也不外乎如此。行为主义学者坚持此观点，才会强调预测力，并以此为主要标准，评估他们有望提出的任何人类行为理论；在描述语言行为发生机制之时，只要力所能及，也许就会自然而然地探究外部环境，以寻求话语生产的动因。

在继续讨论之前，值得强调的一点是，上文列举的行为主义的四个一般特征并非不可分离的一体，也就是说，它们不是某一特征预设或隐含另一特征的整体。具体而言，我们可以反对内省法，但又不会成为机械论者；我们可以否认人类和动物王国之间存在鸿沟，但又不会由此而做出否认心智的承诺，等等。接受上述任一态度甚或所有态度，更不至于让一位学者做出承诺，把行为主义视同一种心理学理论。一位学者要么一定是唯心论者，要么一定是行为主义者，从'心灵主义'这一术语业已认可的任何涵义上讲，这种认识一直都不正确。

5.2　行为主义的具体特征

按照行为主义学者的观点，任何有机体的行为，皆可从它对环境刺激（stimulus）* 做出的反应（response）* 这个方面进行描述。从这一角度来看，也许可把其他有机体当作环境的一部分。通常用来表示刺激和反应关系的公式是：

$$S \dashrightarrow R$$

箭头表示因果关系：刺激是因，反应是果。二者结合，即是刺激-反应反射（stimulus-response reflex）。

有机体对某一给定的刺激做出反应，以满足某种需求或欲望（更专业地说，缓解某种缺失状态）。如果这样的话，同样的刺激再次出现时，已有的反应就会有所增强，更有可能再次显现。最初做出的反应也许是偶然的，认识到这一点颇为重要。我们无须援引目的或意图这样的概念。严格地说，我们不应把强化行为描述为成功（因为成功是以意图为预设的）。如果某一反应没有得到增强，那么再次出现的概率就会逐渐降低，最终消失殆尽；厌恶性刺激或惩罚会使反应消失得更快。用比较平常的话来说，有机体做有些事情，往往招来痛苦或惩罚，所以逐渐学会刻意规避；做另外一些事情，往往带来愉悦，或减轻痛苦和忧郁，所以会去学习。这些基本原理正是行为主义学习理论创立的基础。

习得一种行为样式（behaviour-pattern），也就是习得一连串的刺激-

反应反射，可用下图表示：

$$(S_1 \cdots\!\!\rightarrow R_1) \cdots\!\!\rightarrow (S_2 \cdots\!\!\rightarrow R_2) \cdots\!\!\rightarrow (S_3 \cdots\!\!\rightarrow R_3) \cdots\!\!\rightarrow \cdots$$

例如，可以假定，一门语言的语法就是以这种方式学会的。那么，话语首词的产生，即是对外部刺激（S_1）做出的反应（R_1）；反应结果 R_1 又形成另一个刺激（S_2），第二个词语就是对该刺激做出的反应（R_2），依此类推。刺激-反应反射之间的因果关系是以先前的联想为基础建立的。当然，一般来说，就语法上可接受的话语而言，从一个词语到另一词语的过渡可能不止一种；某个语词与其后可能出现的接续项，二者以往的联想频度和强弱不同，联想结（associative bond）的强度也会随之变化。显然，如此看待话语的语法结构，自然有助于进一步发展信息理论（参见 2.3）。这么说的理由是，从一个应激反射到下一个应激反射，其间有过渡点；每个过渡点有一组可能的接续项；每个接续项均可赋以统计概值。

行为主义早期的各种版本，也就是现在常说的经典行为主义，特别突出条件反射（conditioned reflex）这一概念。事实上，行为主义是一种独特的心理学理论，是沃森在吸收巴甫洛夫（Pavlov）生理条件反射这一研究成果的基础上提出的。沃森从中得到的启示是，此概念可用来解释刺激与反应联想关系的生发状况。巴甫洛夫早已表明，狗一看到显示的食物，就会自然或本能地流口水，是为无条件生理反应；一边显示食物，一边不停摇铃，流口水是狗对响铃做出的回应。食物是无条件刺激，响铃是有条件刺激，流口水对于食物是无条件反应，对于响铃则是有条件反应。同样，恐惧或爱是和为数不多的一组刺激有关的无条件反应（或本能反应）。替代刺激只有和原始刺激相联系，才可能对反应产生制约作用。二者的联系，要么是偶然形成的，要么是实验设计的。强化能把原初的本能性反应转化为习得性反应。例如，在婴儿遭遇剥夺或厌恶性刺激的各种状态下，父母的注意力往往会强化婴儿哭啼这一行为。最终，一种反应就有

125 可能被类推至和其最初关联的刺激相似的所有刺激。刺激的相似度越高，产生的应激反射联想结就越强。

上文概述了行为主义的基本概念，下一节将讨论行为主义意义理论。在继续讨论之前，也许可阐明具有相对普遍性的一个观点：强化机制和进化生物学的自然选择机制在运行方式上非常一致。如前文所述，少数反射是先天性的，但大多数反应是随机产生的，它们和特定刺激的联系是通过强化建立的。

5.3 行为主义意义理论

早期的行为主义意义观是沃森提出的。他认为："语词的功能在于唤起反应。就此而言，语词和它所替代的对象别无二致。"[①] 此处可见援引了条件反射这一概念：通常，某一特定对象在场，就会出现相应的语词（即词形式），也就是说，对象引发某一特定反应。语词与对象之间形成一种联想关系（如巴甫洛夫实验中食物和响铃的关系）；对象不在场，相应的语词则发挥替代刺激的作用。沃森的这一观点，还有其他观点，后来得到韦斯的进一步发展（Weiss, 1928）。

布隆菲尔德对虚构言语事件（speech-event）的行为主义分析，依赖的也是语词或话语即替代刺激和反应这一概念。他的分析值得详论一番，因为有两个方面的原因：一方面，他的分析在早期行为主义学者当中十分典型；另一方面，就语言科学研究的发展而言，布隆菲尔德是20世纪上半叶最有影响力的一位人物，相对于其他学者而言，他更有责任将行为主义视角引入语言学。这也是此处特别关注其分析方法的更重要的一个原因。

[①] 斯金纳（Skinner, 1957：86-87）引用了韦斯的这一段话："这一分析是肤浅的，和语词'表示'事物这一传统观念非常接近。"

第五章 行为主义语义学

布隆菲尔德（Bloomfield, 1914）在他早期的一部论著中声称，他坚持冯特（Wundt, 1912）提倡的语言心理学研究观。不过，他后来又斥之为心灵主义。及至 1926 年，他摒弃了冯特的这一研究观，发表了《语言科学的一套公设》（A set of postulates for the science of language）（Bloomfield, 1926）一文，明显仿拟了韦斯的行为主义心理学假设。其中，他提出如是观点：意义即是话语中可观察的应激特征。他在后续出版的著作中沿用了此观点。1933 年，他首次出版了一部语言学经典教材，对比了传统的心灵主义语言理论和"唯物主义"（称作机械主义更恰切）语言理论。据此，"人类行为……是因果序列的一部分，和我们在物理或化学研究中观察到的现象是完全一致的"（Bloomfield, 1935：33）。[①] 他接着提示说，某个刺激是否会让某个人发话，我们原则上能够预测；果真如此的话，我们还能够确切地预测他的话语内容。但实际上，"我们唯有当时了解他身体的确切结构"（Bloomfield, 1935：33），才能做出预测。这样一来，布隆菲尔德表达了至少两种普遍态度，也就是他所注重的行为主义特征（见本章第一节），即怀疑心灵主义，信奉决定论。此外，如引文所述，他认可经常贴有'实证主义'和'物理主义'标签的极强决定论。换言之，他认为：所有的科学都应以常说的精密科学为范式来建构；所有的科学知识都应和物理、化学一样，最终可还原为对物理世界属性的陈述。值得一提的是，就这一点而言，布隆菲尔德和卡纳普、莫里斯等人共同参与了《国际统一科学百科全书》的撰稿工作（Neurathe et al., 1939）。该书受到物理主义这一命题的启发（参见 4.4）。

布隆菲尔德采用这样一个例证来解释言语事件（Bloomfield, 1935：

[①] 布隆菲尔德放弃了冯特所谓的心灵主义，以支持韦斯的行为主义。他这么做的理由是，他相信语言学能够且应该在心理学的争论中保持中立：参见 Bloomfield (1926：153)。按照传统的哲学用法，'心灵主义'（mentalism）这一术语通常指在感知者的心智之外不存在知识的对象这一学说。此处使用这一术语，涵义比较宽泛，和行为主义创立者的用法相同：用于描述意识与物质之间存在绝对差异的哲学理论。

23ff）：杰克和吉尔沿着一条小路走来；吉尔看到树上有个苹果，感觉饿了，就让杰克给她把苹果摘下来；杰克爬上了树，给了她苹果，她便吃上了。在这个情景中，吉尔饿了，看到苹果，便构成刺激（S）。她没有做出"爬上树自己摘苹果"这样的直接反应（R），而是以特定的话语形式做出替代反应（r）；对于杰克来说，前者又是替代刺激（s），促使他做出反应（R），和他自己饿了看到苹果时的反应是一样的。布隆菲尔德将整个情景表示为如下形式：

$$S \dashrightarrow r...s \dashrightarrow R$$

大小写字母表示直接刺激与替代刺激或反应之不同。话语的意义（$r...s$）即是"说话人言说并引发听话人产生反应"（$S \dashrightarrow R$）的情景（Bloomfield, 1935：26）。① 布隆菲尔德在本书的其他章节将 S-R 复合体的刺激部分说成是话语的意义（第139页），最终又把意义与使用形式的情景复现特征等同起来（第158页；另见 Bloomfield, 1943）。应指出的是，布隆菲尔德意义分析中不清晰的一点是话语意义与词位意义的关系。吉尔的替代反应（r）不是词位，而是话语；话语可以是词形式（布隆菲尔德所说的最小自由形式），也可以是一个序列的词形式。在任一情形下，话语都会适当从韵律和副语言上对词形式加以调变（参见 3.1）。

布隆菲尔德认为，意义分析是"语言研究的薄弱环节"，"在人类知识没有远远超越当下状态之前"必然还会如此（Bloomfield, 1935：140）。其原因是，一般认为，只有完整、科学地描述语词所替代的对象、状态和情景，才可能精准地描述语词意义。对于少量语词，我们已经能够合理、

---

① 因此，布隆菲尔德的意义理论是一种因果论，与奥格登和理查兹（Ogden & Richards）的理论是一样的（参见 4.1）；像他们的理论一样，前者也是一种意义语境论，因为它认为话语的意义取决于话语生成的语境。关于一般性的意义因果论，参见 Black（1968：第7章）。并非所有的意义语境论都是以行为主义原则为基础的。特别应强调的是，弗斯明确采用了意义的语境理论（参见 14.4），但他并不是一位行为主义者。仅从该术语的宽松涵义上来说，奥格登和理查兹才是行为主义者。

准确、科学地描述。吉尔饿了，可根据她的肌肉收缩和胃液分泌状况加以描述；她看见苹果，可从苹果反射的光波到达她的眼睛这一过程加以分析。苹果本身可以进行植物学分类（毫无疑问，最终可还原为纯粹的物理描述）。然而，对于绝大多数语词意义来说，不可能有如此科学的意义分析。爱和恨，跟饥饿不同，无法从物理上随时予以识别。'好'和'漂亮'这样的语词，按照这样的方法界定其意义，更谈不上容易二字。[128]

布隆菲尔德的实证主义或物理主义应当和其行为主义有所区别；为了方便说明和讨论起见，如果没有其他原因，则可分而论之。许多哲学家不是行为主义者，倒也提出基于实证主义的意义理论。完全可以想象的是，总有人希望以行为的应激模型为据界定意义，同时又不会因此对如下观点做出承诺：描述刺激的唯一科学描述方法是将它还原分析成物理科学的理论构念。所以，当下暂不涉猎上述物理主义命题的一切讨论。

那么，对于布隆菲尔德意义分析中比较具体的行为主义元素，我们又能有何评述呢？首要且最明显的一点是，对于一个被认为是以可观察数据为坚实基础而建构的理论来说，它会把未观察到的或实际上不可观察的证据视为理所当然。吉尔所说的"我饿了"这句话，其充分条件（尽管可能不是必要条件）是，她真是饿了，并且看到周遭有苹果这样可吃的东西。对此，我们姑且承认其合情合理。如果吉尔的话对杰克来说是替代刺激，让他表现得像自己饿了看到苹果时的状态一样，那么他上树后为何自己又不吃苹果呢？杰克将吉尔的话解释并认定为一种请求，也就是请他给她摘苹果吃，对此，显然必须引入别的什么东西才可解释。进一步说，随机观测和经验会提示，产生"我饿了"这一话语类符之形符的情景非常多样。伴随话语所产生的行为类型，不仅是多样的，而且在许多情形下是不可预测的。基于随机观测和经验，也没有任何理由认为，某种可独立识别的东西可见于产生某一特定话语类符之形符的所有情景。

随机观察和经验几乎不能被视为构建科学意义理论的可靠基础，对此，有人也许会反对。上述观点是正确的。可是，科学的意义理论还没有提出更可靠的东西。特定的话语必须完全由情景（或情景的某个因素）决定，其本身还必须与情景互动，以便对听话人的反应产生影响。因为之前对某一哲学观有过承诺，所以才会这么说，是一回事。相反，面对甚或是随机和趣事一般的证据，表明事实同样如此，则完全是另外一回事。假定杰克的反应是在说，"你不可能饿吧，我们刚吃过午饭"，或者"你确定你想要苹果？"，再或"你知道会让你消化不良的"。我们现在是否会认为，杰克的反应不同，就上述三种情形而言，引起吉尔言说和杰克反应的情景一定不同？我们是否会坚持认为，吉尔的话在三种情形下有着不同的意义？因为我们不会忘记，话语的意义是根据话语引起的反应和引起该话语的刺激来定义的。布隆菲尔德在别处写道，"一个陌生的穷人在门前说'我饿了'。一个孩子刚吃过东西，只是迟迟不想上床睡觉，他说'我饿了'。语言学往往考虑的只是两个话语相同的发音特征和相同的应激特征"（Bloomfield, 1926：153）。可是，这些话语有哪些共同应激特征呢？又如何识别呢？我们会不会倾向于认为，听话人对'我饿了'意义的识别独立于且先于他对话语的反应？当然，这是一种更平常的看待事物的方式。放弃这种方式而支持行为主义的意义界定，其好处还很不清楚。下一节再讨论这个问题。

如前文所述，布隆菲尔德的意义概念和沃森、维斯二人的意义概念非常相近。斯金纳是后一代行为主义者，构建了一个更为详尽的理论。他对上述概念提出了严厉批评，认为："只有在不严格使用刺激和反应两个概念的情形下，条件反射原则才能当作符号表示的生物学原型"（Skinner, 1957：87）[①]。他指出，只是在非常有限的一些情况下，言语刺激和关联对象才会对有机体产生相同影响；他拒绝使用'符号'（sign）

[①] 斯金纳的书名（Skinner, 1957）略带误导性。斯金纳所用的'言语行为'这一术语涵盖语言和语言之外的许多东西；另一方面，如第三章所述，语言中的许多东西不属于言语成分（参见 3.1）。虽然斯金纳的著作 1957 年才出版，在此之前多年流行另外一个版本，对美国的语言心理学产生了相当大的影响。

和'象征符号'（symbol）两个术语表示关联关系。斯金纳的分析基础是刺激控制（stimulus control）*这个概念，具体涉及刺激、反应和强化（reinforcement）三个因素，但却不能把任意两个识别为象征符号和象征对象。重点是，强化仅取决于出现刺激的环境的偶然因素。如果最初给定的刺激所产生的随机反应被强化，生物体就会把反应与先验刺激相关联，未来就更可能对相同的刺激做出相同的反应。例如 fox（狐狸）这一词形式，它不是表示某一特定种类动物的替代刺激；它是一个词形式，它与目标动物的关联是因为它在相关话语中出现才得以建立，而相关话语则通过看见一只狐狸"已经或者也许将"得到强化（Skinner, 1957：88）。

在斯金纳看来，话语即是言语操作（verbal operant）*。（'言语操作'这个术语旨在提示"作用于环境的活动"，和"主要关涉生物体内部秩序的活动"相对照（同上，第20页））。根据是否受先验刺激控制，语言操作分为两大类：(a)非言语操作和(b)言语操作；第一类又可分为指令语（mand）和触发语（tact）两个子类。

指令语*这个术语，从助记上看，和'命令'（command）、'要求'（demand）、'撤销'（countermand）等词有关。它指涉一种言语操作，"其中，反应被某一典型结果强化，因此受剥夺或厌恶性刺激之关联条件的功能性控制"（同上，第35-36页）。这样一来，"把那本书递给我"或"给我一个苹果"之类的话语，从其最典型的用法来看，都是指令语。如果暂且忽略行为主义者对目的和意图这两个概念的反对意见，我们则可以说，指令语即是说话人让受话人为他去做某些事的话语。许多著者称之为语言的工具性（instrumental）*功能，认为这是语言非常基本或原始的功能（参见2.4）。应注意的是，在斯金纳看来，指令语不仅包括命令、请求和恳求，还包括提问：因为提问在特征上是由可缓解剥夺或厌恶性刺激状态的言语反应强化的，而这种状态则是提问的动因。斯金纳也对该术语进行了扩展，以涵盖他所称的'魔幻性'（magical）指令语和'迷信性'（superstitious）指令语，如愿望和誓言。

受先验非言语刺激功能性控制的言语操作的第二个子类是触发语*。（"新造的'触发语'……也是一个助记术语，提示'与物理世界接触'的行为"（同上，第 81 页）。）可是，什么样的话语可算作触发语，还相当不清楚。触发语被定义为"一种言语操作，其中，针对某一给定形式的某一反应是由特定对象或事件或其属性唤起（或至少加强）的"（同上，第 81-82 页）。但是，这个定义可能会把指令语当作触发语的一个子类。斯金纳探讨触发语，主要关注的是，语言表达式在即时情景下和对象、事件逐步产生关联的方式。他说，"某一给定刺激在场往往增加某一给定形式出场的可能性"（同上，第 82 页）。但是，斯金纳的意思不是说，陈述，比方说，出现的概率更高，而不是提问、命令或请求（尽管他此时确实将注意力限定于陈述，而且还是描述即时物理环境的陈述）：他似乎更关心的是，在即时环境中，某一特定对象的在场或某一特定事件的发生，会提高说话人说出包含指称该对象或事件的表达式的话语的可能性。虽然斯金纳明确提醒，不要用刺激控制这个概念来"重新定义符号、信号或象征符号，或者指称之类的关系，再或言语片段所传达的思想、意义或信息之类的实体"（第 115 页），我们刚才还是用了指称这一术语。然而，其他著者，最著名的是蒯因（Quine, 1960），已经从行为主义角度对意指和指称重新进行了界定。蒯因至少已明确将他对儿童习得语言指称手段的观点和斯金纳的操作性条件反射（operant-conditioning）理论联系在一起。我们还使用了'表达式'这一术语，而不是'形式'：这是因为在本书采用的术语框架下，可以说，'表达式'有指称，而形式则没有（参见 1.5, 7.1）。

斯金纳采用了行为主义特有的强化概念（在剥夺和厌恶性刺激条件下），除此之外，他还对抽象化（abstraction）和指称进行了讨论，与奥格登、理查兹（Ogden & Richards, 1923）等此类著作的讨论十分相似。第二章从广义上已将上述讨论本身描述为具有行为主义性质（参见 2.1）。实际上，斯金纳对抽象化*这一术语的使用相当传统：每个作为刺激的对象都会有一套属性，最初的反应可能针对的是同一对象或所有属性相同的一类对象或它们的某个子集。不过，面对某一刺激，社群将其属性和某一反应相关联，以此增强该反应；面对缺乏标准属性的对象，社群没法增强相关反应。最终，该反应得以适当地专门化*，该属性从其对象中被合理抽象*出来。我们正是通过这种方式，譬如说，逐步学会了'red'（红的）或'round'（圆的）等语词的意思。除了社群强化机制的假设外，此处关于抽象化的论述和许多哲学家所说的普遍概念的形构方式是相同的（参见4.3）。显然，这也许跟洛克（Locke）和休谟（Hume）的经验主义理论有关。不过，理性主义的抽象化理论也没有什么显著不同，只不过它们强调先天知识或倾向的作用罢了。[132]

对于先验言语刺激功能性控制之下的言语操作的类，斯金纳未使用专门术语来表示。言语操作通常包括我们在任何日常会话中产生的大部分话语。不过，斯金纳区分出的子类倒是不少，并且值得单独提及：回声反应（echoic response）、文本反应（textual response）和言语内反应（intraverbal response）。回声反应是指听话人重复说话人所说话语的部分或全部内容。可以说，回声反应在儿童中特别常见；同时要强调的是，回声行为并不依赖或显示任何模仿的本能或官能（同上，第 59 页）。文本反应是指书面文字作为先验言语刺激引起的反应，我们称之为阅读。言语内反应是最重要的反应，不仅包括相对琐碎、公式化的社交用语实例，如 *Fine, thank you*（是对刺激 *How are you?* 的回应），还包括大量的所谓知识。可以假定，事实知识存储在言内联想的链条中，我们学习很多知识，和背诵一段诗文或祷文的道理是一样的：第一行诗句或短语是刺激，第二行诗句或短语作为反应与之相关联，依此类推，直到诗文或祷文结尾。

我们不详细讨论先验言语刺激控制的言语操作的具体分类，事实上也不讨论斯金纳在其著作中提出的其他任何区分。下一节再对他的方法进行相对一般的批评。此时，有人可能会说，这本书最有价值的一面，是它确实从大量细节中得出对语言和思想采取行为主义态度的启示，这一点不应被低估。如上文所述，斯金纳话语分类的某些特征非常传统（识别了一类工具性话语，即是他的抽象化概念），有些特征既新颖又有挑战性（对文本反应和言语内反应的区分，对行为主义观点——思想只不过是被压抑的言语——不折不扣的接受，把强化机制之外的一切排除在语言学习理论之外）。语义学理论唯有直面这些问题方可获得裨益。

5.4 行为主义语义学的评价

迄今提出的任何行为主义意义理论，其最显著的特征是，仅能貌似合理地解释一少部分日常话语。沃森、韦斯、布隆菲尔德等人的早期理论如此，斯金纳相对精细成熟的理论也是如此。能够充分解释"我饿了""下雨了""水！"或"请把盐递给我"等示例性话语的工具，不必从理论上进一步扩展，原则上也能解释整体上复杂的语言行为。唯有相当大的信念飞跃，才可能认同这一观点。如果说斯金纳的指令语和触发语不只是一少部分受某种兼具确定性和复现性环境刺激的功能性控制，那么目前还没有任何证据支持这样的观点。在这种情况下，至少可以说，行为主义者声称，已经把词与物的关系纳入"自然科学方法的辖域"（Skinner, 1957：115），尚为时过早。就受先验言语刺激功能性控制的言语操作整个类而言，它们的状况也许更谈不上令人满意。刺激控制这一概念，也只是在高度仪式化的交流或独白当中，才可显示表面上的某种合理性。

行为主义作为一个理论框架，用以阐明语言话语或其成分词汇及表达式的意义，至少就目前而言，价值非常有限。其优点是，试图基于可观察之物（和纯粹的内省证据不同，可由他者验证）解释意义。我们姑且承认，表明'椅子'或'书本'这样的语词（以及包含这些语词的表达式）和某些类的可观察事物（即环境中的椅子或书本）逐步产生关联的方式，便可将这些语词某些重要的意义特征纳入某一应激模型之辖域。我们姑且承认，对于表示事物可观察属性（如形状、颜色、重量和质地）的语词，其意义也可按同样的方式给出满意的解释。可是，许多语词并不表示可观察的事物和属性；对于它们获得意义的方式，行为主义却不能给出任何有用的解释。

对于语词和可观察事物之间的联系，应激模型的解释也的确不像初看上去那样直截了当。人们经常指出，我们通常对语词的反应，和对与之相关联事物、情景或属性的反应是不一样的。如布朗所言："一个人知道 rain 是指雨，但他对该词的反应，和他对事物本身的反应，不总是一样的。无论他是看到雨、听到雨或感觉到雨，他的反应都不仅仅是说出 rain 这个词那么简单"（Brown, 1958：96）。已经有人做出各种尝试来解决或规避这一难题。一些著者坚持认为，即使也许没有显性的行为反应，也总会有某种隐性的反应：根据沃森的一个理论，隐性反应表现为不易察觉的肌肉活动；根据他的另一理论，隐性反应体现为神经系统凸显的一种典型的中介性反应。不用说，假定的这些反应，和传统语义学理论的心理概念或意象相比，不见得就更易直接观察；而且，迄今尚没有证据表明，这些反应实际上的确会发生。其他一些著者提示道，刺激与其特定反应的关系是倾向性的；也就是说，刺激在场时，我们不一定做出反应，甚至没有隐性反应；可一旦确立关联，我们则会有恰当做出反应的倾向；如果所有的决定性条件都满足，这种倾向就会出现在显性反应之中。我们称之为倾向（dispositional）*意义理论：史蒂文森（Stevenson, 1944）和莫里斯（Morris, 1946）是最有影响力的两位倡导者。

关于这一意义理论，必须问的第一个问题是，反应倾向（disposition to respond）的含义是什么。对于倾向概念的提法，原则上没有人持反对意见；行为主义者承认反应倾向，也承认对刺激做出的实际反应，但不一定执着于任何类型的心理状态或实体的存在。毕竟，如学界经常指出的那样，我们赋给无生命物体的许多属性，如溶解性或脆弱性，都可描述为倾向。如果我们把普通食盐的溶解性说成是溶解于水的倾向，谁也不会指责我们有泛灵论之嫌，说我们或明或暗地非要赋予自然之物以某种特定的心理状态。一个有机体获得对某一特定信号做出反应的倾向，可视为神经系统的局部再连接行为（Brown, 1958：103）；人类和动物的不少非言语信号指示行为，也许能以这种方式给出合理的解释。因此，此处针对意义倾向论提出的反对意见，并不取决于这一原则问题。

我们说盐溶于水，可具体描述特定反应发生的条件和该反应的性质，以此对陈述进行确证。但是，这种情况仅限于一少部分语言行为。至少到目前为止，赞成意义倾向论的心理学家还不能证明，什么样的具体倾向和我们日常语言行为中的大部分词语和话语相关联。当然，可以坚持认为，一个人开始学习某个词语的意义，就会获得对该词语做出反应的倾向，但不是每次使用时都以一种特定的不同方式获得，而是根据语境以多种多样的方式获得。此处的问题是，当下，'反应倾向'这一术语的使用，不说松散的话，倒也宽泛，结果丧失了其全部有用性。这个概念往往给人这样一种错觉：它从理论上对意义做出了令人满意的解释，实际上做到了言之有度。为了减少误导，其解释也许可这样解读：了解一个词语的意义意味着，别人使用，我们能够理解；我们自己使用，也能够做到恰如其分。因此，好一些的做法是，语义学家保留'understanding'（理解）这一前理论术语，用以表示公认的、需要明示的心理状态或过程，而不是用另一个定义尚不及其明示内容精准的术语取而代之。

上文是对行为主义的一般性讨论，其结论是，行为主义迄今还没有提出令人满意的具有普遍性的意义理论。此处应强调的一点是，我们不能据此就认为，语言行为的应激模型没有什么优点或用处可言，而是要承认其局限性，应把'反应'和'反应倾向'两个术语限定于可指明条件之下的特定反应。日常生活中的许多情景经常复现，容易被参与者和描述其行为的社会心理学家或社会学家识别；在许多情景中，特定的话语（通常被描述为俗套性或仪式性话语）或多或少都是强制性的。我们经介绍认识陌生人（会说 How do you do? Pleased to meet you，等等），我们接听电话，我们祝贺某人订婚，我们清早遇见朋友或同事打招呼，凡此种种，可选择使用的话语集是有限的。这种语言行为（属于马林诺夫斯基所称的应酬语*范畴：参见 2.4）当中有很多都可合乎逻辑地被描述为受先验行为和环境刺激的功能性控制。我们的绝大多数话语不受话语情景中特定刺激的功能性控制，至少看起来如此。但这并不妨碍我们承认，语言行为除了非刺激约束型（stimulus-free）*话语之外，还包括一套刺激约束型（stimulus-bound）*话语，其意义可充分描述为对先验刺激的反应。在描述语言时，适当认可这两种类型的话语十分重要；对于刺激约束型话语的意义，行为主义的某一种解释似有其合理性，我们在认可这一点的同时，也留下一个问题供大家讨论：应激反射是否基于本能或其他先天机制而产生，是否因为操作性条件制约或其他因素而生成。

我们也可姑且承认，话语不一定全部都是非刺激约束型的，也不一定全部都是刺激约束型的。例如，有人被问到一个问题，他通常的反应是做出回答。他的话语形式不是确定的，或者说，是非刺激约束型的。也就是说，他选择的语词，他组合语词的方式，是无法从问题的形式或提问的语境中预测出来的。但是，他的话语形式也可能是确定的，或者说，是刺激约束型的，最终呈现为某种语法结构，成为话语的显著特征，从而恰当地回答某种形式的问题。他说出的话语也可能有某种语气或风格，二者不仅适合而且取决于情景和参与者的角色和地位。简而言之，我们识别为话语人际功能的东西，其主要决定因素也许是先验行为和环境刺激，并不是命题性或纯粹的描述性特征（参见 2.4）。过去的多数语义学家倾向于重点关注语言的描述性功能。行为主义语言理论还不足以成为语言习得和语言使用的一般理论。它的优点在于强调这样一个事实：我们说着一种语言，就是在参与某种社会行为。这种行为在很大程度上受制于能否给环境带来变化，包括影响互动对象的活动或态度。至少，它有助于我们摆脱传统倾向的禁锢，不再把语言仅仅视为交流思想的一种工具（参见 4.3）。也不应忘记的是，甚至语言的描述性功能也嵌入在社会互动这一比较普遍的框架之中。我们以语言为媒介告知某人事实信息，通常是为了影响他的信念和行为（参见 2.4）。后文讨论言语行为*理论时，上述一点的重要性就会愈加明晰（参见 16.1）。

如斯金纳和其他心理学家设想的那样，在特定刺激在场的情况下，反应的强化或条件约束，也可能不仅是语言习得过程的一个正常元素，而且是其中的一个必要元素。儿童开始使用语言时，很可能将特定语词或话语与特定对象和情景相关联。儿童的语词或话语即是对刺激的约束性或增强性反应（参见 Quine, 1960）。然而，果真如此的话，儿童不久就会超越可用应激理论描述其语言使用及理解特征这一阶段。儿童是如何做到这一点的，行为主义者尚未给出令人满意的解释。因此，反应的条件约束也许只不过是复杂过程的一个组成部分；条件约束固然必不可少，却是以另一种完全不同的认知机制为前提发挥作用的。简而言之，行为主义语言理论，倘若同时能与数量更多的一系列天赋性的、物种特有的认知发育倾向相结合，最终也许还是可行的。这些习性在有机体与环境的互动中随着年龄增长而逐渐成熟。在这一点上，我们也许可再次提及皮亚杰等心理学家的观点。他们认为，不同物种的认知能力各不相同，它们从低水平向高水平的发展取决于先天成熟原则（参见 3.5）。[1]

---

[1] 关于其中的一些问题，参见 Fodor (1968)，Broadbent (1973)，Greene (1972)。随着假定的先天机制被纳入行为主义，蒯因式的行为主义似乎开始逐渐向乔姆斯基式的心灵主义演变（参见 Hook, 1969；Davidson & Hintikka, 1969）。

第六章

逻辑语义学

6.1 语义学的形式化

'逻辑语义学'（logical semantics）此处指的是借助数理逻辑的意义研究。逻辑学家通常比较狭义地使用这一术语。具体而言，他们考察或解释专门构造的逻辑系统的表达式的意义（全章使用的'表达式'取逻辑学家惯用的涵义：参见1.5）。按照卡纳普（Carnap, 1942, 1956）的观点，相对狭义、专业的逻辑语义学也许可称作纯（pure）*语义学。纯语义学是现代逻辑学专门化程度颇高的一个分支。我们之所以关注逻辑语义学，是因为它可提供有利于语言分析工作的概念和符号表示。因此，本章的目的不是介绍纯语义学，读者也不必对此有所期待。我们不讨论一致性和完整性之类的问题，也不述及公理化过程或证明方法。

构造的逻辑系统通常被称作语言。不过，我们不会采用这一用法。我们将其称作演算（calculus）*，而继续使用'语言'这个术语指称自然语言。这样一来，便可使语言语义学（linguistic semantics）*（语言学分支）和纯语义学*（逻辑学或数学分支）形成对照。语言语义学和语言学其他分支一样，也包括理论和描述两个部分。所以，理论语言语义学——下文简称理论语义学（theoretical semantics）*——关乎语言意义一般理论的建构；换一种温和的说法（如在本书中），它是对语言各种意义特征的理论探讨，因为目前尚无法确定能否将意义的所有特征集成到一个综合、统一的理论辖域。描述语言语义学——下文简称描述语义学（descriptive semantics）*——专门描述或考察特定语言的句子和言语（后续章节将进一步区分微观语言（microlinguistic）*语义学和宏观语言（macrolinguistic）*语义学：参见 11.1）。纯句法学*、理论句法学*和描述句法学*等术语也可采用类似方式加以区分。一种演算，尽管有明确的构形规则或句法规则，但未对其表达式做出语义解释，即是非解释型（uninterpreted）演算；一种演算，既有句法规则，也有语义规则，即是解释型（interpreted）演算。我们关注逻辑，只是为了更精确地讨论语言语义学问题。鉴于此，全章在区分上述两种演算时，并没有像逻辑学家那样必须谨小慎微。

陈述数值问题，数学符号表示优于普通语言；同样，数理逻辑（抑或也可称作符号逻辑）也优于传统逻辑。数学表达问题，通常更简短、更明晰，不易误解。然而，更重要的是，我们将日常语言表达的陈述转换为某种假定对等的符号表示时，相对于其他情形而言，必须格外仔细地对日常语言表达的陈述加以审视，最终也许会发现某些歧义或不精确之处。这些问题未经细察也许就发现不了。

及至当下，逻辑与语言的关系问题一直备受争议。有些人坚持认为，语言本质上是不完美的，也是非逻辑的，完全不适于系统推理和科学探究：试图纠正其不完美是徒劳的，方向也是错误的；语言应该由面向特定目标而构造的逻辑演算取而代之。有些人则认为：语言自有与其执行的多种功能相宜的内部逻辑；针对语言的各种批评，应转向既没有认识到这一点同时又将语言和语言的使用或误用相混淆的哲学家和逻辑学家；无论如何，数学家和逻辑学家构造的逻辑演算颇受特定语言的语法结构影响，因此不能视其为独立的理想系统，借以对语言进行评判，发现语言的缺陷。

对认识论饶有兴趣、对经验主义颇有坚守的学者，对数学逻辑的发展做出了一些重要贡献（参见 4.3）。正是他们认为，理想的语言（现实的语言可能在不同程度上与理想的语言相似，但他们的确没有认识到这一点）是现实结构的直接反映。语言的每个简单表达式都有其单独意义。描述其意义，要么是直接的，要么是简约的，依据的是表达式与其所表示或命名的外部世界的某一对象或某一类对象之间的关系。句子表示事实或事态；在理想的语言中，句子在结构上与它所表示的事实或事态相对应。超强型的经验主义始于逻辑原子主义（logical atomism）*之名，后来又平添了逻辑实证主义（logical positivism）*的某些特征，由于各种原因，现在已不再像30年前那样有影响力。逻辑原子主义遇到的主要问题是，把消极事实或信念对象之类的特殊实体当作真实世界的一部分来看待。从根本上来说，最具破坏力的是哲学家们日益产生的这样一种认识：语言除了描述世界（无论如何理解'世界'），还有其他诸多用途；不仅如此，其中的许多用途，从哲学上看，尤其从逻辑上看，是颇有趣味的。由此诞生了一场运动，通常称之为日常语言哲学（或按照该术语特有的涵义，又称作语言分析）。同时，数理逻辑方面的进一步研究表明，可构造的演算各种各样、不可限量；就某一特定用途而言，每种演算各有其优劣之处。因此，对于逻辑原子主义者和逻辑实证主义者所认为的哲学上理想的演算，尤其是命题演算和谓词演算，则没有必要优先考虑或格外凸显。[1]

命题演算和谓词演算也许不再被视为唯一适于认识论分析的演算，但还是描述语言某些意义特征的有用工具。新近的大部分哲学和语言语义学文献都是以熟知这些演算为前提的。正是由于这些原因，本章也会对这两个系统（及其标准解释）进行简要描述。再次提醒读者注意的是，本章对

---

[1] 就背景性哲学文献而言，特别有用的入门著作包括：Caton (1963), Feigl & Sellars (1949), Flew (1953), Lehrer & Lehrer (1970), Linsky (1952), Olshewski (1969), Parkinson (1968), Passmore (1957), Rorty (1967), Searl (1971), Stroll (1967), Zabeeh *et al.* (1974)。艾耶尔（Ayer, 1936）的英文著作是逻辑实证主义的一部经典之作。本章涉及的一些问题，学界既有从特定视角讨论的，也有从部分冲突的视角讨论的，参见 Alston (1964), Austin (1961), Cohen (1966), Harrison (1972), Putnam (1975), Quine (1953, 1969, 1970), Schaff (1960), Schiffer (1973), Strawson (1952, 1959, 1971), Ziff (1960)。

待两个演算系统的方式是非正式的，实际上在许多方面也是粗浅的。本章的目的仅仅是介绍和解释相关术语及其符号表示规范。理解这些术语及其符号表示规范，每每是理论语义学和描述语义学领域的理所当然之事。①

6.2　命题演算

本节仅仅关注命题的二值（或非情态）命题演算。命题演算也称作真值函项（truth-function）演绎系统。下文将分别解释这些术语的涵义。

像'事实'一样，'命题'这一术语一直也是颇有争议的哲学议题。有的著者认为，命题是纯粹抽象的实体，但在某种意义上又是客观的实体；有的著者认为，命题是主观的抑或心理的；有些逻辑学家则完全避免使用这个术语，因为他们不想采纳任何一方的观点。将'命题'的使用与'句子'和'陈述'相关联，往往会造成进一步的麻烦：有的著者把命题和（陈述性）句子等同起来；有的把命题和陈述等同起来；有的则把命题和（陈述性）句子的意义等同起来；而且，定义'陈述'的方式也缺乏一致性。此处将采取如是用法（对由此假定的实体之本体状态或心理状态不做出任何承诺）：当说出一个陈述句做陈述时，该句子所表达*的内容即是命题*②。'陈述'的含义将在后续章节予以澄清（参见16.1）。前文讨论过句子和言语的关系，其中有一个问题清晰可见：是否应采用'句子'来指称文本句或系统句。对此，后续章节再进行讨论（参见14.6）。我们表

---

①　既然现在有许多可靠又可用的教科书，那么完全删除有关数学逻辑的描述不仅是可能的，而且甚或在某方面是可取的。不过，其中有一个问题是，这些教科书每每是为专业人士编写的；另一个问题是，逻辑学家在使用'句子''命题''陈述'等术语时存在很大差异。本章安排了三小节讨论形式逻辑，因此我能够控制术语，即使冒着过于简单化的风险，也能使内容处理和本书的特定目的相符合。我参考的具体著作主要有：Carnap (1958), Church (1956), Prior (1962), Reichenbach (1947), Schoenfield (1967)。在撰写本书时，要是能找到 Allwood *et al.* (1977) 这本著作，我一定会直接参考。

②　'命题'这一术语非常麻烦。参见戈切特（Gochet, 1972）的综述。

达句子与命题之间的关系有三种可能性：其一，同一语言的不同句子可表达相同命题；其二，一个句子可表达两个或两个以上命题（在某种意义上可能是说话人或作者的意图，在另一种意义上可能是听话人或读者所接受的内容）；其三，在一种语言当中，并非所有的陈述句都表达命题。更宽泛地说，我们是在把某种东西假定为理论实体，这样的东西在语言系统、媒介、信道乃至语法结构的变化之下是（或者可能是）不变的。眼下，我们大体上可把'表达相同命题'和'具有相同意义'等同起来。因此，我们使用双引号（将某一合适的句子置于其间）来指称命题。

命题或真或假；'真'（true）用 T 表示，'假'（false）用 F 表示。根据命题演算（二值（two-valued）* 系统）的标准解释，'真'和'假'是一个命题可能蕴含的两种真值（truth-value）*。进而言之，真值是非情态性的，也就是说，它绝不使用必然性和可能性算子（operator）。迄今已经研发出各种多值（many-valued）* 情态逻辑系统，第 5 节将对其中一些系统进行简要描述（参见 6.5）。

通常使用被称作命题变元（propositional variable）* 的符号来表示命题，和基础代数采用 x, y 和 z 等符号表示数量的方式基本一致。逻辑学家的兴趣主要在于证明定理（或陈述公理）。不管什么样的特定命题为命题变元所替代，定理皆为真。通常使用 p, q, r 等字母表示命题变元。

假设 $p, q, r...$ 是基础命题公式（formulae）*，表示简单命题（本节不关注其内部结构），则可借助逻辑联结词（logical connective）*（也称逻辑常元（logical constant）*）进一步构组复杂命题公式*（表示复杂命题）。下文将依次对每种公式进行讨论。一个公式如果是根据句法形构规则构造的，便可以说是合式的（well-formed）*。

（ⅰ）否定式（negation）。否定（negative）* 联结词是指可借以构造任何一个命题 p 否定形式（非-p 或非~p）的词项。如果 p 是一个命题，那么~p 也是一个命题；如果 p 蕴含 T（真）值，那么~p 则蕴含 F（假）值；相反，如果 p 是 F（下文将使用'为真/假'这一表述，不再使用'蕴含真/假值'的说法），那么～p则是T。这种关系我们认为是直观的、明晰的，而且不会引起争议：否定一个真命题就会产生一个假命题；相反，否定一个假命题就会产生一个真命题。否定命题可通过真值表（truth-table）*（见图3）予以显示，并从形式上得以清晰界定，其中，左栏给出简单命题p的可能真值，右栏列举和～p相对应的真值。在不同程度的日常英语中，和否定联结词最近似的形式是'it is not the case that'（事实并非如此），借此可将"Anthony loved Cleopatra"（安东尼爱上了克娄巴特拉）转换成"It is not the case that Anthony loved Cleopatra"（安东尼爱上了克娄巴特拉，这不是事实）。

否定式	
p	$\sim p$
T	F
F	T

图3　一元否定联结词真值表

（ⅱ）合取式（conjunction）。在逻辑学术语中，合取式*指称的不是联结词本身，而是合取运算以及由此产生的复杂命题，故才得以使用。p和q通过合取（conjunctive）*（或联言（conjoining）*）联结词合取，便形成合取式p-and-q或p & q（其他常用的合取联结词有∧和句号或者加重圆点：$p \wedge q$ 和 $p \& q$ 是等值的）。当（且仅当）支命题或合取项（conjunct）*都为真时，合取式则为真；相反，则为假（见图4）。应注意的是，在日常英语中，对于由'and'合取的分句生成的句子，一般的理解是，联言命题（conjoined proposition）之间存在某种更具体的联结，诸如"and consequently"（结果）或"and subsequently"（接着）：比较"He tripped and broke his leg"（他绊倒了，摔断了腿）。

	合取式	相容析取式	不相容析取式	蕴含式	等值式
p q	p & q	$p \vee q$	$p \mathbb{W} q$	$p \rightarrow q$	$p \equiv q$
T T	T	T	F	T	T
T F	F	T	T	F	F
F T	F	T	T	T	F
F F	F	F	F	T	T

图 4　二元联结词真值表

（ⅲ）析取式（disjunction）。我们必须对两种析取式加以区分（也就是区分命题的两种解释，如"(Either) they have missed the bus or they have been kept late at school"（他们不是没赶上公交车，就是放学晚了））：相容（inclusive）*析取式和不相容（exclusive）*析取式。前者用符号可表示为 $p \vee q$。不相容析取式的表示尚没有同等常用的符号，故使用 $\mathbb{W}$ 表示。两个简单命题的析取运算以及由此产生的复杂命题被称作析取式*，联结词被称作析取（disjunctive* 或 disjoining*）联结词。如果 p 为真，或 q 为真，或二者皆为真，相容析取式则被界定为真；否则命题为假。在不相容析取式中，如果 p 为真（q 不能为真）或者 q 为真（p 不能为真），则命题为真；否则命题为假。例如，"他们不是没赶上公交车，就是放学晚了"，按照相容析取式的解释，此命题为真。但如果他们既没赶上公交车又放学晚了，按照不相容析取式的解释，此命题则为假。如果没有指明是不相容析取式，'析取式'在下文一般指相容析取式。

（ⅳ）蕴含式（implication）（也称条件式（conditional）*）。联结符是→（⊃也很常用，但本书用它来表示'类包含'概念）。就蕴含式*

$p \to q$（可解读为"p 蕴含 q"或者"如果 p, 那么 q"）而言, p 是前件（antecedent）*, q 是后件（consequent）*（q 蕴含 p）。

从日常话语和哲学用法上来看,'蕴含'（imply）和'蕴含式'这两个术语有着各种不同的涵义。命题演算的标准解释采用的是它们的实质（material）*涵义,据此,前件和后件之间不一定存在意义上的联系。实质蕴含式联结词的意义一般是这样界定的（通常认为这种方式是自相矛盾的）：当前件为真、后件为假时,蕴含式则为假；在其他情形下,蕴含式则为真。以这种方式界定的实质蕴含式,不应与严格蕴含式或蕴涵式（entailment）* 相混淆（参见 6.5）。

（v）等值式（equivalence）（或双重条件（biconditional）*）。等值式是双边蕴含命题：联结符是 ≡（或者 ↔）。它被界定为两个蕴含式的合取：按照定义, $p \equiv q$ 本身和 $((p \to q) \& (q \to p))$ 是等值的。

上文对实质等值式的界定说明了两点。首先,复杂程度各异的命题也许是借助联结词生成的：一个复杂命题可以是另一个复杂命题的子命题。其次,可依据基本联结词采用和界定其他联结词。读者通过编制真值表就会对如下做法深信不疑。合取和实质蕴含可根据否定式和析取式予以界定:

$$(p \& q) \equiv (\sim(\sim p \vee \sim q))$$
$$(p \to q) \equiv (\sim p \vee q)$$

换言之,上述等值式均是定理,可根据析取式和否定式原始联结词的定义得到证明,以此阐明整个系统。这并不是说,选择什么样的联结词充当原始联结词,其背后有某种认识论上更基础的东西。否定式和合取式,抑或否定式和蕴含式,同样可选作原始联结词,其他联结词也可据此得到定义。就命题演算的标准解释而言,要注意的重点是,否定式、合取式、析取式和蕴含式的运算在某种程度上可以相互定义。

上文介绍了命题演算系统。现在必须说一说真值函项这个概念。命题演算的标准解释取决于真值函项,真值函项对于意义问题的哲学探讨一直颇为重要。如果一个复杂命题的真假仅仅取决于其子命题的真假以及联结词的定义,则可以说该命题是其子命题的真值函项*,其联结词具有真值函项性(truth-functional)*。按照数学术语规范,如此使用'函项'是符合标准的:像 $x+y-z$ 这样的复杂表达式,可以说是 x, y 和 z 等论元(argument)* 的函项,其中,加减号分别是加减算子*。同样,逻辑联结词也是算子,它们运算的论元即是命题。

表示'真值函项'的另一个术语是外延性的(extensional)*,和'外延性的'相对应的术语是内涵性的(intensional)*(请注意'intensional'的拼写形式,不要和'intentional'相混淆)。当下,日常语言的许多句子表达的似乎都是复杂的内涵命题。某个人相信某个命题 p 为真或为假,表达此类命题的句子都可作为例证。譬如,"罗密欧认为朱丽叶已死",其真假与"朱丽叶已死"是真是假无关,故不能认为"罗密欧认为朱丽叶已死"是"朱丽叶已死"的真值函项,通常将其描述为内涵命题。然而,有些逻辑学家却一直认为,所称的内涵命题全部都可以也应该当作外延命题来识解。按照他们的说法,"罗密欧认为朱丽叶已死"不是"朱丽叶已死"的真值函项,因为前者根本就不是后者的函项,而是'朱丽叶已死'这个表达式的函项。该表达式指涉的是罗密欧的某种心思或者信念,但它不是一个命题。这看起来像是在狡辩,但有一点颇为重要,外延性(extensionality)* 这个论题有效也罢,无效也罢,无论怎么判断,都不能如此假设:因为在复杂句子中充当小句的一个句子有时表达一个命题(而且,作为一个独立句,它表达的是相同命题),所以它充当一个复杂句的小句时总是表达一个命题。不仅所称的信念句(belief-sentence)*,还有日常语言中含有 'and' 或 'if' 的许多并列句和复杂句,起码初看上去都是非外延性的,因为一般认为它们隐含不同小句所表达命题之间的某种因果关系、时间关系或其他关系:"He took a dose of sleeping tablets and died"(他吃了一剂安眠药就死了);"He had a bath and went to bed"(他洗了澡就上床睡了);"If he did that, he is very brave"(如果他那样做了,就非常勇敢);等等。

我们一直在探讨真,此时才便于区分分析性之真和综合性之真,同时采用重言式和矛盾式(contradiction)两个概念。如果命题之真仅取决于其逻辑形式和子成分的意义,换言之,如果它只能为真,或者用莱布尼茨的话来说,如果它在所有可能的世界为真,该命题则是分析性的(analytic)*(参见2.2)。如果一个命题的真假是偶然之事,并且无法通过纯粹的逻辑分析来确定,该命题则是综合性的(synthetic)*。例如,一般认为,"所有单身汉都未婚"是分析性的,而"所有男人的身高都不到9英尺",无论真假,都是综合性的。分析性命题和综合性命题的区别可追溯到康德(Kant)。和许多哲学家不同的是,康德认为二者的区别与先验命题和后验命题的区别无关。应注意的是,综合性命题也许为真,也许为假,而分析性命题(和通常使用'分析性'的其他情形一样)必然为真。

复杂的命题公式,无论什么样的特定命题为命题变元所替代,都为真,则是重言式*,而在相同条件下为假,则是矛盾式*。举个最简单的例子:$p \lor \sim p$是重言式,而$p \mathbin{\&} \sim p$是矛盾式。特定命题,无论简单还是复杂,如果其真假仅取决于逻辑形式和成分表达式的意义,也可使用'重言式'和'矛盾式'这两个术语进行描述。重言式当然是分析性的。

6.3 谓词演算

谓词演算(predicate calculus)是本书针对系统而采用的一个术语;同时也使用'函项演算'(calculus of functions/functional calculus)或'谓词函项演算'(calculus of predicative functions)等更完整的表述形式。随着讨论的推进,上述不同术语的来源和意义会越来越明晰。及至当下,我们一直将命题当作未经分析的整体来考察。而谓词演算是表征简单命题内部结构的一个系统。

语义学家应该有兴趣至少了解一下谓词演算的基本概念和符号表示方法。这么说的理由有两个：其一，谓词演算表征简单命题的逻辑结构，是使用最为广泛的一个系统；其二，某些哲学家（尤其是前文提到的逻辑原子主义和逻辑经验主义哲学家）一直认为，谓词演算正确或准确表达不同语句的内在逻辑形式，采用的方法是，使内在逻辑形式与外在世界的事实或事态结构相符合。

命题是由项（term）*组成的。顺带提一下，项是一个传统用词：按照其专业涵义来说，项（拉丁文'terminus'，原义为界标）是一个终端分析要素。项分两种：名词和谓词。名词（name）*是指称个体（individual）*的词项。'个体'的意思取决于个人的世界观。如果从日常使用的所谓形而上的角度来看，我们就会这么说：特定的人、动物和离散的物体皆是个体，各种场所（无论理解为点，还是二维、三维空间），在相对确定的条件下，也可视为个体（参见4.3）。对于'美'（beauty）这样比较抽象的实体，我们可能会反复思量。'美'是非接续性地散布于世间的一种事物吗？它到底是不是一个事物？我们也可能对思想、事实、心态之类事物的状态有所怀疑。这些问题将在后续章节讨论（参见11.3）。此处要强调的一点是，对于什么应算作个体，谓词演算本身是中立的。为了佐证起见，我们将日常生活中清晰可辨的人、物以及场所看作个体，而不会将事物之群体或集合、抽象概念、心理状态等当作个体。

谓词*即是与名词组合使用的词项，赋予名词所指称个体以某种信息内容，也就是赋予（ascribe）*其某种属性*（参见4.3）。当然，此处关注的是命题，而不是句子的语法结构；不过，如果想把名词与谓词的逻辑特征运用到简单的英文句子，那么'约翰'或'伦敦'这样的专名则可等同于逻辑名词，'吃'之类的动词、'大'之类的形容词，还有'人'或'城市'之类的普通名词，则可等同于逻辑谓词。

149　　命题演算的逻辑联结词被视为算子*，可基于相对简单的命题构造相对复杂的命题。同样，谓词也可被视为算子，可基于名词构造简单命题。简单命题是其名词（或若干名词）的函项*：名词是一个论元*。（此处的'函项'和'论元'采用的是数学上常用的涵义：参见 6.2）以 x, y, z 表示名词变元，以 f, g, h 表示谓词变元，简单命题的逻辑结构便可表达为 $f(x), g(x), f(y)$ 等。

根据常用（但绝非普遍）规范，我们采用字母表居前字母的小写形式表示名词常元（name-constant），如 $\{a, b, c, ...\}$，采用字母表任意部分容易记忆的字母的大写形式表示谓词常元（predicate-constant）。假设 a 表示特定的人 John，b 表示 London；T 表示谓词"tall"；B 表示谓词的意义"big"，那么 $T(a)$ 则表示命题"John is tall"（约翰很高）；$B(b)$ 则表示命题"London is big"（伦敦很大），等等。可以观察到的一点是，迄今所采用的规范当中尚没有表示现在时或过去时的方法。就目前而言，可以认为，命题没有时态（参见 6.5）。

按照谓词运算的论元数，谓词可描述为'一元谓词'（one-place predicate）、'二元谓词'（two-place predicate）、'三元谓词'（three-place predicate）等；也可用'一元'（monadic）、'二元'（dyadic）、'三元'（triadic）等形式的术语。对于需要名词（名词变元）填充两个或更多空位的谓词，通常采用一个通名，即'多元'（many-place 或 polyadic）谓词。论元是有次序的（ordered）*，认识到这一点颇为重要。换言之，$f(x, y)$ 一般来说不等于 $f(y, x)$；同理，$g(x, y, z)$ 也不等于 $g(y, x, z)$ 或 $g(z, x, y)$。随便举个英文的例子：从 $L(x, y)$（"x loves y"）中，不能合法地推断出 $L(y, x)$（"y loves x"）；从 $G(x, y, z)$（"x gives y to z"）中，也不能推演出 $G(z, x, y)$（"z gives x to y"）或 $G(y, z, x)$（"y gives z to x"）。我们认为，像'love'这样的及物动词是二元谓词，像'give'这样的动词是三元谓词。当然，也可能有这种情况：有一对特定个体彼此相爱，即 $L(a, b)$ 和 $L(b, a)$。此命题若为真，则可假定其真是综合性的：它是一个偶然（contingent）*事实（参见 6.2）。对于某个特定谓词 f 来说，也可能如此，可表示为 $f(x,y) \equiv f(y,x)$。例如，我们也许会说出（至少就英文动词"resemble"的一些用法而言）$R(x,y) \equiv R(y,x)$ 这样的命题。具体而言，"x resembles y"（x 像 y）和"y resembles x"（y 像 x）是等值的；该命题是分析性的*。如果这一点成立的话，那便是该谓词的一个重要属性；描述其意义时就有必要予以考虑。不过，一般来说，符合（satisfy）*一个函项的不同论元应是有次序的。

现在接着讨论量化（quantification）*这个重要议题。量化词（quantifier）*是算子，就其约束*（运算）的变元而言，其作用和英文的'some''any''all'以及不定冠词（部分用法）相似。约束名词变元或谓词变元是可能的。不过，我们将量化限制在名词变元这个层次，依然不会超越经常所说的低阶（lower）*（或一阶（first-order）*）谓词演算的界限。

全称（universal）*量化词的表示方式是，在其约束的变元前加上字母 A 的倒写形式，并把二者一同放在括号里，即 $(\forall x)$，可解读为"对所有的 x（都是如此……）"。省略倒写的 A 也是常事；本文拟采用这个规范，据此，'(x)'则表示 x 的全称量化。在 $(x)(fx)$ 这样一个命题中，x 受全称量化词约束；该命题可解释为"x 具有谓词 f 所表示的属性，对于所有的 x 都是如此"。省去命题函项的内括号，便可将命题简化成 $f(x)$。以后，只要不产生歧义，我们都会沿用这种做法。但应遵循这样一条原则：'对于所有的 x'不可整体性地解释，而只能当作"对于每个 x 个体性地解释"，也就说，对于所有的 x 的解释必须是分配性的（distributively）*。

存在（existential）*量化词的表示方式是，在其约束的变元前加上字母 E 的左翻转形式，即 $(\exists x)$，可解读为"对于一些 x（是如此……）"。在日常英语中，'some'后面要么是单数名词，要么是复数名词；它指称的是某一特定个体还是一群个体，往往存在某些模糊性和不确定性。解释命题 $(\exists x)(fx)$ 当中'$(\exists x)$'的涵义，通常可采用释义法，将其描述为"x 具有谓词 f 所表示的属性，对于（x 范围之内）至少某一特定个体来说是如此"。个体是一个或多个，倒无关紧要。不过，存在量化词有别于全称量化词，它确实承载存在之意蕴：$(\exists x)(fx)$ 可精确地解释为"至少一个 x 具有 f 属性"，也可解释为"至少有一个 x，它具有 f 属性"。注意到上述这一点颇为重要。

全称量化词和存在量化词的解释可通过如下命题予以说明：

（1）$(x)(Mx \rightarrow Rx)$

（2）$(\exists x)(Mx \ \& \ Rx)$

第一个命题也许是对'All men are rational'（所有的男人都是理性的）的一种表征（换言之，"如果 x 是一个男人，那么 x 则是理性的，对于所有的 x 来说都是如此"）。第二个命题也许是对'Some men are rational'（有些男人是理性的）的一种表征（也就是说，"x 是个男人，x 是理性的，对于至少一个 x 来说是如此"）。基于上述例子可提出如下三个要点。

（ⅰ）'All men are rational'存在歧义：'men'一词（如果它在标准英语中的确存在此方面的歧义）既有全称性解释，也有存在性解释。该歧义在符号表征中得以消除。不论 $(Mx \rightarrow Rx)$ 还是 $(Mx \ \& \ Rx)$，均留有自由变元*（不可量化），二者都不是合式命题。

（ⅱ）如果有且只有一个男人是理性的，'Some men are rational'则表达一个真命题，对此有人也许会提出异议，但绝不会对 $(\exists x)(Mx \ \& \ Rx)$ 产生同样的疑问。

（ⅲ）正如此处解释的一样，'是一个男人'（being a man）是谓词表示的一个属性；因此，名词'men'在我们可能认为的相应英文句子中发挥作用，而名词变元 x 在命题中却没有相同的作用。

否定的效果应加以注意。否定联结词要么作用于整个命题，如例（3），要么作用于一个或多个子命题，如例（4）：

（3）$\sim ((x)(Mx \rightarrow Rx))$ "It is not the case that all men are rational"（所有的男人都是理性的，这不是事实）

（4）$(\exists x)(Mx \,\&\, \sim Rx)$ "Some men are not rational"（有些男人是非理性的）

对于'Some men are not rational',还有其他解释：例（4）的符号表征是对其中一种解释的精确表达。各种命题可证明为定理（或当作公理），表明在否定条件下不同量化词之间的相互关系。对此，我们不再深入探究，但有两个方面倒值得注意：一方面是存在量化和析取式的类推问题，另一方面是全称量化和合取式的类推问题。实际上，已经有人尝试按照如下方式对量化词进行界定：

（5）$(x)(fx) \equiv fa \,\&\, fb \,\&\, ... \,\&\, fe$
（6）$(\exists x)(fx) \equiv fa \lor fb \lor ... \lor fe$

从逻辑上看，困难在于这种界定方法仅适用于有限的一组个体，比方说，$\{a, b, c, d, e\}$。所有的个体我们都能识别，而且必须知道它们是现存的所有个体。不过，就某些应用而言，按照这种方式解释$(x)(fx)$和$(\exists x)(fx)$，我们也许会心满意足。

此时可引入辖域（scope）* 这个概念。任何算子，无论是联结词还是量化词，其辖域指的都是公式的运算范围之内的那个部分，通常用括号表示。例如，显而易见，例（7）和例（8）是不等值的。

（7）$((p \,\&\, q) \lor r)$ "Either both John came and Bill came or Henry came"
（8）$(p \,\&\, (q \lor r))$ "Both John came and either Bill came or Henry came"

对于'John came and Bill came or Henry came'这个句子，可以像例（7）或例（8）一样进行解释；另外，还可以给出其他各种解释，其中，不是所有的解释都是真值函项性的。如果不产生歧义，则可去掉括号。鉴于此，例（7）可转写成$(p \,\&\, q) \lor r$；例（8）可转写成$p \,\&\, (q \lor r)$。我们或许最终会采用这样一种规范：在添加括号又不出现任何相反指示的情况下，一个算子的辖域较之另一个算子更广。例如，如果我们建立这样一个规范：析取式较之合取式涵盖更广泛，合取式较之否定式涵盖更广泛（取'广泛'之本义），那么 $p\&q \vee r$ 只能解释为析取式 $((p\&q) \vee r)$，其首个析取项是一个合取式。不妨比较一下简单代数和算术的标准规范。据此，加法的辖域界定要广于乘法：鉴于此，$x \times y+z$ 通常被理解为 $(x \times y)+z$，而不是 $x \times (y+z)$。

就多元谓词函项而言，所有变元都必须由量化词约束。我们称之为多重量化（multiple quantification）*。如果所有的量化词都是全称性的或存在性的，那么解释起来就非常简单易懂：

（9）$(x)(y)((Cx \& By) \rightarrow L(x, y))$ "All the children like all the books"（所有的孩子都喜欢所有的书）

（10）$(\exists x)(\exists y)((Cx \& By) \& L(x, y))$ "At least one child likes at least one book"（至少有一个孩子喜欢至少一本书）

将两个量化词放在一对括号里面，便可对公式进行缩减：也就是说，例（9）用 (x, y) 表示 $(x)(y)$，例（10）改用 $(\exists x, y)$ 表示，只不过加了一个左转的 E 字母。如果使用的量化词不同——我们称之为混合量化（mixed quantification），量化词的相对次序就很重要。通过界定量化词辖域的方式，后一个量化词就会受前一个量化词的辖域约束，同时不会超越自身的辖域；不过，反过来则不行。换言之，公式 $(\exists x)(y)f((x, y)$ 应理解为 $((\exists x)((y)f(x, y)))$。鉴于此，如下两个命题在逻辑上则是不等值的：

（11）$(\exists y)(x)(By \& (Cx \rightarrow L(x, y)))$
（12）$(x)(\exists y)(Cx \rightarrow (By \& L(x, y)))$

首先，例（11）可理解为 "It is true of at least one book that all the children like it"（至少有一本书，所有孩子都喜欢，是真的）；例（12）可理解为 "It is true of all the children that they like at least one book"（所有孩子都至

少喜欢一本书，是真的）。将例（11）和例（12）分别改写成如下形式，不仅更加清晰，而且等值：

(11a) $(\exists y)(By \& (x)(Cx \rightarrow L(x, y)))$
(12a) $(x)(Cx \rightarrow (\exists y)(By \& L(x, y)))$

有时有人会说，在日常英语中，采用被动句或主动句，可显示同样的差异：

(11b) One of the books is liked by all the children
(12b) All the children like one of the books

但是，出现如'some'和'any'等词的英语句子，其逻辑表征存在许多复杂性和不确定性问题。

此时，便捷的处理方法是，插入一个简单明了的关系（relation）*项。我们可以把多元谓素（many-place predicator）视为不同关系；逻辑学家针对不同类型的关系提出的术语颇为有用。为了简单起见，此处仅讨论二元关系。拟采用的符号表示和谓词演算相似。$R(x, y)$ 表示 x 和 y 之间存在某一特定关系 R（也可表示为 $x R y$）。一般说来，这种关系在特定方向上成立；在相反方向，可能成立，也可能不成立。不过，时不时也会遇到逆（converse）*关系，本文拟用符号 R′ 表示（另一常见形式是 R^{-1}）。所以，$R'(x, y)$ 是 $R(x, y)$ 的逆命题。如果变换一下关系项*的顺序，同时将 R 替换为 R′，便可获得 $R(x, y) \equiv R'(y, x)$ 这样一个等值关系。我们可以将其与相对应的英文主动句和被动句的等值关系进行比较。如果 R 指代动词'respect'表示的关系，那么在通常情况下则不能说，如果 $R(x, y)$，那么 $R'(x, y)$（"x respects y"和"x is respected by y"逻辑上是不等值的）。不过，$R(x, y) = R'(y, x)$ 倒是成立的："x respects y"和"y is respected by x"逻辑上是等值的。

就逻辑学家识别的各种关系而言，以下几种尤为重要。

（i）对称（symmetrical）*关系。就 x 和 y 的任意值而言，$R(x, y)$

≡ R′(x, y) 均成立。英语中'be married to'所表示的关系就是一个例证。反对称（asymmetrical）*关系指的是，就 x 和 y 的任意值而言，R(x, y) 隐含着 R(x, y) 的否定命题。以父子关系为例：若 x 是 y 的父亲，则 y 就不能是 x 的父亲。

（ii）传递（transitive）*关系。就 x, y, z 的任意值而言，若 R(x, y) 和 R(y, z) 均成立，则 R(x, z) 成立。例如，若 x 比 y 高，而 y 比 z 高，则 x 比 z 高。至于反传递（intransitive）*关系，也可以父子关系为例加以说明。

（iii）自反（reflexive）*关系。就 x 的任意值而言，R(x, x) 都成立。例如，是同样的尺寸，是同一父母的孩子。然而，是某某的父亲或是某某的兄弟，却是反自反性的，因为一个人不能是自己的父亲或者自己的兄弟。

反对称关系、反传递关系和反自反关系有别于非对称（non-symmetrical）*关系、非传递（non-transitive）*关系和非自反（non-reflexive）*关系。关系 R 当且仅当不对称时，才是非对称的：当 x 和 y 取某些值（尽管未必总是任意值）时，R(x, y) 成立，R(y, x) 不成立。由此可见，除了既对称又反对称的零关系之外，所有的反对称关系都是非对称的，但反过来说却不行。采用同样的方式也可将'非传递性'与'反传递性'、'非自反性'与'反自反性'两组术语区分开来。例如，loving（爱的过程）是非对称性的，也是非传递性的（还可能是非自反性的）。一般而言，兼具对称性、传递性和自反性的关系即是对等（equivalence）*关系。

本书讨论语言的词汇结构时在很大程度上会用到上述概念。

6.4 类逻辑

所称的类（class）*在此语境下是指个体*的任何集合，姑且不考虑将个体组织起来当作类成员（member）*看待的原则（对于类和集合两个概念，这里不做任何区分。拟采用的某些符号表示通常认为是归于数学的集合论）。类成员也许是抽象的，也许是具体的：例如，正如我们会脱口说到眼下共居一地的某个群体一样，也会脱口说到实数的类。实际上，没有什么可以阻止我们思考实体的类，其中，有的成员是具体的，有的是抽象的。不过，鉴于前文对'个体'这个术语的涵义已有所限定（参见6.3），此时我们考虑的类主要涉及物体和相对确定的场域。

像前文一样，我们拟使用字母表靠前的小写字母来表示类的个体成员。由于逻辑谓词和类之间存在平行关系（下文可见），我们故以大写字母表示类。这样一来，X 便可表示一个类，其成员是 a, b, c。我们列举一个类的成员，用逗号将表示成员的符号隔开，然后再用大括号括起来即可。如此一来，$\{a, b, c\}$ 即是一个类，其成员则是 a, b, c。类成员关系用希腊字母表的第五个字母 ∈ 表示，故有 '$a \in X$'，意即 "a 是 X（类）的一个成员"。

我们考虑采取三种迥然不同的方式部分性地列举类成员。首先，从原则上将开放类和封闭类区分开来：就封闭（closed）*（或有限（finite）*）类而言，如果有时间、空间、精力、知识和理由，就可以列举该类的所有成员；就开放（open）*（或无限（infinite）*）类而言，由于成员数目没有可以确定的界限，故无法将所有成员全部列举。上述两个类可采用符号表示规范（notational convention）加以区分：$\{a, b, ..., c\}$ 即是列举部分成员的封闭类；$\{a, b, c, ...\}$ 即是列举部分成员的开放类。需要注意的是，在本节和上一节其实都有这样一个假设：字母表供给字母是不受限的，可用于各种目的；我们甚至还假设，字母表有无限多的居前字母可以自由借用，以表示宇宙中的每个单一对象和场域。换句话说，我们一直把字母表视为一个无限的类，实际上是把字母表的不同部分视为一个无限的类，诸如 $\{a, b, c, ...\}$、$\{f, g, h, ...\}$、$\{p, q, r, ...\}$ 和 $\{x, y, z, ...\}$。事实上，如果有必要，我们可以采用下标或其他手段对其无限扩展。如果不知道某一个类是开放的还是封闭的（或者对此不愿认同），便可采用第三种方法部分性地列举类成员。这样的类拟称作不确定（indeterminate）*类，使用符号"etc."加以区分，而不用开放类的三个点。如此一来，{a, b, c, etc.}则表示一个不确定类。

上文区分了开放类和不确定类，对达成我们的目的颇为重要。例如，思考一下词位这个类，它或是构成英语词汇，或是构成某个英语使用者的词汇。那么，词位是一个开放类还是封闭类？当然，这个问题，就其提出的形式而言，是无法回答的。出于方法论的原因，我们也许可采取的办法是，运用我们的系统模型表征英语词汇。该系统是基于英语使用者的语言行为建构的，具有封闭性（尽管出于实际原因难以列举）。然而，不难想象，未来会出现开放类词汇模型。另外，我们讨论语义学，会涉及许多哲学问题，就某一类实体是封闭还是开放，我们不希望给出定论（例如，宇宙中的实物、某个真实或可能世界中真实或可想象的事态、某个词位所指的实体等）。

当且仅当两个类的成员完全相同时，它们才可被定义为等同（identical）*（更确切地说，如下文所述，是外延上等同）。假定 X 是 {a, b, c}，Y 是 {b, a, c}，根据类等同（class-identity）的定义可得出 X = Y（等号表示同一性）。顺便可观察到的一点是，X 和 Y 的成员是有意按不同顺序列举的：如此做法旨在突出一个重点，也就是，类成员之间的排序无关紧要。

要和类成员相区分的一个概念是类包含（class-inclusion）*。表示类包含的符号有两个：一是朝右的钩形符'⊃'，意为"包含"，一是朝左的钩形符'⊂'，意为"包含于"。包含可定义为：X ⊃ Y（X 包含 Y），Y ⊂ X（Y 包含于 X；Y 是 X 的子类（subclass）*），也就是说，Y 的每个成员都是 X 的成员。应指出的是，包含的定义使'等同'有可能成为包含的一种特例。实际上，类等同可定义为对称包含：如果 X ⊃ Y 且 Y ⊃ X，那么 X = Y。反对称包含被称作真包含（proper inclusion）*：如果 X 包含 Y，而 Y 不包含 X，则可以说 X 真（properly）*包含 Y。类逻辑使某个类有可能成为其他类的成员或子类，但两种情况不可混淆。如前文所述，Y⊂X（Y包含于X）的含义是，Y的每个成员都是X的成员，但这并不是说Y类是X类的一个成员。另一方面，Y∈X的含义是，Y类（但未必是其成员）是X的一个成员。尤其重要的是，不可混淆（ⅰ）x∈X和（ⅱ）$\{x\}$∈X这两个陈述。第一个陈述断言，x是X的一个成员；就第二个陈述而言，'$\{x\}$'应解读为"（唯一）成员是x的类"，断言包含单一成员x的类是X的成员。例如，一个委员会可能有若干作为其成员的分委会（规模大小不一，但各有一个投票权），其中一个分委会也许是只有一个成员的类$\{x\}$。如果x参加主委员会会议并投票表决或发表意见，就会以$\{x\}$的身份照章履职。一个类有（contain）*其成员，但含（include）*其子类。

使用一组符号表示"不是……的成员""不包含于……""不等同于……"，诸如此类，乃便捷之事。这些符号的形构方法通常是，在相应的正符号上画一条斜线。如此一来，'$a \notin X$'的含义是，"a不是X的成员"；'X⊅Y'的含义是，"X不包含Y"；'X≠Y'的含义是，"X不等同于Y"；等等。此时，也许可补充的一点是，通常使用'⊇'和'⊆'两个符号明示，'等同'有可能是'包含'的一个特例：'X⊇Y'的含义是，"X包含或等同于Y"；'Y⊆X'的含义是，"Y包含于或等同于X"。

X和Y两个类的并集（union）*（或合集（sum）*）指的是，X+Y类的所有成员即是X或Y（或两者）的成员。X和Y两个类的交集（intersection）*（或乘积（product）*）的含义是，X.Y类的所有成员是X和Y的成员。假定X是$\{a,b,c\}$，Y是$\{b,c,d\}$，那么X+Y即是$\{a,b,c,d\}$，X.Y即是$\{b,c\}$。

对于加号和圆点，此处采用的可选且常用的符号分别是'∪'和'∩'。如此一来，X∪Y则表示X和Y的并集，X∩Y则表示X和Y的交集。这些概念通常用维恩图（Venn diagrams）表示（见图5）。

有两个类是独特的，在类逻辑的形式化和标准解释中有着特殊的地位。一个是全（universal）*类，表示为'U'；一个是空（empty/null）*类，表示为'∅'（即零）。U是指涵盖全集合中所有个体的类；∅是指没有任何成员的类（不涵盖全集合中的任何个体）。'全集合'（universe）的含义取决于主体如何解释系统，也取决于主体为何使用系统。我们姑且将'全集合'界定为论域（universe-of-discourse）*，如我们所愿，可对其或多或少地加以限制（参见6.5）。图5所示的论域由4条直线界定，其中只有6个个体：论域U即是 $\{a, b, c, d, e, f\}$。

现在，我们可以界定一下类的补集（complement）*。所谓补集，指的是一个类包含（且仅包含）论域的所有个体，而这些个体又不属于所讨论的类。我们用上置线表示类的补集：$\overline{X}$是X的补集。在图5表示的论域中，$\overline{X}$是 $\{d, e, f\}$，$\overline{Y}$是 $\{a, e, f\}$。$\overline{X+Y}$表示的类，包含非并集X和Y成员的所有个体，即 $\{e, f\}$；$\overline{X \cdot Y}$是X和Y交集的补集，即 $\{a, d, e, f\}$。

上文介绍了以后涉及类逻辑时需要使用的所有术语。更重要的是，也介绍了20世纪哲学语义学颇有影响力的一种特殊的观察事物的视角（与其对数学基础是否重要无关）。现在，我们接着可以对类逻辑与语义学关联的某些特征进行一般性的考察。

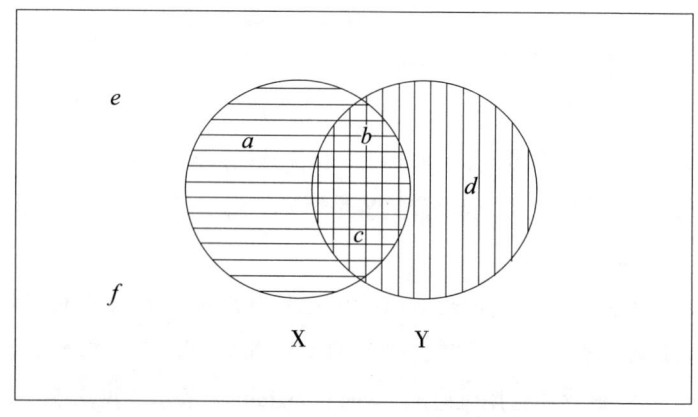

图5 类的并集和交集维恩图

首先，如何界定或建立类成员身份？至少对于封闭性的类来说，有一种方法是，列举其成员，是为外延性*定义。一个术语的外延*是指，恰当运用该术语，以表示特定事物的类。另外有一种也许更常见的方法是，我们可根据成员共有的某个属性（或一组属性）来定义类。比方说，对假定的可使某物有资格成为'狗'的一套基本属性进行概括，使其成为'犬'这个语词可描述的东西。于是，便可以如是说，'狗'类所包含的全集合中所有的事物无疑共有一套非常复杂但又假定可以识别的属性。此为内涵性*定义：一个术语的内涵*是指决定该术语适用性的一套基本属性。类的符号表示和谓词演算的符号表示结合在一起时，就用'C'表示大家一致总结出来的'犬'的属性，用'D'表示'狗'的类：

$(x)(Cx \equiv x \in D)$ "Anything that is canine is a dog"（凡是犬即是狗）。

上述公式或然是狗类的内涵性定义。

如下文可见，哲学语义学中有一个中心议题，也可以说是一个长期争论不休的议题，和下文拟描述的一类问题有关：所称的 C 属性或'犬'与"是 D 类的成员"（我们已经学会用'狗'表示的那个类）究竟有何区别？不少逻辑学家已经对两个类的外延同一性和内涵同一性进行了区分，其理据是，它们拥有完全相同的成员，但从内涵定义上看却是不同的类。① 举一个传统的例子（卡纳普经常使用），假定存在 X 和 Y 两个类，X 的内涵定义则是：

$(x)((Fx \& Bx) \equiv x \in X)$

其中，F 表示"无羽毛"（featherless），B 表示"两足的"（biped），X 则是无羽毛两足动物的类。Y 的内涵定义即是：

$(x)((Rx \& Ax) \equiv x \in Y)$

---

① 任何一位逻辑学家都会说，类始终是从外延上定义的：两个类当且仅当包含完全相同的成员时，才是同一的。此处的问题是，外延是否足以确定和区分内涵。

其中，R 表示"理性"（rational），A 表示"动物"（animal）。我们尽管不曾观察过 X 和 Y 的所有成员，但可假定 X = Y（也就是说，两个类的外延相同）。难道"理性动物"和"无毛两足动物"具有相同意义？再以"半人马"和"独角兽"为例，如果两个术语的外延均是空类（我们认为全集合中不存在任何独角兽或半人马），则可以说它们有着同样的外延。可是，如果它们具有相同的外延，为什么不说它们具有相同的意义？内涵与外延的区分问题经常以不同方式进入形形色色的论域。

此处使用的'外延'，其涵义与'外延性的'和'真值函项性的'两个术语等值之涵义也有联系（参见6.2）。弗雷格（Frege, 1892）和他之后的许多逻辑学家都将命题的外延视为命题的真值（同时将命题的内涵视为命题的意义）。提出这种相当反直觉（且有争议）的观点的理由是，复杂命题的真值被认为是由子命题的真值决定的，和简单命题的真值由其项的外延决定是完全一样的。① 真值相同的命题，无论如何替换 p 或 q，（p & q）的真值保持不变；同样，外延 x 相同的任何表达式，无论如何替换 x，都不影响 $f(x)$ 的真值。基于此，便可对外延演算进行界定：当命题的某一表达式替换为另一具有相同外延的表达式，命题的真值不会改变。哲学语义学经常讨论或提及不改变命题真值实施替换的可能性问题，同时还会和莱布尼茨不可分辨项（indiscernible）*同一性原理相联系；具体而言，*Eadem sunt quorum unum potest substitui alteri salva veritate*，可译作"如果将某一个替换成另一个，又不影响真值，那么（二者）则是相同的"。莱布尼茨的这句名言，如何精确解读尚存在争议。不过，其中包含的拉丁语"*salva veritate*"通常被理解为如上文所明示的"不改变真值"，在哲学文献中经常引用，没有注释或翻译，读者也理应熟知。②

---

① 有关弗雷格的研究及其在语言哲学领域地位的深入讨论，参见 Dummett (1973)。
② 扎比奇等人（Zabeeh *et al.*, 1974：525-660）以及奥尔休斯基（Olshewsky, 1969：353-457）关于分析和综合的章节对相关文献进行了颇有价值的讨论和介绍。

如果我们将谓项解释为类名，则可把命题"Alfred is a bachelor"（阿尔弗雷德是个单身汉）表示为：

$a \in B$

而把"Alfred is happy"（阿尔弗雷德是快乐的）表示为：

$a \in H$

类逻辑（class-logic）表征似乎更适合第一个例子，其中使用了英语的一个普通名词；谓词演算表征似乎更适合第二个例子，其中使用了一个形容词。是否可以且应该对类成员的断言与属性的断言加以区分，关于这个问题，回头再讨论。不过，许多逻辑学家都已否定了这一点（参见 11.3）。

6.5　时间、情态与可能的世界

假定我们在描述由数量有限的个体构成的某个论域，并且我们有一组可用于描述的谓词；有的谓词可对每一个体断言（predicable）*，有的谓词则不行；如果可以断言，对于特定个体来说，结果要么为真，要么为假。'可断言'的含义可通过一个例子来解释。例如，谓词 M 可以说是表示已婚属性。现在便可如此假定，按照 M 正常的非隐喻性涵义，它不能断言无生命的物体（或实际上为非人类动物），更不能对场域做出断言。因此，就论域的描述而言，可以这样认为，如果 a 指涉的是某一无生命个体，那么 M(a) 就不是一个合式命题，同时也就不会产生命题真假的问题。有一些哲学问题与此处提及的语义上非合式（ill-formed）命题和假命题的区别特征有关。不过，可以认为，就当下的目的而言，可断言性这一概念不仅理解得十分清晰，而且还是确定的，不容有层级之分。换句话说，我们此时正在假设的一点是，某一特定谓词是否可断言某一给定的个体，是一个始终都能给出确切答案（肯定或否定）的问题，并且绝不会有任何理由或多或少地限定答案。

此处要注意的一个重要术语问题是，一般来说，断言个体（尤其命题）的是谓词，而不是属性；属性通过命题中一个或多个名词被赋予*所指的个体。例如，我们说起特定的一朵红花，即是给它赋予红的属性，但断言它的却是谓词"红的"。

现在回到我们正在考虑描述的个体域。对于每个个体 x 和每个断言该个体的一元谓词 f，可以构造一个命题 $f(x)$；对于每对排列有序的个体 (x, y) 和每个二元谓词 g，可以构造一个命题 $g(x, y)$；一般而言，对于每个排列有序的个体 n 元组 $(x, y, ..., z)$ 和每个 n 元谓词 h，可以构造一个命题 $h(x, y, ..., z)$。最终形构的每个命题可称作原子（atomic）*命题；无论是原子命题还是原子命题的否定式都可称作基本（basic）*命题。进而言之，由原子命题及其否定式组成的每对命题被称为基本命题对（basic pair）*。

现在可将状态描述*（比前文使用得更精确：参见 2.3）定义为基本命题的任一合取式。应强调的一点是，有了该定义，我们便能区分完整描述和部分描述，也能区分一致描述和非一致描述。完整的状态描述*至少包含每个基本命题对的一个命题；一致的状态描述*不包含或不允许衍生出矛盾命题（即基本命题对的两个成员）。每个不同的完整又一致的状态描述都在描述论域的某种可能状态。在这类状态描述中，会有一条描述论域的实际状态，其中，所有成分性的基本命题都为真。

举一个简单例子，便可表明这一点：我们使用的是两个一元谓词 F 和 G，还有两个名词 a 和 b，每个名词分别表示 F 和 G 断言的个体。假定这是个非常简单的论域，故它只有 16 种可能的状态，如例（1）—（16）所示：

（1）SD_1：（Fa & Fb & Ga & Gb）
（2）SD_2：（～Fa & Fb & Ga & Gb）
（3）SD_3：（Fa & ～Fb & Ga & Gb）

第六章 逻辑语义学

·
·
·

（16）SD_{16}：$(\sim Fa \ \& \sim Fb \ \& \sim Ga \ \& \sim Gb)$

这些完整又一致的状态描述，每个描述的都是论域的某种可能状态，其中有一条无疑描述的是论域的真实状态。如前文（见 2.3）所述，一个命题的语义内容可界定为它所排除的状态描述类。上述示例对论域的使用非常有限，但显而易见，即使增加论域中的个体数量或谓词数量，同时采用多元谓词，也不会对总体原则产生影响。

与其说每条完整一致的状态描述描述或界定论域中的某种可能状态，一组状态描述界定论域的实际状态，倒不如说一组状态描述界定的是一组可能的论域，而不是同一论域的一组可能状态。从纯粹的逻辑角度来看，我们是否谈论可能的状态或可能的论域，都无关紧要。不过，也许会根据逻辑框架的具体应用情况选择某一种表达式，而不选择另一种。我们从日常角度思考物理世界，往往会认为它是由相对恒定的一组具有变化特征的个体组成的。在选择的任意两个时间点 t_1 和 t_2 之间，会出现一定数量的新个体，也会消失一定数量的旧个体。但是，在 t_1 和 t_2 两个时间点，同样会识别出大量相同的个体，也会识别出大量相同的特征，尽管相对于个体而言，它们的分布可能有所不同。因此，论域经历的是一系列不同状态，我们感觉这么说是恰当的。当然，看待物理世界还有其他一些方式。物理学家也可能会在别的领域探寻跟测量变化相关的恒定性原理；有些哲学家可能会否认存在任何恒定性。不过，日常的世界观则可满足我们目前的研究目的。因此，我们心中的论域由大致相同的个体组成，经历着一系列不同状态。

如前文所述，一般认为，命题是没有时态的。可是，这样陈述有何含义？对此，有多种解读方式。我们可以如是说，命题不仅没有时态，而且没有时间；不仅命题本身的真假不以时间为参照，而且时间概念与命题完全无关；命题本身是永恒的，但命题的确信或肯定与论域或论域的状态有关，命题不是在论域中为真或为假，而是对于论域来说是真或是假。我们或许能以如下观点为例加以说明：命题 Fa 在 t_1 时对于论域为真，尽管在 t_2 时对于该论域为假（论域在 t_1 时由状态描述 SD_1 描述，在 t_2 时由 SD_2 描述）。许多逻辑学家和认识论学者正是采用上述方式对命题的无时态性进行识解的。有的则没有把'无时态'解释为'无时间'，而是解释为"具有即期时间参照性"。在这样的解释框架下，随着不断变化的物理世界经历一系列状态，人们才有可能确信或肯定有关命题，而这样的命题每个都在时间上和即期观察的情景之间产生隐性参照关系。在正常话语条件下，所有的命题都会得到解释，例如，'It is raining'这一英语句子则可解释为"It is raining at the present moment"（此时此刻正在下雨）。如后续章节所述，这不会是时态（参见 15.4）。时态取决于是否有可能将某一时间参照点与另一时间参照点相对照（无论是现在与过去或将来相对照，还是反向对照）。基于这种以时间为参照对命题状态的解释，也许可以认为，Fa 如果在 t_1 时说出，则为真（不仅 SD_1 所描述的论域为真，而且在 SD_1 所描述的论域中也为真）；如果在 t_2 时说出，则为假。这也是哲学文献中表达颇为有力的一个观点。

姑且如此，命题也可识解为有时态性。为了从形式上对此表征，我们需要超越一阶谓词演算或二值命题演算的限度；迄今已开发出各种各样的系统，我们可称之为相当不严格的时态逻辑系统。后续章将从语言学角度讨论时态问题，到时再述说这些系统（参见 15.4）。

现在暂时转向情态（modality）*这个主题。情态也是后文必须讨论的一个话题；我们会发现，能够区分的情态有各种各样。本节仅仅关注逻辑必然性（necessity）和逻辑可能性（possibility）两种情态。如前文（6.2）所述，逻辑学家习惯上将命题分为分析性*命题和综合性*命题，据认为，前者是必然为真；后者如果为真，也只是偶然为真。下文的陈述表明，逻辑必然性*和逻辑可能性*两个概念适用于上述两个命题（并且在分析否定命题方面相互关联）：如果 p 必然为真，则 p 不可能为假；如果 p 可能为真，则 p 未必为假（应注意的是，根据可能性的这种解释，必然性包含可能性，是可能性的一个特例）。

如何才能将逻辑必然性和逻辑可能性的概念予以形式化？有一种方法是，利用对象语言和元语言的区别特征（参见1.3）。采用这种方法，可将"命题 p 必然如此"分析为"命题' p '必然为真"，其中 p 是对象语言的命题，' p '是 p 的元语言名谓；'必然为真'断言的不是 p（更不用说 p 的成分），而是' p '。这是认同外延性命题的逻辑学家喜欢采用的方法（参见 Carnap, 1958：42）。另一种方法是，在内涵（即非外延的）逻辑系统或情态逻辑系统任一当中，对逻辑必然性和逻辑可能性两个概念进行形式化处理。目前有许多不同的系统可用（参见 Hughes & Cresswell, 1968）。所认为的标准系统是以二值命题演算为基础的；不过，除了真值函项联结词，还要采用一个或多个情态算子，才可得以拓展。此处使用'nec'和'poss'两个符号分别表示用以生成逻辑必然性和逻辑可能性命题的算子。上文论述了逻辑必然性和逻辑可能性的联系，据此可以认为，下列等式是有效的：

（17）$\text{nec } p \equiv \sim \text{poss} \sim p$
（18）$\text{poss } p \equiv \sim \text{nec} \sim p$

"nec"或"poss"可以相互定义，最终将逻辑情态系统区分（无论我们可能希望对此做何解释）为两种：基于必然性（necessity-based）*的系统和基于可能性（possibility-based）*的系统（参见 Hughes & Cresswell, 1968：26）。

有一个语义学上重要的概念是严格蕴含（strict implication）*，即蕴涵（entailment）*，下文需要对此概念进行较为充分的讨论。此处采用双箭头表示（和表示实质蕴含的单箭头相对照）：因此，$p \Rightarrow q$ 可理解为" p 蕴涵 q "（或" q 在逻辑上由 p 推出"）。根据 poss 和实质蕴含（material implication），可对蕴涵做出如下定义：

（19）$(p \Rightarrow q) \equiv \sim \text{poss}(p \& \sim q)$

也就是说，如果 p 蕴涵 q，那么 p 和非 -q 逻辑上不可能都为真，反之亦然。我们说 p 蕴涵 q 时，譬如说，如果肯定 p 而否定 q，我们的理解则是二者不一致。又如，如果 p 是"John is a bachelor"（约翰是个单身汉），q 是"John is not married"（约翰没有结婚），那么肯定 p 而否定 q，谁都会认为二者不一致。

一个命题如果在所有可能的世界都为真，那么必然为真。通常认为，这一观点是莱布尼茨较早提出的。那么，'可能的世界'这个词组有何意义？其中有一种解释方式，它依据的正是状态描述这个概念。[①] 因为，如前文所述，一则状态描述，只要它完整且一致，就可认为是，某人根据自己的观点定义某个论域的某一不同状态或某个不同论域。如此看来，在本文语境下如何使用'宇宙'（universe）或'世界'（world）两个词汇并没有多大影响。前者与专门术语'论域'（universe-of-discourse）有关，后者与莱布尼茨所言的'可能的世界'（possible world）有关。然而，也许有人会质疑道，至少在习惯用法上可给如是观点提供某些支持：宇宙（the universe）比我们所称的世界（the world）更全面、更持久，甚至更客观。如此一来，便可把世界和描述宇宙或宇宙某一部分的状态描述等同起来。一个命题，如果在某个状态描述中含有真值 T，那么它在某个可能的世界即为真。

现在假定有个无所不知的外部观察者，他可以获取和查阅一组描述宇宙所有可能状态的状态描述。如果被问到某个命题在逻辑上是否可能，他就可以核查所有的状态描述，在至少一个状态描述中找到该命题，然后回答说：是可能的。他的理由是，命题至少在一个状态描述中包含，

[①] 一些学者或许会感到，我借助状态描述的概念来分析'可能世界'这一概念非常落伍。不过，我倒发现，按照上述方式思考是有助益的。关于另一种方法，可参见 Kripke (1963) 或 Hintikka (1969)。

164

是其在逻辑上可能的一个充分条件；再者，基于我们当下的假设，也可视其为一个必要条件。如此一来，如果该命题被排除在任何状态描述之外，就会有充分理由表明，它在逻辑上是不可能的。对于逻辑必然性也是如此：如果一个命题出现在所有的状态描述之中，就可以说它在所有可能的世界皆为真。

对于所有可能世界的观察者，我们做出了两个假设：其一，他是无所不知的；其二，他置身于他所深思的不同世界之外。如此假设把他放在格外有利的一个位置，由此对何为必然、何为偶然做出评价，这和莱布尼茨理所当然地对待上帝的方式别无二致。第一个假设无须多说。我们观察其他世界的能力，显然十分受限于自身的经验和前人累积的经验。因此，我们必须预料到，在非常多的实例中，经常会出现和某一语言的日常词汇相关的问题，对于什么是分析性的，什么只是偶然性的，都会产生一些疑问。

第二个假设同等重要。我们不是而且也不可能是我们所生活世界的外部观察者，这是一个颇有争议的观点。乍看起来，最具争议之处似乎莫过于"世界"一词的模糊用法。此处使用的'世界'和我们所说的'它是一种状态描述'的涵义不同。重要的是，两种涵义也许密不可分地联系在一起，因为我们自身是我们在状态描述中所描述的世界的一部分，还因为我们的观察和概念化能力也许受到我们所处地域宇宙态的普遍条件严格限制：囿于我们的身体构造，囿于我们生物本能决定的欲望和性情，囿于我们成长起来的特定文化，也许还囿于我们所说的、用以构造状态描述（即我们的世界）的语言。

前文（6.3）曾提及形而上学及其日常用法。然而，关于我们日常使用语言的一个重要事实是，目前没有一个可支持每一种人类话语的形而上或概念性框架。陈述抑或命题，在对物理世界不同程度的科学讨论中，也许被认为是矛盾的甚或荒谬的，但在神话或宗教语境下、在诗歌中、在梦的叙事中或者在科幻小说中，则被认为是完全可接受的。有人曾指出，逻辑语义学早期的许多工作都是由哲学家完成的。他们主要关注科学话语的语言形式化问题，其中许多人以这样或那样的形式信奉物理主义的学说。也许，他们再自然不过地会认为，有可能构造一个理想的逻辑系统，其中的分析性命题在所有可能的世界保持不变，并最终由物理定律决定。如今比较普遍认同的看法是，可能世界的概念应根据不同的信念和假设体系来界定。此外，不同的逻辑系统也许适用于不同类型的话语。这种更灵活、更具相对性的逻辑形式化方法，看来在分析语言的日常使用方面相当有前景。

6.6　模型论语义学与真值条件语义学

关于逻辑语义学，尤其是所称的模型论（model-theoretic）*语义学，新近的多数研究皆以塔斯基（Tarski, 1935）对真这个概念的定义为起点，并把它和宇宙的实际或可能状态相关联。[①] 哲学家们提出了几种关于真的不同理论，它们在一定程度上都是有争议的。塔斯基的定义旨在理解和更精确地构想体现在所称的符合论（correspondence theory）*之中的真。据此，一个命题为真的条件（唯一条件）是，它表示或指称存在于它旨在描述的现实世界之中的某一事态。另一种解释是，真命题与现实相符合，假命题与现实不符合。可以看出，根据上述对'真'的解释，一个命题之真是由表达该命题的语言或系统之外某物的存在或现实状态决定的。如果命题 $f(x)$ 指称某一实体 x，赋予 x 以某种属性 f，那么当且仅当 x 存在并具有属性 f，该命题则为真。如塔尔斯基的标准例句所示：

(1) 'Snow is white' is true if and only if snow is white（当且仅当雪是白的时，'雪是白的'则为真）

---

① 塔斯基（Taski, 1944）的论文对于非专业人士也许是一个比较好的起点。有关背景和更多参考资料，参见 Olshewsky (1969：575-652)，Zabeeh *et al.* (1974：661-674)。

初看起来，这个例子没有一点用处，不可作为构建形式化真值理论的基础。

关于塔斯基对真这个概念的形式化描写，首先必须阐明的是，它是以区分元语言*和对象语言*为前提的（参见 1.3）。塔斯基的成就在于，他不仅区分了两个概念，还澄清了相应的影响。谓词'真'属于元语言词汇，以其断言的命题是对象语言的一部分（换言之，命题是用对象语言表达的）。因此，我们从例（1）中可以发现一个复杂的元语言命题，即 $p \equiv q$，其中 p 包含一个表达式，指称的是对象语言的一个命题，即"Snow is white"。$p \equiv q$ 表示，当且仅当某种事态达成时，该命题则为真。上述表示是真值概念的一种纯形式，因为它是对确定雪是不是白的这一经验主义或认识论问题的一种抽象。"Snow is white"这一表达式，指的是由对象语言的一个句子所表达的命题。不过，它是以元语言术语的身份发挥功能的，以引号表示（参见 1.2）。在塔斯基的例子中，引号中的句子在词汇和语法结构上与表达命题（描述外在于对象语言和元语言的某种事态）的元语言句是等同的，这一点原则上讲倒是无关紧要的。同样，也可以法语为例用英语对真这个概念进行形式化描写：

（2）'La neige est blanche' is true and only if snow is white（当且仅当雪是白的时，'雪是白的'为真）

反之亦然：

（3）'Snow is white' est vrai si, et seulement si, la neige est blache（当且仅当雪是白的时，'雪是白的'为真）

更有趣的是，我们或许可使用一种专门构造的逻辑演算模式，针对所有自然语言，对真这一概念进行形式化处理，这也是许多逻辑学家和语言学家在模型论语义学领域正在尝试做的一件事。[①] 然而，我们如果要做的话，

---

① 不应把此处所言理解为在暗示，塔斯基的真值定义和模型论语义学之间存在不可分割的联系。

则必须确保有丰富的逻辑元语言，足以让我们能够指称所有自然语言的所有句子。就任何自然语言而言，可以假定的是，语法和语义合式的句子集合都是无限的。因此，列举任一自然语言的所有句子，赋予每个句子一个元语言名词，原则上讲是无法进行的。是否有可能将塔斯基的真值形式化模式扩展到自然语言的语义分析，显然要看是否有可能根据简单陈述句所表达命题的真值来确定复杂陈述句所表达命题的真值。这一点让我们想到句子的真值条件（truth-condition）*这个概念。所谓的真值条件是指在任何可能的世界都必须成立的条件，在该条件之下，或在该条件之中，一个句子为真，而不是一个命题为真。

及至当下，我们使用谓词'真'和'假'的范围仅限于命题，同时采用了塔斯基提出的真值符合理论。据此，我们可以断言，当且仅当一个命题所描述的世界存在某一特定事态，该命题则为真。不过，塔斯基及其后继之人将'真'和'假'两个术语应用于句子；他们如果一定使用'命题'这一术语的话，就会根据他们自己的句子意义理论加以界定。我们运用'真'和'假'两个术语描写自然语言的陈述句时，遇到的首要问题是，许多句子存在歧义。因此，我们所关注的是，根据某一给定的解释，句子是真还是假。实际上，正是因为有了给定释义之下的真值概念，我们才能澄清歧义。对于歧义陈述句，我们可以认为，在宇宙的某种可能状态下，也就是在某个可能的世界，按照一种解释可能为真，按照另一种解释可能为假。如果有一个可能的世界存在一个亦真亦假的句子，我们则可认为，该句子表达的是两个不同或具有显著差异的命题。此类句子的解释取决于语言学家，他们要么在构成该句子的表达式中定位歧义，要么在该句子的语法结构中定位歧义。

第二个问题更重要，它与这样一种情况有关：就自然语言指称个体的绝大多数表达式而言，其所指关系不具唯一性。以'That man over there is my father'（那边那个人是我父亲）这样的句子为例，如果不了解谁说的这句话，也不知道'That man over there'指的是何人，就无法判定该语句表达的是真命题还是假命题。但是，将这样的句子描述为歧义或语义不确定，则是一个悖论。事实上，所表达的命题，其真值可能应时应景地变化。如果我们有意考虑到这一点，就一定有某种方法标指世界上的事物，将标指符与出现在语句中的表达式相联系。实际上，上述说法的言下之意是，理解在任何特定的话语场合言说的语句，既取决于语句自身的意义，也取决于常说的参照点（point-of-reference）*（或标指符*）。第七章将详细讨论指称*这个概念（参见 7.2）。对于'参照点'这一术语，模型论语义学的解释非常松散，也不规范。对此，我们姑且接受，不必较真。

我们将首先区分两种世界：外延世界和内涵世界。外延世界，简单地说，是个体之集合。它们具有某些属性，从事某些活动，以各种方式相互关联，各居一处。内涵世界即是我们一直所称的状态描述。现在，我们可以区分世界的存在之真和世界的本体之真两种概念。① 如果说一个命题为真，那么它在某个内涵世界即为真，在某个（现实或可能的）外延世界亦为真。说一个命题在某个内涵世界为真，意味着该命题存在于那个世界。说一个命题对于某个外延世界为真，意味着该命题所描述的事态（过程、活动等）存在于那个世界。显然，以这种方式讨论真，会引出真与存在的关系问题。二者的关系隐含在符合论和塔斯基对真的阐释之中。后续章节（17.3）讨论时态*和情态*时，将会用到上述两种世界的区别特征。

我们把内涵世界定义为状态描述，也就是一组命题。不难看出，我们可将某个时刻某个人的信念视同为特定的一组命题，以此对内涵世界这个概念进行心理学解释。不过，我们此刻并不关心内涵世界的心理学解释，而是将其视为纯粹的抽象逻辑构念。②

---

① 这是一个略带异质性的术语区别特征，在模型论语义学的标准阐述中未有相关区分。
② 另一种看法是，将它们视为计算机化的或可计算机化的信息处理系统内部的构念：参见 Minsky (1966), Winograd (1975), Woods (1975)。

各种逻辑关系皆可依据内涵世界来定义。逻辑上必然的命题即是在所有可能的内涵世界皆为真的命题,而逻辑上不可能的命题在任何内涵世界皆不为真。如果所有包含 p 的可能内涵世界也包含 q,那么命题 p 则蕴含*命题 q(即 $p \Rightarrow q$)。如果用于命题结构形式化的逻辑演算是真值函项性的,那么复杂命题的真值则取决于构成该命题的简单命题的真值,也取决于否定、合取、析取、蕴含、量化等运算方法的定义。这样一来,复杂命题真值条件的指定问题,原则上则简化为指定简单原子命题的真值条件。为此,我们必须将特指每一个体的名词和希望描述的外延世界的特定个体联系起来:外延世界的个体即是对该名词的一种解释。另外,我们还必须对逻辑演算词汇中用以描述外延世界集合的一元谓词和多元谓词做出解释。就任意一个外延世界而言,一元谓词可解释为该世界具有某种属性的个体之集合。一个 n 元谓词可解释为任一外延世界以特定方式关联的所有个体的 n 元组集合。如果做到这一点,我们便可认为,就某一原子命题而言,当且仅当解释其成分名词的个体 n 元组是解释其谓词的 n 元组的成员,那么对任意一个外延世界来说皆为真。以原子命题"Alfred is married to Beatrice"(阿尔弗雷德和比特丽斯结婚了)——$M(a, b)$——为例,在包含全部有序偶对的集合中,'Alfred' 和 'Beatrice' 是其中的一个有序偶对,以此解释二元谓词 'married',该原子命题即为真。可以看出,我们所做的,原则上是对对象语言的名词和至少某些谓词做出外延性的解释。

不过,模型论语义学认为,一般而言,自然语言的名词和谓词,其外延相对于不变的世界并非一成不变,而是由特定的参照点*决定的,既有言说的时间和地点,也有所描述的外延世界的各种已知事实和假定事实,还有大体上可用'语境的'描述的其他一些因素。例如,'Alfred is married to Beatrice' 这一语句,可能是在某个场合指称某一对个体时说的,也可能是在另一个场合指称完全不同的一对个体时说的。此外,该句子表达的命题可能在某一时间对整个世界为真,但在某个较早或较晚的时间可能为假：这对个体可能尚未结婚或者可能刚刚离婚。那么关于一个句子的真值条件*（在该条件下，这个句子可用来做出真实的陈述），我们又能言说什么呢？一般而言，我们可以说，命题的支表达式不必解释为现实世界的个体和个体的集合，而必须解释为存现于某个现实世界模型*的内涵相关项。那么，真则成为在模型中为真这一宽泛概念的一个实例。所谓模型，就其用法而言，是指对某一可能世界的形式化（未必是完整的）表征。所以，一个真的句子是在（部分性地）表征或描述现实世界（某个特定时间）的模型中为真的句子。鉴于我们的诸多目的，我们可将'模型''内涵世界''状态描述'视为等值术语。

现在回到上文的例子。对于'Alfred is married to Beatrice'这个语句，我们无须知道或确定它所表达的任一命题的实际真值，也可达成理解。但是，我们不知道它所表达的命题在何种条件下为真，就不能说知道了它的意义。我们可以表述与某一内涵世界相关的若干条件：把'Alfred'解释为一个个体概念（individual concept）*，把'Beatrice'解释为另一个体概念，把谓词'married'解释为有序偶对的一个集合，其中包含这一特殊的有序偶对。根据对名词和谓词的这一内涵性解释，这个句子表达的是在模型中为真的一个命题，而且它对于至少一个可能的外延世界来说为真。该命题对于任何世界来说为真的条件是：对象 a 和 b（模型将二者与赋给'Alfred'和'Beatrice'的个体概念相关联）确实存在；有序偶对 a、b 在某个时间（该时间由参照点确定，包含或同步于说出该语句的时间）存在于'married'的外延中。实际上，也就是说，该模型表明，当且仅当说出该句子的时间点 a 和 b 结婚（如模型所解释的一样），该句子才为真。正是参照点将'Alfred'和'Beatrice'赋给特定的个体，同时也给正在描述的外延世界设置了具体时间。

采用模型论的方法界定句子的意义，看来并不一定复杂。不过，此方法也只是尝试把决定日常话语解释的因素纳入考虑之列。和本书的大部分章节一样，非正式地陈述相关条件，往往非常容易；精准化地陈述这些条件，往往格外困难。迄今为止，对于自然语言的复杂性问题，各种版本的模型论语义学能够圆满解决的也不过是很小一部分。固然如此，模型论语义学可以说已经实现了句子底层逻辑结构这一概念的形式化，原则上可用于定义任何真值条件，界定任何自然语言任一陈述句的意义。将这种方法运用到特定语言的语义分析，其难点在于，有目的地构造最恰当的逻辑元语言，详尽表明根据元语言赋予的逻辑释义解释句子的方法。

  本章关注了逻辑学家建构的形式系统。该系统可用于对语言描述功能某些特征（至少如此）的形式化处理，或者更加精确地讨论这些特征。如本章所述，命题是当说出一个陈述句进行陈述时该句所表达的内容（参见6.2.）。然而，重要的是要认识到，就语言的日常使用而言，一个句子的语法结构与在特定情景下表达该句的话语所实施的交际行为，并不是简单的一对一关系（参见1.6）。后续章节讨论奥斯汀（Austin, 1962）的言外之力（illocutionary force）*时，我们再回到这一点。不过，考虑将逻辑系统用于语言分析时，始终应把这一点牢记于心。

第七章
指称、涵义和指谓

7.1 引言

本书第一章指出,'意义'一词有诸多涵义,它们既有区别,或许又有联系。第二章接着将语言指示的意义大体上分为描述意义、社交意义和表情意义三种(参见 2.4)。第三章表明,语言既有传递描述信息的能力,也有传递社交信息和表情信息的能力。它可能是一种独特的自然符号系统。同上一章一样,本章也仅仅关注描述意义。

本章讨论许多哲学家业已区分的几组概念,但各自的划分方式不大相同。如下文所述,我们称作'涵义'(sense)* 和'指称'(reference)* 这一二分法是当下的一种惯习。可用来表示相同或至少相似对照关系的术语对还有:'意义'和'指称'('意义'是一个常用前理论术语,此处的解释相对狭义);'意谓'(connotation)和'指谓'(denotation);'内涵'(intension)和'外延'(extension)。

关于这些术语,本章不会试图系统地比较不同著者的用法。不过,在不同文献中,这些术语的涵义各种各样,对此,有些读者不大熟悉。鉴于此,指出其中的一到两个术语学上的陷阱,或许对读者会有裨益。同下文所界定的一样,'指称'这一术语必定涉及某一表达式和它在特定话语场景下所代表事物的关系。一个表达式代表其他某个东西,这么说是什么意思,对此,第四章在述及'意指'概念时已有所讨论(参见 4.1)。下一节再回到这个议题。不过，此处应指出的是，许多著者在使用'指称'这一术语，尤其是'指称的'（referential）时，除非意识到它涉及两种相当不同的涵义，否则就会造成混淆。

175　　如前文所述，奥格登和理查兹（Ogden & Richards, 1923）采用'指称对象'这一术语表示外部世界的物体或事态，其中，外部世界可借助语词或表达式（但他们没有区分形式、词位和表达式）予以识别。他们采用'指称'表示调和语词/表达式与指称对象二者关系的概念。'指称'概念和下一节讨论的哲学上的'指称'概念基本一致，只是哲学家通常使用'指称'表示表达式和指称对象之间的关系，而不表示'具有调和功能'的假定概念。但是，奥格登和理查兹进而区分了语词或表达式的指称意义和他们所称的情感（emotive）*意义（语词或表达式对听话人的情绪产生某种影响的能力）。他们认为，两个语词的指称意义也许相同，但情感意义则有区别，如'horse'和'steed'。应注意的是，'指称意义'和'情感意义'（有些著者喜欢使用认知*意义和感情（affective）*意义）这种区分，和哲学家的'指称'和'涵义'之分完全不同。一个意义成分趋于中心或文体上中立，一个意义成分趋于边缘或相对主观，这种对立关系，在讨论同义现象过程中司空见惯，而且经常与描述意义和社交或表情意义之间的区分混为一谈（参见2.4）。读者应注意的是，'指称'或'指称意义'两个术语在语言语义学和文体学文献中已经完全确立，分别取'认知意义'或'描述意义'这样的涵义。不过，'指称'一词当下的使用范围更广，不仅哲学家在用，而且语言学家也在用。他们采用的正是下一节给出的涵义。

'意谓'这一术语也会造成混淆。如哲学家的用法一样，'意谓'一般和'指谓'（Mill, 1843）相对照。不过，在哲学文献中，对比二者的方式绝非一成不变的。最早采用这一术语对的学者非约翰·斯图尔特·米尔（Mill, 1843）莫属。我们借用一句简短的引语，便可看出他心中的区分是什么样的："'白'（white）一词指谓（denote）所有白色的物体，如雪、纸、海水泡沫，等等，同时隐含或意谓（connote）（学校的老师们的术语）'白'（whiteness）这一特性"。根据米尔的观点，一个表达式指谓一类个体，它就是该类个体的名称（这样一来，'指谓'才被归入命名范畴）。但是，如果表达式是米尔所称的一个具体通名，像'白色'或'男人'，它除了指谓一类成员或该类的某个成员，还隐含可将个体识别为该类成员的一种或多种属性。读者此处一方面可看出一个通名的'指谓'和外延*的联系，另一方面也可看出一个通名的'意谓'和内涵*的联系（参见 6.3）。新近的哲学著作常用米尔的'指谓'和'意谓'来替代弗雷格（Frege, 1892）的指称和涵义这种略有不同的区分。

　　米尔选择'意谓'这一术语的理由非常明了。正如他本人所言，此举的意图在于提示，他所说的意指某一主体的特性，是对意指或指谓具有相同特性的所有主体这一观点的某种补充。非哲学上使用的'意谓'这一术语，其内在观念和米尔的有点相似。据此，譬如，我们或许可以说，某一特定语词有一种令人愉悦或称心如意的意谓。就此用法而言，一个语词的意谓被当作附加于其核心意义上的感情或情感成分。读者无论何时碰到语义学上的'意谓'这个术语，都应时刻保持警惕。如果'意谓'和'指谓'明显对照，那么它通常都取哲学上的涵义。可是，许多著者并不总是会阐明他们使用的是何种涵义。

　　造成术语上的进一步困难，有两个方面的原因：一是许多著者不能清楚区分句子和话语，一是他们使用'语词'和'表达式'这样的术语有失严谨。或许，正是出于这些原因，虽然涵义和指称这一二元区分（无论根据什么区分）已经十分常见，但我们将做出的'指称'和'指谓'这种完全不同的区分，只有在文献中才能见到。如下文所述，指称（下文将予以界定）是一个话语依赖型概念。而且，指称跟涵义和指谓不同，一般不适用于英语的单个词形式，从来也不适用于词位。上述分析清楚地将'指称'和米尔所说的'指谓'相区分。如前文所述，'指称'是一种关系，但不是表达式与其在特定言说场合所表示事物之间的关系，而是词位和词位命名的一类个体之间的关系。

7.2 指称

我们做简单的描述性陈述，就是在言说或断言*某事或某人的某种情况。坚持这一观点通常（如果不是总是）是恰当的。我们的典型做法是，言说一个陈述句，尽管不一定非要这么做不可（参见 1.6）。当然，我们也可做出这样的陈述：人们通常不会将其识解为关于某一特定个体或某一类个体的某种情况的断言。以 'It is raining'（天在下雨）为例，言说这一句话进行描述性陈述，不是在对某个实体断言，认为它具有某种属性，或者它在参与某一过程或活动。我们或许希望说的是，这一话语实际上是针对天气所做的描述性陈述，而不是把天气想象成单一的个体，赋予*其某种特性或特征。如此说来，我们还是集中关注话语吧。对于话语，在不损害其正常用法的前提下，我们有理由认为，话语旨在言说关于某个（或多个）实体或一组（或多组）实体的某些信息。

如果有人说出 'Napoleon is a Corsican'（拿破仑是科西嘉人）这样的话来陈述，我们会认为，说话人借助指称表达式*指称*某一个体（拿破仑）。如果指称有效，指称表达式就会正确无误地为听话人识别出该个体，也就是指称对象*。应指出的是，根据对指称关系的这种认识来判断，是说话人在指称（采用适当的表达式）：他采取指称行为赋予表达式以指称性。然而，如果可以说一个表达式指称它的指称对象（该表达式用于某种特定场合，同时满足有关条件），那么从术语上看倒也十分便捷。我们会继续沿用这样的做法。① 不过，应理解清楚的一点是，根据此处采用的指称观，我们问"表达式 'x' 指称什么？"，和我们问"说话人用 'x'

---

① 对于许多著者来说，'指称'（refer）这一术语的此涵义不是衍生的，而是初始的。关于此处所采用观点的背景和哲学论证，参见林斯基（Linsky, 1967）。第 137 页脚注 ① 列出的大部分文献与此关联。林斯基（Linsky, 1971）、蒯因（Quine, 1966）也与此关联。

指称什么？"（说出这样或那样的语句）别无二致。还有其他定义'指称'概念的方法。这样说来，区分上述两个问题，并且考虑到一个表达式的指称也许与说话人使用该表达式指称某一实体无关这种可能性，才会有意义。

在仅包含一个指称表达式的句子中，指称言说对象的表达式，通常是句子的主词，和述谓表达式*（通常是语法谓语）一起使用。① 例如，'(be) a Corsican'即是'Napoleon was a Corsican'这一句子的述谓表达式。不过，有些句子可能含有两个或两个以上的指称表达式。例如，如果有人说出'Alfred killed Bill'这样一个陈述特征鲜明的句子，那么'Alfred'和'Bill'则是指称表达式，其指称对象则是借 Alfred 和 Bill 之名可识别的个体。做出这一陈述，即是断言 Alfred 的某事（他杀死了 Bill），或是断言 Alfred 和 Bill 两人的某事（他们在某一杀人事件中以特定方式相互关联）。是坚持前一种解释，还是坚持后一种解释，倒是一个可搁置的问题。传统逻辑一般采用的正是前一种解释；谓词演算的符号表示 $K(a, b)$ 自然反映的是后一种解释。

（i）单称有定指称。就指称表达式而言，我们可把指称个体的表达式和指称一类个体的表达式区分开来：分别称之为单称（singular）*表达式和一般（general）*表达式。我们还可区分出指称某些特定个体（或某一类个体）的表达式和不指称某一特定个体或某一特定类的表达式（姑且认为它们也的确有指称）。我们分别称之为有定（definite）*表达式和无定（indefinite）*表达式。一般指称表达式的解释尚存在一些问题。有时，我们分配性地（distributively）*指称一类个体，以便把某一属性赋予该类的每个成员；在其他情形下，我们集体性地（collectively）*指称一类个体，以便把某一属性赋予整个类，或断言整个类的某种情况。有各种不同方式可对描述某个类而非该类成员的表达式断言。无定指称甚至更为复

---

① 说一个句子包含一个指称表达式，也就是说，该句包含一个在说出该句子的某个场合可用于指称的表达式。

杂，而且在哲学上争议较多。下文首先关注单称有定指称。相对而言，单称有定指称没有什么争议，而且可视作基本指称表达式。

179 从语法角度来看，我们可识别出英语中三种主要的单称有定指称表达式：(a) 有定名词短语；(b) 专有名词；(c) 人称代词。

有定名词短语被罗素（Russell, 1905）归为有定摹状词（definite description）*。'有定摹状词'这一术语源自这样一种观点：我们识别一个指称对象的方式有两个，不仅可以命名，而且可给听话人或读者描述。在特定言说环境下，这样的描述非常精细，足以把指称对象和论域的其他个体相区别。例如，在给定的言说环境下，'the tall man over there'（那边的高个子男人）可用作唯一识别某个指称对象的有定摹状词。应注意的一点是，和罗素采用的涵义相比，我们刻意使用'有定摹状词'这一术语时，涵义非常宽泛：从原则上把它和言说语境相联结。罗素把人称代词和指示代词一并纳入名称这个类。他对命名和描述的区分相当怪异，限制了他的有定摹状词观念。不过，'有定摹状词'如今的使用相当广泛，没有恪守罗素的理论。

上一段列举的三种单称有定表达式，在英语中可从语法上非常明显地予以区分。对于说话人在某一特定言说场合指称的人或物，每一种表达式相应都有一种非常独特的识别方法。上述三者之间也有边界不清的情形。在英语发展历程中，表达式也经常从一个范畴转移到另一个范畴。许多地名和姓氏最初都是有定摹状词或称谓；专有名词经常可转化为描述性词位，进而在指称表达式或述谓表达式中使用。在其他语言中，甚至有一些和尊称相关的实例。在较早时期，尊称本身也许被用作有定摹状词，后来才逐步演变为人称代词，如西班牙语的'Usted'（您）这个语词。在一种语言的发展历程中，也许会发生表达式从某一范畴转移到另一范畴的现象，这一点似乎在提示：上述三种单称有定指称表达式在功能上的区别并非泾渭分明。

上述几种表达式分别跟识别单称有定指称对象的三种方式相对应。在其他语言中，这些表达式语法上的差异都不像在英语中那么显著。然而，从系统上看，所有语言也许实际上都有上述三种单称有定指称（适当会考虑到临界情形）。假定真是如此，从经验事实上来看，推想三种指称表达式当中哪一种比另外两种更基础或更重要，则是一个具有某种理论价值的问题。许多哲学家认为，以命名指称对于语言来说是必不可少的，他们甚至试图将全部指称都归于命名范畴（参见 7.5）。不过，这肯定是被误导了。有时，我们不知道一个人的名字或一个地方的名称，但可借助有定摹状词来指称此人或此地，既自然，又可靠。假如语言实际上是被用来指涉数量无限的个体的，它就一定会提供识别这些个体的方法，而不只是说出它们的名称。事实上，构想一种没有专有名词的语言容易，构想一种没有有定摹状词作为某种系统性指称手段的语言不易。然而，命名和描述相结合，无疑使语言成为一种更高效、更灵活的符号系统。从原则上讲，人称代词是否可有可无，则是另一个问题。对此，等我们介绍直指（deixis）*这一概念时再另行探讨（参见 15.2）。本节将不再讨论代词指称问题。

前文业已强调，指称是一个话语依赖型概念；每当我们说到某一给定句子的某一表达式有指称时，也就在假设，相关句子已经或可能在某个合适的使用语境中说出，而且具有某种特定的交际力。换句话说，每当我们说到某一特定句子的某一表达式指称某一特定实体或一组实体时，'句子'这一术语取'文本句'的涵义，而非'系统句'的涵义（参见 14.6）。

有效指称有一个条件是，说话人应选择一个指称表达式，通常是专有名词、有定名词短语或代词；如果按照语言系统的规则使用该表达式，就能使听话人在言说语境中从一类潜在的指称对象中识别出真正的指称对象。如果该表达式是以有定摹状词的身份发挥作用的有定名词短语，其描述内容就会根据具体情况或多或少精细起来；描述方式通常取决于说话人对听话人掌握指称对象具体信息的假设。例如，在某些情况下，对于说话人来说，也许有必要在名词短语中添加一个形容词或关系分句，其作用是具体描述某一类个体的某个特定成员。例如，把'who was here yesterday'这一分句嵌入'the man who was here yesterday'这个名词短语，也许就足以达成上述目的。说话人在对指称对象这一有定描述中是否使用分句，取决于他的假设，即听话人知道前一天有个人来过'here'所指称的地方。如果他们一直在谈论相关的那个人，那么'the man'（或代词'he'）很可能就足够具体了。

在许多情形下，即使之前没提说过某个指称对象，也不用进一步描述，在普通名词前添加一个定冠词就足以解决问题，因为在特定情景或论域中，说话人完全可以想到，听话人知晓他指称的潜在指称对象当中哪一个和摹状词相符*。例如，在没有提说过'猫'的任何语境下，如果我对妻子或孩子说 The cat has not been in all day（猫一整天都没在家了），就可断定指称是有效的。如果在没有提及女王或总统的语境下，英国人指称性地使用表达式'the queen'，美国人指称性地使用表达式'the president'，他们通常都希望别人把其所指分别理解为英国女王和美国总统。在适当语境下，后一种表达式几乎获得了唯一性称谓（如'the Pope'）的身份。正如斯特劳森（Strawson, 1950）所言，唯一性称谓在英语书面语中有使用大写字母和采用专有名称写法的趋势。总而言之，称谓构成一类表达式，其"一端逐渐演变为有定摹状词，另一端逐渐演变为专有名称"（Searle, 1969：81）。

（ii）指称、真值和存在。哲学家通常解释指称对象必须符合*摹状词这一条件，目的在于提示，该描述对于指称对象必须为真。如果要区分正确指称和有效指称，也许就可恪守这样一条普遍原则：仅当某一有定摹状词对于某一个体为真时，才可借助这个摹状词正确地指称该个体。不过，指称是否有效，不取决于指称表达式所包含摹状词的真值。例如，有个人实际上是语言学教授，说话人（或许是听话人）也许误认为他是邮递员。说话人使用'邮递员'这一表达式指称，虽然有效，但不正确。说话人甚至不必相信，摹状词对于指称对象为真。他也许会使用一个自知为假的摹状词，以示嘲讽；或者，对于听话人信以为真、实际为假的摹状词，他也许会视为正确，以示圆通；甚或还有其他可能性。从哲学家使用的涵义来说，'符合'是一个专门术语，预设或隐含真值。不过，可以认为，关于有定摹状词的使用，有一个更基本、更一般的约束性观念是，无论正确与否，听话人都会被假定有能力基于赋予指称对象的属性识别摹状词的指称对象。

此时，也许可援引哲学上的一个经典例证：

(1) The present King of France is bald.（现在的法国国王是个秃头。）

罗素（Russell, 1905）将其分析为一个断言，表明有一个且只有一个个体，并且该个体目前占据法国的王位，而且还是个秃头。罗素对该句子的分析，更确切地说，他对该句子所表达命题的分析（我们的假设是，说出该句子的目的在于陈述），既有赖于他的摹状词理论，也有赖于他的逻辑专名观念。对此，我们不必细究。不过，完全可以这么说，根据罗素的观点，该句子表达的命题不是一个孤立的简单命题，而是一个包含三个子命题的合取命题：(a) 有一个法国国王；(b) 法国国王只有一位；(c) 其他任何东西都没有成为法国国王的特性，也没有秃头这一特性。可以说，被断言的是三个命题。既然第一个合取项即存在性命题（existential proposition）(a) 为假，那么它所在的合取式也为假（根据命题演算对合取命题的真值函项定义：参见 6.2）。

罗素的分析受到了许多学者的挑战，特别是斯特劳森（Strawson, 1950）。斯特劳森不否认罗素的例句有意义，也不否认，为了使句子为真（即说出该句子的任何人都可能做出真实的断言），上文列举的三个子命题或合取项，每个都必须为真。他提出异议的是罗素的这一主张：如果作为子命题的存在性命题（a）为假，则该句子为假。在斯特劳森看来，此命题（还有上文列举的特称命题，即子命题（b））没有被断言，而是借助 'the (present) King of France' 这一有定摹状词被预设*。如果借助有

181

定摹状词预设的命题（或其中任何一个命题）事实上为假，那么根据斯特劳森的观点，该有定摹状词的指称则是无效的，有定摹状词作为子表达式的句子则不能用于断言。这个句子是有意义的，但根本不存在真假这样的问题。

斯特劳森对罗素的批评引起了相当大的哲学争议。语言学家和逻辑学家以不同方式对他的预设*概念进行了优化和拓展（参见 14.3）。此处可简单提说的一点是，斯特劳森本人新近认为，预设这个问题如今不及他先前坚持认为的那样清晰明了；他本人的分析和罗素的分析，"各有侧重，对于陈述，兴趣不同，各有所长"（Strawson, 1964）。许多哲学家往往避免在这个问题上有自己的坚守，认为存在性命题要么被预设，要么被指称表达式所隐含。对此，我们可置之不论。

然而，对于罗素和斯特劳森，倒是有一点可提出批评。他们认为，以具有指称功能的有定摹状词预设或隐含作为子命题的存在性命题和唯一性命题（uniqueness proposition），其真值是针对指称对象做出真实断言的必要条件。的确，说话人（通常）使用有定摹状词，以示其坚信某一指称对象的存在。不过，如前所述，这并不一定意味着，摹状词对于指称对象为真，甚或说话人视其为真。不管怎样，存在是个难以琢磨的概念。我们必须考虑到与虚构和抽象指称对象有关的各种存在（换一种说法，我们必须表明，这些看似不同的各种存在如何与时空上既连续又相对离散的物体的现实存在相联系）。进一步来说，如果要全面描述日常话语中指称表达式的用法，就必须承认这一点：说话人或然可能说到他不确定是否存在（任何涵义上的'存在'）的东西。也许，最多可以说的是，说话人使用单称有定指称表达式时，他至少当时暂时坚信，符合其摹状词的指称对象是存在的，同时也希望听话人和他一样相信。

唯一性条件，通常来说，是指借助单称有定指称表达式实现有效指称的必要条件。不过，这一点显然未必绝对成立。我说 The cat has not been in all day 的时候，绝不是笃信可用 'the cat' 这一表达式指称的个体只有一个。我的假设必是，在听话人看来，我指称某一确定的个体，我给出的摹状词非常具体，足以让他在已知语境下唯一性地识别出我心中的指称对象。语言语义学只有从这种相当受限、依赖语境的涵义上对唯一性条件做出解释。进而言之，就指称唯一性而言，不只是有定摹状词和语境相关。大多数专有名词可指称若干个体。它们（如'the Pope'）的指称唯一性取决于语境，原则上和大多数有定摹状词没什么不同。

我们陈述时采用的指称表达式预设或隐含某些存在性命题。在什么条件下可以说我们对这些命题信以为真，自然一直是哲学家十分关注的一个议题。可是，哲学家专注于阐明真理、知识、信念以及存在等这些概念。就指称而言，语言学家面对的基本问题是，阐明和描述如何使用语言引起他人对所言之事的注意。在许多情况下，说话人能否通过言辞隐现他视特定存在性命题为真的信念，也许并不清晰，而且无足轻重；说话人出于本体论信念而使用某一指称表达式，也十分鲜见。哲学和语言学毋庸置疑地在指称研究方面相遇，共同探讨相关概念，从而相得益彰。不过，二者的主要关注点有所不同。不出意料，一个学科认为是重要的，另一学科反倒认为是次要的，反之亦然。

诚然，上文是对指称的语言学论述和哲学论述二者关系的一种评价，带有些许的个人主观色彩。这样的评价无疑会遭到视真值为整个语义学的中心的语言学家和哲学家的反驳。然而，应指出的一点是，至少有一部分学者对真值的中心地位问题达成一致性理解。他们根据上文概述的真值和有效指称概念，采用不同方法对合宜性指称的条件进行形式化处理，就不会存在真正的冲突。正如模型论语义学*所示，如果将真值概念和基于解释的真值（truth-under-an-interpretation）概念相对应，那么像'the postman'这样的有定摹状词在某个非现实的可能世界或许就会得到确证（参见 6.5）。可是，模型论语义学本身也存在争议。

（iii）非指称有定名词短语。英语有定名词短语的唯一功能不应是指称特定个体（或特定的一类个体）。有定名词短语可充当动词'to be'的补语，因而其功能有可能是谓述性的，而不是指称性的。这一点可借助如下例句予以说明：

（2）Giscard d'Estaing is the President of France.（吉斯卡尔·德斯坦是法国总统。）

就当下样态而言，例（2）可能有多种理解，尤其可理解为：它在表达一个命题，可与 Giscard d'Estaing comes from the Auvergne（吉斯卡尔·德斯坦来自奥弗涅）、Giscard d'Estaing likes playing tennis（吉斯卡尔·德斯坦喜欢打网球）等这样的命题相提并论。根据上述对例（2）的解释，'the President of France'这个短语不是用来指称某一个体，而是用来说明主词表达式'Giscard d'Estaing'所指称个体的某种状况，具有述谓功能。

然而，必须补充说明一点的是，对于例（2）还有另一种解释。具体而言，'Giscard d'Estaing'和'the President of France'均具有指称表达式的功能，联项（系动词）是对两个指称对象同一性的断言。英语和许多（不是全部）语言一样，也有谓述联项和等式联项完全一致的情形：二者均使用'to be'。然而，英语包含动词'to be'的谓述句和等式（equative）*句之间尚存在很大差异：如果把例（2）视为一个等式句，那么两个指称表达式可互换（和 $3^2 = 9$ 这一等式的两个数项一样），而且'the President of France'中的定冠词是一个强制性成分；如果把例（2）视为一个谓述句，那么两个名词短语不可互换，而且谓述性名词短语的冠词可有可无（参见12.2）。

唐纳伦（Donnellan, 1966）曾指出，有定名词短语用作句子的主词，也可能是非指称性的。如下是他给出的其中一个例证：

（3）Smith's murderer is insane.（杀害史密斯的凶手是疯子。）

对于该句，理所当然的一种解释是，'Smith's murderer'是一个有定名词短语，即使其中没有定冠词（至少从表层结构*上来看是这样的：参见10.5），也可将它理解成指称某一特定个体。不过，还有另一种解释，为了清晰起见，可将例（3）改写为：

（4）Whoever killed Smith is insane.（无论谁杀害的史密斯，都是疯子。）

在特定情况下，甚至连'whoever killed Smith'都可识解为指称表达式（尽管的确不具有单称有定指称功能）。但是，在正常情形下，我们也许会预想，言说例（4）这一句子的情景是，说话人不只是在断言某一个体（可能采用与谋杀罪无涉的其他任何方式指称的那个个体）疯了，更是在指出，提出谋杀这一事实，正是给所做的断言提供依据。如果按照同一种方式解释例（3），那么据唐纳伦（1966）所言，'Smith's murderer'这一表达式是属性类用法，"用作属性，具有某某种属性这一点至关重要；相形之下，用作指称，则不然"。

例（2）和例（3）这样的句子在书面媒介中往往多有歧义，但在口语中未必如此，认识到这一点颇为重要。新近，对于确定重音、语调等韵律*特征之于预设*的作用，对于奥斯汀（Austin, 1962）所称的言外之力*，语言学家给予了相当多的关注（参见16.1）。韵律特征，尤其是重音，是否应视为语法决定的系统句的属性，依然是一个开放性问题。另有一种观点认为，韵律特征也许可描述为说话人叠加在句子上的特征（当说出句子时）。语言学家采用何种方式讨论韵律特征，与其说是一个事实问题，倒不如说是一个方法论问题。韵律特征不管如何描述，无疑都和话语的解释有关。"一般来说，有定摹状词，无论是用作指称，还是用作属性，都是说话人在特定场合表达其意图的一个函项"（Donnellan, 1966）。如果真是如此，还必须认识到，说话人的意图经常体现在其话语的韵律特征之中。说话人在特定语境下说出或也许会说某些句子，我们无论何时基于这一假设讨论其语句时，都应将这一点牢记在心。

（ⅳ）分配性与集体性一般指称。及至当下，我们讨论的只是有定指称，主要关注了单称指称表达式。对我们来说，尚没有必要探究一般指称（general reference）问题，但应阐明分配性（distributive）*指称和集体性（collective）*指称的区别。从这一角度来看，下面的句子存在歧义：

(5) Those books cost £5.（那些书花了5英镑。）

如果把'those books'识解为"each of those books"（那些书的每一本），其用法则是分配性的；如果把它理解为"that set of books"（那一套书），其用法则是集体性的。就例（5）这样的实例而言，既然有两种迥然不同的解释，那么谈论歧义性，而不谈不确定性，倒是合情合理的。但在其他情形下，所涉及的问题也许是不确定性，而不是歧义性，这种现象在英语中十分常见。还应指出的是，集体性指称有很多种。例如，因为要看主词表达式是分配性指称还是集体性指称，所以例（5）是有歧义的，下面的句子也是如此：

(6) The students have the right to smoke in lectures.（学生有权在课堂上吸烟。）

按照分配性的解释，每个学生都有权自行决定是否要吸烟。这样的解释是直截了当的。可是，集体性解释则完全有可能将学生指称为制度化的群体；再者，从某种意义上讲，群体的权利和特性又不源自组成该群体的个体的权利和特性。同时，即便学生显然正是作为一个集体才有吸烟的权利（或许是通过多数票或其他方式决定的），但行使这种权利的还是个体。也就是说，即使按照集体性来解释，就例（6）表达的命题而言，只要'the students'被视为'smoke'的内在主项，也就必须赋予其以分配性的解释。

（V）特指与非特指无定指称。一旦我们继续探讨这样或那样的无定指称表达式（如果的确把它们恰如其分地视为指称表达式），就会遇到一系列其他复杂因素；此处仅提及一到两个重点，除此之外，不再赘述。就英语而言，我们首先区分非有定（non-definite）*名词短语和无定（indefinite）*名词短语两个术语。非有定名词短语即是任何无定名词短语；无定名词短语，要么是无定代词，要么是带有不定冠词的名词短语（如'a man'，还有'such a man'这样的短语）。所有的无定名词短语都是非确定性的，但反过来说则不成立。

请看下句（我们假定，言说的目的在于陈述）：

(7) Every evening at six o'clock a heron flies over the chalet.（每晚六点，都会有一只苍鹭飞过小屋。）

上句包含一个无定名词短语，即'a heron'。根据此句的一种解释，该名词短语可理解为指称未经识别但又很具体的某一个体；假如在相同语境下紧接着出现了例（8），就正好印证了上述解释：

(8) It nests in the grounds of the chateau.（它栖息在山间的别墅区。）

例（8）的代词'it'和例（7）的'a heron'指称相同，具有共指性*①。因此，可以说，根据例（7）的这种解释，无定名词短语的指称是无定的，但也是特指的（specific）*。不过，例（7）也会有另一种解释，即说话人未必在指称某一特定的个体。根据第一种解释，无定名词短语可采用表达式'a particular heron'（某一特定苍鹭）来释义；根据第二种解释，可采用表达式'some heron or other'（某一个或另一个苍鹭）来释义，尽管表达方式不够地道，或者不够精确。根据后一种解释，可以说，无定名词短语，从用法上看，不具特指性（non-specifically）*，但又不可以说，其指称不具特指性，因为它能否被正确地视为指称表达式还非常不明晰。无定名词短语是否和特指一起使用，对此，我们通常的确无法判断，说话人自身或许都难以断定。英语语法有一个典型特征，单数普通名词（用作整体名词时除外）前必有一个冠词（无论是定冠词还是不定冠词），或一个指示形容词，再或其他限定词（determiner）*（参见

---

① 关于语言学人定义共指（co-reference）这一概念的方式及其产生的某些问题，可直接参见福柯尼耶（Fauconnier, 1974）的概述。

11.4)。就这一点而言,并非所有语言都和英语一样,有所谓的定冠词或不定冠词。

不管英语的某个无定名词短语是否用作特指,说话人都会继续对指称对象言说一番。他继续言说指称对象,接下来就会借用指示代词、人称代词或有定名词短语来指称。说话人首次使用无定名词短语指称某一指称对象时,他给听话人提供的任何关于该指称对象的信息,参与会话的双方在后续指称中均可使用。例如,如果 X 对 Y 说:

(9) A friend has just sent me a lovely Valentine card. (一位朋友给我送了一张可爱的情人节贺卡。)

不管最初他心中是否有特指的某个人,随后都可使用'my friend'(我的朋友)这一表达式来指称同一个体,Y 可使用'your friend'(你的朋友)这个表达式来指称同一个人。重要的是,关于某一无定指称对象,一旦提供了相关信息,参与者都会视其为双方已知的个体,并且会在论域中通过有定指称表达式予以识别。说话人和听话人超越上述意义'识别'被指称的任何个体,都不是有效指称的必要条件。

英语的无定代词'someone'和'something'也可用作特指或非特指。因此,如下这样的句子据说是有歧义的:

(10) Everyone loves someone. (每个人都爱某个人。)

对此,逻辑学家讨论颇多,因为和全称量化词与存在量化词的辖域*有关(参见 6.3)。依据某些语法决定的条件,无定代词用作非特指,通常用'anyone'和'anything',而不用'someone'和'something',这一点在疑问句和否定句中尤为显著。不过,这些条件并不简单;'someone'/'something'和'anyone'/'anything'互换是不是一个纯粹的语法结构问题,对此,语言学家当中目前争议颇多(参见 11.4)。另外,还有必要兼顾英语口语的重音操作情况,也使得上述问题更加复杂;无定代词，要么用作特指，要么用作非特指，可以重读，也可不重读；此处的'重读'和在其他情形一样，具有各种各样的功能。起始为'some'（就非特指性用法而言，可换作'any'）的名词短语，和无定代词一样，也可用作特指或非特指。因此，下句和例（10）一样，据称也是有歧义的：

(11) Every boy loves some girl. （每个男孩都爱着某个女孩。）

我们不去探究量化（逻辑意义上的量化）问题和无定指称。

有一类包含无定名词短语的句子，新近讨论得也比较多，例如：

(12) John wants to marry a girl with green eyes. （约翰想和长有一双绿色眼睛的女孩结婚。）

例（12）的表达式'a girl with green eyes'，其用法可识解为特指或非特指。如果将其视为一个指称表达式（具有无定特指功能），那么便预设了或隐含着和其摹状词相符的某一个体的存在，和有定名词短语'the girl with the green eyes'在同一语境下被用作指称表达式的情形是完全一样的。但是，它却没有预设或隐含唯一性。对于听话人来说，无定名词短语识别指称对象的方式，有别于有定名词短语的指称用法。如果无定名词短语'a girl with green eyes'被识解为非特指，那么就根本没有预设或隐含个体之存在；这是（有定或无定）描述性名词短语的典型特征，通常出现在表示罗素（Russell, 1940）、蒯因（Quine, 1960）等人所称的命题态度（propositional attitude）*的动词（表示信念、怀疑、意图之类的动词）之后。

曾有人提示说，对于例（12）的两种解释，可依据存在量化词的辖域差异从逻辑上加以区分：

(12a) "($\exists x$)(x is a girl with green eyes and John wants to marry x)"
(12b) "John wants ($\exists x$)(x be a girl with green eyes and John marry x)"

可是，上述分析不过是对谓词演算量化理论的一种即时挪用而已，的确无法令人满意地呈现例（12）的歧义现象。据例（12b）提示，'John'（约翰）这一形式指称的那个人想要两样东西：一是存在具有某些特性的某一个体，二是他希望娶这样一个个体为妻。这么说来，某一个体的存在显然是能够和该个体结婚的一个条件。但是，如果认为说话人言说例（12）进行陈述时，他是在断言约翰希望具有某些特性的某个人存在，则的确有悖于例（12）的所有直觉意义。抛开其他一切不谈，约翰和我们当中的多数人一样，也许时不时会受到欲望的影响，既不理性，又很矛盾：也许，他会坚持非某人不娶，但又不希望真有此人呢。① 如果这样，例（12b）则为假。在此情形下，区分断言和预设同样也不会有多少助益。说话人也罢，约翰也罢，均没有必要让其相信，现在或未来会存在长有一双绿色眼睛的女孩。唐纳伦（Donnellan, 1966）对于描述性名词短语的指称用法和属性用法的区分，似乎更切中要害，尽管他本人最初的区分仅仅和有定名词短语有关。不过，例（12）两种解释的最大不同，似乎体现在无定名词短语的特指用法和非特指用法的对立上。②

关于无定名词短语的非特指用法，还有一点应给予重视。如前文所述，无定名词短语可在论域中建立实体，下文可用有定名词短语予以指称。无定名词短语可作为人称代词的前置词。如下句所示：

（13）John wants to marry a girl with green eyes and take her back to Ireland with him.（约翰想跟长着一双绿色眼睛的女孩结婚，然后带她一起回爱尔兰。）

'a girl with green eyes' 的用法可识解为特指，也可识解为非特指。根据

---

① 或许可以说，若约翰希望和长有一双绿色眼睛的女孩结婚，但心中却没有特定的人选，那么他一定是希望会出现如是一种情形：有了这样一个女孩，他便会娶她为妻，这就是（12b）所表达的意思。我的结论是，这一观点没有任何说服力。

② 这么说的时候，我意识到，'特指的'和'非特指的'的确切意思此处有点模糊不清。关于二者的区别及其语义和语法意蕴的探讨，参见 Dahl (1970), Jackendoff (1972)。

任一种解释，代词'she'（此处的形式为 her）是个指称表达式。在某些情况下，代词会有一个非指称性用法的前置词，这对基于共指概念的直接代词化理论来说，都很麻烦。如果两个表达式的其中一个根本不是指称表达式，那么它们的指称则不可能相同。例（13）第二个小句中的代词，也许可以说，指称的是"假设性的唯一实体，它对实现该句第一部分所描述的可能世界具有至关重要的作用"（参见 Partee, 1972:426），但还不能说，代词和这一假设性的实体是共指的，因为该实体不是表达式，而是指称对象。第一个小句中的无定名词短语是非特指性的，不指称它在论域中所建立的假设性实体。如果要在如是情形下拯救共指这一概念，就必须给句子的深层结构（deep structure）*或语义表征（semantic representation）*引入其他一些指称表达式（参见 10.5）。

（vi）指称模糊性。此处应提及蒯因所称的指称模糊性（referential opacity）*这一概念。蒯因（Quine, 1960:141ff）认为，在替代共指单称表达式的情形下（还有在与此处讨论无关的其他某些替代情形下），构式或语境如果无法维持外延性（即真值函项性：参见 6.2），则是模糊的（opaque*）（和透明的（transparent）* 相对）。

应注意的一点是，此处讨论的共指表达式，可以是有定的，也可以是无定的。首先看下句，它是 X 说出的，X 在告知 Y 某个事实：

（14）Mr Smith is looking for the Dean.（史密斯先生在找院长。）

例（14）的'the Dean'可识解为指称，也可识解为属性（按照唐纳伦的观点）。据此，该句子可能有两种解释。根据其中任一种解释，史密斯先生也许知道谁是院长，也许不知道。如果'the Dean'是指称性的，它给出的是说话人对指称对象的描述，而不一定是史密斯先生的描述。现在假设布朗教授是院长，X 和 Y 都知道这一点，尽管史密斯先生认为格林教授是院长。史密斯先生之前也许告知过 X，他在找布朗教授。在这种情形下，只要把'the Dean'识解为一个纯粹的指称表达式，例（14）所表达的命题即为真。但是，如果把'the Dean'当作属性来理解，该命题则为假，因为史密斯先生不是在找院长，不管院长是谁。他是在找某一特定个体，也就是 X 或许以各种对等方式所指称的个体。现在不妨假设，史密斯先生采用如下句子告诉过 X 他在找谁：

(15) I am looking for the Dean.（我在找院长。）

他的意图也许是，'the Dean'可理解为指称（指称格林教授），也可理解为属性。（顺便可观察到的一点是，在这种情况下，指称用法不能明显将属性用法排除在外，因为史密斯先生或许正在找身为院长的布朗教授。称谓用作有定摹状词时，通常如此。）如果 X 将例（15）的'the Dean'当作指称，然后言说例（14）这样的句子，刻意让人把'the Dean'理解为指称布朗教授，那么他言说例（14）所做的陈述则为假，和言说下句所做的陈述是一样的：

(16) Mr Smith is looking for Professor Brown.（史密斯先生正在找布朗教授。）

在这个句子中，他用共指表达式'Professor Brown'替换了 him。

我们不会去探讨有定和无定表达式出现在模糊语境下可能引起的所有误解。对于此问题，逻辑学家主要从不同基础命题逻辑结构的外延性和量词化辖域两个方面进行了讨论，一些语言学家也从相似角度分析了例（14）这类句子的深层结构。[①] 然而，此处需要强调一个更具一般性的观点，对此，哲学家在讨论模糊语境下的指称问题时已经阐明，但它与语言结构的任何特定的形式化无关。我们汇报他人的陈述或者描述他们的信念或意图时，不一定使用他们用过或会用的指称表达式。我们可自由选择自己的指称表达式。我们言说例（14）这样的句子时，可能会产生误解和误报，其源头皆在于此。（有可能把属性表达式错误地识解为指称表达式，

[①] 有关讨论和最近的语言学与哲学文献，参见 Dik (1968), Partee (1972, 1975)。

或者相反，从而产生更多误解和误报，但误解和误报的原因又不只是这一个。）说话人在言说传统上称作间接话语（或间接引语）这类句子时，可以自由选择自己的指称表达式。讨论这些句子的语法结构与其在特定言说场合的意义之间的关系时，应将上述这一点牢记于心。

（ⅶ）类指。新近引起逻辑学家和语言学家注意的另一个问题是通常所称的类指（generic reference）*问题。'generic'（不可与'general'（一般的）相混淆）的含义或许可通过考察下列句子得以识别：

(17) The lion is a friendly beast.（狮子是一种友好的野兽。）
(18) A lion is a friendly beast.（狮子是一种友好的野兽。）
(19) Lions are friendly beasts.（狮子是友好的野兽。）

上述每个句子都可用来断言类指命题：该命题所言之事，既和这一群或另一群狮子无关，也和某一特定的狮子无关，而是关乎作为一个类的狮子。

类指命题不仅没有时态性，而且没有时间性（参见15.4），认识到这一点颇为重要。乍看一下，有人马上就会驳斥，指出我们有可能说出如下这样的句子：

(20) The dinosaur was a friendly beast.（恐龙曾是一种友好的野兽。）

由此来断言，至少从直觉上讲什么是类指命题。不过，例（20）断言一个类指命题，其中的过去时不属于所表达命题的一部分。在这种情况下，问恐龙何时友好是不合适的：说话人之所以用了过去时，是因为他相信恐龙已经灭绝，而不是因为他认为恐龙的属性变了。无时间性的类指命题不仅没有时态，而且没有体（aspectless）*（参见15.6）。再者，这一陈述也有某些明显的例外情况，但在此不必详细讨论。因此，从上述言说中显然可以看出，一般指称（有别于前文提到的单称指称）和类指有所不同。一般指称表达式，无论是分配性的还是集体性的，都可自由出现在表达各种受时间约束的命题的句子中。

类指命题的地位在哲学上尚有争议：与其相关的类指概念，和一般指称有所不同，也同样存在争议。根据对例（17）—（19）的意向性解释（此刻，不妨假定三个句子表达相同的类指命题），它们所表达的命题，按照谓词演算框架（参见 6.3），通常可表示为如下形式：

（21）(x)(Lx → Fx)

"就 x 的任意值而言，当 x 为狮子时，则 x 是友好的"。但是，有人经常指出，像例（21）这样的公式涉及全称量化问题，似乎并没有描述类指命题的意义。从一个角度来看，例（21）太强；从另一角度来看，它又太弱。说其太强，是因为只要找到一头不甚友好的狮子便可对其证伪。言说例（17）—（19）的任何人肯定都不是这个意图。说其太弱，是因为如果现存的所有狮子都友好只是偶然之事，那么它就会把例（17）—（19）所表达的命题表征为真，这似乎显然也不在说话人的意图之中。根据预期的解释，例（17）—（19）的真值条件和例（22）有所不同：

（22）All lions (as it happens) are friendly beasts.（所有的狮子（碰巧）都是友好的野兽。）

有人也许理所当然地认为，例（22）所表达的命题为真，而不赞同例（17）—（19）所表达的命题为真。诚然，有人也许会认为，现有的每头狮子性情友善，未来出现的每头狮子也会同样如此，因此拒绝认同例（17）—（19）所表达命题的真值。简言之，全称量化似乎和例（17）—（19）的意义的形式化没有关联。

及至当下，我们已经默认，类指命题只有一种。然而，不无道理的是，类指命题有若干种类，而且它们彼此融合，在特定实例中很难区分。有一类类指命题，我们姑且称之为基本（essential）*命题，可解释为：某某种属性是被指称的那个类的各个成员的一个必要特性。如果以此方式识解例（17）—（19），其真值条件则是，当且仅当成为一头友好的野兽是狮子的基本特性时，这些句子所表达的命题才会被视为真。不用说，承认这种命题，往往会产生各种认识论和形而上学的问题。但是，无论本质主义（essentialism）可能具有何种哲学地位，什么是本质，什么是偶然，二者的区分无疑在英语和其他语言的语义分析中都相当重要。这一点和分析性（analyticity）*（参见 6.5）这一概念联系紧密。

基本命题也许是类指命题中最易定义的一个子类。然而，并非所有的类指命题都是基本命题。实际上，就例（17）—（19）而言，每个人都希望把它们识解为是在表达基本命题，这是不大可能的。如果说有一种副词修饰语，本身隐含可插入到例（17）—（19）的可能性（插入在句首或动词之后），那么它在意义上则近似于'generally'（一般来说）、'typically'（通常来说）、'characteristically'（从特性上说）或'normally'（从常态上说），而非近似于'essentially'（从本质上说）或'necessarily'（必然）。对于包含这种副词的命题来说，阐明其真值条件，是众所周知的一个难题（参见 Lewis, 1975）。当然，依据全称量化也罢，依据存在量化也罢，都不能直截了当地对它们进行形式化处理。至少到目前为止，对于我们在日常使用语言过程中断言的绝大多数类指命题，其真值条件似乎尚没有得到任何令人满意的形式化处理。新近，关于这一论题的讨论不少，也或多或少地对类指命题或类指这一概念提出诉求。鉴于此，我们应将上述观点牢记在心。

有不同种类的类指命题，就有不同种类的类指。像'the lion'这样的有定名词短语，还有像'a lion'这样的无定名词短语，在所有表达类指命题的句子中，都是不可相互替代的。例如：

(23) The lion is extinct.（狮子灭绝了。）

或

(24) The lion is no longer to be seen roaming the hills of Scotland.（再也看不到狮子在苏格兰的山丘漫步。）

它们均是完全正常的句子，可用来断言一个类指命题。相形之下：

（25）A lion is extinct.（一头狮子灭绝了。）

（26）A lion is no longer to be seen roaming the hills of Scotland.（在苏格兰的山丘再也看不到一头狮子在漫步。）

上述两句都不可用来断言类指命题。有定名词短语和无定名词短语，如果被用作类指，就有一个明显的差异：对于有定名词短语，既可能赋以集体性解释，也可能赋以分配性解释；可是，对于无定名词短语（单称），却不能赋以集体性解释。鉴于上述原因，根据'a lion'一词的类指性解释，例（25）和例（26）都不可接受。

偶尔有人建议，应把例（18）这样的句子（根据类指性解释）识解为表达条件命题，其中'a lion'根本就不是一个指称表达式（也就是说，"如果某物是一头狮子，那么它一般来说、正常来说、从特性上说……则是一头友好的野兽"）。但是，有些句子所表达的类指命题看上去，如果说不上等同，倒也十分相似。非基本类指命题的真值条件模糊或不确定，鉴于此，确定其有定名词短语和无定名词短语在指称潜势上的恒定差异，是非常困难的一件事。实际上，类指命题给真值条件语义学提出了一个严肃且迄今尚未解决的问题（参见6.6）。采用不同于全称量化词和存在量化词的一种特殊类指量化词，不能解决问题，甚至更不易解决问题。类指命题，还有类指性的名词短语，异质性太强，无法采用上述方式进行处理。①

本节论述清楚地表明，达成对指称在语言行为中如何操作的某些认识，对于现实文本（无论是书面还是口头）的分析非常重要。进一步说，依据命题演算和谓词演算分析句子，绝不像我们在上一章可以假定的那样直截了当。语言学家可通过描述特定语言系统中用以指称个体和个体群组

---

① 参见 Biggs (1975), Dahl (1975), Jackendoff (1972), Lawler (1972), Smith (1975)。

的语法结构和过程,在指称研究领域有所作为。但不可由此断定,语言学家在分析系统句的语法结构时,必须对表达式的实际指称问题给予关注。

7.3 涵义

及至当下,关于涵义的一切言说都认为,区分涵义*与指称*,乃惯常之事。此处再补充说明一点,也许是有助益的:对于其他人简单描述为意义的东西,或者说,对于其他人也许相对狭义地描述为认知*意义或描述*意义的东西,许多哲学家采用'涵义'这一术语来表示。出于这个原因,'指称'和'涵义'的区分有时被表述为'指称'和'意义'的区分。如前文指出,有人也将上述区分和米尔的'指谓'和'意谓'之分等同起来(参见 7.1)。

有关'涵义'和'指称'的诸多讨论,经常援引弗雷格(Frege, 1892)的经典实例:

(1) The Morning Star is the Evening Star.(启明星即是长庚星。)

正如弗雷格曾指出,'the Morning Star'和'the Evening Star'两个表达式有着相同的指称(Bedeutung),因为它们指称同一星球。但不能说,它们具有相同的涵义(Sinn),其理由是,如果它们的涵义相同,那么例(1)就和例(2)一样,是同义反复,或是分析性的:

(2) The Morning Star is the Morning Star.(启明星就是启明星。)

但和例(2)不同的是,例(1)具有(潜在的)信息性:它可以让听话人意识到他先前没有意识到的某个事实,或者意识到他不能仅凭自己对句子意义的理解所推演的某个事实(参见 2.2)。因此,'the Morning Star'和'the Evening Star'不是同义的(synonymous)*,即两个表达式的涵义不同。标准的观点也就是这么说的。

结合例（1）和例（2）可观察到，'the Morning Star'和'the Evening Star'这样的表达式，也许可认为，它们是介于专有名词和有定摹状词之间的一类表达式；和许多具有指称唯一性的称谓一样，它们实际上使用了大写字母（如斯特劳森所述：参见 7.2）。就它们和专有名词近似而言，对它们有涵义这一断言进行质疑，是合情合理的，因为如下文可见，专有名词没有涵义，这一观点虽然不被普遍接受，倒也被广泛认可（参见 7.5）。另一方面，有定摹状词的涵义往往存在差异，说英语的任何人，凭借自己的语言知识，都可清晰辨别。如果像对待有定摹状词一样来对待'the Morning Star'和'the Evening Star'，就会出现例（3）这样的问题：

（3）The Morning Star is not a star (but a planet)（启明星不是一颗恒星（而是一颗行星））

例（3）不仅不矛盾，而且具有潜在的信息性。当然，从历史事实来看，天文学家首先知道，启明星和长庚星不是恒星，而是行星；很久之后，才发现启明星和长庚星是相同星球。但是，'the Morning Star'和'the Evening Star'两个表达式的状态相当不确定，尚无法满足弗雷格使用它们（或德语的对等表达形式）的目的。也许，有人甚至会说，'启明星'和'长庚星'不但涵义不同，而且指称不同。金星从地球上可见的条件，与其时空连续性无关，在此情形下，倒是和指称同一性这一概念更为关联。不过，对于这一点，我们不必继续深究。上文援引弗雷格的例子，只是宽泛地说明他区分'涵义'和'指称'的本质所在。表达式在涵义上也许不同，但有着相同的指称。'同义的'意味着"有着相同的涵义"，而不意味"具有相同的指称"。和弗雷格的例子相比，胡塞尔（Husserl）给出的例子'the victor at Jena'（'de Sieger von Jena'，耶拿的胜利者）和'the loser at Waterloo'（'der Besiegte von Waterloo'，滑铁卢的失败者）更胜一筹。两个表达式均可用来指称拿破仑（参见 Coseriu & Geckeler, 1974：147）。

第七章 指称、涵义和指谓

顺便提一句，遗憾的是，对于英语中通常所称的'reference'，弗雷格居然选择了'Bedeutung'（意义）这一专门术语。从非专业用法角度来看，这个德语语词涵盖了英语语词'meaning'所涵盖的相当一部分内容。他之所以这么选择，无疑是因为他和许多哲学家一样，把指称当作基本语义关系来看待。但是，德语中还有另外一种专业区分，即'Bedeutung'（"meaning"）和'Bezeichnung'（通常译作英文的"designation"（指符））。这一区分至少可与弗雷格对'Sinn'（涵义）和'Bedeutung'的区分大致相当；但是，弗雷格的'Bedeutung'倒是可用许多德国著者所称的'Bezeichnung'予以识别；同时，可用"Bedeutung"识别的正是他所称的'Sinn'。[①] 正如本书的做法（参见1.1），把'意义'当作一个非常一般的前理论术语来使用，其中的一个好处是，它能使我们避免在德语中出现的那种问题。当下，日益显见的是，我们把'sense'（涵义）用作理论术语，和哲学著作的习惯用法相比，范围略显狭窄一些。

在任何语境下，指称相同的表达式不应总是可以相互替换，或者说，它们应维持真值不受影响（借用莱布尼茨的话来说，"salva veritate"：参见6.4）。对于试图建构纯粹外延性语义理论的哲学家来说，这一直是件麻烦事。如果一个表达式的意义是其指称（或可能指称）的实体类，那么如'the Morning Star'和'the Evening Star'，或'Tully'（塔利）和'Cecero'（西塞罗），再或'Pegasus'（飞马座）和'Medusa'（梅杜萨）（每组表达式之所以指称相同的类，是因为它们指称的是空（零）类：参见6.3）之类的特称表达式（姑且假定如此），它们何以不是同义，又何以不符合莱布尼茨的可替换性原则？如果 x 和 y 是指称同一实体的两个不同表达式，那么用其中一个替换另外一个，同时又不影响如'He does not believe that x is y'这样的语句所表达命题的真值，这种情况的确不存在。

---

① 不同著者对'Bedeutung'和'Bezeichnung'的区分有所不同。不过，布雷克勒（Brekle, 1972）的区分，譬如说，倒是和弗雷格的区分密切相关，科塞留和格克勒（Coseriu & Geckeler, 1974）的区分也是如此。

正如罗素在后来的一本著作（Russell, 1940：247）中指出，外延性这一命题"出于若干原因才试图得以维护。在数理逻辑领域，它有技术上的便捷性，数学家希望做的陈述显然也是如此；它作为形而上系统，对于维护物理主义和行为主义非常重要，甚至从卡纳普采用的语言学意义这个角度来看，也同样非常重要。但是，上述原因尚不构成假定该命题为真的基础"。罗素、卡纳普或其他哲学家给出的理由认为，外延性这一命题在日常话语范围内成立，或者说，它至少可通过借助某一形式系统（诸如命题演算或谓词演算）重新解释日常语言表达的陈述这一途径得以成立。对于这些理由，我们没有必要继续讨论。外延性这一命题在哲学上颇有争议（而且不像罗素成文的那个年代一样广为认可），这足以成为我们在语言语义学领域没有义务接受它的理由。再者，如果不接受，我们也就不必关心令哲学家苦恼的许多问题。

然而，区分指称和涵义不囿于任何一种哲学意义论，这一区分不受制于外延性和替换条件之下维持真值等逻辑因素而独立存在。在对语句所表达命题的逻辑结构进行形式化处理过程中，为了技术上简便起见，最终有可能对指称和涵义的区别忽略不计。即便如此，可一旦我们考虑到现实语境言说的句子，二者的区别又非常重要。这一点在语言语义学领域得到验证：一方面，我们从前理论上所认定的非同义表达式（例如'my father'和'the man over there'）可用来指称同一个体；另一方面，前理论上没有歧义的相同表达式（例如'my father'和'the man over there'）可用来指称不同的个体。阐明这些前理论直觉经验，而且在可能的情况下，采用一种有利于在日常使用语言过程中分析意义的方法，则是理论语义学家的责任。

哲学家用来说明指称和涵义之别的许多经典例证，都和'The Morning Star is the Evening Star'相似，因为它们和等式*句动词'to be'两侧的表达式所指称个体的同一性有关（参见 7.2）。可是，英语的多数陈述句的语法结构和'The Morning Star is the Evening Star'并不相同。

也许，说出下列句子，便可做出"约翰是个傻瓜"这样的陈述：

(4) John is a fool.

但它是一个非等式句。对于两个可能不同的个体，我们不是在说，他们事实上是等同的：我们把愚蠢这一属性或特性赋予某个名为约翰的人。换一种说法，我们是在说他是傻瓜这一类人当中的一员。（不难看出，我们使用'非等式句'这一术语，和话语有关，而语言学家使用同一术语，则和一类语句有关。前者是更基本的用法。某一种句子之所以被称作等式（或非等式）句，是因为从特征上来说，它们被用于表达等式性（或非等式性）话语。）例（4）中的'John'是指称表达式，但'(be) a fool'具有纯粹的述谓功能。这样一来，我们便可认为，两个表达式有着两种不同的意义。我们可以不用'John'，而用其他简单或复杂表达式（名称、代词或描述性名词短语）：假如该表达式能在特定言说环境下和'John'一样识别相同的个体，就不会影响该陈述的描述意义。如果把'be a fool'替换成具有相同涵义的其他表达式（如果特定语言中有这样的表达式），该陈述的描述意义照样也不会受到影响。简而言之，就这个构式而言，主词位置的可替换标准是指称同一性，谓词位置的可替换标准是涵义同一性。

许多哲学家曾尝试在不改变真值的前提下，运用莱布尼茨的可替换性原则来界定指称和涵义。假如两个表达式在所有语句的主词位置上可相互替换，同时又不影响通过言说这些句子而做出的任何陈述的真值（即不改变句子的真值条件：参见6.5），在使用该原则的前提下，它们才会有相同的指称；假如两个表达式能在（非等式句）谓词位置上互相替换，同时又不改变真值条件，它们才会有相同的涵义。当下，大家普遍承认，就日常话语中产生的陈述而言，上述探索注定会失败。它们不仅在信念陈述（belief-statement）和其他内涵性陈述情形下失灵，而且在如是陈述情形下也失灵：就用于陈述的句子而言，其表达式的涵义和指称在一定程度上取决于特定的言说语境。从语言的日常使用来看，这样的陈述占据了现实陈述的一大部分。

关于涵义的同一性和差异性,我们的判断标准更直接地依赖话语的描述意义。当且仅当两个或多个表达式可相互替换,同时又不影响话语的描述意义,才可将其界定为在某一话语范围内具有相同涵义(即同义)。如果话语由此而获得确定的真值,描述意义的恒定性就会给真值的恒定性提供担保。但是,反过来说,则不成立,因为用一个表达式替换另一个表达式可能会改变陈述的描述意义,但不会由此而改变真值。为了方便论证,姑且假设约翰既是傻子也是语言学家。如果例(4)的'fool'替换为'linguist',就会得到如下句子:

(5)John is a linguist.(约翰是个语言学家。)

这样一来,例(4)和例(5),更确切地说,也就是说出相关句子而陈述的命题,具有相同的真值,但它们的描述意义不同。

我们是如何知道它们的描述意义不同呢?面对如此明显的差异,我们基于直觉或前理论对"例(5)和例(4)的意思相同吗?"这一问题的回应就足够可靠了;而且不应忘记,我们在做的一部分描述语义学工作,正是阐明我们的直觉判断。可是,我们不能就此打住。例(4)和例(5)的描述意义不同,对于这样的直觉判断,我们又如何检验其效度呢?这是一个理论上颇为有趣的问题。

如果两个陈述互不蕴含*(参见 6.5),它们在描述上就是对等的(也就是说,有着相同的描述意义)。上述这一点有一个比较哲学的表述,即蒯因所言的"当且仅当两个句子的双条件(使用'当且仅当'将两个句子联结而成)具有分析性时,它们才是同义的"(Quine, 1960 : 65)。这一表述(尽管采用的术语是'句子',而不是'话语'或'陈述')的内在目的是,表明'同义的'和'分析的'可相互定义。

这样一来,我们又遇到一个新问题。蒯因本人在其一篇著名论文(1951)中对分析性这一概念提出挑战,认为它是"经验主义的一个教条"

（但没有因此而有意对经验主义本身提出任何质疑）。他的观点是，对于逻辑真理和事实真理，不可能做出明显区分：我们不应寻求"一种一概而论的认识论二分法，以此区分出作为语言副产品的分析性真理和记述世界的综合性真理"。我们信以为真的事物可分为两类：一类在我们的概念组合和论证模式中占据相对中心的位置，另一类偏离中心或处于边缘位置。根据蒯因的观点，我们反而应该对此有所期待，找出两类事物之间蕴含的一种连续性渐变状态。相对于中心而言，我们更乐于对边缘做出调整或改变。在我们概念框架中占据正中心位置的真理，有数学命题（例如，"$2+2=4$"）和逻辑原理（例如，排中律）。如是真理通常在哲学家看来是分析性的，是已知的先验之真（先于经验或独立于经验）。但是，蒯因似乎认为，即使处于正中心的这些真理，原则上可基于经验进行修正，也可基于我们根据某一新的概念框架对经验的解释进行修正。毕竟，通常被视为科学进步的东西，最终都会摒弃曾经一度被视为具有普遍效度的命题。

毫无疑问，正如蒯因所言，在日常讨论和论证中，分析性真理和综合性真理之间没有硬性的界限。卡纳普（Carnap, 1952）指出，分析性可借助他所称的意义公设（meaning postulate）* 在某一特定逻辑系统框架下（只要该系统包含或者增添了必要的推理规则）得到保障，以下文给定的意义公设为例：

$$(x)(Bx \rightarrow \sim Mx)$$

可解读为"No x that is a bachelor is married"（单身的 x 都是未婚的），由此可推理出：

$$Ba \rightarrow \sim Ma$$

（即"If Alfred is a bachelor, then he is not married"）（如果阿尔弗雷德是单身，那么他就没有结婚）。当然，这尚不能解决是否应首先在系统中融入 $(x)(Bx \rightarrow \sim Mx)$ 这一描述性问题。卡纳普提出这一主张，并不关注描述语义学的问题，只是想针对纯语义学系统阐明分析性这一概念。要注意的重点是，像(x)($Bx \rightarrow \sim Mx$)这样的意义公设，本身就足以在谓词 B 和 M 之间建立一种涵义关系，并且在逻辑上跟制约每个谓词意义的某种先验或其他条件无关。结合英语的两个语词'bachelor'和'married'来说，即使不了解其意义的其他特征，原则上也有可能了解它们之间的这种关系（以及意义公设对其关系性质的精准描述功能）。'bachelor'在语义上以这种方式和'married'相联系，是'bachelor'的部分涵义；'married'以某种方式和'bachelor'相联系，是'married'的部分涵义。据此可认为，分析或描述一个语词的涵义，就是分析它与其他语词之间的涵义关系（sense-relation）*；如此涵义关系每个都可采用卡纳普所称的意义公设加以阐明。

已有学者指出，卡纳普虽然起初关注的只是逻辑演算的句法和语义结构，但后来反倒认为，如果能将他的研究用于描述自然语言，也会是有裨益的。他渐渐地和莫里斯（Morris）达成一致，认为意义公设必定是一个语用*概念，因为意义公设取决于在如是情形下做出的判定：对于正在建构或分析的符号系统的使用者来说，哪些蕴含式和对等式是可接受的（参见 4.4）。如果是这样，那么语言学家就应该有可能在分析性真理和综合性真理的认识论区分上采取哲学的中立立场。他们可根据我们所称的语用蕴含（pragmatic implication）*来界定自然语言表达式的涵义。对于语用蕴含，就目前的目的而言，可给出充分且翔实的解释：假定 U_i 和 U_j 都是陈述。如果说话人说出话语 U_i 通常表明，他不仅相信 U_i 所表达的命题为真，而且也相信 U_j 所表达的命题为真，那么某一话语 U_i 在语用上则蕴含另一话语 U_j。此处使用'通常'（normally）一词，旨在涵盖可使我们合理假定或预设会话诚意和交际效率的某些条件；也就说，说话人不仅言其所言，而且意其所言，言其所意（参见 16.1）。

还应注意的是，此处涉及的真是一个语用概念：它是根据说话人对某事是某事这一信念定义的，而不是根据各种事实或逻辑必然性定义的。

第七章 指称、涵义和指谓

语用之真不必是恒定的或确定的:说某一种语言的人,对于特定语词之间成立的语义关系,多少都会改变信念,抑或没有把握。例如,我们也许不确定,单身汉是未婚(适龄)男子,还是未结过婚的男子;我们也许还不确定,除不同地区和国家的法律规定之外,男子(或男孩)的适婚年龄。也不难想象有这样一种情况:对于所有男人要么单身要么已婚这一观念,就算我们之前或多或少有意识地赞同,也许现在随时都可能弃若敝屣。把和尚描述为单身汉是否妥帖?一个男人和不是他法定妻子的女人生活在一起,还和她有了孩子,供养着她和他们的孩子,是否也应称为单身汉呢?这些问题的答案在法律上可能非常清楚,因为婚姻是受法律约束的一种社会制度,法律上也许会根据各种情形对'已婚'和'单身汉'进行清晰界定。但是,不能由此认为,两个概念在日常话语中界定得也同样清晰。

对于语词的意义和适用性,说话人不同,他们的信念可能就有一部分不大相同。就给定的同一话语而言,也许一个说话人所接受的含义组合,或多或少都会和另一个说话人有所不同。但是,两组含义通常有不少重合之处;描述语义学一般会专注于描写不同含义组合的交叉部分,而不会被非确定性实例过度干扰。就这一方面而言,语言描述不必也不应比语言系统更具有确定性,它只是语言系统的一个模型(参见1.6)。

应注意的一点是,此处阐述语用含义这一概念的角度是言语,而不是句子。至于句子层面,如果有意,接下来便可基于两个假设再定义:其一,句子中出现的指称表达式有固定指称,与某一可能的世界有关;进一步来说,其二,这些句子一直被用来生成各种言语。不过,就当下而言,引入了涵义这一概念,同时宽泛描述了依据语用含义定义该概念的方法,足以达到目的。

本节阐述的涵义概念,和哲学语义学领域的多数定义或假设相比,稍显狭义一些。此处将涵义定义为某一单个语言的语词或表达式之间的关系,跟语词或表达式与它们的指称对象*或所指对象(denotata)*之间的关系（如果有的话）无关（参见 7.4）。因此，"某某语词或某某表达式的涵义是什么？"，和"某某语词或某某表达式的意义是什么？"相比，更是一个有限度的问题。涵义、指称和指谓如何相互关联，对此，本章其余部分将予以讨论。但此处应强调的一点是，单个语词（确切地说，词位*：参见 1.5）和表达式被视为有涵义（和指谓），相形之下，只是表达式（及其子类）才有指称。一个表达式的涵义（例如，'that embittered old bachelor'（那个愤怒的老单身汉）），既是其成分词位各自涵义的一个函项，也是它们在特定语法构式中得以显现的一个函项。

此时，也可补充一点，对于表达式的涵义和上一节述及的指称，我们仅从它们显现在生成陈述的话语这个层面进行了探讨，但不可由此认为，涵义和指称两个概念仅适用于此类话语。就 'that book over there'（那边那本书）而言，它在疑问句 *Have you read that book over there?*（你读过那边那本书吗？）和请求/命令句 *Bring me that book over there*（把那边那本书拿给我）中的涵义，和它在 *I have read that book over there*（我读过那边的那本书）这一陈述中的涵义是一样的。当然，指称是否相同，则取决于特定的言说环境。

7.4　指谓

前文指出，许多著者使用'指谓'这一术语表示我们一直所称的指称；反过来说，'指称'也每每用于表示本节拟区分为指谓的东西（如 Lyons, 1968）。造成术语混乱的部分原因，正如吉奇（Geach）强调的那样，是许多著者没有清楚区分"名称与命名对象之间的关系，也没有清楚区分谓词与其真值之间的关系"（Geach, 1962：6）。对此，有人也许会反驳道：吉奇称之为"一个混乱不堪的悲伤故事"，未免说得太过；同时，正如他主张的一样，'指谓'是"一枚破烂不堪、目不忍睹的硬币，应该从哲学货币中撤出"（Geach, 1962：55）。可是，找到一个不那么破

第七章 指称、涵义和指谓

烂不堪、不那么目不忍睹的替代词，似乎又不可能。此处的用法和刘易斯（Lewis, 1943；参见 Carnap, 1956：45）、蒯因（Quine, 1960：90n）、马丁（Martin, 1958）、奥尔斯顿（Alston, 1964；参见 Lehrer & Lehrer, 1970：25）等著者的用法，如果说不是绝对相同，倒也相近。但是，应明白的一点是，此处如此对待'指谓'的目的是，保持哲学上的中立立场。对'指谓'这一术语的解读，不应超出明确认定的含义。不管怎样，上文提到的不同著者，它们定义'指谓'的方式，存在不少显著差异。

一个词位的指谓*（我们首先讨论和词位有关的指谓概念）是指该词位与语言系统之外的人、事物、场域、属性、变化和活动之间的关系。我们用所指对象（denotatum）*这一术语表示表达式适用的物体的类或属性。为了语法上方便一些，我们视具体场合的需要一般会把'所指对象'识解为物质名词、集合名词或可数名词。例如，我们会说：'母牛'的所指对象是特定的一类动物，也会说具体的动物个体是其所指对象；'红'的所指对象是特定的一种属性（即红色），该属性的所指对象（denotata）是红色的物体，此处使用'denotatum'的复数形式，意思完全不同，指的是该属性的各个子类（即红色的色度）。'denotatum'一词的单复数形式使用起来，不仅随意自如，而且语法上简便，但隐含各种各样逻辑或哲学上的重要区别特征。指谓和指称的关系，以及指谓和涵义的关系，并不因为我们没有做出这些区分而受到影响；而且，如果没有哲学上的承诺，我们就无法做到这一点，除非采用一套新的专门术语。

此时，为了明示起见，正好有一种哲学上的区分也许可单列出来，即表达式的内涵和外延之分（上一章已有所介绍：参见 6.4）。许多哲学家，如卡纳普（Carnap, 1956：233），总会说，'红'的外延是所有红色物体这个类，内涵是红色这一属性。如前所述，类和属性之间的关系（和彼此相互定义的可能性）是有争议的（参见 6.4）。卡纳普认为，针对弗雷格的指称和涵义之分，他的内涵和外延之分，只是许多可能的解释当中的一种。必须强调，我们对'指谓'的使用是中立的，介于外延和内涵之间。例如，我们通常会说，'dog'指谓狗的类（也许是该类的某个典型或典范成员），但'canine'指谓属性（如果有这种属性的话），具有这一属性是正确采用该表达式的一个条件。如此使用'指谓'，既涵盖外延，也涵盖内涵。这样一来，面对谓词演算和类逻辑对于描述语义学的形式化是否同等适用这一问题，才有可能采取中立立场。有观点认为，典型形容词（如'红'）和典型普通名词（如'母牛'）之间存在根本的语义差别（参见Strawson, 1959：168）。我们使用'指谓'的方式，虽然不隐含也不取决于上述观点，但又是兼容的。

指谓和指称又有何不同？上一节强调认为，指称是一种依赖于话语的关系。它对于词位本身不成立，但对于语境中的表达式成立。另一方面，指谓和涵义一样，都是首先适用于词位同时又独立于特定言说场合的一种关系。以英语的'cow'一词为例，如'the cow''John's cow''those three cows over there'这样的短语，可用来指称单一的个体，也可指称个体的群组，但是，单单'cow'一个词就不可以。进一步说，如上文所述，如'the cow'这样的表达式，其指称对语境有依赖。这么说来，包含'cow'的短语，其指称则部分取决于'cow'的'指谓'。例如，在某些情况下，听话人也许会把'this cow'这个短语的意思理解为"靠近我们的那个物体，它属于词位'cow'所指谓的那一类物体"。听话人如何知道'cow'一词指谓或适用于特定的一类事物，则是另外一个问题。某种独特、确定的内涵式定义也许存在，也许不存在，对此，说英语的人是有直觉意识的。我们过后再回到这一点。此处强调的是，在英语中，如'cow'这样的普通名词通常不用作指称表达式，英词语汇的其他多数词位也是如此。这些词位如果有指谓，用在指称表达式时，它们的指谓就会决定它们的指称。但是，作为词位（也就是词汇词：参见1.5），它们没有指称。

说'指谓'和'指称'之间有区别，并不意味着它们之间没有联系。

第七章 指称、涵义和指谓

在某一给定的语言中,无论可指称的对象是什么,一般来说,都在该语言至少一个词位或若干词位(通常如此)的指谓范围之内。(例如,母牛可采用不同方式予以指称;指谓母牛归属的各种类,不仅可用'cow',还可用'animal'(动物)、'mammal'(哺乳动物)等。)许多人总会声称,在一种语言中,不管可指称的对象是什么,在其他任何语言中都可指称;他们甚至总会声称,所有语言都可用一个或多个词位来指称,虽然在某些实例中也许只是在最基本的词汇层次上指称。不管怎样,有一点是清楚的,指称和指谓都以相同方式依赖于所谓的存在公理:无论一个词位指谓什么,它都必须存在,正所谓"指称什么,什么就必须存在"(Searle, 1969:77)。指谓和指称在语言习得过程中的联系十分紧密,这一点似乎也很明显。下一节再讨论这一论题。

描写语言学家如何界定一个词位的指谓呢?简短而实用的答案是:只要可能有效,任何方法都行。以描述'walrus'(海象)的指谓为例,它通常采用典型的词典定义形式描述:"一种形似海豹的北冰洋大型哺乳动物(分为大西洋海象和太平洋海象两种),长有鳍肢和长牙"。任何人读到这一定义,只要他懂得定义项语词的意思,可能都会像其他大多数说英语的人一样,就能很好地理解'海象'的指谓;因此他可能会在指称表达式和谓词表达式中使用这个词,或以其他方式使用这个词,这样我们就有理由说他知道该词的意思。但是,不妨看一下'cow'的词典定义:"一种成熟的雌性牛科(bovine)动物"。除非查词典的人碰巧是外国的一名动物学家,他知道'bovine'的意思,但不知道'cow',否则他查词典希望了解'cow'指谓的这种做法也许就不会有多大帮助。给多数不说英语的人教授'母牛'的指谓,比较好的办法应当是,借用他们母语(如果有的话)的某个对等词,或者给他们展示若干样本(或图片),也许还要让他们注意母牛的一到两个显著特征(如犄角、乳房等)。这里要表达的意思很简单:实际上,描述一个词位的指谓,也许就不存在唯一正确的方法。

从理论语义学的现状来看,也不清楚是否原则上有一套统一处理指谓的方法。当然，我们可能采用布隆菲尔德等人青睐的实证主义方法（参见 5.3），但这么做一定会给语义学引入一些既没必要又不关联的标准。因为，如果说有一件事在整个领域看似很清楚的话，那就是：词位的指谓一般不是由布隆菲尔德所谓的对所指对象"科学精确"的描述确定的（Bloomfield, 1935：139）。实际上，多数词位的指谓也不只是甚或主要由所指对象的物理属性确定的。更重要似乎是，物体、属性、活动、过程和事件在使用特定语言的社会文化生活中的作用或功能。令人满意的文化理论是社会学、认知心理学和社会心理学参与建构的一种理论。当下，我们还没有这样一种理论，因此，除了对词位的指谓进行极具临时性和实用性的描述之外，进一步推测构建任何东西的可能性都是空谈。①

就目前需要而言，我们讨论了指谓和指称的关系。现在该言说一下指谓和涵义的区别。显而易见，有必要将两个词位（例如'cow'和'animal'）的关系和每个词位与其指谓的物体类的关系相区分：也就是区分语言实体和语言系统外部事物的关系。要回答的问题是，就两种关系而言，其中一种是否衍生于另外一种，在理论上是否可有可无？如上文所述，经常有人试图根据传统的意指*观或其现代版（如行为主义）（参见 4.1）将涵义和指谓相联系。但是，也有人强烈反对，认为不应基于传统的意指三角（triangle of signification）理论把涵义和指谓当作基本概念。

如果我们假定指谓关系从逻辑学和心理学上看是一种基础关系（这样一来，例如，我们便可知道'cow'和'animal'的涵义以某种方式关联，因为先验知识告诉我们，'cow'的所指对象完全包含在'animal'的所指对象之内），那么我们就必须面对这样一个问题：像'unicorn'（独角兽）这般没有指谓的语词，我们何以知道其涵义？'There is no such animal

---

① 我认为，这正是帕特南（Putnam, 1975）的模式化观念或罗施（Rosch, 1973a, b）的自然范畴概念的重要之处。后者与传统的自然种类概念有关。

as a unicorn'（没有像独角兽这样的动物），是一个既十分规范又容易理解的英语句子（可用来产出或然是真实陈述的东西），而'There is no such book as a unicorn'（没有像独角兽那样的书）语义上则很怪异。上述差异有赖于如是解释：'unicorn'和'animal'（如同'cow'和'animal'）的涵义以某种方式相关联，但'unicorn'和'book'在涵义上没有关联。说英语的人经常会意识到这些涵义关系。当然，可以认为，尽管'unicorn'没有主要指谓，但它可能有次要指谓（参见 Goodman, 1952）。我们可以画一幅画，然后指着画说道：*This is a unicorn*（这是只独角兽）；我们说的话是否为真，说英语的人也许会认同，也许不会认同，和他们面对一幅被假定为母牛的图画时会认同或不会认同的情形是一样的。但是，如果他们能够识别我们所呈现的一幅神话动物图片（如果和他们之前看过独角兽图片没有直接关系的话），那么这种能力则取决于他们是否理解'unicorn'的涵义，尤其取决于他们是否了解'unicorn'与'horse'（马）、'horn'（犄角）等语词的关系，也取决于他们能否识别这些语词的所指对象。正是因为我们知道'unicorn'的涵义，我们才知道它适用于何种对象，如果说世界上有它适用的任何东西。

值得注意的是，从更一般意义上讲，这一点是成立的，而且不只对没有指谓的语词来说是成立的。回到上面给出的'walrus'定义：我们将其解释为海象指谓的定义。但为了运用这个语词，我们需要了解组成该定义的各个词位的涵义；我们不必知道'walrus'是否有指谓，也能够掌握其涵义（它与'seal'（海豹）和'mammal'等语词的关系）。所以，至少在某些情形下，涵义在认识论上先于指谓。

因此，我们或许可考虑还原法：把涵义当作所有实例的基本关系，把指谓视为一种衍生关系。但这也有一些问题。我们首先学会使用许多和周围的人或物有关的语词。不过，似乎清楚的一点是，我们理解了其中某些语词的指谓，才能把它们的涵义和词库的其他语词联系在一起。与其说涵义完全依赖于指谓，倒不如说指谓完全依赖于涵义。

如上所述，颇有必要将涵义与指谓视为既相互依存又平等的基本关系，对此，不是每个人都会赞同。假如有可能在某一哲学意义理论框架下从其一推演出其二，或从一些更基本的概念中推演出两者，而且最终结果令人满意，则有助于语言学家至少从术语上区分词位的这两个意义特征。语言学家使用这两个术语，可避免在唯名论和唯实论之争所涉及的哲学和心理学问题上做出承诺（参见4.3）。

212　　还应进一步说明的一点和缺乏或也许缺乏指谓的语词相关。关于这一问题的许多哲学探讨，一直指向'unicorn'这类语词的意义分析。'unicorn'等语词在现实世界中没有丝毫外延，在任何将真值和指谓与可能世界相对化的语义理论中，这一点都可能被视为无关紧要（参见6.5）。不过，考察一下'intelligent'（聪慧的）（或'honest''beautiful'）这样的语词，也许更具有启发意义。'intelligent'一词，是否和我们对'red-haired'（红发的）可以假定的一样，指谓人们（也许是动物，甚至机器）的某种真实属性或特性呢？对于'intelligent'一词，说英语的人可用于各种不同的情景，从中我们也许能觉察到某些家族相似特征（参见Wittgenstein, 1953；Waismann, 1965：179ff），但却找不出共同的定义特征。这种情况不也可能吗？当然，有些语言并没有与英语的'intelligent'相对应的令人满意的译法。例如，在柏拉图时代的希腊语中，最接近的对等词是'sophos'和'eumathēs'，但从应用上看，前者范围较广，后者范围略小（参见Lyons, 1963）。① 再有一些诸如'dangerous'（危险的）这样的形容词，不管是否可随时翻译成其他所有语言，都很难说它们指谓特定物体或其应用情景的某个内在属性。语言学家，无论研究的是理论语义学，还是描述语义学，都不必费心回答'intelligent'（和其他众多词位）

---

① 或许，在该时期其他著者的著作中，'sunetos'是最接近'intelligent'的对等词。不过，柏拉图很少使用'sunetos'；在我们随时都会使用'intelligent''clever'或'bright'的语境中，希腊语倾向于使用'eumathēs'或'sophos'。这么说的时候，关于语境的跨文化识别问题，我的确一直在提出某些假设（参见Lyons, 1963）。

是否指谓某种可识别属性这一问题。但他必须意识到，假定它们指谓某种属性时，就会出现一些问题。

声称任何词位没有指谓或者指谓与语言语义学毫不相关，和声称所有词位都有指谓一样，都是错误的。不过，语言和世界（或语言和一系列可能世界：参见6.5）之间的关系更广泛、更复杂，指谓只不过是这种关系的一部分。我们生活在这个世界，我们自身也是这个世界的一部分。我们使用语言，不仅描述我们在日常生活中与之交互的物理世界和社会活动世界，涉及不同的人、事物和情景，而且以各种不同方式控制和适应这些人、事物和情景。描述功能固然重要，但不是语言的唯一功能，甚至也不是最基本的功能（参见2.4）。不可否认，语言与外部世界之间的广泛关系，定义得相当模糊不清。如果要采用适用性（applicability）*这一术语描述这种关系，那么也只能这么说，某一特定词位（或表达式，或完整话语）在特定情景语境或语言语境下是适用的（applicable）*（也就是可正确使用）（参见14.1）；同时，它也适用于个体或个体的属性。事实上，对于语言成分或单位（包括话语的韵律*特征和副语言*特征）和操作语言的世界的实体或特征之间建立的任何关系，我们都可采用'适用性'这个术语给予描述。基于某一词位对于它所描述的实体是否为真这一问题，审视该词位的适用性，我们就在关注该词位的指谓。（基于某一表达式是否旨在识别某种场合正在言及或问及的某一实体或一组实体这一问题，审视该表达式的适用性，我们就在关注该表达式的指称。）但是，出于各种原因，语词用于描述外部世界的人、事物以及其他特征时，也许正确，也许错误，其中，某些特征与它们的指谓毫无干系。

到目前为止，我们讨论了仅与词位相关的指谓。不过，这个概念显然也与某些表达式相关，它们也许可替换为句子的单个词位，它们的指谓要么和替换它们的词位对等，要么小于或大于这些词位。例如，'dark red'（暗红色）的指谓小于'red'（红色），'red book'（红色的书）的指谓不及'red'和'book'。'featherless biped'（无羽双足动物）和'rational animal'（理性动物）（传统样例）也许指谓上对等，二者的指谓也许等同于'human being'（人类）（或广义上的'man'）。'deciduous tree'（落叶树）的指谓大于'oak'（橡树）、'beech'（山毛榉）或'sycamore'（美国梧桐）。类似表达式的指谓，一般可依据其成分词位指谓的逻辑合取命题或析取命题进行解释，也可依据其各个类的逻辑来进行形式化处理（参见 6.4）。对此论题，这里不再深入讨论。

本节开首指出，'指谓'这一术语在文献中的用法各种各样。本文使用的指谓，与词位和表达式有关，与它们在句子或话语中的功能无涉。当下的问题是，指谓是否可一以贯之地有效延伸到述谓表达式和指称表达式。就述谓表达式而言，这种延伸似乎总会是直截了当的，因为指谓和谓词是密切关联的两个概念。将某一属性赋予某一个体（或某一组个体），最简单的情形是，采用指谓该属性的一个词位或表达式对特定个体（或群组）断言。例如，我们言说'The man drinking a martini is a crook'（喝马提尼酒的那个男子是个骗子）这一句话对某一特定个体断言时，就是用'crook'（骗子）这个词位来描述他的特性。正如我们能问'crook'指谓什么一样，我们同样也可合情合理地问'(be) a crook'（是一个骗子）这个表达式的指谓是什么。两个问题的答案是一样的；抑或我们更喜欢这样表达：'(be) a crook'的指谓即是外延为'crook'这一所指对象的那个类的内涵。鉴于有关属性或类的存在（基于对'存在'的某种恰当解释），像'(be) the first man to climb Mount Everest'（第一个攀登珠峰的人）或'break the bank at Monte Carlo'（在蒙特卡洛倾家荡产）这样复杂的述谓表达式也可以说是有指谓的。

从我们当下使用的'指谓'涵义来看，指称表达式是否有指谓，尚不甚清楚。专有名词用作指称表达式，其识别所指对象的方式，不是根据该名称指谓的某一或某些相关属性来描述，而是利用某一名称与其主体之间的唯一任意关系。可以说，一个名称的所指对象是该名称所适用的一类个体。也可以说，被称作某某某，即是具有某种属性，如大小、形状等；或者说，参与了某些过程、行为或事态，即是具备某种属性（从目前所用'属性'一词的相当宽泛的意义上说）。鉴于此，我们便能顺理成章地对'There are twelve chairs in this room'（这间屋子里有 12 把椅子）和'There are twelve Horaces in this room'（这间屋子里有 12 个贺拉斯）的平行关系做出解释。但是，这么做往往会遮蔽指谓和其他类型的适用性之间的重要差异：某一名称对其主体来说不为真（参见 Geach, 1962：6）。下一节再回到这个论题。

　　人称代词和指示代词，像专有名词一样，也可用作指称表达式；它们和专有名词（以及 'the Morning Star' 这样的表达式和许多称谓）的差别在于，如前文所述，它们的指称显然更依赖于话语。可是，假如有人说英语的代词 'he' 或 'this'（'I' 或 'you' 更是如此）的指谓有别于二者的指称，就相当怪异了，因为判断代词是否使用正确的条件总是指称条件。'he' 适用的个体类，就是可用 'he' 指称（无论是直指性（deictically）* 指称还是照应性（anaphorically）* 指称：参见 15.3）的个体类，'he' 对该类的个体来说不为真。

　　第三大类指称表达式是描述性名词短语。哲学家经常说，这种指称表达式有（或者说，按照存在公理，它们可能有）指谓。在罗素看来，如果某一个体唯一符合某一有定摹状词，则可以说该摹状词指谓该个体。唐纳伦（Donnellan, 1966）采纳了罗素的指谓定义（但没有接受其特称性或唯一性条件），用它区分了罗素未曾区分的指称和指谓。唐纳伦坚持认为，即使没有符合某一表达式摹状词的个体，该摹状词也可有效用来指称个体；反过来，尽管某一个体不一定被某一摹状词指称，该个体也可能和该摹状词相符并由它来指谓。然而，在常规情形下，像 'the man drinking a martini' 这样的表达式，如果用于指称某一个体，就会指称它所指谓的那个个体（或个体群组的一个成员）。假定唐纳伦根据他自己对 '指称' 和 '指谓' 的区分而提出的主要观点有效，那么能否认为有定名词短语本身就有指谓，则是有待回答的一个问题。根据我们对 '指谓' 的解释，这么说似乎更为可取：复杂述谓表达式'(be) a man drinking a martini'是有指谓的（而且，其指谓是'(be) a man'和'(be) drinking a martini'两个表达式指谓的一个函项）；而且，使用有定名词短语指称某一个体，蕴含或预设该复杂述谓表达式对于有关个体为真这一命题。我们有可能选择此方式或彼方式定义'指谓'。不过，如果我们决定按照本节的做法使用该术语，则无法一以贯之地将它用于指称表达式。但是，不言而喻，许多哲学家使用'指谓'这一术语，如果他们真这么做，或许总会喜欢把它和'指称'紧密联系。

7.5 命名

纵观语言探索的历史，语词的基本语义功能一直被认为是命名（naming）。有了亚当命名动物的故事，才有了"无论那个人把每个生物叫作什么，那都将是它的名字"（《圣经·创世记》2.19）这样的警句。该故事是对意义的一次典型构想，可见于其他许多有关语言起源的神圣或神话叙述当中。圣奥古斯丁（St Augustine）基于同样的理念，在其《忏悔录》（*Confessions*）中探讨了儿童语言习得问题，为维特根斯坦（Wittgenstein, 1953：1）所引用和批评：在儿童成长的环境中，成人指向某些事物，引导儿童注意；同时，成人使用儿童母语中指谓这些事物的语词说出它们的名称。儿童渐渐学会语词与事物之间建立的联系，这样一来，他接着就会使用这些语词说出事物的名称。

上述意义观风行了数个世纪。莱尔（Ryle, 1957）曾颇有特点地把它命名为'菲多'—菲多（狗狗）意义观（the 'Fido'-Fido view）。尽管晚近曾遭到维特根斯坦、莱尔、奥斯汀等日常语言哲学家的不少批评，但当下依然没有质疑地为很多语义学著作所采用。从上一节对指谓的讨论中可清楚看出，专有名词与其承载主体之间的关系，跟普通名词与其所指对象之间的关系非常不同，至少在'Fido'这样清晰的情形下正是如此：一方面是Fido，另一方面是'dog'：{Fido, Bingo, Tripod, Towzer，等等}。这并不是说没有不清晰的情形；也不是说，就语言习得而言，'命名'和'指谓'没有联系。假如说它们之间没有联系，那么一代又一代敏锐的思想家被人无端指责有混淆二者之嫌而蒙受其害，的确令人惊讶；普通百姓自然得体地使用语词说出事物的名称，甚至更令人惊讶。哲学语义学家显然会尝试使用尽可能少的理论概念，但从职业角度来看，往往又会出现莱尔所称的范畴误差（category-error）(Ryle, 1949: 17)。日常说英语的人反思或引述他自己的语言时，同样也不会受理论上或本体论上简约之律令的约束。下一节将考察命名和指谓的关系。不过，我们首先必须简单讨论一下名称的一到两个重要特征，还有名称在语言中的作用。

日常语言行为中使用的名称有两个典型功能：指称功能和呼格（vocative）功能。就当下而言，指称功能已讨论得十分充分。但是，此处值得注意的是，名称也经常仅用于引起听话人对被命名人在场的注意，或提醒听话人注意被命名人的存在或相关性。名称的言说可能会受到副语言的某些调节，足以将其区分为一个警告、一种提醒、一声惊叹等。不过，其中倒不必有任何精准或明确的断言。认为正是命名的这一功能——也许可称作准指称（quasi-referential）*功能，而非完全指称功能——构成了进一步研究语言真实指称的基础，这的确不是异想天开。

名称的呼语*功能指的是，名称用于引起被叫或被传唤人的注意。再者，从不可还原成其他符号功能这层涵义上看，该功能似为一种基本功能，尽管呼唤一般地说出一个名称，和准指称性地说出一个名称一样，可在副语言上调节，由此给出附加信息，主要是标指式信息。对于名称的指称功能和呼语功能（称谓的两种功能也许更常见）的区分，许多语言已经将其系统化为指称项和称谓项之别。古典印欧语的案例系统对相同的区分进行了语法化处理。可以顺便观察到的一点是，使用具有呼语功能的普通名词（例如，*Come here, child!* 这句话中的'child'），不管它是否从形式上区分成这样，都和专有名词或称谓的用法相似。

就我们所称的称谓（appellative）*话语（例如，This is John, He is called John Smith）来说，指称性或呼唤性地使用名称，有别于给主体指定（assignment）名称，清晰区分二者颇为重要。就这种区分而言，'命名'一词往往模糊不清。因此，我们将采用指名（nomination）*这一术语来表示'命名'两种涵义的第二种涵义：说 X 把某人指名为'John'，也就是说，X 将名字'John'指定给此人。但'assignment'（指定）一词在施教性（didactic）*指名和施为性（performative）*指名之间也有歧义之嫌。施教性指名即是教给（正式或非正式皆可）某人这样一个道理：某一特定名称按照已有惯例与某一特定个体、事物或地点相关联。施教性指名在语言习得中的作用，是我们现在要讨论的论题。应注意的一点是，施教性指名不仅在语言习得中起作用，而且也是语言的一种具有连续性和重要性的符号功能。我们用名字进行自我介绍或介绍他人（例如，This is John, My name is 'Harry'）时，就是在执行一种指名行为，此种行为通常是施教性指名。

施为性指名可借用奥斯汀（Austin, 1958）最初佐证施为性话语（performative utterance）这一概念时的一个实例来说明："当我说 I name this ship the Queen Elizabeth 时，我不是在描述命名仪式，实际上是在执行仪式。施为性话语这个类，除了指名式（nominative）话语之外，还包括其他很多种类的言语。对此，我们后面再讨论（参见 16.1）。然而，此时应强调的一点是，施为性指名可呈现为各种形式，例如，在洗礼或其他某个正式仪式上给人起名，还有诸如界定术语（在此期间，命名和指谓通常难以分辨）这样的符号行为。每一类型的施为性指名都会受某些合宜性条件的约束：一个人不能随心所欲地担任给别人起名的角色。这一点在洗礼这样高度正式的情形下清晰可见；在其他许多非正式、也许不怎么明显的施为性指名中（在学校给别人起外号，在家里给人起小名，私下里给恋人指定和使用昵称，等等）也是如此。还有两点应该提说一下：其一，在许多文化里，从儿童阶段到了成人阶段，抑或有了新的社会角色，人们会给自己指定一个和以前不一样的名号。其二，名字的使用经常受各种禁忌的限制。一个人的名字被认为是他自身不可或缺的一部分。施为性再指名（re-nomination）也许是人类学家所称的过渡礼仪（rites de passage）的重要组成部分。①

特别有意思的是，很多名字似乎是基于父母对孩子某个话语的解释而产生的。孩子把某个话语用作呼格功能或准指称功能，父母把该话语强化成孩子的名字。如前所述，这一现象能否为行为语义学家高度重视施为性指名这一点提供支持，尚不可预测（参见 5.4）。但是，可以合理假设的是，它在语言学习中发挥某些作用；大多数家庭也许可以证明，至少从闲情逸趣上来看，它在创造家庭内部使用的某些名字方面发挥了什么作用。从目前的观点来看，有趣的是，孩子创造自己的名字（尽管他可能在模仿成人某个词位的形式），而正是家长基于自己强加给孩子话语的解释才生出一个施为性指名实例。

名称的语言学身份一直是个有争议性的话题，哲学家当中如此，语言学家当中也是如此（参见 Ullmann, 1962：71-79）。争论最热烈的一个问题是，名称是否有涵义。如今，最为普遍接受的哲学观点可能是，名称可能有指称，但没有涵义；再者，名称不能单纯用作谓词，这也是我们准备采纳的观点。如第 6 节所述（参见 7.6），我们会考虑到这样一种可能性：在学习一门语言时，名称和普通名词的区别可能并非总是泾渭分明。这样一来，也许在某一时间段，例如，'chair'（椅子）会被当作一个名称，它恰好和若干不相关的事物有关联；相反，也许在某一时间段，例如，所有名为 'Horace'（贺拉斯）的人，在大家看来，都具有一个或若

---

① 过渡（passage）礼仪这一概念源于范热内普（Van Gennep, 1908），但一直被人类学家广为使用：参见 Gluckman (1962), Lévi-Strauss (1963), Turner (1969)。（该概念也已有所扩展，涵盖一次相遇的若干不同阶段过渡环节的仪式化：参见 Firth, 1972；Laver, 1975）从哲学上讨论专有名词，有低估名称在许多文化中的仪式意义甚至神秘意义这一倾向。

干属性，因此让这个名称特别适合每个人。然而，我们的假设是，除相对不多的两可情形之外，成人英语中的名称与普通可数名词随时都可区分。可以假定，像 There are twelve Horaces in this room（这间屋子里有12个贺拉斯）（可理解为"There are twelve people called Horace in this room"）这样的话语，可根据专有名词的使用规则来解释。这一规则，就其应用而言，取决于能否识别专有名词；这样的规则可以是语言特定的，也可以不是。讨论颇多的类似例子有：'He is no Cicero'（他一点也不西塞罗）或 'Edinburgh is the Athens of the north'（爱丁堡是北方的雅典）。但它们在这一点上并不相关：'Cicero'（西塞罗）和 'Athens'（雅典）此处用作谓词，更确切地说，它们是述谓表达式的一部分（属于传统语法和修辞学大致划分而来的一种借代（synecdoche）*）。在给定的文化或社会里，名称可以获得确定性不一的联想意义，这样一来，便可以说西塞罗象征雄辩之才，雅典象征建筑之美，认识到这一点颇为重要。这一点足以说明，名称随着时间的推移，很容易成为普通名词（例如，意大利语的 'cicerone' 一词，如今在法语、英语等语言中完全得到确立，意为"博物馆指南"（Ullmann, 1962：78））。但这并不会让名称没有涵义的原则失效。叶斯柏森（Jespersen, 1924：66）在故意反驳米尔时声言，专有名词（如实际使用的一样）"包含了尽可能多的特性"。这一主张颇有误导性，因为它利用了'意谓'的哲学涵义与流行涵义之间的歧义性（参见7.1）。

我们和叶斯柏森似乎正在做的一样，使用'意谓'一词的非哲学涵义，当然就会认同，很多专有名词有着相当具体的意谓或联想意义。就同一名称而言，一个人联想的意谓可能有别于另一个人。即使他们使用同一名称指称或称谓同一个体（或一组个体），也会如此。如果名称的载体是历史、政治或文化上的著名地方或个人，该地名或人名的意谓，对于共享同一文化的特定语言群体来说，则是相对恒定的（如'Cicero'（西塞罗）、'Athens'（雅典）、'Judas'（犹大）、'Napoleon'（拿破仑）、'Shakespeare'（莎士比亚）、'Mecca'（麦加），等等）。如果问及他们对名称载体的所知或所想，他们便会说出一系列具有识别功能的描述语来：*Cicero was the greatest Roman orator*（西塞罗是古罗马最伟大的演说家），*Cicero was the author of the Verrine orations*（西塞罗是《控告瓦列斯》的作者），*Cicero denounced Catiline in the Senate*（西塞罗在元老院斥责喀提林），等等。

类似的描述，或它们的某些析取式，可望为名称提供塞尔（Searle, 1958；1969：162ff）所称的描述性后援（descriptive backing）*，这样一来，有关名称（尽管没有涵义）就会"在逻辑上和其指称对象的特征相关联"。一个名称的描述性后援，可作为名称述谓用法的基础，如'He is no Cicero'（他一点也不西塞罗）这样的语句（'Cicero'象征雄辩之才）。名称可能有描述性后援这一点，也可解释名称在某些种类的存在性陈述（如 *Cicero never existed*（西塞罗从未存在过））和等式性陈述（如 *Cicero was Tully*（西塞罗就是塔利）或 *Cicero and Tully were one and the same person*（西塞罗和塔利是同一个人））当中的使用状况。'*Cicero never existed*'这一语句用作陈述时，也许有人会认为，它隐含的意思（和听话人可能假定的情形相反）是，从来就没有过什么古罗马杰出演说家曾写过《控告瓦利斯》，或者曾在元老院斥责过喀提林，等等。对于 *Cicero was Tully* 这一等式性陈述，也许有人会认为，它隐含的意思是，'Cicero'和'Tully'两个名称的描述性后援，对同一批个体来说，都为真（参见 Searle, 1969：171）。就名称'描述性后援'这一概念的形式化处理而言，存在的问题相当多，尤其是不清楚什么应算作一个名称所指称个体的基本特征，也不清楚，能否以这种方式对存在性陈述和同一性陈述进行令人满意的分析。但是，在两类陈述中使用名称的实例也不少，而且根据描述性后援所做的分析也似乎相当恰切。

施为性指名，无论正式与否，也许都是由文化规制的某些语义合宜性条件决定的。这一点不会让名称没有涵义这一原则失效。在一些文化里，有一套定义精准度不一的惯习化（institutionalized）人名（如

'John''Mary'等），会在孩子出生不久，按照各种严格程度不一的标准，指定给孩子。毫无疑问，说英语的多数家庭都会遵循这样的惯例：'John'不应指定给女孩，'Mary'不应指定给男孩（尽管有些惯习化的人名，例如'Lesley'，他们也乐于指定给男孩或女孩）。因此，才有可能从 *My friend John came to see me on Wednesday*（我的朋友约翰星期三来看我）这句话中大概率正确推断出，来看我的朋友是位男性。但上述事实本身并不是非要我们认为，'John'与'male'（男性）之间的语义关系，和'man'或'boy'与'male'之间的语义关系，是一样的。如果一个女孩的名字正好叫'John'，我们就会不犹豫地说出 *John has just cut herself*（约翰刚刚割伤了她自己）。我们也许会纳闷，最初为何违反惯例给她起了'John'这个名字。但这是另一回事。*John has just cut herself* 这个句子，不仅语法上可接受（根据对语法可接受性的任何合理解释），而且有人也许还认为，语义上也可接受。即使我们承认'John'或'Mary'之类的名称，和'boy'或'girl'之类的语词（这是另一个有争议的问题）一样，都是英语语言的组成部分，但我们绝不应承认它们有涵义。

有些名字，大多和在说英语的国家一样，都不是从固定程度不一的人名表中选取的，而是选自某一语言的普通词汇，并且是依据相关表达式的意义指定的。即便如此，我们也不应承认名称有涵义这一点。如果追溯不同语言中惯习化人名和地名的词源（属于语义学的专名学（onomastics）*这一分支），经常就会发现，它们有着同样的起源。例如，'John'源自希伯来语，按照希伯来语普通词汇的意义，可解释为"上帝始终仁慈"，后经希腊语和拉丁语，才进入英语。我们将其称作该名称的词源意义（etymological meaning）*；而且，如果将这一术语加以扩展，以涵盖名称的共时（synchronically）*驱动性和历时（diachronically）*驱动性解释（共时描述和历时描述的区别，参见8.2），似乎也自然得当。但是，正如人类学处理语词魔性（word-magic）和禁忌的常规过程显示的一样，名称和其他语词的象征意义每每都由特定文化的具体惯例来支配。

有一个问题在文献中讨论颇多：名称是否像其他语词一样，属于某一特定的语言系统？常有人反驳说，'John'或'London'这样的名称，和'man'或'city'不同，它们不是英语的语词，词典编纂人不应将它们列入词典。例如，莱尔（Ryle, 1957）说道："词典说明不了名称的意义，原因很简单，它们本身没有意义"。针对这一观点，吉奇（Geach, 1962：27）反倒坚持认为，"词典编纂人有责任告诉我们，'Warsaw'是表示'Warszawa'的英文语词；而语法学家则会说，'Warszawa'是波兰语的一个语词，是缩减为和'mowa'类似的一个阴性名词"。吉奇问道："这么说有什么问题？"答案是，对于相当有限的一类实例而言，这么说没有任何问题。不过，相对于吉奇所给实例的提示而言，将一种语言的专有名词翻译到另一种语言的情形，一般都会复杂很多。

就地名而言，情况可能是这样的：如果有一个约定俗成的对等译名，则会一直使用下去。如果没有，问题就会复杂一些。假如我此时在做德英翻译，还会把'Danzig'或'Gdansk'译成波兰的小镇名吗？这肯定取决于我在翻译什么，也取决于我的政治共情心，不一而足。翻译人名往往更为复杂。即使有业已确定的对等译名，也不是永远都适用。一个叫James的英国人，在法语中通常不会用Jacques来称谓或指称，而会继续使用James：事实上，此人的名字，英语味十足，这本身就是名字的一个重要部分。但是，如果用法语发音，也许就要适应法语的音系系统，在这一点上，它就成了一个法词语。只说英语一门语言的父母，管他们只说英语一门语言的儿子叫Jacques，而不叫James，谁也拦不住他们。此处的重点是，对于名称是否"归属它们身在其中的语言"（Geach, 1962：27）这一问题，目前还没有从理论上给出清晰的回答，因为没有任何单一原则可决定名称在不同语言之间的翻译。不过，有一些惯习化的地名和人名在某些国家非常通用，以至于人们的预期是，说该国语言的所有人都会把人名和地名的身份识别为名称。如果从纯粹实用角度考察，人名和地名是否属于该语言，它们是否应收入词典，这些问题则可借用吉奇的观点做出肯定的回答。可是，人们只会罗列众所周知、约定俗称的名称：因为这类名称从原理上说是无限的，所以，一个人说英语时，无论如何，都不可能列出他或许会使用的所有名称。

到目前为止，尚未提及某些惯习化的地名和某些人名之间的一个重要区别。相当多的惯习化地名，说某种语言的多数人把它们用作指称表达式时，其指称都是唯一的，但'James'之类的人名却不尽然。进一步说，'James'和'Jacques'，在不违反上一段表述的保留意见前提下，同'London'和'Londres'一样，都是对等译名。相形之下，决定其翻译对等的条件则完全不同。当且仅当'London'一词指称英国的首都时，才可在法语中译作'Londres'；但当'London'指称加拿大安大略省的'London'抑或其他冠以'London'之名的城镇时，在法语中则不能这样翻译。

上文所述也许足以表明，名称是否属于一种语言，它们是否具有意义，这样的问题不可能有一个简单而普遍有效的答案。[①] 本节已强调认为，至少有理由可以说，一些名称具有象征性意义、词源学意义或转移性意义。但它们没有涵义，也没有某种独特或特别的意义，使其成为有别于普通名词的一个类。另外，还强调认为，人名在语言行为中可能有呼格功能、指称功能或准指称功能。没有任何理由可以认为，人名的呼格功能源自其指称功能，或者其呼格功能在任何方面都不如指称功能那么基本。[②]

7.6　语言习得中的指称、涵义和指谓

本章前几节颇费周章地区分了指称、涵义、指谓和命名。现在必须表明，意义的这些不同类型或特征如何在语言习得过程中相互关联。

[①] 有关名称语言学身份的讨论，参见 Kuryłowicz (1960)，Sørensen (1963)。

[②] 在许多语境下，很难将呼格功能和指称功能相区分（例如，点名时）；在有的语境下，名称的呼格功能和指称功能均未涉及。

第七章 指称、涵义和指谓

在日常英语中，名词'name'和动词'call'之间有明显的联系；'call'不仅可表示'to name'（说出名称），还可表示'to address'（称谓）、'to summon'（召唤/传唤）和'to assign a name to'（给……指名），这绝不是一种巧合。首先，可观察到的是，正如前文所述，名称很有特点地被用于指称或称谓个体。我们同样可以说 *What is X called?*（X 叫什么？）或 *What is the name of X?*（X 的名字是什么？）。某些场合以这样的方式使用名词'name'和动词'call'，和一类个体有关。假如我们遇到一只尚不熟悉其物种的动物，就可能这样问 *What is the name of this animal?*（这只动物的名字是什么？），或者 *What is this animal called?*（这只动物叫什么？），而我们期望得到的回答，不是该动物个体的名字（如果它正好有的话），而是指谓该物种所有成员的语词。也许有人会说，我们问的问题，无论哪个版本，都是有歧义的；消除歧义，我们可以使用复数形式（用'these animals'代替'this animal'），同时语法上做一些必要的修改：*What are these animals called*（这些动物叫什么？）。这样的观点有一定的说服力，但歧义这一点不能过于强求，因为，指谓某个类的词位也可用来称谓该类的个体成员。我们可以说 *Come here, dog*（狗狗，过来），也可以说 *Come here, Fido*（菲多，过来）。当然，有人可能会坚持认为，从语义或逻辑上看，前者可分析为"Come here, you who are a dog"，后者可分析为"Come here, you who are named Fido"。在分析过程中，一定要区分"It's a dog"（它是一只狗）这一陈述的述谓功能和"It's Fido"（它是菲多）这一陈述的称谓功能。但是，据此不能认为，非要把这一区分强加给呼格表达式不可，也不能认为，从儿童语言习得一开始，这种区分就十分明晰。

名称'dog'或'boy'这样的普通名词，任意一个的单数形式用作指称时，它们的区别在成人英语中相当清晰。英语的语法结构是这样的：指称表达式包含的任何单数可数名词，都必须带有一个限定词*、量化词*或句法上对等的形式。可以说 *The boy came yesterday*（那个男孩昨天来了）

225

或者 James came yesterday（詹姆斯昨天来过），但不可以说（作为语法上可接受的话语）Boy came yesterday 或者 The James came yesterday。在其他许多语言中，专有名词和具有指称功能的普通名词语法上的区别没有这么明显；说英语的儿童，他们的话语也是如此。因此，至少可以说，使用名称指称某一个体，使用描述性名词短语指称同一个体，二者的区别，儿童只有不断学习才能掌握。

也许，有人甚至会提出更强烈的主张，认为'命名'和'描述'的区别在呼格表达式中从来都不是绝对清晰的；而且，要不是纯粹句法规则引导我们把限定词或量化词修饰的单数可数名词解释为普通名词，而不是专有名词，'命名'和'描述'的区别，在英语的许多指称表达式中，也是不明晰的。即便如此，仍然存在许多模棱两可的情形：'the sun'（太阳）是一个专有名词（像'The Hague'（海牙）一样），还是一个包含普通名词的表达式？我们一旦使用'sun'的复数形式（如在'There may be other suns in the universe as well as our own'（宇宙中除了我们自己的太阳，也许还有别的太阳）这一语句中），可能就倾向于认为，它是个普通名词。但是，唯名论者可能会反驳说，这样的实例，像包含复数专有名词的语句（如'There are other Peters in the room'（房间里还有别的彼特））一样，同样可以分析。然而，我们并不是在为特定例证的唯名论分析辩护（更谈不上包含普通名词的所有短语），而只是表明，尽管有必要区分'指称''指谓'和'命名'，但它们可能会重合。在儿童习得母语的条件下，通常可能出现类似现象。关于'指称'和'指谓'的习得问题，唯名论者的阐述值得认真思考（参见 Quine, 1960）。

在继续讨论之前，必须强调的一点是，就我们正在讨论的主题而言，唯名论和经验论之间没有必然联系，唯名论与行为主义之间更谈不上有什么联系。儿童不断重新识别不同个体，同时把它们归类分组，其方式可能完全取决于某种先天官能或机制，它不仅仅用于分类，而且用于遵循反映在语言中的某些普遍原则而进行的分类。甚或行为主义者也会承认，有必要假设一些先天机制（参见 Quine, 1969）；心理学和哲学上的争议之处正是这些机制的本质。语言学家不应感到自己有义务在这样的问题上做出承诺。

蒯因（Quine, 1960：80-124）把他所称的'指称'和'指谓'的本体发生分为四个阶段（使用'指称'这一术语，涵盖了两个概念）。第一阶段，据假设，所有语词皆可用于命名独特的所指对象；第二阶段，儿童学会区别专有名词和具有多重指谓的语词；第三阶段，儿童学会如何构造和使用诸如'tall man'（高个子男人）和'blue book'（蓝皮书）这样的搭配；第四个阶段，也是最后一个阶段，儿童掌握类似'taller than Daddy'（比爸爸高）这种搭配的用法。此处，我们仅仅关注第一个阶段到第二个阶段的过渡环节。

已有人指出，像'dog'这样的普通名词，在英语中有时可用于指称或称谓个体。不难想象，儿童首次使用和理解这类语词，同他使用和理解专有名词相比较，方式上没有什么不同。除了可数普通名词，我们还必须考察物质名词，如'water'（水）和'red'（红色）这类表示品质的语词。首先必须说的一点是，此处单一指谓和多重指谓的区别，远没有在可数名词情形下那么清晰明了。因此，才有可能使'所指对象'这个术语本身在各种不同解释之间波动，其身份要么是可数名词，要么是物质名词，要么是集合名词（参见 7.4）。以 *I don't like water*（我不喜欢水）或者 *My favourite colour is red*（我最喜欢的颜色是红色）这样的话语为例。'water'和'red'两个表达式分别指称什么？可以说，'指谓'和'指称'在此重合。不过，我们也许不希望说，'water'和'red'是个体。但我们有可能把水看作个体（"分散性的单一物体，即世界的水体部分"），同样也可把'red'的所指对象看作个体（"红色物质的分散性整体"）（Quine, 1960：98）。纵然如此，我们必须在心智上付出相当大的努力，才能以这种方式看清世界。

此时，值得注意的是，和我们所考察语句的物质名词的单数形式相符的，通常正是英语可数名词的复数形式。*I don't like books*（我不喜欢书）这样的语句（对比：*I don't like these books*（我不喜欢这些书）），和 *I don't like water*（我不喜欢水）就非常相似。有人也许会倾向于说，这一语句的 *books*，其指称和'book'的指谓重合（因此，有人坚持认为，*books* 这一形式在存在性解释和全称量化解释之间模棱两可，是不正确的：参见 6.3）。如果我们再刻意动一番心思，就会把世界上所有的书看成分散性的单一物体的非连续部分。不过，我们也许会感到，这样看待书不够自然，和我们把所有的湖泊、池塘、河流等等看作单一的水状个体的一部分是不一样的。如果有人提示说，我们有理由把人类或动物（在某一种类水平之上）看作某种分散性的单一整体的非连续部分，对此，我们无疑应全然抵制。我们已经习得或天生就有某些分类原则。这些原则一方面会抑制我们把无定形程度颇高、空间上不连续的物质（例如水）归为个体，另一方面会积极赋予我们一种心理倾向：不仅把人和动物个体化（individuation）*，而且把离散但时间上连续的物体个体化。

很有可能，个体化原则至少在相当大程度上是普遍的，不受我们从小时候起就使用的语言影响。同时，必须认识到，无论是可数名词和物质名词语法上的区别，还是单数名词和复数名词语法上的区别，尽管它们往往辅助和增强我们对英语相应语义区别特征的理解，但在语言中绝非普遍。非常多的语言使用所谓的量词（classifier）*，以达成个体化和列举清晰的目的，而且不区分名词的单复数。这些量词的句法功能可与英语'two pools of water'（两池子水）、'that pool of water'（那一池子水）、'three pounds of butter'（三磅黄油）中的'pool'和'pound'之类的语词相提并论。但是，它们不仅必须用于指谓不定形或分散性的物质（如水或黄油）的名词，而且还必须用于指谓一类个体的名词。这样一来，便可采用语义分析提示的方法，将'three men'（三个男人）转译为类似"three persons of man"这种形式。在这类语言中，单一指谓和多重指谓的差别，不像在多数英语话语中那么显著。英语多数普通名词的指谓特征和'salmon'（三文鱼）是一样的：在 *I like salmon*（我喜欢三文鱼）这样一句中，它有可能指称一类个体（比较：*I like herrings*（我喜欢鲱鱼）），或者指称某种东西或物质（比较：*I like meat*（我喜欢肉））。不过，说是普通名词必须指称这个或那个，也许就是把一种不真实或不必要的选择强加给我们。我们为何不应把它们视为不确定而非要视为有歧义呢？我们为何不应把这样的例子看作语言习得初期的一种常态呢？

我们已经注意到，最终成为成人语言中指谓各类个体的词位，也许就是儿童最初当作名称使用和理解的东西。我们可以假设，在这个阶段，从纯唯名论上对所有表达式的意义进行解释，都是可接受的。没有必要区分'指称'和'指谓'，因为每个表达式都会用于指称它所指谓的东西，它确切指称的东西也许本身就不怎么确定。

如此一来，区分'指谓'和'涵义'又会如何呢？在所有表达式都被解释为名称的最早阶段（如果事实如此的话），就语言行为分析来说，这种区分或许也没有必要。针对早期状况，我们可以假设，例如，'red'和'green'的差异，也许一方面没有'boy'和'girl'的差异那么显著，另一方面也没有'John'和'Peter'的差异那么显著。纵然如此，从前面的讨论中清晰可见，这些差异一旦确立，'涵义'概念便油然而生。

意义关系决定特定词位（对于有指谓的词位而言）的指谓界限。语义上关联的词位，在儿童习得某个语言系统过程中，其'涵义'和'指谓'大致上是同步学会的，也可能经历了一个渐进完善的过程（涉及特殊化（specialization）*和一般化（generalization）*）才学会的。涵义也罢，指谓也罢，从心理学或逻辑学上说，是不分先后的。通常，也许可以假定，儿童学习'boy'和'girl'、'man'和'woman'的涵义时，也在学习或推断男孩和女孩、男人和女人指谓上的相关差异，这也是其学习过程的一个组成部分。明示性定义（ostensive definition）*（指向或让孩子注意某一所指对象，以此来定义某个语词的意义），只要在语言习得过程中发挥作用，通常就会涉及词位的'涵义'和'指谓'两个方面。例如，如果有个家长给孩子说：*That's a boy and this is a girl*（那是一个男孩，这是一个女孩），他不仅向孩子明示'boy'和'girl'两个词语典型的所指对象，而且，如果孩子理解他用了相互对照的两个语词，那么他同时也就在教孩子学习，或者说，在强化孩子的假设，即'boy'和'girl'之间存在一种涵义关系（sense-relationship），故得出 $(x)(x$ be a boy $\to x$ not be a girl$)$ 和 $(x)(x$ be a girl $\to x$ not be a boy$)$。当然，这种显性的明示性定义法（尽管许多经验主义意义理论十分重视），在语言习得过程中相对并不常见。儿童通常在各种语言使用情景下领悟语词、表达式和话语的适用性。对于听到的话语语词的涵义和指谓，他最初的假设也许是由近乎具体的先天范畴化原则引导的。语言习得是一个非常复杂的过程，故尚不能确定，在多大程度上语言习得的各个部分受到先天认知结构和机制的成熟过程制约（参见 5.4）。不过，有一点已足够明晰，习得语词的指谓和习得语词的涵义不可分割；在现实应用情景下，二者也都不可与语词和话语适用度的学习相割裂。①

---

① 有关语言习得最新研究的参考文献，参见第 87 页脚注 ①。

第八章

结构语义学（一）：语义场

8.1 结构主义

本节关注至少在欧洲常被称作结构语言学（structural linguistics）*的一般原理。[①] 遗憾的是，'结构主义'（structuralism）这一术语在美国涵义稍有不同，范围窄化不少。现在，使用该术语的框架往往是所谓的后布隆菲尔德学派的理论和方法论。二战后的一段时期，后布隆菲尔德学派在美国语言学界一直占据主导地位。该学派的许多原理，和本节也许可称作（下文将阐明原因）索绪尔式（Saussurean）*（包括后索绪尔）结构主义的诸多原理，不仅不相容，而且还相矛盾。对于后布隆菲尔德结构主义和索绪尔结构主义的全部差异，我们没有必要深入探究，因为多数差异在本节语境下无关紧要。然而，在乔姆斯基和其他生成语法学家的著作中，'结构主义'一词被附加了诸多颇有争议的联想成分（参见 10.5）。鉴于此，必须强调，生成语法和索绪尔结构主义二者之间原则上并不存在任何冲突，正如某些解释呈现（见下文）的一样，当我们一直所说的索绪尔结构主义与功能主义（functionalism）*和普遍主义（universalism）*结合在一起时，尤其没有什么冲突可言。应特别注意的是，索绪尔结构主义者和后布隆菲尔德主义的许多学者（在他们看来，'结构语义学'在术语上几乎是矛盾的）不同，他们从不认为，语义学

[①] 本章部分内容已在罗比主编的论文集（Robey, 1973）中发表。

应排除在语言学本体之外。本节述及后布隆菲尔德主义学派的'结构主义',目的在于避免可能出现的误解和混淆。从现在开始,我们将注意力集中到索绪尔式结构主义。全书中使用的'结构主义'和'结构语言学'两个术语,均取索绪尔式结构主义的涵义。

231 瑞士学者索绪尔通常被视为现代结构主义语言学的创始人。因此,我们使用'索绪尔式'这一术语来描述整个结构主义语言学运动的典型特征。不过,该术语不应被理解为这样一种提示:结构主义原理实际上起源于索绪尔。当下,我们认为具有结构主义特征的一些概念可见于赫尔德(Herder)、洪堡(W. von Humboldt)甚至莱布尼茨的著作,甚至还可追溯到更早一些时期。前索绪尔结构主义的发展,以及索绪尔对结构主义的贡献,涉及的内容既复杂又晦涩。不过,此处可顺便提一下,后康德时期的德国唯心主义哲学蕴含一丝结构主义的脉络。前者在卡西雷尔(Cassirer, 1923, 1945;另见 Urban, 1939;Langer, 1942)等学者提出之初,与索绪尔结构主义没有多大关系。但是,随着结构主义索绪尔版的进一步细化,它们共同对特里尔(Trier)和魏斯格贝尔(Weisgerber)的理论产生过巨大影响。关于这些研究,我们将在下文讨论(参见 8.2)。

索绪尔最早的语言学研究是对印欧元音系统的一次革命性分析和重构(Saussure, 1878)。虽然他的研究已经深刻地汇集了结构主义的原理,但直到大约 50 年后人们才认识到它的全部意义。不过,他的《普通语言学教程》(Cours de Linguistique Générale, 1916)却开启了著名的结构主义语言学运动。结构主义的诸多标准术语都出自该《教程》。囿于当时的出版环境,索绪尔的《教程》难免有晦涩难懂和前后矛盾之嫌。实际上,它不是索绪尔本人为出版而创作的,也许未必在每一方面都准确反映了索绪尔的思想。然而,《教程》姑且如是出版,也没有遮蔽其重要的历史意义。其学说的主线不可置疑。对于诠释入微之处,我们在此倒不必在意。①

结构主义的核心命题是什么？首先，采用最一般的形式来说，就是：每种语言都是一个独特的关系结构*或关系系统*；在分析某一特定语言的句子（语音、语词、意义等）时，我们识别的单位，或我们假定为理论构念的单位，其本质或存在皆衍生于它们与同一语言系统的其他单位的关系。我们不可能首先识别这些单位，接着在后续分析阶段，再探寻它们之间有效的组合关系或其他关系：我们同步性地识别这些单位及其相互关系。语言单位只是关系系统或关系网络的节点，也就是这些关系的终端。它们的存在既不是先验的，也不是独立的。

上述这一普遍观念首先可从英语音系学（phonology）*或语音系统上予以说明。有一种普遍共识认为，pit 这一词形式，无论是在口语媒介上，还是在书面媒介上，都由三个音段组成。它们按照某一特定顺序排列（tip 是不同于 pit 的一种词形式——它们不是同一类符的形符——ipt 根本不是英语的一种词形式）（参见 6.2）。当然，书写形式的片段是字母，口语形式的片段是声音或音位*。许多语言学家认为，一种语言的音位不是语音系统的最小单位，而是未经序列化的语音成分集合（或区别特征*）。不过，这一问题此处不必涉猎。

如此说来，口语形式的 pit，其发音是连续的一阵声音。语音学家可将其分析为数量庞大、相互重叠的声学成分，可与发音器官不断变化的状态相关联。这些状态决定声道的形状、空气通过口腔或鼻子的自由或受阻状况、声带的振动频率，等等。语音器官的可变状态，还有通过选择发音变项的不同值而产生的声音信号的可变特征，二者之间的相关关系十分复杂（而且理解得不够充分）。但是，有一点是清楚的：言语行为

---

① 近年来，索绪尔本人的一些笔记被发现并付诸出版（参见 Godel, 1957），还和其他资料一起结集，形成具有批判性的版本（参见 Saussure, 1967–1971）。鲁莱（Roulet, 1975）汇集了索绪尔（Saussure, 1916）著作的重要段落，带有述评。恩格勒（Engler, 1968）根据语境引用了索绪尔术语的汇总表。

和言语信号都不是由一系列离散的物理单位构成。进一步说，同是 pit 这一词形式（作为完整话语的一部分），不同说话人的发音一次和一次稍有不同，同一说话人在不同场合发音也有差异。那么，我们如何把这些物理上不同的形式识别为同一类符的形符呢？如此多样化的物理表现，其背后的同一性和恒定性具有何种本质？结构主义者会认为，它是模式或结构的某种同一性。

在连续的一个音流之始，各种声学差异汇集一处或各有焦点，使 pit 的每一次可接受的发音有别于 bit、fit、kit 等形式的每一次可接受的发音（同一方言*的情形：参见 14.5）；中间有差异，pit 的每一次可接受的发音有别于 pet、pat 等形式的每一次可接受的发音；末端有差异，pit 的每一次可接受的发音有别于 pick、pin 等形式的每一次可接受的发音。我们之所以说英语中有一个音位 p、一个音位 b、一个音位 f 等等，是因为 pit、bit、fit 等和 cop、cob、cough 等语词在英语中作为不同形式在发挥作用，把不同的形态句法词变为现实。在给定的样例中，每个形态句法词与不同词位相关联。但这不是音位差异的必要条件：men 和 man 均可实现与同一个词位'man'有关的不同形态句法词。我们采用不严格的语音学术语所描述的 p 音、b 音、f 音等，在英语中是功能性的*，或者说，和语言学颇为相关。可是，在许多语言中，事实并非如此。在有些语言中，p 音和 b 音（或 p 音和 f 音）是自由变异*的，也就是说，在相同语音环境下，用一个音替换另一个音，仍可维持最终形式的类符-形符同一性。在这样的语言中，我们不会说，它有一个音位 p 和一个音位 b；而是说有一个音位（为方便指称起见，可给予标记），要么实现为 p 音，要么实现为 b 音。在有些语言中，就一个音流而言，我们可从语音上识别为 p 音的语音，仅出现在形式的末端；我们可从语音上识别为 b 音的语音，仅出现在形式的前端。在这种情形下，从同一音位的实现形式来看，我们不会视其为同一音位的自由变体，而是位置决定的变体（专门术语是音位变体（allophone）*）。

这样一来，任何一种语言建立音位库，颇为重要的一点则是，和音位关联的语音复合体的具体语音是否存在一种功能对比（functional contrast）*关系。每种语言的语音连续体都会设定一套形式上不一、原理上独特的区别特征，进而利用和发挥这些特征的作用，以此区分不同语词类符和言语类符的形符。上文已指出，一个语言单位即是关系结构的一个节点，其本质和存在衍生于它与同一语言系统其他单位的关系。从音系学上看，这一不可否认的相当抽象的陈述，其意义应更清晰一些。音位是一种抽象的理论构念，被假定为不同形式集合之间功能对比和对等的核心。每个音位与一组位置决定的语音变体（以及每个语音变体的一系列可允许的变体）相关联。但音位本身又不是一个物理上可识别的单位。进而言之，我们不能碎片化地建立一种语言的音位库：首先确定一个音位 p，然后确定一个音位 b，以此类推。我们之所以说有一个音位 p 和一个音位 b，是因为形式对之间存在一种功能对比关系。同时，针对这一功能关系，我们将两个不同的音位假设为语音项。在语言分析中，语言行为中的对比和对等关系，从方法论上说，先于语言学家在其语言系统描述模型中假定为关系终端的单位，是为结构主义的一项基本原则。

在继续阐述之前，我们也许应避免在这一点上可能产生误解。结构主义学家认为，每种语言在语音连续体（continuum）中设定一套独特的语音区别特征，进而使其发挥功能，但这不一定是在说，没有通用的甚至是普遍的选择性原则来约束语言的音系结构。事实上，许多结构主义者业已表达了这样一个观点：特定的语言选择一套特定的音系区别特征，完全是任意的。不过，也许可描述为相对主义（relativism）*（相对于或强或弱的普遍主义*观念：见下文）的这种观点，对于结构主义是必不可少的。毫无疑问，在世界各语言中，某些语音区别特征相对于另外一些通常被赋予的功能性更强，某些语法和语义区别特征也是如此。相对主义和至少某些版本的结构主义之间无论历史上或许有何种联系，此处呈现的结构主义语言学原理姑且没有隐含至少某种形式的普遍主义,但也和某种形式的普遍主义是兼容的。

如同语言的音系系统一样,语言的语法结构也是如此。语法范畴的每个项(例如,英语时态范畴的过去时和数范畴的复数形式)和同一范畴的其他项之间是一种对比关系。实际上,面对能够设定的一套可能的区别特征,不同语言首先会做出不同的选择,然后根据时态、数、性、格、人称、相近度、能见度、形状、有生性等范畴对其进行语法化(grammaticalize)*处理(也就是说,使其具有语法功能),最后把语词分成传统上称之为词类的不同类别。范畴和词类相结合,根据规则或原则生成句子。这些规则在一定范围内因语言而异。正如后续章节(10.2)所述,此处援引的语法化(grammaticalization)*这一概念也存在某些问题:源于不同人对语法辖域的不同认识。不过,本节提出的总体观点没有被当前语言学界对此类问题的争议所影响。语法描述单位在语言学上是否有效,取决于它们在功能关系网络中所占的位置。不考虑这些相互关系,就不能识别语法描述单位。

上文提出的观点与音系学和语法有关,同样也可结合语言的词(lexical)*结构提出相应的观点。涉世不深、只说英语(或其他语言)一种语言的人,也许会忍不住这样认为:词位的意义(包括涵义和指谓)和他恰好讲的语言无关;从一种语言到另一种语言的翻译只不过是这么一回事,首先在另一种语言中找到意义相同的词位,然后选择符合语法的形式,最后再按照正确的顺序把它们组合起来。但是,正如任何有翻译实践经验的人都会意识到的一样,事实并非如此。① 首先,有一个明显的问题是,在一种语言中,可能有两种或多种意义与同音异义(homonymous)*词位相关联,但在另一种语言中又不是如此(参见 13.4)。就某一特定语

---

① 关于翻译研究,参见 Beckman & Callow (1974), Brower (1959), Catford (1965), Mounin (1963), Nida (1964), Nida & Taber (1969), Steiner (1975)。

句而言，我们之所以可能无法翻译，是因为不知道信号编码和说话人传送的是哪一个同音异义词。以法语的"Je vais prendre ma serviette"这个句子为例，由于'serviette$_1$'和'serviette$_2$'是同音异义词，此句可译为英语的"I'll go and get my towel"（我去拿我的毛巾）或"I'll go and get my brief-case"（我去拿我的公文包）（再或，译成"I'll go and get my napkin"（我去拿我的餐巾）以及其他各种形式）。（实际上，这种现象是同音异义，还是一词多义（polysemy）*，目前尚不清楚，因为从前理论上区分同音异义和一词多义的标准还不确定：参见13.4。但这一点与此处提出的观点不相关。）同音异义（或一词多义）引起的翻译问题，对于语义学领域的结构主义，既提供不了辩护，也产生不了抵制。如果歧义可借助言说特定句子的语境得以消除，就能被听话人正确理解，原则上也能正确译成另一种语言。

理论上更有趣的是，一种语言可对另一种语言没有词汇化（lexicalize）*的某个意义进行词汇化（即提供一个语词）处理。从再微不足道的实例中也可看出，这样一点也许正是词汇化的理由：如果一种语言缺少表达某一特定意义的词位，使用该语言的那个地区也就没有相应的某个对象或某一类对象。例如，发现非洲赤道地区有一种语言，它没有表示"雪"的词汇，就不足为奇了。比起这个例子，倒有一些本质上相同、不那么微不足道的情形。一种语言对某种人工制品、社会制度或抽象概念给予词汇上的认可，但由于某些文化上可阐明的原因，另一种语言中没有对等的词位。例如，有许多语言很难翻译'piano'（钢琴）、'sacrament'（圣礼）、'justice'（正义）甚或'family'（家庭）这样的语词。同样，就此而言，我们可以认为，该语言之所以缺少表示某一特定意义的语词，是因为该语言通常发挥作用的那个世界（取'世界'一词的扩展义）不包含该语词适用的东西。纵观历史和史前史，随着一种文化受到另一种文化的影响，引进各种商品、社会制度、宗教概念和法律概念，不同语言从其他语言中借用语词（例如：'restaurant'（餐厅），'potato'（土豆），'vodka'（伏特加），等等），或者在非经常情况下，将某一新意义与现有的词位相关联，很好地弥补了这一方面的词汇赤字。基于本段上文提到的原因，一种语言可对另一种语言没有词汇化的意义进行词汇化处理，对此，数个世纪以来，学者们一直在不断认识和探讨。这一问题本身，跟同音异义和一词多义引起的歧义问题一样，和结构主义或非结构主义的意义理论都是兼容的。

但是，不严格地被称作逐词翻译的这种做法，为何一般不能令人满意，为何经常不能付诸实践。其背后还有一个理论上更有趣的原因：初看上去在不同语言中语义上似乎对等的语词，它们的意义边界也许或者经常是不一致的（incongruent）*。什么是不同语言词位的语义对等，这个问题本身就十分复杂，也颇有争议。语义对等最终取决于对象、制度和情景的文化对等。会说两种语言的人，如果对使用两种语言的文化语境足够熟悉，通常（如果不是总是）会对词位的语义对等或非对等形成一致性的看法。在多数情况下，他们对语义对等的判断是纯粹直觉性的。不过，只要这些判断在主体间性上是一致可靠的，就可把其当作有待描述语义学和理论语义学解释的部分数据（参见 1.6）。如果讲两种语言的一些人判断认为，A 语言的一个词位（取其一种涵义）和 B 语言的一个词位（取其一种涵义）意义大体相同，那么就可以说，两个词位（按照各自的相关涵义）在适用性*上（大体）对等：它们可用于相同的事物或相同的情景（参见 7.4）。由于指谓包含于适用性范畴，因此可把词位的跨语言指谓对等或非对等视为适用性对等或非对等的一部分内容。不过，相对而言，指谓对等和文化语境没有多大关系。因此，和适用性的其他方面相比，指谓对等更适合于实验验证。我们可对指谓对等进行讨论，争取令人满意的结果，充分达到当下的目的，而不必对涉及对象、制度和情景文化对等的争议性问题做出预判。本节论及词位的跨语言语义对等时，将聚焦于指谓对等。

时下,仅举一例来说明词位的跨语言'指谓'非对等引起的语际翻译难题。假定有人请我们把'The cat sat on the mat'(那只猫坐在垫子上)这一语句译成法语。此时,我们不涉及英语和法语语法结构差异产生的问题,更不涉及保留原句节奏和内部韵律(cat 和 mat 之间)这一难题。不过,倒可顺便指出的是,法语强制性地对就座(being seated)和坐着(taking up a sitting position)的区别特征进行了语法化处理(故'être assis'和's'asseoir'即是两种不同的述谓表达式);而且,由于两种语言在时态范畴上存在差异,我们面对 *s'assit*、*s'est assis*(*e*)和 *s'asseyait* 时,也许就会踌躇不决,拿不准哪个才是法语标准的文学表述。可是,我们又如何翻译'the cat'这一表达式呢? 我们是在知道所指称的动物是雄性的情况下,还是在忽略或不关心它的性别的情况下,把'the cat'译成'le chat'的吗? 或者说,我们是在知道'the cat'是雌性的情况下把它翻译成'la chatte'的吗?(我们的假设是,英语句子中的'the cat'指称家猫物种(felis domestica)的一个成员:当然,还有其他一些可能的解释。)事实上,法语会采用'chatte'来指称一只雌性猫,表示阴性,而在相同情况下,英语不一定会使用'tabby cat'(大花猫)之类的短语,也就是说,'cat'和'chat'在指谓上非对等。这是一个相对微不足道的例子,倒也是一个典型例子。在英语和法语中,大体上对等的词语在指谓上存在如此差异的情形十分常见。'the mat'的翻译更有趣。它指的是一张门垫('paillasson'),或一张床边垫('descente de lit'),还是一张小毯('tapis')? 更不用说还有其他各种可能的解释。英语有'mat''rug''carpet'等一系列词位,法语也有'tapis''paillasson''carpette'等一系列词位。但是,法语中没有一个语词和英语的任何语词在指谓上相同。每组词位以不同方式对家具世界的某个部分进行切分或范畴化。法语和英语两个范畴化系统是不可通约的。当然,不可据此认为,在实践中,我们不能尽如人意地把'mat'这样的语词翻译成法语。因为,我们翻译时所做的,正是尽最大可能,依据语境来确定，被指称对象在相似度不一或经常不一致的区别特征系统中是如何被范畴化的。语境信息对相关问题具有这样或那样的决定作用，在缺乏语境信息的情形下，我们不得不在可选项当中做出选择。这一点通常倒不怎么重要。

人们很容易意识到从一种语言翻译成另一种语言的困难所在，但也很容易低估或完全忽略引起困难的事实背后的理论意蕴。如上一章所述，一个词位的指谓受限于该词位与同一种语言其他词位之间的涵义关系（参见 7.6）。'mat'（门垫）的指谓受限于它与'rug'（小毯子）和'carpet'（地毯）涵义上的对比关系，法语的'paillasson'（门垫）的指谓受限于它与'tapis'和其他词位涵义上的对比关系。我们不能因为'mat'可译成'tapis'和'paillasson'两个非同义的法词语位，就据此认为，它有两种意义；也不能因为'tapis'可译成'rug''carpet'和'mat'三个非同义的英词语位，就据此认为，它有三种意义。语词的意义（包括涵义和指谓）内在于其所属的语言之中。具体而言，就不同语言的词汇而言，每种语言都有它自己的语义结构，和每种语言都有它自己的语法和音系结构是一样的。

8.2 索绪尔的二元特征

后续几个小节将回到结构主义对词汇的认识这一议题。索绪尔的四对区别特征在结构主义的发展历程中一直颇为重要。此时正好介绍一下这些区别特征。

第一对区别特征是语言（langue）*和言语（parole）*。对此，不必赘述，因为学界已经从语言行为（言语）与语言系统（语言）这个角度做出了本质上相同的区分。这一对概念是某一特定语言社区语言行为的底层逻辑（参见 1.6）。索绪尔的语言*和言语*两个术语目前尚没有普遍认同的对等说法，故我们继续使用语言系统*和语言行为*这对术语。索绪尔的语言系统学说在某些方面尚不明晰；他有意为之的区分到底有何本质，在这一点上一直争议颇大。① 他重视语言系统的超个体特性和社会特性（这些术语应归功于涂尔干（Durkheim）），但他也坚持认为，语言系统具有某种心理效度，存储于语言社区每个成员的大脑之中。此处，我们不必深入细微之处。假设有一个潜在的相对统一的语言系统，那么语言学家就会针对其抽象化和理想化程度争执不下；其中的许多人会否认，他们假设的语言系统本身内化在他们所描述语言的母语使用者的大脑之中。不过，当今的多数语言学家的确在语言行为和其底层的单位（关系）系统之间做了某种区分。

　　索绪尔的第二对区别特征是实体（substance）*与形式（form）*。鉴于语言学领域广泛使用的'形式'还有其他涵义（参见 1.5），本节讨论将采用结构*这一术语取而代之。索绪尔的实体概念近似于亚里士多德和经院哲学的质料（matter）概念。（在起源于亚里士多德的哲学传统中，'实体'一词有着完全不同的涵义；当下，索绪尔式的实体涵义在语言学领域已经确立。）按照现代科学和日常口语的用法，'matter'指谓具有时空延展性的事物。我们在解释索绪尔的'实体'概念时，必须从该术语更具体的隐含义中抽象出一些道理。援引一个传统的例子：一位雕刻家在一块大理石上雕像，就目前的目的而言，我们可以认为，那块大理石没有什么形状，内部也是一体的，而雕刻家却通过雕刻赋予了它一个明确且独特的形状，从而创造出一尊雕像，譬如说，阿波罗（Apolo）或珀伽索斯（Pegasus）。被看作'实体'的大理石，是潜在的许多东西，但实际上它什么都不是；对整体无差别的基质（substratum）施以某一结构，而不是另一结构，它就变成一物，而不是另一物。

---

① 科赛留（Coseriu, 1952）区分了系统和规范。与此同时，叶姆斯列夫（Hjelmslev, 1953）对索绪尔语言系统观的社会心理学意蕴进行了抽象。乔姆斯基（Chomsky, 1965）的'语言能力'和'语言运用'之分，在某些方面可与索绪尔的语言和言语之分相提并论（参见 1.6）。

索绪尔认为，语言也是同理。不过，语言是对声音和思想两种实体施以结构的产物。词形式的音系组合是一个音位复合体。如前所述，每个音位的本质和存在都衍生于语言系统对语音连续体（即实体）施加的结构。词位的意义衍生于施加给原本混沌、青涩的思想连续体的结构。

在索绪尔结构主义中，实体和结构的区别至关重要。然而，并非所有的结构主义者都像索绪尔一样对意义的实体有所构想。许多学者描述语言意义的视角，是现实或外部世界的范畴化，而不是给某一概念实体施加的结构。结构主义要么与现象主义关联，要么与唯心主义关联，要么事实上和两者明确不相关。[①] 对于意义基质的这些不同解释，我们不再深究。此处也许只会指出的一点是，语义学上的实体和结构之分，和音系学上的区分相比，其效度备受争议。

索绪尔的第三对区别特征与语言系统各单位之间的关系相关。这些关系分为两种：聚合（paradigmatic）* 关系和组合（syntagmatic）* 关系。一个单位建立的组合关系即是该单位与同一层级*其他单位相组合（在组合体（syntagm）* 或构式中）而建立的一种关系。例如，在'the old man'（那个老人）这一表达式中，词位'old'与定冠词'the'和名词'man'即是组合关系；又如，字母 i 在 pit 这一书面词形式中，与 p 和 t 也是组合关系。组合关系虽然可以说是在语言行为中实现的，但也不过是语言系统的一部分，注意到这一点颇为重要。作为一个语法上正确的短语（或作为表达式'the old man'的一种形式），the old man 可出现在英语话语之中。其前提是，成分词位的词类具有在内在语言系统中确定的组合可能性。the

---

① 斯庞-汉森（Spang-Hanssen, 1954）从结构主义角度出发对早期的各种不同意义理论进行了有益的总结。我把沃尔夫（Whorf, 1956）视为一位现象主义学者（尽管他的哲学立场也许尚不完全清晰：参见 Black, 1959）；我把卡西雷尔（Cassirer, 1923）视为一位唯心主义学者，而把叶姆斯列夫（Hjelmslev, 1953）视为一位学术态度中立的学者。沙夫（Schaff, 1960, 1964：参见 Olshewsky, 1969：101–111, 736）从唯物主义（更确切地说，是马克思主义）的角度讨论了这个问题。

old man 只是一整组形式当中的一种，还包括 *the young man*、*the tall man*、*the young man* 等等，它们都可描述为具有冠词＋形容词＋名词这一内部结构的名词短语。'the old man'这一表达式是语义上可接受的英语搭配*（相形之下，例如，'the cylindrical cube'（圆柱立方体）则不是），这一点取决于语言系统中成分词位的意义。下文还将进一步论述语法和语义学领域的组合关系。

聚合*关系是指某一给定组合体的某一特定单位与同一组合体内可替换该单位的其他单位之间的关系。例如，在诸如'the old man''the young man''the tall man'之类的表达式中，'old'与'young''tall'等词之间即是聚合关系；同样，在诸如'the old man''the old woman''the old dog'之类的表达式中，'man'与'woman''dog'等词之间也是聚合关系。同理，在 *pit*、*pet* 和 *pat* 这些词形式中，字母 *i*、*e* 和 *a* 均可互相替代。

所有这一切，一旦阐明，便清晰十足。理论上重要的一点是，语言系统的结构在每个层级上都取决于选择和组合这一互补性原则。可出现在同一位置同时具有聚合关系或相互替代性的一组单位，通常有别于可出现在其他位置的一组单位。我们识别单位，依据的是它们出现在某些组合体的潜在可能性；选择此元素，而不选择彼元素，最终产生的组合体就不同。描述一个语言系统，也就是，既明示聚合体的成员资格，又明示在合式组合体内某一集合与另一集合相组合的可能性。从这个角度来看，可以认为，语言在每个分析层次上都有两个维度的结构或两个轴的结构；在这种二维结构中，每个单位在一个或多个点上有其位置。

从一组具有聚合关系的单位中，选择一个单位，而不选择另一个，这一点和第二章（参见 2.3）讨论的信息*（信号信息*或语义信息*）有关。就语义信息而言，选择某个单位，而不选择其他单位（并且，在大多数情况下，根据传信系统的规则，将该单位和其他有意义的单位相组合）的可能性，是在有关传信系统内能够传输不同讯息的一个先决条件。但是，具有聚合关系的单位未必意义不同；选择一个词位，而不选择另一个，也许对传输的讯息不会产生任何影响。既然如此，我们便可认为，可互相替代的词位是完全同义的*。选择一个词位，而不选择另一个，也许会改变话语的社交意义或表情意义，但其描述意义保持不变（如果有描述意义的话）。既然如此，我们便可认为，可互相替代的词位在描述上是同义的*（即它们具有相同的涵义）。具有聚合关系但涵义不同的词位，也许语义上没有什么联系（例如，'the old man'和'the tall man'这样的组合体中的'old'和'tall'），或者，也许以各种不同方式在语义上发生关联。它们也许在涵义上不兼容（incompatible）*（例如，'blue'和'green'）；或者，不仅不兼容，而且是反义的（antonymous）*（例如，在某些组合体中的'old'和'young'，在其他某些组合体中的'old'和'new'）。一个是另一个的下义词（hyponym）*（例如'cat'和'animal'），或者，一个是另一个的上义词（hypernym）*（例如'parent'和'child'）。关于这些和其他一些聚合性的涵义关系，第九章再详细讨论。此处的非正式例证应足以表明，在一门语言的词汇结构中，涵义的聚合关系意味着什么。

还应进一步强调的这一点和词汇结构有关。我们在考察特定语言系统中已经词汇化的意义特征时，通常会看到这样一种情况：对于某一语言系统完全能够表达而且必须通过搭配（采用具有组合功能的修饰手段）来表达的信息，另一种语言会把该信息打包为一个词汇项（使其有聚合性）。例如，土耳其语中没有表示"brother"（哥哥/弟弟）的词位，也没有表示'sister'（姐姐/妹妹）的词位，但有"kardeş"这个词位，既表示'brother'，也表示'sister'。所以，"kardeş"必须与另外一个词位组合，才可区分（在英语中，这种区分通常被词汇化）'brother'和'sister'。从另一方面来看，有些语言又把"哥哥"和"弟弟"这一区分词汇化。众所周知，爱斯基摩人没有表示"雪"的语词，但有许多不同词位指谓不同种类的雪。同样，阿拉伯语中没有表示"骆驼"的词位，但有各种各样的语词可表示不同种类的骆驼。长期以来，对于说不同语言的人他们在心态上的差异，有人做出了相当夸张的推想。他们的推想有时依据的正是诸如此类的词汇结构差异。对于这些推想，或许打一些折扣也不会有错。但是，在使用有关语言的文化里，有些意义特征因为重要才经常被设定，对此，某些特定的语言倾向于词汇化处理，这么做几乎不足为奇。在当前语境下，应强调的是，词汇化具有将信息从组合维度移转到聚合维度的效应。

在目前这一阶段，对于索绪尔的第四对区别特征，无须多说：语言的共时（synchronic）*研究和历时（diachronic）*研究。语言的共时分析，是指对现在或过去某一时间的特定语言的调查。语言的历时分析，可以认为，是针对给定的两个时间点之间特定语言变化状况的一种研究。如果严格采用历时和共时这一对区别特征，我们就会认为，一种语言（例如英语）存在了数个世纪（例如从莎士比亚时代到今天）这样的认识是荒谬的。就生活在不同时期的人而言，他们的语言行为背后是不同的语言系统；每一个系统均可独立于另一个系统共时性地进行研究；历时语言学研究早期的一个系统如何转变为后来的一个系统。如后文所述，语言变化（language-change）只是语言变异（language-variation）的一个相面；语言变异有地理维度和社会维度，还有时间维度（参见 14.5）。我们谈及某一语言共同体（language-community）存在于某一时间点和某一特定地点时，不是从字面意义上使用'时间点'（point in time）这个术语。认为语言一夜之间变化，甚至逐年变化，是荒谬的（除了获得少量表示新发明或新引进的物体和制度的词位）。共时语言系统是语言学家的一种理论构念。其基本前提是，就前理论上被认定为说相同语言的人而言，或多或少故意也罢，某种程度上任意也罢，都不可高估他们语言行为的差异特征。如果有人非要追问，我们就必须得承认，每一个体的语言行为背后都有一个稍微不同的语言系统（一种不同的个人语型（idiolect）*），其语言系统也会因时而变。我们通常认为，同一时间所说的同一语言的两种方言之间存在差异；我们总会认为，同一语言或方言的两种不同历时状态之间存在差异。也许，前一种差异比后一种差异更为显著。语言变体的共时维度和历时维度之分，显然只能用于时间界限相对十分明晰的时段。语言学和其他学科一样，通常采用模型和隐喻整理或描述数据，但我们必须小心谨慎，以免被这些模型和隐喻引入歧途。尤其重要是，我们不应认为，针对某一语言的连续同步状态，我们间隔的时间越短，也就会越忠实地描述赫拉克利特式（Heraclitean）流变一般的语言变化。

然而，在一定范围内，语言的历时维度和共时维度之分，不仅正当合理，而且在方法论上也不可或缺。曾几何时，语法学家和词典编纂者再三再四地提取了时间跨度较大的文本，把它们当成同一语言的样本。不尊重语义学上的历时和共时之分（连同在讨论语言问题时对描述性观点和规定性观点不加区分这一点），正是也许可称作词源谬误（etymological fallacy）*这类问题的一种具体表现：通常认为，语词的意义可通过考察其起源来确定。从共时角度来看，一个词位的词源原则上无关紧要。例如，'curious'（好奇的）这一语词可追溯到拉丁语的'curiosus'，意为"仔细的"或"一丝不苟的"（在早期英语中也有这样的意思），但不能据此认为，在当代标准英语中，这一词源义是该词位真实或正确的意义，而非"好奇的"。另外，正统主义学者可能会反对当今说英语的许多人使用'disinterested'（不偏不倚的）一词来表示"漠不关心的"（而不是"公平中立的"）。语言学家即便从非专业身份来看，也完全可能和他们一样对这种用法表示反感。但是，如果这个意义是他所描述的语言共同体使用的某个语词的意义，那么这也正是他必须在语言系统模型中给该语词指定的意义。

除非偶尔为之，严格来说，本书不会涉及历时（或历史（historical）*）语义学。但是，我们下一章会看到，语言的历时维度，还有语言变异的其他维度（社会、地理和个人）在文体上（stylistic）*都相当重要；而且，就此而言，由于社交意义和表情意义（如果不是描述意义）与文体*联系紧密，因此共时语义学不可能与语言的历时变异无涉。但是，我们讨论到这个问题时，颇为重要的是，不可将语言变化历史事实的共时关联性研究和不同语言系统的历时比较研究混为一谈（参见14.5）。

8.3 相对主义和功能主义

上一节简要讨论了索绪尔的四对区别特征。过去50年，不少学派的语言学家都采纳了这些概念，而且以各种不同方式予以发展和完善。对于形形色色的共识和分歧，我们不必深入讨论。但是，还应引入另外一个观念。这个观念虽然在索绪尔的著作中未必可见，但和后索绪尔结构主义欧洲的至少两个主要学派相关，即布拉格学派和哥本哈根学派。其核心思想是：就所有语言而言，其语词的音位和意义可分析为更小的成分（component）*（或区别特征（distinctive feature）*）。虽然成分（即音位和词义）复合体及其聚合和组合关系是特定语言独有的，但语音和意义的终极成分具有语言中立性。根据这一观点，语音实体也罢，意义实体也罢，都不是语言可以完全任意设定区别特征的一个无差别连续体。一般认为，在每一种情形下，我们拥有的是一个潜在区别特征集合或者每种语言付诸现实的一个子集。

这一命题，正如上文呈现的一样，从经验上看，无法和索绪尔的'实体连续性'命题相区分。假如有一个语音和意义潜在特征通用库，那么每种语言或许都可从中做出自己独特的选择，这样一来，任何单一区别特征都不会在所有语言中得到实现。然而，此命题作为索绪尔实体观的可替代命题，与语音和意义的某些特征比另一些特征更易于实现这一延伸性命题相结合，就会愈加有趣，因为此命题无疑与历史上结构主义语言学最具典型性和挑战性的一个执念相冲突：在不同语言系统中，特定音系、语法和语义特征的实现，完全是任意的。这一观念可称作语言相对论（linguistic relativism）*学说。新近，最有名的倡导者当属沃尔夫（Whorf, 1956）。鉴于此，该学说通常以沃尔夫主义（Whorfianism）或者沃尔夫假说（the Whorfian hypothesis）著称（参见 Gipper, 1972）。

在最近 15 年到 20 年里，语言相对论这一学说一直是颇具争议的论题。最近伯林和凯（Berlin & Kay, 1969）从颜色词汇的使用上对此提出了特别有趣的挑战。自此以降，他们的假设被其他学者扩展到词汇的其他方面。① 颜色词项的跨语言逐词翻译通常是不可能的，这是当下公认的一个事实。有些语言只有两个基本颜色词项，有些语言只有三四个，而包括英语在内的一些语言的基本颜色词项多达 11 个。而且，在不同语言中，大致对等的颜色词项的指谓边界通常是不一致的。因此，颜色词汇的这种情况是本节前面所说的整个词汇的典型情况。颜色词汇经常被语义学家用来论证词汇结构这一概念。

伯林和凯坚持认为，在颜色连续体中，有 11 个可从心理上辨别的核心点或核心区，其中至少 6 个核心区各有其自然层级结构，决定着它们在任何语言中的词汇化状态：凡是只有两种基本颜色词项的语言，相应词语的核心点都在黑色和白色（而不是其他颜色，譬如说黄色和紫色）区域；凡是只有三种基本颜色词项的语言都有表示黑色、白色和红色的语词；凡是只有四种基本颜色词项的语言都有表示黑色、白色、红色以及绿色或黄色的语词；凡是只有五种基本颜色词项的语言都有表示黑色、白色、红色、绿色和黄色的语词；所有只有六个基本颜色词项的语言都有表示黑色、白色、红色、绿色、黄色和蓝色的语词。还可假设（虽然多少有点是尝试性的）认为，儿童是按照和自然层级结构相同的顺序学会颜色词项的指谓义的，首先掌握黑色和白色的区别，然后学会红色，接着学会绿色或黄色，依此类推。

---

① 著名学者有海德（E. R. Heider，即 E. H. Rosch）：参见 Rosch (1973a, b)。

这一假设的具体内容有待商榷。① 但是，为了方便论证起见，姑且认为，上述假设基本上是正确的。据此又会得出什么结论呢？

首先一点，也是最重要的一点是，我们也许可将一个词位的中心或焦点指谓和它的总体指谓相区分。两种语言，从各自在指谓连续体中划定的边界来看，可能完全不同，但从基本对等词的指谓中心或焦点来看，它们可能又是一致的。不可否认，对于确定语词指谓边界的重要性，过去的结构主义者一直强调得太多。进一步说，不应忘记，现象界的绝大部分，正如我们感知的一样，不是一个无差别连续体。采用何种方式从概念和语言上对其进行范畴化处理，很可能取决于我们能否识别某些核心类型的颜色、形状、纹理、生物功能、社会功能，等等。毫无疑问，颜色词汇经常被结构主义者用于阐明意义实体结之以构的内涵，因为先验无差别连续体的概念在这一领域的词汇（不同于其他许多词汇）中易于解释。但是，颜色连续性仍然是一个非常复杂的概念。现代技术创造的世界，充满着五颜六色的服装、家具、绘画、汽车、书套和其他人工制品，相对于人类在历史上大部分时间生活的世界，是非常不典型的。自然环境留下许多有待填充的色彩空间。如果的确存在数量有限但具有普遍性的心理物理核心颜色区域，那么这些区域与人类物理和文化栖息地那些显著（salient）* 物体的典型颜色相关，似乎是合乎情理的。

我们可采用上文刚提到的"显著性"（salience）* 这一概念来改进本节前面详述的结构主义索绪尔版本，重点改进与意义实体有关的学说。也许可假定的是，任何人无论出生于何地，在何种文化中成长，与生俱来都有某些相同的感知和概念天性，最终至少在一定程度上，对习得语言相关的语音和意义特征有着决定性作用。目前可获取的证据表明，任何儿童无

---

① 麦克尼尔的著作（McNeill, 1972）具有批判性；康克林的研究（Conklin, 1973）具有批判性和建设性，将伯林（Berlin）和凯（Kay）的研究纳入一般框架来考察；凯（Kay, 1975）更新并修正了该假设；哈里森（Harrison, 1973）就颜色词汇的习得问题提出了一些有趣的哲学观点。

论家世如何，只要在日常生活各种活动都使用某一语言的环境里成长，就能习得这门语言。儿童借助感知和概念天性，便会注意到自身环境的某些特征，而非别的特征。这些天性可描述为生物学上的显著性*；确定其如何显著、为何显著，则是神经生理学和认知心理学的分内之事。正如前面假设的一样，在习得某些感知和概念特征过程中，很可能存在一个生物学上固定的成熟序列。如果情况属实，这可能至少是语音和意义特征自然层级结构之所以产生的一个因素，据说在世界各种语言中都可找到这样的结构。例如，光度变化具有相对显著性（另外，昼夜交替在人类生活中具有生物学重要性），可能是黑白这一区别特征普遍词汇化的原因所在。微红和微绿这一区别特征的神经生理学基础（即视网膜中有对它们做出反应的特定细胞），也许是颜色词汇的这些核心区域近乎普遍词汇化的原因。诸如此类，不一而足。当然，生物学上决定的感知和概念框架是否成熟，取决于特定环境里是否存在具有适当属性的物体；而且，如前所述，儿童能否将一个词位与其所指对象（一般地说，与该词位适用的物体和情景）关联，或许也取决于能否从行为上强化儿童对具有显著性的环境刺激做出反应（参见 5.4）。

叠加在生物学决定的感知和概念特征层级结构之上的，似乎还有一种显著性，即文化显著性*。文化显著性有赖于层级结构，同时也拓展层级结构。每种语言都与其所在的文化融为一体。语言的词汇结构（和至少部分语法结构）反映当下（或一直）在文化中颇为重要的概念特征。（上句括号提示的"一直"这一修饰成分，旨在涵盖这样一种可能性：语言当下也许还保留，或者说，在相当长一段时间保留了，不再和文化特征相关的词汇和语法特征，尽管它们之间曾经一度彼此关联。亲缘关系词汇当中有许多这样的例子。）儿童在某种文化里成长，是文化适应过程的一部分，渐渐地会对自身环境的文化显著特征产生认识。还有，他也非常可能按照层级结构决定的方式认识这些特征。许多人类学家一直认为，正如生物学上决定的认知普遍性一样，文化也有普遍性。事实上，在许多情形下，区分生物普遍性和文化普遍性,也许是不可能的。

虽然已经适当考虑到生物和文化普遍性在决定语言结构方面的影响,但特定语言仍然有相当一部分的结构,根据目前的证据,似乎不是如此决定的。每个语言系统都是独一无二的,这一结构主义命题不会因为每个语言系统都可能有一个通用基础架构(universal infrastructure)*而丧失其效度。该命题也不会受另一种可能性影响:语言结构的普遍特征,不是由上述的生物和文化普遍因素决定的,而是由人类这一物种特有的语言习得能力本身决定的。这么说来,结构主义和各种各样的普遍主义*是兼容的,但这未必隐含着对语言相对论的一种接受。

在20世纪的语言学领域,结构主义一直与功能主义*相关联,在布拉格学派的著作中尤为显著。所谓'功能主义',指的是(在目前语境下,甚至在全书中,都是如此)这样一个观点:每个语言系统的结构都是由该结构必须执行的特定功能决定的。由于人类和社会的某些需求具有普遍性,因此所有语言都需要实现某些功能,而这些功能往往体现在语言的语法结构和词汇结构层面。例如,在所有社会里,可以假定,有的时候都有必要做出描述性陈述、提出问题以及发布命令,因此,多数语言(如果不是全部)都会在语法上区分陈述句、疑问句和祈使句,就不足为奇了。所有语言都必然会提供在话语情景下可指称人和物的方式,也因此都有一组语法化和词汇化的直指(deictic)*特征,将语句和话语情景关联起来(参见14.1)。这些仅仅是对功能决定结构这一观点的两个解释。不同语言系统结构(以及它们更具一般性的设计特征:参见3.4)的许多共性可依据如是一般条件做出解释:它们既支配语言行为,也支配语言作为符号指示系统应惯常之需而执行的功能。

一个社会具体的符号需求有别于另一社会。就此而言,不同语言的语法结构和词汇结构往往各不相同。从最细微之处来看(回到前面提到的观点),其未言之意是,如果使用某一语言的某个社会从未有机会指称某一对象或某一类对象,该语言相应则不会有可用来指谓的词位。从一般意义上说，其隐含之意是（前面也提到），不同语言的语法结构和词汇结构往往反映其所在的文化特有的趣味和态度。然而，这倒不是说，每个语法和词汇特征都必须和使用该语言的社会在思维模式上的某种重要差异有相关性。仅凭语言结构的差异，谁也不能对世界观差异做出合情合理的推论：必须首先能够独立识别文化和语言差异，然后才能和世界观差异相关联。

8.4 语义场

当下为人所知的语义场理论（theory of semantic field）*或者场理论（field theory）*是德国和瑞士的一批学者在 20 世纪二三十年代最早提出的，著名学者有：伊普森（Ipsen, 1924）、若勒（Jolles, 1934）、波尔齐希（Porzig, 1934）和特里尔（Trier, 1934）。然而，其起源至少可追溯到 19 世纪中叶（参见 Geckeler, 1971 : 86ff），一般可回溯到洪堡（Humboldt, 1836）和赫尔德（Herder, 1772）的思想。此处尝试对场理论全面论述不会有任何问题，评述过去 40 年基于该理论而产出的大量描述性成果更不会有任何问题。实际上，其他学者业已圆满完成了这项任务（参见 Öhman, 1951；Ullmann, 1957；Oksaar, 1958；Kühlwein, 1967；Seiffert, 1968；Geckeler, 1971）。本节将着重于特里尔的场理论。他的理论尽管可能遭到了有针对性的批评，但也有一种广泛且合理的评判认为，它"开启了语义学历史的一个新阶段"（Ullmann, 1962 : 7）。然而，此处应指出的是，特里尔 1938 年之后没有再发表过任何和场理论有关的论著（参见 Malkiel, 1974）。他的学生，还有魏斯格贝尔，进一步发展了他的思想。魏斯格贝尔在 20 世纪 30 年代和特里尔有过交集。第二次世界大战之后，他相继阐述和完善了他自己的语义场理论。在纪念特里尔研究工作的一本论文集中，魏斯格贝尔（Weisgerber, 1954）明确将他的观点和特里尔的观点联系在一起。后来，他成为语言和社会（Sprache und Gemeinschaft）运动的公认领军人物。该运动催生了一批现在也许可称作特里尔-魏斯格贝尔理论的主要成果（参见 Coseriu & Geckeler, 1974：118ff）。

不过，首先提醒注意相关术语问题。特里尔本人在不同著作中甚至在同一著作的不同部分，采用了各种各样的术语，但他一直使用的这些术语是什么涵义，目前不总是十分清晰。格克勒在其对这个问题既有批判性又有共情心的论述中有理有据地写道："特里尔根本不擅长给自己的术语下定义"（Geckeler, 1971：107）。特别不确定的是，'域'（area，德语'Bezirk'）是否和'场'（field，德语'Feld'）同义，如何区分'词汇场'（lexical field，德语'Wortfeld'）和'概念场'（conceptual field，德语'Sinnfeld'）。对于伊普森、若勒和波尔齐希的'语义场'（semantic field，德语'Bedeutungsfeld'）这一术语，特里尔本人经常避而不用。我们在下文阐述场理论时，会针对这些术语提出我们自己的区分。应注意的是，下文的这种区分和魏斯格贝尔完全不同。就目前而言，同特里尔和多数结构语义学家的做法一样，我们也仅仅涉及词汇结构。不过，如下文所述，词汇结构只是语义结构的一部分。

还有一个难点是，特里尔没有解释他所说的'sense'（'Sinn'）和'meaning'（'Bedeutung'）是什么意思，也没有解释应如何把它们和明显是索绪尔式的'value'（'Geltung'）相区别。因此，类似下面这样的重点段落，解释起来就非常困难（Trier, 1934：6）："一个语词的价值（Geltung），唯有根据其相邻或相对语词的价值才能确定。它只有作为整体的一部分才有'涵义'（Sinn），因为只有在场中才有意义（Bedeutung）"。很明显，此处对'Sinn'和'Bedeutung'两个德语术语（在源于特里尔的任何著作中），都不应按照弗雷格给定的专门涵义（"涵义"和"指称"：参见 7.1）来解释。特里尔的'涵义'和'意义'之分，如果言下实际上有此区分的话，似乎也和德语语义学论著中常见的'指符'（'Bezeichnung'）和'意义'（'Bedeutung'）之分没有相关性（参见 7.2）。对于后一种区分，当下有各种各样的解释（参见 Kronasser, 1952：

60ff；Ullmann, 1957：160ff；Geckeler, 1971：78ff, 189ff；Brekle, 1972：54ff）。不过，通常认为，这取决于说话人是把某一特定语言的词位当作起点，还是把语言之外的物体、属性和关系当作起点：前一种情形涉及意义（某某词位相对于同一系统的其他词位有何意义）；后一种情形关涉指符（某某实体或一类实体在某一给定语言中采用什么词位指示）。意义和指符这种区分在魏斯格伯尔的场理论阐述中具有重要作用。同特里尔本人曾经的做法相比，魏斯格伯尔的场理论和洪堡式的如是观点联系更加紧密：语言决定使用该语言的社会的思维模式或世界观（参见Weisgerber, 1939, 1950）。我们讨论场理论时，不会再进一步考察指符这个概念。目前尚不清楚，指符和我们所定义的指谓与指标（参见第七章）之间有何关系。对于我们已建立的术语不能有效指称的一切东西（例如在讨论翻译问题时），指符是否可以涵盖，当下还不能确定。我们将尽最大可能把我们对场理论的全部阐述和批评纳入本书前几部分建构的术语框架。特别重要的是，我们假定，场理论关乎涵义分析。

特里尔把一门语言的词汇视为由涵义上相互关联的词位构成的一个不断流变的集成系统。纵观一门语言的发展历史，我们不仅发现曾经存在的词位会消失，新的词位又会出现，而且发现系统的某一特定词位与相邻词位的涵义关系会因时不断变化。某一词位的涵义，不管怎样扩展，临近的一个或多个词位的涵义相应都会窄化。特里尔认为，传统历时语义学的一个主要缺陷是，它最初按照原子化方式逐一梳理每个词位的意义变迁史，而不是考察词汇整体结构的历时发展与变化。历时语言学和共时语言学都必须关涉由相互关联成分构成的系统，历时语言学预设共时语言学，同时又依赖于共时语言学。因为，描述一种语言的历史发展状态，就有必要比较一系列具有连续性的共时语言系统。及至当下，关于历时语言学的方法论，特里尔必须要说的，也正是任何一位后索绪尔结构主义者（也许未必是索绪尔本人）都可能会说的。在不违反前文所表述的保留意见的前提下（参见8.2），针对时间跨度极小的若干连续阶段，应用共时-历时区别特征,在方法论上是可接受的。

特里尔在历时语义学研究中采取的步骤,不是比较全部词汇的连续状态(即使理论上可行,但实践上几乎行不通),而是比较时间 t_1 的词汇场*结构和时间 t_2 的词汇场结构。两个时间的词汇场之所以有可比性,是因为它们涵盖相同的概念场*,虽然分属不同的词汇场(它们属于不同的共时语言系统,各自的词汇场必然不同)。(此时,我们采用'词汇场'和'概念场'这一区分,这可能不是特里尔的那种区分。不过,这样区分十分方便,而且似乎也符合他对这两个术语的用法。)单个词位和解释它们的词汇场之间的部分-整体关系,词汇场与词汇整体之间的部分-整体关系,二者是相同的或至少是相似的。正如特里尔在经常被引用的一段话中所言(参见 Ullmann, 1957:157; Oksaar, 1958:13-14; Geckeler, 1972:105):"词汇场是介于单个语词和词汇整体之间活生生的现实状态;它们作为整体的不同部分,和语词一样,具有被集成到较大结构(sich ergliedern)的共同属性;它们和词汇一样,具有按照较小单位(sich ausgliedern)的样式结之以构的共同属性。"正如乌尔曼指出(Ullmann, 1957:157),'ergliedern'和'ausgliedern'两个德语术语很难令人满意地翻译成英语。英语几乎无法呈现"清晰表达既有机一体又相互依存"这一要求的两个相关特征。清晰表达(articulateness)或结构整合(structural integration,德语 Gliederung),在洪堡和索绪尔眼里是一个核心概念,在特里尔眼里也是一个核心概念。

至于概念场,我们可再次以颜色连续体为首选例证,阐释特定语言最初确定概念场的机制。前文(8.1)已经指出,颜色术语可有效佐证不同语言系统在词汇结构上的差异。识别颜色场实际上也存在一些问题。颜色场是概念性的,在此也是心理物理上可定义的,同时在不同范畴化系统中还是中立的。不过,眼下姑且相信,以这种方式看待颜色连续体或实体*是合乎情理的。如前文所述,比较不同语言和同一种语言历时性产生的不同共时状态,可采用的方法是,对某些概念(或心理物理)特征进行词汇化处理，赋予连续体内部或大或小的域以词汇上的承认，赋予连续体以特定结构或清晰表达（gliedern）。颜色实体（此处有'域'和'场'之分）被视为一个连续体，首先是一个概念域（Sinnbezirk），然后通过特定语言系统的结构组织或清晰表达成为一个概念场。在任何语言系统中，包含概念域并依据词位间的涵义关系赋予概念域以结构的词位集合，即是词汇场。每个词位包含一个特定概念域，概念域接着又被另一词位集合结构化为词汇场（例如，英语中的'red'包含的域，被'scarlet'（猩红）、'crimson'（深红）和'vermillion'（朱红）等词位结构化为一个场）。因此，一个词位的涵义即是一个概念场的一个概念域；和某一词位相关的任何概念域即是该词位的涵义，是为一个概念。

现在不妨考察此模型在历时语义学中的应用问题。显然，相对于现代德语而言，18世纪德语中的'braun'（棕紫色）这一词位包含的颜色概念场相对宽泛一些，但如今和'violett'（紫色）这一词位形成一种对比关系（参见 Öhman, 1953：133）。传统词典编纂者或语义学家可能倾向于说，'braun'这一词位在早期有两种不同涵义，即'brown'（棕色）和'violet'（紫色），直到德语引进了法语的'violett'一词，才丧失了'紫色'这个涵义；而语义场理论家不会这么说，他们会坚持认为，（两个不同词汇场所表达的）概念场的内部结构在两个时期之间发生了变化。'braun'在两个不同的语言系统中只有一种涵义，但又是不同的涵义。

可是，有人也可能会问，如果时间 t_1 和时间 t_2 的'braun'属于不同语言系统，为何又说它们是同一词位呢？这一问题不仅在语言系统历时比较中出现，而且也在方言共时比较中出现，答案最终取决于考虑的因素是否相同。大家一般所认为的同一语言的不同方言，从音系学和语法上来看，可能会有所不同，经常差异颇大。在这一方面，它们则是不同的语言系统。不过，一种方言的形式与另一种方言的形式之间或多或少存在一种有规律的对应关系。说不同方言的人正是因为能识别这种对应关系，所以才会（尽最大可能）彼此理解，而且会认为，他们的许多语词都一样，只是发音不同而已。

例如,有个会说苏格兰英语各种方言的人所发的、习惯上书写为 hoose 的这一语音形式,照样很容易被说其他英语方言的人识别为'house'这一词位的一种形式。苏格兰英语的元音系统和所谓的标准英语的元音系统的标准发音(Received Pronunciation)大相径庭(同样,也有别于其他方言和口音背后的元音系统)。而且,通过元音的一对一语音转换,不可能把一种元音的形式映射到另一种元音的形式。但是,倒也有某些规律性的语音对应关系。我们正是借助这些对应关系识别各种方言的形式,由此识别它们的词位。也正是借助同样的规律性对应关系(传统上根据语音规则解释的),我们才可以说:从历时角度来看,不同语言系统的两个形式可识别为同一词位的对应形式。因此,从历时上来看,现代德语中注音形式为 braun 的词位,可以说,不仅等同于18世纪德语中注音形式也为 braun 的词位,而且等同于七八个世纪之前或更早时期中古高地德语中注音形式为 brūn 的词位。在特定情况下,当涉及证明词汇的历时同一性时,就会有相当多的细节问题,因为除了考虑音系系统的变化之外,还必须考虑到语法系统(尤其是形态学方面)的变化。但是,原则上还是能够确立不同语言系统词位的历时同一性(这也是被称作词源学*的语言学分支的前提)。这样一来,我们姑且承认,即使词位融入的语言系统不断变化,某一词位的形式及其意义也可能随之变化,但词位照样能够经久不息地存在下去。

假如比较两个包含同一概念域、历时上截然不同的词汇场,就可能发现:(i)属于两个词汇场的词位集合也罢,其涵义关系也罢,都没有任何变化;(ii)集合中一个词位被某一新词位所替代(或子集的每个词位被替代),但概念场的内部结构不发生任何改变;(iii)词位的集合没有发生任何改变,但概念场的内部结构发生了某种变化;(iv)词位集合的一个(或多个)词位被替代,概念场的内部结构也随之发生变化;(v)词位集合的一个(或多个)词位要么增添概念场内部结构的相应变化,要么伴随概念场内部结构的相应变化不复存在（如果有必要暂时不考虑之前或之后系统中的同义可能性）。上述五种不同可能性如图6所示。第一种情况平淡无奇：两个历时上不同的系统是同构的，词汇上也相同。结构语义学家对第二种也没有多大兴趣：两个系统虽然词汇上有所不同，但仍然是同构的。场理论适于处理其余三种情况，对此，传统的语义变化原子主义理论很可能给出错误的解释。德语词汇中增加了'violett'一词，概念场的结构随之发生改变，我们把这种变化假定为（v）的一个实例。现在简要看一看特里尔用于佐证（iv）人尽皆知的实例。

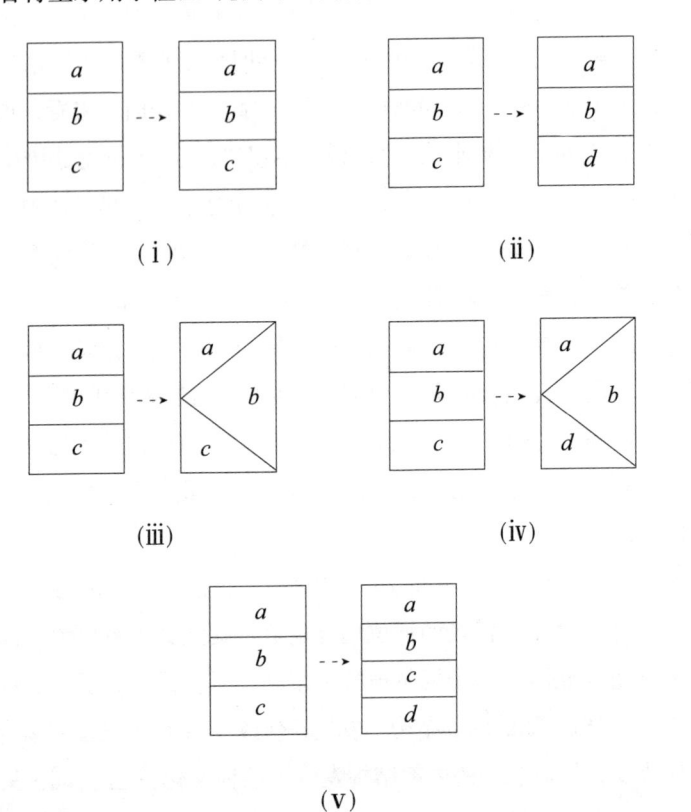

图6 各种历时变化

第八章 结构语义学（一）：语义场

据特里尔论述，13世纪始末其间，以中古高地德语词汇结之以构的知识与理解（der Sinnbezirk des Verstandes）这一概念场发生了变化。大约在公元1200年，它被包含'wîsheit''kunst'和'list'三个名词的词汇场所覆盖。一百年后，它被包含'wîsheit''kunst'和'wizzen'三个名词的词汇场所覆盖。（从历时上看，'Weisheit'（"智慧"）、'Kunst'（"艺术"）、'List'（"灵巧"）和'Wissen'（"知识"）四个词位在现代德语中均没有发生变化。但是，其中任意两个词位的涵义关系，要么和公元1200年不同，要么和公元1300年不同。）及至公元1300年，'List'进入包含另一概念域的词汇场，'wizzen'进入'wîsheit'和'kunst'共享的词汇场。但这不只是'wizzen'取代'list'先前位置和包含同一概念域的问题。在较早时期，'kunst'涵盖"大体上说，包括社会行为在内的一系列较高层次的或高雅的知识"，'list'涵盖"一系列较低层次的或靠近技术层面的知识和技能，但没有了高雅的特征"。相形之下，'wîsheit'"不仅在多数应用情况下可替代前面两个语词，而且是两个语词的综合，把人视为一个整体，将才智、道德、高雅、审美、宗教等元素融入一个不可分割的统一体"（Ullmann, 1957:166）。在较晚时期，'wîsheit'则不能用来替代'kunst'和'wizzen'（也就是说，二者之间没有了上下义关系：参见9.4）。这样一来，三个词位每个都涵盖知识和理解这一词汇场的某一不同概念域。三个概念域大致上可这样描述：它们之所以有差异，是因为它们赖以存在的洞见和学识深浅不一。'wîsheit'涵盖最有深度的一种知识（通常用来表示宗教和神秘意义上的觉悟），'wizzen'是最浅显或最普通的一种知识。相形之下，'kunst'涵盖介于二者之间的概念域。就知识和理解这一词汇场在早晚期之间所发生的变化而言，特里尔不仅把它与当时的社会变革相联系，而且把它与中世纪三学合一状态（也就是我们当今所区分的科学、哲学和神学）的分崩离析相联系。

如此一来，特里尔关于德语早期词汇的研究，从理论和方法论角度，可批评（而且已经受到批评）的东西倒是不少。他用于内在语言系统分析的文本文体非常有限：它们几乎不能被视为反映整体性的语言的范例。进而言之，它们一般是拉丁文本的译文或评论，从而带来另外两个方法论上的问题。其一，他把德语词位当作翻译对等词，试图反映和拉丁语原文特定词位相关的涵义特征，此举似有盲目照搬之嫌。他选择的德语词位也许就是这样确定的。众所周知，所谓的直译或忠实翻译都是不如人意的翻译。意大利有句名言'Traduttore, traditore'（"译者，叛逆者也"），这句话本身就很难令人满意地翻译成英语。它在不止一个方面和忠实翻译整个问题相关联（参见 Jakobson, 1959）。也许，译者除了不忠实于他试图再现内容和风格的文本，也不忠实于他自己的母语。第二个问题是，研究特里尔所使用的那种中古高地德语文本的语言学家经常必须根据拉丁语附注来解释德语。因此，纯粹从方法论上看，我们应当有理由对特里尔的分析结果提出质疑。已有学者公正地评论道："特里尔的学生按照他的方法开展研究，几乎无一例外地和抽象词汇场有关，一成不变地和某一语言早期阶段的词汇场有关"（Oksaar, 1958：15）。

现在要讨论的另外一点，上述引语中已经提到，关乎诸如知识和理解此类词汇场的"抽象性"问题。不过，首先应看到，已有学者以场理论为视角对现代语言开展了一些研究，相关数据比较丰富，也易于核检。研究结果虽然没有使场理论的所有细节失效，但也的确不易用几点宽泛的概括来总结，在这一点上，基于稀疏的、也许无代表性的早期文本取得的研究结果反倒胜过一筹。

如前文所述，根据特里尔的观点，不同时期不同词汇场结之以构的对象正是同一概念场。但我们又是如何知道的呢？验证在特定情形之下事实是否如此是方法论问题，确定是同一概念场或不是同一概念场，这么说又意味着什么（如果有的话）则是理论问题。前者固然重要，但后者甚至更重要。就此同一性而言，目前尚没有给出任何解释。可是，就历时上不同的词汇场而言，确定其词位涵义的变化情况，同一性是唯一常项。就颜色词项而言，某一特定语言识别的每种颜色都可能和颜色心理物理连续体（所指对象）的某个域相关，域范围可采用中性的元语言予以界定，以接近满足或完全满足相应的目的（适当考虑到核心域和边缘域的差异：参见8.3）。但是，这种做法显然不适用于我们大致可描述为'知识'和'理解'这样的抽象语词（例如，要用一对英词语位）。'知识'和'理解'是否有可识别的指谓对象（参见7.4），尚令人怀疑。如果真有的话，它们的指谓关系要比'红色'或'蓝色'与其指谓对象的关系复杂得多。

某些批评者有时提示说，场理论仅对抽象词语的分析有效。但是，尚没有证据支持这一提示性的观点。目前，只要能区分抽象场和具体场（按照'抽象'和'具体'两个术语当下这种非常不严格的用法），特里尔的模型实际上显然更适于具体场，因为具体场的词位有可识别的指谓对象，抽象场的词位则没有。批评特里尔的学者还恰如其分地指出，分析与"高一级抽象域（如才智、理解、美）的概念（Begriffskomplexe）"相关的词位，进而以此为基础提出一整套理论，在方法论上是有风险的（Quadri, 1952 : 153）。然而，风险并不在于，抽象词位和具体词位相比在涵义上的固有差异更加明显；而是在于，相对'红色'或'桌子'之类的具体词位的意义，在概念论框架下，对'美'或'才智'之类的抽象词位的意义无法验证地予以概括，反倒非常容易（参见4.3）。如果从表面上看这些概括，很有可能给人留下这样一个印象：就一种语言来说，其词汇的抽象部分，比起具体部分，实际上结构更整齐，也更有序。但这肯定是方法论上的模糊不清和主观论共同孕育的一种错觉。事情的真相似乎是，词汇结构的决定性原则同时适用于抽象语词和具体语词。如果在非概念论框架下对场理论进行重构的话，我们反倒会认同格克勒的这一观点："就其应用而言，场理论不必限于词汇的特定部分"（Geckeler, 1971 : 162）。此外，可以认为，我们把词汇结构的决定性原则运用到抽象语词时，我们的直觉理解也是源于先前在处理具体词位（即拥有可观察指谓对象的词位）过程中理解和控制同类原则的经验。

特里尔的概念场和词汇场理论，似乎基于这样一种假设：所有语言的词汇背后都有一个先验的非结构化的意义实体（和其他许多结构语义学家一样，他采用'现实'（reality）这一哲学负载词来表示意义实体）："每一种语言以自己的方式表达现实（gliedert das Sein），以此创建自己特定的现实观（irh besonderes Seinbild），同时建立自己的独特概念"（ihre, dieser einen Sprache eigentümlichen, Inhalte）（Trier, 1934：429）。意义实体（或叶姆斯列夫及其追随者常说的内容实体，参见 Hjelmslev, 1953：29ff；Spang-Hanssen, 1954：129ff；Uldall, 1957：26ff）这一概念有三种不同的批评意见。鉴于上文比较宽泛地阐明了相关观点，此处只需简单重述即可。首先，很难对概念实体这一概念做出清晰的解释。如果实体这一概念仅限于现象世界的指谓连续体（可相对没有争议地用在现象世界），就会留下许多没有实体域可表达的词汇场。其次，认为时光荏苒，天各一方，（意图意义上的）现实永恒依旧，这种看法显然是错误的。如果某一特定社会的自然和文化栖息地没有显现某些草木鸟兽、某些气候条件、某些社会制度或某些人工制品的实例，对于这个社会来说，这些东西根本就不存在。最后，我们必须承认，（意图意义上的）现实自有一种结构，在很大程度上独立于特定语言的词汇结构。外部世界或现实，并非只是一个无差别连续体：一方面，它包含许多物体，可从行为上把它们视为或当作个体；另一方面，它包含许多由个体构成的类，可根据行为和外观（就生物物种而言，则根据杂交和繁殖能力），把它们区分为相同自然种类的成员（使用传统术语）——就生物物种而言，这一点最为显著。当然，这不是在说，词法结构仅仅反映现实结构。我们已经注意到，实际上并非如此（参见 8.3）。此处要说明的仅仅是，外部世界固然存在某些感知连续体，但也存在某些或隐或显的不同物体和物体类。我们不能过度夸大指谓连续体这一概念。

其他许多具体的批评意见是针对特里尔的语义场理论提出的，对此，这里没有必要深究：例如，语义场理论依赖于二维马赛克拼图这样的隐喻或类比；拒绝接受词汇场存在空缺或重叠的可能性；坚持认为整个词汇是一个兼具统一集成性和充分表达性的系统（参见 Geckeler, 1971：115-167）。有人还批评特里尔，说他专注涵义的聚合关系，排斥涵义的组合关系。这一点值得更广泛的讨论。①

8.5　词汇组合关系

前文已提到，在 20 世纪 20 和 30 年代，除了特里尔（和魏斯格贝尔）之外，还有学者提出了其他语义场理论。波尔齐希（Porzig, 1934）和特里尔以及同时代的学者不同，他以组合上相关联的词位对的涵义关系为基础，提出了自己的语义场（Bedeutungsfelder）观。随之而来的是两种理论哪一种更富有成效和启发的热烈争论。毫无疑问，任何一种令人满意的词法结构理论都必须统合特里尔的聚合关系和波尔齐希的组合关系。特里尔和波尔齐希后来渐渐相信，他们原本极度对立的观点是互补的，未必是互相冲突的（参见 Kühlwein, 1967：49）。

波尔齐希的理论是以二元组合体（或搭配*：参见 14.4）的内部关系为基础的，（通常）由一个名词和一个动词或一个名词和一个形容词组成。每一个组合体的两个词位由波尔齐希所称的基本意义关系（wesenhafte Bedeutungsbeziehung）相联结。从他新近的著作中引用一段话，便可阐明这些关系的一般性质："一个人用什么咬东西？当然用牙咬。一个人用什么舔东西？显然是舌头。吠叫的是什么？狗呀。什么东西倒了下来？树呀。什么是金黄色的？人类的头发。此处用几个例子来佐证的东西实在平淡无奇（alltäglich），以至于我们往往会忽视它，甚至

---

① 习惯上，没有人会把沃尔夫和特里尔联系在一起。不过，在我看来，他们的表达方式惊人地相似。实际上，此处针对特里尔词义场理论的一些批评意见，似乎对结构语义学的其他许多理论也是有效的。除了文中提到的文献，这些著者的文献也可能会有帮助：Ader (1964), Baldinger (1970), Elwert (1968), Gipper (1959, 1963), Lehrer (1974), Leisi (1953), Wotkjak (1971)。

低估它的重要性"（Porzig, 1950 : 68）。

实际上，此处将讨论的几个观点产生于诸如'lick'（舔）：'tongue'（舌头）、'blond'（金黄色的）：'hair'（头发）、'dog'（狗）：'bark'（吠叫）等具有组合关系的词位对。第一点，也许是最明显的一点，在组合体内部，不同词位与其他词位相组合的自由度大不相同。在一个极端，有如英语'good'（好）或'bad'（坏）这样的形容词，它们几乎可与任何名词搭配*使用。在另一极端，有一个'rancid'（变质的）这样的形容词，也许可对'butter'（黄油）和其他极少数名词断言。波尔齐希要人们注意这一现象，尤其注意这样一种不可能性：搭配受限的词位通过基本意义关系和特定的词位集合建立组合关系，无论是显现于文本，还是隐含于语言系统，一概如此。如果不考虑这些词位集合，描述搭配受限的词位的意义是不可能的。没有提到'狗'，就别指望能解释动词'吠叫'的意思，没有提到'头发'，同样也就别指望能解释'金黄色'的意思。

可是，这些搭配限制有何理论意义？首先，应注意的一点是（和上文指出的一样：参见 8.2），要么从组合上修饰相对一般的词位，要么使用相对具体的单个词位，便能对涵义做出许多区分。例如，可使用组合体'unmarried man'（未婚的男子）（使用'unmarried'修饰'man'），也可使用单个词位'bachelor'（单身汉），至少在大多数语境下，它们有着相同的涵义。在许多情形下，一种语言使用组合体，另一种语言使用意义大致相同的单个词位。例如，动词'kick'（踢）和'punch'（打）在英语中是聚合对照关系，它们在法语中最常见的对等翻译分别是'donner un coup de pied'（用脚踢）和'donner un coup de poing'（用拳头打）。'kick'和'foot'（脚）之间，'punch'和'fist'（拳头）之间，分别蕴含波尔齐希所说的基本意义关系。姑且把组合性修饰成分的这种词汇化称作封装（encapsulation）*（尚没有更好的术语表达）。'with the foot'（用脚）的涵义被封装*在'kick'的涵义中，'with the teeth'（用牙）的涵义被封装在'bite'（咬）的涵义中。

到目前为止，关于组合体，我们从创建具体词位这一角度讨论了封装问题。其隐含之意是，一般在某些程度上应先于具体，包括特里尔在内的许多结构语义学家都是这样构想词法结构的。他们提示性地认为，连续使用越来越具体的区别特征，一种语言的词汇才可清晰表达。但波尔齐希的观点正好相反。在他看来，所有词汇用于特定情景的人、物、特征、活动、过程和关系，才可获得原始意义。它们的原始意义是特定的，也是具体的（sachlich）："每个语词都有适合它自己的某种用法（eine eigentliche Verwendung），也有自己的具体意义（seine sachliche Bedeutung）"。有些语词没有扩展或泛化到可见的程度，维持其原始的具体义。这些语词正是在共时语言系统中组构高度受限的搭配集合的语词。可是，多数词位固然依旧可维持其原始义（它们的核心义或中心义），但总有一天也会渐渐运用到更广泛的事物和更广泛的情景。例如，根据波尔齐希的观点，德语动词'reiten'（骑）最初的指谓或适用性有限，表示骑马，仍可识别为它的中心义。但是，现在也可用来表示跨坐在横梁上（auf einem Balken reiten）之类的活动。动词'reiten'可描述的两种不同事态，二者的相似性不言自明。运用'reiten'一词表示跨坐在横梁上，而不表示骑马，最终扩展了它的意义，可归为传统上所谓的隐喻性（metaphorical）*扩展的一个实例。

关于波尔齐希的'reiten'这一例子，也许有必要提及英语动词'ride'（骑）（和 reiten 有历时关系）。'ride'一词的泛化方向稍有不同。在现代英语中，'ride'的中心义是否仍取决于它与短语'on a horse'（在马背上）的组合关系，是有争议的。在当代英语中，动词'ride'不仅可用于一边坐在马背上让马驮着走，一边驾驭着马这种活动，还可用于一边坐在自行车上让自行车把人带走，一边掌握着自行车这种活动。如此笨拙、啰唆地描述相关活动的性质，旨在说明骑马和骑自行车的三个相似点：(ⅰ)处于控制之中；(ⅱ)由其运送；(ⅲ)采用某一种（和运送有关的）姿势。当然，任何两个活动之间，正如不确定性地有多少不同点一样，也不确定性地有多少相似点。但是，上述三个相似点至少看似和我们为了说明问题而假定的'ride'（还有德语的'reiten'）的中心义相关。在德语中，表示骑自行车通常不使用动词'reiten'，而使用'fahren'：'fahren'与'gehen'这一组合（如俄语的'ezditj'与'xoditj'一样）将步行运动与被运送的区别词汇化。相反，英语动词'ride'通常不用于表示跨坐在横梁上：被运送的条件似乎是判别标准。英语动词'ride'也用于德语会使用'fahren'的其他许多情景：例如，坐在马车里的情景（除了被运送的条件外，一切都消失了）；又如，至少在美国英语中，乘客坐在汽车或火车上（虽然不是在轮船或飞机上）旅行的情景。

如此简单随意地比较'reiten'和'ride'（二者还有其他许多用法）的一些应用情况，其主要目的是，佐证波尔齐希所说的语词从最初相对特定的意义扩展到后来相对一般的意义这一观点。这种类型的扩展依赖于一般化*和抽象化*两个原则。这些原则由来已久地在历时语义学（参见 Bréal, 1897）和关于隐喻*的传统论述中得到承认，也在语言习得研究领域得到承认：从第二点来看，我们的行为主义语义学描述有必要提到这些原则（参见 5.3）。但是，这一切都必须归功于波尔齐希。他一方面强调认为，抽象化和一般化取决于词位之间组合关系的松弛程度；另一方面坚持认为，涵义的组合关系，不亚于涵义的聚合关系，同样也决定着词汇场的结构。

'ride'和'reiten'的比较，虽然有粗略之嫌，也不够系统，但也可用来说明另外两点。第一点，很明显，所假定的词位中心义和后来的一般义，二者的关系是有据的（motivated）*（不是任意的（arbitrary）*：参见4.2）。但不可据此这样认为，我们有可能甚或原则上有可能预测某一词位意义泛化的方向：如上文所述，'ride'和'reiten'以不同方式从合理假定的原本受限的相同用法开始泛化。泛化只是语义变迁的一个方面，此处不可能深入讨论语义变迁的整个问题。据历时语义学文献中的大量例证提示，语义变迁可能既有外部因素，也有内部因素：外部因素此处是指语言所在的自然或文化环境的变化；内部因素是指某一特定词汇场的全部组合关系和聚合关系在语言系统中面临的结构上的压力。它们一方面也许会促进或至少允许某些意义的变化，另一方面也许会抑制其他意义的变化。然而，到目前为止，还没有令人信服的证据可支持任何一种决定论意义上的语义变迁理论。语义变迁的动因在不同实例中也许会有所不同。许多实例背后的动因也许会超出实证研究的范围（参见 Ullmann, 1957：183ff）。如果有人说我们原则上一定有可能预测语义变迁的方向，那么就和布隆菲尔德提示说我们原则上能够预测某种环境刺激是否会引起说话人言说某一话语一样，也是徒劳无益的（参见 5.3）。

关于 'reiten' 和 'ride' 这一实例，此处应阐述的第二点即是广义的结构主义观点：我们不能无条件地断言，两个语词的意义相同或者不相同。在两个语词用于骑马这一活动的情形下，没有任何理由否认它们有着相同的意义；同时，可以合情合理地认为，'ride a bicycle'（骑一辆自行车）中的 'ride' 和 'ride a horse'（骑一匹马）中的 'ride' 具有相同意义。不过，'reiten' 不能在该表达式的译文中使用。从根据上文列举的三个相关条件或成分对骑这个概念所做的任何一般性分析中，我们无法推断出这一点。作为一种语言的使用者，我们必须知道，作为描述语言学家，我们必须发现：至少就多数词位而言，既有一个能使用它们的组合体集合，也有一个不能使用它们的组合体集合。同时，必须认识到，说母语的人能够在组合体中使用从前没有遇到过的多数词位，使用得是否恰当，同伴通常会做出评判。这是能产性*问题，而非创造性*问题（参见 3.4），就此而言，理论语义学和描述语义学必须将其纳入考虑之列。我们不能从一个极端走向另一个极端，不是认为一个词位的搭配取决于它的一个意义或多个意义（界定意义无须考虑组合因素），就是认为一个词位的意义只不过是其搭配的集合。

在呈现和发展波尔齐希的词位组合关系这一概念（秉承后布隆菲尔德

主义传统的语言学家依据选择限制（selection restriction）*对此进行讨论）的过程中，我们默认了他提出的这样一个观点：所有词位最初都以系统发生或个体发生的方式应用于特定和具体场景，组合关系上也相应受到限制。关于语言的终极起源（参见3.5），我们只能（几乎没有任何目的地）猜测；历时语义学也只能把我们带到任何语言或语系的历史境脉的这个位置。但是，我们真正拥有的历时证据会提示我们，在所有的时期，语义变迁不仅有一般化和抽象化这样的方式，而且还有特殊化*这样的反向过程。载入历时语义学经典著作（例如 Sturtevant, 1917；Kronasser, 1952；Ullmann, 1957；Hoenigswald, 1960）和词源词典中的每一个一般化的例子，都能和一个特殊化的例子相匹配：例如，拉丁语的'panarium'（"面包篮"）一般化为法语的'panier'（"篮子"），古英语的'mete'（"食物"）特殊化为现代英语的'meat'（肉）。

语言习得相关研究提供的证据似乎会提示我们，儿童通常以特殊化的方式学习语词的意义，始于广义，终于狭义（参见 E. V. Clark, 1973）。例如，儿童最初也许会把'daddy'（爸爸）一词用到他遇到的所有男性身上，只是后来才调整了他理解和使用该词的方式，最终达成它在成人英语中承载的有限涵义。遗憾的是，出于方法论上的原因，在语言习得中识别渐进性一般化的情形比较困难。例如，如果儿童使用'动物'一词来指称猫，而且最初正是根据动物指的就是猫这一印象这么做的，那么他以这种方式限定'animal'的涵义，最终说出来的话也不至于让他父母顿感语义上不对劲。我们也许应当承认，特殊化和一般化均在语言习得中发挥一定的作用。这个问题在有关儿童习得指谓的章节已有所述及（参见7.6）。

此时，我们心怀关切地指出，组合关系对于特殊化问题的讨论至关重要。如果某一词位经常和有限的一组在组合关系中充当修饰成分的词位或短语搭配使用，那么该词位也许就会渐渐把它们的涵义封装起来。例如，在'drive'（驾驶）的情形下就是如此：它经常和'car'（汽车）

搭配，最终就把"a/the car"（在类似'Will you drive or shall I?'（你开还是我开？）的语句中）或'by car'（在'He's driving up to London'（他开车去伦敦）这样的语句中）封装起来。当然，动词'drive'仍然可用在其他各种搭配当中，表达较一般的意义；该词位也表达其他许多特殊的意义。这些意义也会把其他词位的涵义封装起来（例如，*He drove off* 也许说的是高尔夫球手击球这件事），也可解释为时常与这些词位搭配的产物。

8.6　语义场理论的一般评价

要更全面地论述语义场理论，就有必要对其他许多内容加以讨论。本书后续章节还会提出其他一些观点。本章集中讨论了特里尔和波尔齐希表面上对立、实际上互补的观点。姑且如此，也应提及的一点是，其他许多学者也对总体上所称的场理论做出了重要贡献。除特里尔及其追随者之外（尽管通过博厄斯（Boas）和萨丕尔（Sapir）间接受到洪堡的启发），不少美国人类学家研究了亲缘关系、植物、疾病以及其他文化上重要的可变分类系统的词汇，采用与场理论家相似的术语对其研究结果进行了描述（参见 Hymes, 1964：385ff）。法国的结构语义学沿着与众不同的方向发展。一方面，马托雷（Matoré, 1953）及其追随者倾向于重点研究一门语言中既易受到快速变化和扩张的影响，又反映政治、社会和经济重要发展动态的词汇场。另一方面，格雷马（Greimas, 1965）和巴特（Barthes, 1964）等学者试图把基于组合关系和聚合关系定义的索绪尔式的词汇结构观念扩展到文本的文体分析和语言之外的其他符号系统。就波尔齐希的组合关系研究重点而言，如下文所述，可把它和最近一些文献中的研究主题联系在一起：库里洛维奇（Kuryłowicz, 1936）关于分析衍生（derived）*词位的建议（参见 13.2）；弗斯的意义语境理论（参见 14.4）；梅尔丘克（Mel'čuk, 1974）和阿普列相（Apresjan, 1974）等学者关于句法和语义的相关性研究（参见12.3）。

　　以场理论为框架的研究一直都不缺乏，尽管如前所述，大部分研究一直专注于考察比较古老的文本。大多数场理论家或许会承认，到目前为止，还缺少一套比以往更明确的词汇场定义标准。最近围绕语义场这一论题著书立作的多数学者都承认，大部分词汇场并没有像特里尔最初提示的那样结构整齐或边界清晰。可以认为，批评者不断极力反对场理论，对他们的某一观点，做出这般让步，可能会减损场理论作为语义结构一般理论的价值，因为这必然会使该理论的形式化更加困难。另一方面，虽然场理论一直表述得含糊不清，但过去40年已经证明了它作为描述语义学研究一般指南的价值。毋庸置疑，场理论促进了我们认识一门语言词位涵义上的相互关联机制。假如当下有某种可替代的词汇结构理论，它不仅实现了形式化，而且经过同等数量的实证证据验证，那么场理论未被形式化或者也许不能被形式化之说就会是一种比较有破坏性的批评。然而，事实并非如此。

　　在继续详细讨论不同涵义关系之前，我们不妨进一步明确词汇场这一概念。如前文所述，索绪尔（和后索绪尔）结构语义学家认为，任何语言单位的意义都是由该单位与语言系统其他语言单位之间的聚合关系*和组合关系*决定的（参见8.2）。可以说，在某一给定语言系统内部，某些词位和其他单位在语义上关联，无论是聚合性的还是组合性的，它们就属于同一（语义）场*或同一语义场的成员。成员为词位的一个场就是一个词汇场*。因此，词汇场就是聚合关系和组合关系上结构化的一个词汇（或词库（lexicon）*：参见13.1）子集。

　　在也许可称之为最强语义场理论中，一般认为，一种语言的词汇V是一个封闭的词位集合，即$V = \{l_1, l_2, l_3, ..., l_n\}$，可划分为一系列词汇场，$\{LF_1, LF_2, LF_3, ..., LF_m\}$：也就是可分为若干子集，如此一来，（ⅰ）任何两个不同场的交集都是空的（任何词位只属于一个场）；（ⅱ）V中的所有场的并集等于V（没有不属于某个场的词位）。鉴于上述对特里尔理论提

第八章 结构语义学（一）：语义场

出的批评意见，不接受上述两个条件的任意一个必然在每个甚或任何一个语言系统中成立这一点，似乎是一种比较审慎的态度。当然，根据定义，二者均可成立。

在所谓的最强语义场理论中，还有其他明示或隐含的假设。对此，我们没有做出承诺的愿望。第一个假设是，词汇和词汇中的每一个场都是封闭的词位集合：我们将对这种可能性持保留态度，即它们要么是开放的（open）*，要么是不确定的（indeterminate）*（即 $V = l_1, l_2, l_3, ...$ 或 $V = \{l_1, l_2, l_3$ 等$\}$ 和 $LF_i = \{l_{i1}, l_{i2}, l_{i3}, ...\}$ 或 $LF_i = \{l_{i1}, l_{i2}, l_{i3}, ...\}$：参见 7.4）。第二个假设是，整个词汇是一个结构化的场（就其所包含的词汇场之间的关系而言），和词汇场本身的结构化方式是一样的。两个假设在理论上都不是必不可少的；没有它们，描述语义学也照样会发展得非常顺利。

作为本节的小结，此处也许有必要强调有关理论和方法论的另外两点意见。这两点意见在新近的场理论语义学研究工作中已经显现，而且获得了相当广泛的共识。第一点是，必须考虑语词出现的语境。第二点是，不可能脱离语言的语法结构来研究一门语言的词汇。下一章将讨论一些比较重要的决定词汇场结构的涵义聚合关系，还将阐述语义成分分析法。最初提出这一分析方法，与场理论没有什么关系。纵然如此，它和语义场理论之间存在许多契合之处，事实上，在语义场理论新近的一些研究中已经有所运用。

第九章

结构语义学（二）：涵义关系

9.1 对立与对比

涵义*概念（有别于指谓*和指称*）第七章已有所介绍。[①] 本章的目的是，在不假定任何底层概念实体或感知实体（参见 8.4）的情况下，根据涵义关系*（即词位集合之间的涵义关系）阐明和重述语义场理论的基本原理。本节论述相对随意一些，时而稍有推测的意味。首先讨论聚合对立这一概念。

结构语义学（以至于普通结构语言学）创立伊始，就一直强调聚合对立（paradigmatic opposition）*的重要性。特里尔本人的重要著作（Trier, 1931）以颇有挑战性的陈述开篇：言说的每个语词都会在说话人与听话人的意识中激发其对立词（seinen Gegenteil）出场。他的这一陈述有可能和其他结构语义学家的类似断言不相上下。值得注意的是，和其他结构语义学家以往的认识一样，特里尔经常声称，一种言说行为发生时，就会有对立的东西以某种方式显现在说话人与听话人的脑海。这一观点是否成立是个心理学问题，相对于语言系统的分析而言，它与语言行为理论的建构更加密切关联（参见 1.6）。下文不对说话人与听话人言说时的大脑活动做

[①] 本章相当一部分内容是对莱昂斯的著作（Lyons, 1968）第十章的一种扩展。不过，有必要提醒各位读者的一点是，两个版本的术语存在某些差异，特别要注意的是，莱昂斯著作（Lyons, 1968）中未曾使用'指谓'这一术语。

出任何假设。不过,特里尔的陈述也似乎蕴含这样一个观点:词汇系统的每个词都有且只有一个对立词。这一观点正确与否,是本节关注的问题。

表示词位间意义对立性(oppositeness)的标准专门术语是反义关系(antonymy)*。可是,多数著者使用反义关系一词也不见得比所取代的'对立性'一词精准多少,而且词典上把以各种方式联系在一起的词位对归为反义词(antonym)*('high':'low','buy':'sell','male':'female','left':'right','front':'back',等等)。应注意的是,这些例子有一个共同点是,它们都有赖于二元化过程。正反向思维,也就是采取二元对比方式对经验进行分类,通常被当作因果过程第二性地反映在语言层面,这种倾向是不是人类的一种普遍倾向,抑或我们的母语里是否预存了多得数不清的对立词以至于我们不得不采用二分法和归一法来描述自己的判断和经验,这些问题还是留给其他学者探究吧。然而,语言学家必须认识到,二元对立是制约语言结构最重要的一条原则;就词汇而言,二元对立最显而易见的一种表现即是反义关系。

可是,如前所述,对立词有若干不同类型。到底应把多少二元关系认定为'反义关系',尚是一个悬而未决的问题。首先区分可分级(gradable)*对立词和不可分级(ungradable)*对立词(参见 Sapir, 1944)。分级(grading)*涉及比较。我们比较两个或多个对象的某一特性(英语一般用形容词表示这一特性),恰当的做法通常是(未必总是),探究它们是否在同等程度上拥有该种特性。例如,我们可能会问 Is X as hot as Y?(X是否像Y一样热?)。我们的回答可能是 X is as hot as Y(X和Y一样热),也可能是 X is hotter than Y(X比Y热),这取决于 'hot'(热)的可分级程度。从另一角度来看,像 'female'(女性)这样的词位(不同于 'feminine'(有女性气质的))是不可分级的。我们通常不会说 X is as female as Y(X像Y一样女性),也不会说 X is more female than Y(X比Y更女性)(虽然 X is not as feminine as Y(X不像Y有女人味)这句话完全可接受)。上述两个词位在词汇系统中都有通常所称的对立词与其相配:

分别是'cold'（冷）和'male'（男性）。如此说来，'hot'和'cold'是可分级词位，'female'和'male'是不可分级词位。这一点与两对词位逻辑上的某一重要差异密切相关。

不可分级的对立词用作谓述表达式，可将论域（它们可断言的对象：参见6.3）分为两个互补的（complementary）*子集。由此可见，任一对立词为真，则蕴含另一对立词的否定为真。不仅如此，任一对立词的否定为真，则蕴含另一对立词为真。例如，命题"X is female"（X 是女性）为真，则蕴含"X is not male"（X 不是男性）为真。"X is not female"（X 不是女性）为真，则蕴含（假定'male'和'female'的述谓对象是 X）'X is male'（X 是男性）为真。

然而，如果是可分级对立词，情况则会有所不同。任一对立词为真，则蕴含另一对立词的否定为真：命题"X is hot"（X 热）蕴含"X is not cold"（X 不冷）；"X is cold"（X 冷）蕴含"X is not hot"（X 不热）。但是，"X is not hot"一般不蕴含"X is cold"（姑且有时可以这样解释。这一点随后再讨论）。

乍一看，上文对于不可分级和可分级对立词之分的描述，似乎可令人信服地为矛盾关系（contradictory）*和反对关系（contrary）*这一传统逻辑区分所涵盖。如果命题 p 和命题 q 不能同时为真，也不能同时为假，则 p 和 q 是矛盾关系，例如"This is a male cat"："This is a female cat"（以及"The coffee is cold"："The coffee is not cold"这样肯定与否定相对应的命题）。如果命题 p 和命题 q 不能同时为真（虽然两者可同时为假），则 p 和 q 则是反对关系*，例如"The coffee is hot"："The coffee is cold"（以及"All men are bald"："No men are bald"这样的命题对）。① 只有把

---

① 如此陈述反对命题的目的，无非是指出反对命题和矛盾命题的一个重要且有价值的差别。按照这样的情形，才有可能把"This coffee here is hot"（这里的咖啡是热的）和"There is no coffee here"（这里没有咖啡）这样的句对视为反对句对，但并非每个人都愿意认同这样的结果。

这一区分运用到表达类似命题的句子，再衍生性地、显而易见地运用到句子谓述表达式的词位，才可以说'male'和'female'是矛盾关系，'hot'和'cold'是反对关系。这种方法当然不错。可是，有许多矛盾对一般又不能把它们当作对立对（例如'red'：'blue'，更不用说'tree'：'dog'以及'square'：'abstract'这样的大量词对了）：它们不是一分为二地相互对立。[①] 矛盾关系与反对关系之分，和一种语言对立词类的不可分级词位与可分级词位之分相对应。不过，前者的适用面更宽一些。事实上，可分级反义词一般可视为反对关系，不可视为矛盾关系。这是可分级性的结果，而不是可分级性的根由。

'Our house is as big as yours'（我们的房子跟你们的一样大）和'Our house is bigger than yours'（我们的房子比你们的大）这样的比较句，分级是显化的。就英语而言，除'more'和'less'这样的相关程度副词和反义程度副词（'Our house is more/less comfortable than yours'（我们的房子比/没你们的舒适））之外，还有其他两种类型（虽然使用频率相对较低）的比较句：一类使用'equal'（等于）、'differ'（有别于）和'exceed'（超过）这些动词（Our house equals/differs from/exceeds yours in size（我们的房子和你们的一样大/不一样大；我们的房子比你们的大））；一类使用'same'（相同）和'different'（不同）这些形容词（Our house is the same as/different from yours in size（我们的房子跟你们的大小相同/不同））。当然，还有其他可能的各种结构。在特定情形下，有些结构比另外一些可接受度更高一些。不过，就依据语法结构识别的比较句而言，不同语言在分级的语法化方式上差异颇大。这也绝不是说，所有带有形容词的语言，在最常见的各种比较句中，都会采用与'more'（更多）和'most'（最多）（分别与'less'和'least'有相关性）相对应的程度副词进行显性分级。接下来，我们假定，可显性分级的语法结构及其在特定句

[①] 卡茨（Katz, 1964, 1966）把这类词位视为反义词。不过，这是对'反义关系'一词不同寻常的一种宽泛解释。

子中的对等表现形式，可令人满意地被看作任一语言（我们考察其词汇）语法分析的一部分内容。关于可分级反义词，下文将使用有限的一组英语比较句来佐证这里提出的观点。

值得注意的第一点是，如'Our house is bigger than yours'（我们的房子比你们的大）或'X's proof (of the theorem) is simpler than Y's'（X的（定理）证明比Y的简单）这样的比较句，它们表达的命题蕴含或蕴含于句子（a）或（b）表达的命题：（a）'Your house is smaller than ours'（你们的房子比我们的房子小）或'Y's proof is more complex than X's'（Y的证明比X的复杂），或者（b）'Your house is less big than ours'（你们的房子不比我们的大）或'Y's proof is less simple than X's'（Y的证明不比X的简单）。如'Our house is bigger than yours'和'Your house is smaller than ours'这样的句子，它们的关系可从其谓词互逆性（converseness）*这一角度来处理（参见6.3），主动和被动相对应的句子，如'John killed Bill'（约翰杀了比尔）和'Bill was killed by John'（比尔被约翰杀了），也可这样处理：这一点我们回头再讨论。此处要强调的是，在比较句中，可分级反义词对的任一词被替换成另一词，同时对相关名词表达式进行换位处理，便可产生语义上对等的句子。这一点是非常明显的。

不那么非常明显的一点是，使用可分级反义词，如果不是显性分级，就总会涉及隐性分级。这也是萨丕尔（Sapir, 1944）曾强调过的一个观点。他似乎是首位按此涵义使用'分级'这个术语的语言学家。[①] 例如，我们说Our house is big（我们的房子大）时（也就是言说'Our house is big'这一句子对"Our house is big"这一命题断言时），不是在给'our house'（我们的房子）这个指称对象指定'大'或'尺寸'这样的特性。相形之下，我们说That is a red book（那是一本红色的书）时，正是把

[①] 萨丕尔提出的这一观点，逻辑学家非常熟知，至少可追溯到亚里士多德（参见 *Categories* 56）。

redness（红色）这一特性指定给'that'这个指称对象。实际上，我们无形中在把房子和其他东西进行比较，做出'房子大一些'这一断言。在言说该句子的语境中，也许早已有了比较的标准。但是，通常而言，这样的标准一般是普遍认同的某种规范。因此，*Our house is big* 也许可理解为 "Our house is bigger than the normal house"（我们的房子比普通房子大）或 "Our house is big for a house"（就房子而言，我们的房子算大的）之类的意思。不同语言（文化）或同一社会的不同群体有着不一样的规范。因为不能识别可分级反义词的逻辑属性，所以已经产生了不少伪问题。例如，同一物体显然有可能同时存在对立的两种特性（例如，高和矮），对此，柏拉图也曾感到困惑不解：如果可以说 *X is taller than Y and shorter than Z*（X 比 Y 高，比 Z 矮），看上去就是在把高和矮两个特性同时指定给 X。最近，逻辑学家和语言学家讨论了一些显然是错误的推理，例如 "This is a small elephant, therefore it is a small animal"（这是一头小象，因此它是一只小动物）（与 "This is a red book, therefore it is a red object"（这是一本红色的书，因此它是一个红色物体）形成对比）。[①] 正如萨丕尔所言："'small'和'big'、'little'和'much'以及'few'和'many'之类的对比对给人一种受骗之感，让人以为它们包含数量场的绝对值，同颜色感知场'red'（红色）和'green'（绿色）这样的质性差异不相上下。然而，这种感觉是一种错觉，主要归咎于语言学方面的原因：隐现于这些术语的分级没有在形式上得到明示。相形之下，"There are fewer people there than here"（那里的人比这里少）或 "He has more milk than I"（他的牛奶比我多）之类的判断句，分级倒是显化的（Sapir, 1944：93）"。

分级也可能是半显性的。此处的半显性分级，指的是使用某一比较

---

① 在这一点上，卡茨（Katz, 1972：254）区分了相对形容词和绝对形容词。坎普（Kamp, 1975）清楚指出，从语义学角度论述相对形容词，如果像论述普通一元谓词一样，就会产生诸多逻辑问题。另见 Bierwisch (1967), Cruse (1976), Givón (1970), Ljung (1974)。

结构但不明确提及比较标准。例如，'Our house is bigger'（我们的房子大一些）的分级就是半显性的，比较标准通常在语境中已有所提及。同样，'Our house is too big'（我们的房子太大）也是如此（在某些语言里，分别与'Our house is the biggest'和'Our house is very big'对等的句子也许不好区分，同样，分别与 Our house is too big'和'Our house is bigger'对等的句子也不好区分）：此处的比较标准复杂一些，因为引入了'用途'（purpose）这一观念，还有一系列可显化或不可显化的可能标准（"... too big for us to maintain"（……太大了，我们保养不了），"... too big for its site"（……太大了，让场地有些紧张），等等）。就一个命题必须有某一确定的真值而言（参见 6.2），如果不能从语境或其他方面确立相关比较标准，就不能认定此类句子表达的是什么命题。

在包括英语在内的许多语言里，最常用的对立词往往没有形态上的关联（例如'good'：'bad'，'high'：'low'，'beautiful'：'ugly'，'big'：'small'，'old'：'young'）。不过，英语词汇中的这些词对，数量不及形态上相关联的词对，诸如'married'：'unmarried'，'friendly'：'unfriendly'，'formal'：'informal'，'legitimate'：'illegitimate'，等等。在每一种情形下，词对中有一个成员的基础形式（base-form）*衍生（derive）*于另一成员的基础形式，同时附带 un- 或 in- 这样的否定前缀（参见 13.2）。由于形态上对应，'unfriendly'和'informal'这样的语词可称作形态上是否定的（negative）*，'friendly'和'formal'这样的语词形态上是肯定的（positive）*，首先应注意的一点是，多数形态上不关联的对立词是可分级的，至少在英语中如此。多数形态上关联的对立词是不可分级的。姑置不论，形态上关联和形态上不关联的对立词之区分，与不可分级和可分级对立词语义上的区分无关，二者没有绝对相关性：'married'：'single'，与'married'：'unmarried'一样，都不可分级；'friendly'：'unfriendly'，与'friendly'：'hostile'一样，都可分级。这些例子是刻意选择的，目的在于阐明如是进一步的观点：同一词位既可与词汇系统中形态上关联的语词配对，也可与形态上不关联的语词配对。

也许更重要的是，即使是形态上不关联的对立词，例如'good'或'bad'，也可根据它们的正/负极性（positive/negative polarity）*从词法和语义上加以区分。我们倾向于这么说，小的东西不够大（lack size），所要的东西不够高（less height），等等，而不倾向于这么说，大的东西不够小（lack smallness），所要的东西不够低（more lowness）。'How good is it？'（它有多好？）可在没有预设或蕴含'it'所指对象是好而不是坏的情形下使用。但是，'How bad is it？'（它有多糟？）却隐含这样一个预设：'it'所指对象是糟糕的，而不是好的（相对于某种关联规范而言）。对立词在马尔基尔（Malkiel, 1959）所称的不可逆二项式（irreversible binomial）*中配置时，肯定对立词往往位于缺值对立词之前：比如'good and bad'（好与坏）、'high and low'（高与低）和'great or small'（大或小）。实际上，序列偏好这一原则应用非常广泛，使我们能够区分对比词对的积极成员和消极成员：例如'man'和'woman'，'parent'和'child'，'north'和'south'，'heaven'和'earth'，'food'和'drink'，'buy'和'sell'，等等。如马尔基尔指出，这个原则似乎与我们基于其他原因大概可描述为语义偏好层级结构这样的东西具有高度相关性。

人们往往会"不自觉地把各种动觉含义融入言语，这种倾向常常使言语的纯粹逻辑分析既不够充分，甚至还会把人引入歧途"（Sapir, 1944：104）。萨丕尔依据这种倾向探讨了反义词的极性问题。莱勒观察发现，"接近极限或零点的正是否定的情形，而肯定的情形并非如此。一样东西可能很窄、很小或很短，以至于它在延展性上趋近于零。但是，对于某一样东西多大、多宽、多高倒没有相应的极限"（Lehrer, 1973：27；另见 H. Clark, 1973）。多数形态上否定且可分级的反义词语义上也是否定的（或有标记）。如果把这一点和莱勒的观察相结合，或许可解释为什么萨丕尔会感到可分级反义词充满动觉含义。极限这一概念仅与一种语言的反义词的某一子集有关，十分显见的是，它与空间和时间扩展之类的词位有关。形态关系也仅仅与反义词的某一子集有关。接近极限或零点，添加前缀 un- 或 in-，二者互不关联，但都和负极性密切相关。上述这一点就可分级反义词的所有实例而言颇有价值。也许正是出于这一原因，我们通常才把具有句法功能的所有词位解释为否定，例如'small'或'narrow'，又如'unfriendly'或'informal'。

不用多想，便会发现，语言中存在形态上不关联的对立词，没有逻辑必然性（不管有关语言是否因为如此才可能说它具有一定层次的形态结构：参见 10.1）。有人也许认为，假如英语有'good'和'ungood'、'wide'和'unwide'以及'far'和'unfar'这样的词对，它还会是同样有效的符号系统。事实上，语言中存在对立词对，倒完全没有逻辑必然性。假如稍微修改一下英语的语法结构，采用'X not is good'（或者'X does not be good'）、'X is not good'或者'X is very not good'这样的形式表达"X is not good""X is bad"或者"X is very bad"，又何尝不可呢！这种语言正如目前适用于处理更多词汇一样，也适用于区分描述意义。① 那么，语言中为何会存在对立词，特别是形态上不关联的可分级对立词呢？

我们已经注意到，反义词反映或决定似乎称得上人类普遍倾向之类的东西，也就是根据二元对比观念对经验进行范畴化处理的一种普遍倾向。现在大概不难看出，就两个形态学上不关联的可分级反义词而言，极性的词汇化（给系统增加了任意性和离散性：参见 3.4）以某种方式使词

---

① 注意到这一点颇为有趣，奥格登（C. K. Ogden）是人工语言基本英语（Basic English）的发明人，撰写并出版了一本简明但重要的著作专门讨论对立（opposition）概念（参见 Ogden, 1932）。他在该书中认为，把 50 对形态学上无关联的对立词对包含于 850 个基本英语词位，是一种恰当的做法。针对他所称的特性之名，他考虑到通过添加前缀 un- 在系统内再生成 50 组对立词对的可能性，尽管他建议学习者使用'not'（参见 Ogden, 1968：131）。无论什么人还会对基本英语提出别的什么批评意见，但一定都会承认奥格登在这一方面的直觉或判断是正确的。

汇两极更不同，更分离，以至于萨丕尔提示道："可以说，对比特征让人感觉有相对绝对性。譬如'good'和'bad'，甚至'far'和'near'，与'green'和'yellow'一样，都在心理上有一种真实的具象性。因此，对比词之间的逻辑规范让人感觉不是一种真正的规范，而是沿着相反方向分级的特征彼此相遇的一个混合区域。对于天真的人来说，一个人要么是好人，要么是坏人。如果他不能一下子给这个人定位，就会说，这个人有好的一面，也有坏的一面，而不会说，这个人和正常人完全一样，或者既不好，也不坏"（Sapir, 1944：101）。也许，正是出于这个原因，英语和其他语言常见的多数可分级反义词在形态上不相关联：这一点比较全面地反映了极化对比词的词汇化面貌。实际上，可以说，完全词汇化必然蕴含形态上的非关联性。语言学家习惯上认为，词位之间形态上的关联性（或派生性*）介于语法化和词汇化之间：相对'friendly'和'unfriendly'而言，'good'和'bad'之间的差异愈加明显。不过，这只是比较宽泛的一种观点，后文（13.2）再深入讨论。

虽然可分级和不可分级对立词也许可从逻辑属性上加以区分，但也必须记住的一点是，可分级反义词在日常语言行为中经常被用作矛盾词而非反对词。如果有人问我们 *Is X a good chess-player?*（X 是个好的棋手吗？），我们回答 *No*（不是），问话的人就很可能会认为，我们内心对 X 是个糟糕的棋手这一命题坚信不疑。这种情况的处理，和处理其他许多问题一样，最好的办法也许是，诉诸制约语言正常使用的某些符号学一般原则（格莱斯新近设定并论述了一些原则。他称之为会话含义（conversational implicature）*：参见 14.3）。基于多数实际目的之需，我们通常都会处理得很好，遵循某种极性（yes/no）分类，根据好坏、大小等尺度（相对于某种规范而言），采用一定程度上最近似的一种表达来描述事物。如果否认某个东西是好的，或者断言某个东西不好，而没有以任何方式对陈述内容加以限定，也没有提供与这种极性分类有关的进一步信息，其他参与者就有理由假定，我们满意于最近似的某个表达。据此，可分级反义词可解释为矛盾对立对。命题"X is not good"本身明显没有蕴含"X is bad"。可是，即使在这一原则起作用的情况下，在特定场合言说一个句子表达该命题时，也可能会被认为有这样的言下之意。如果说话人无意于表达这种意思，料他早就会清楚表示，最近似的某个表达不够精确，例如，他可以这么说 X is not good, but he's not bad either（X不好，但也不坏）: he's fair/pretty good/just about average（他不错/挺好/还行）。

不可分级的对立词或然也可显性分级，这也是正常语言行为的一种实际情况。但是，解释这种情况通常又是另外一回事。如果有人问我们说 Is X still alive?（X还活着吗？），我们回答说 Very much so（活着呀）或 And how!（怎么啦！），我们不是在质疑语言系统中'dead'：'alive'的不可分级性。我们在分级的大概是'alive'的各种次要蕴含义或意谓义*（参见7.1）。同样，如果我们说 X is more of a bachelor than Y（X比Y更像单身汉），有可能是根据'bachelor'一词近乎被广泛认同的某些意谓义在比较 X 和 Y。不过，在其他一些情形下，我们会对通常不可分级的一对反义词进行分级，因为我们不赞同把它们解释为矛盾对立词。'male'和'female'则是明显的例子。我们通常按照这样的假设运算：任意选择的任何人要么是男性，要么是女性（而不会是，既不是男性，也不是女性，或者既是男性，又是女性）。不过，我们很可能会认识到，对于某些人，是不能严格按照'男性'和'女性'这一极性对立关系分类的。例如，我们有可能会这么说，X is not completely male（X不完全是男性）或者 X is more male than female（X更男性一些）。但是，在类似情况下，即使是暂时的，我们也是在修改语言系统。采用上文提到的两种方法的任一种，就有可能对通常不可分级的反义词进行分级。认识到这一点，也不是在说，可分级和不可分级反义词在语言系统中没有显著区别。

到目前为止，我们一直使用'反义关系'和'对立关系'两个术语描述词位之间的各种对比关系，二者在一定程度上是对等的。我们没有明确区分对立对和对比对。至于从术语上以这样或那样的方式把它们相区分是否合理，观点可能是见仁见智。不过，下述分类看来更可行、更便捷，因此，我们将会予以采用。对比关系*会被当作最具一般性的一个术语，对聚合上相对比的元素集的元素数量没有任何潜在影响。对立关系*仅限于二分或二元对比。反义关系*进一步仅限于可分级对立词，诸如'big'：'small'，'high'：'low'，等等。如此刻意限定反义关系和反义词两个术语的范围，其原因在于，如前文所述，可分级对立词的极性特征比其他对立词显著。出于目前应该很清楚的理由，便可把'male'和'female'这样的不可分级对立词称作互补词（complementaries）*。这样一来，我们也可沿用逻辑学家界定的涵义自由使用'矛盾的'（contradictory）和'反对的'（contrary）这两个术语。

反义词和互补词这一区分当中还有一种区分，也就是许多结构语义学家按照特鲁别茨柯伊（Trubetzkoy, 1939）的观点所区分的缺值（privative）*对立词和等值（equipollent）*对立词。这种区分（前文在讨论极性时已举例说明）在许多关于对立和对比的一般论述中皆有涉猎，尽管采用的术语未必相同（例如 Ogden, 1932）。缺值对立关系指的是两个词位之间的一种对比关系，其一词位表示某种肯定的属性，另一词位表示该属性不在场：例如'animate'（有灵的）：'inanimate'（无灵的）。等值对立关系（一般来说，是等价对比关系）即是相对比的每个词位皆表示某种肯定属性的一种关系：例如'male'：'female'。

应与反义关系和互补关系相区分的一种关系是相对关系（converseness）*，如'husband'：'wife'（丈夫与妻子）（可视为二元谓词）这样的词对。'X is the husband of Y'（X是Y的丈夫）这一句子表达一个原命题，其逆命题可表达为'X is the wife of Y'（X是Y的妻子）（参见 6.3）。如上所述，显性分级的反义词比较式（如 *bigger*：*smaller* 等），还有及物动词相应的主动和被动形式（如 *killed*：*was killed*），和互逆词对一样，也可在句子内部运算：'X killed Y'（X杀了Y）表达一个原命题，'X was killed by Y'（X被Y杀了）表达一个逆命题。现在，根据互逆性逻辑关系的定义，如果 R 是一个二元关系，R' 表示逆命题，则可用 R' 代替 R，同时对关系中的两个项进行换位，就会得出这样一个等式：$R(x, y) = R'(y, x)$。如果根据名词表达式的换位情况适当调整一下语法，就可对包含互逆词位或表达式的句对进行同样运算。每对句子的两个成员表达的命题相等："X is bigger than Y"（X 大于 Y）≡ "Y is smaller than X"（Y 小于 X），"X precedes Y"（X 在 Y 前）≡ "Y follows X"（Y 在 X 后），"X killed Y"（X 杀了 Y）≡ "Y was killed by X"（Y 被 X 杀了）。可用作二元谓词表达式的词位，它们之间的互逆关系尤其在两类词汇域中颇为常见：一是互成性社会角色词汇域（'doctor'：'patient'，'master'/'mistress'：'servant'，等等）和亲缘关系词汇域（'father'：'mother'，'son'：'daughter'，等等）；一是时空关系词汇域（'above'：'below'，'in front of'：'behind'，'before'：'after'，等等）。

相形之下，与 'buy'（买）和 'sell'（卖）这样的词位相关的情形非常复杂。如果把它们视为三元谓词，同时把 $R(x, y, z)$ 和 $R(x, y, z)$ 这些关系符号表征中的词项顺序与包含 'buy' 的句子的主语、直接宾语和间接宾语之类的语法功能相关联，就可以说 'buy' 是 'sell' 的 1-3 互逆概念（参见 Bar-Hillel, 1967a）。既然我们知道 'buy'(x, y, z) = 'sell'(z, y, x) 中的第一和第三个名词表达式必须换位，同时也知道，包含 'buy' 和 'sell' 的句子必须在语法上做出相应改动，那么我们就可根据命题对等原则把 'X bought Y from Z'：'Z sold Y to X' 这样的句对关联起来。姑且如此，多元互逆词对的语义关系在所有情形下都可能分析成两个或多个简单关系（参见 12.4）。

9.2 方向对立、正交对立与对跖对立

及至当下，我们已经识别了三类词汇对立关系：反义关系（按照

可分级度定义，相对狭义一些）、互补关系和相对（互逆）关系。不过，还有一类对立关系，堪为第四类，而且包含不同子类。虽然这类对立关系尚不能总是和前三类相区分，但在语言系统中至关重要，必须独立标记才可。我们称之为方向（directional）*对立，在'up'：'down'、'arrive'：'depart'和'come'：'go'如是关系中清晰可辨。从我们或许认可的典型用法来看，上述词对有一个共同点：每个词都蕴含相对于某一特定点 P 且沿着两个相对方向的任一方向运动的特征。不过，它们之间也存在重要差异。比较一下'up'：'down'和'come'：'go'，立马就会看出，'come'：'go'是基于接近 P 与远离 P 两种运动之间的对立关系（'arrive'：'depart'也是如此）。相形之下，'up'：'down'是基于远离 P 这一运动的对立关系。就此而言，'right'：'left'和'front'：'back'用于方向及定向表达式时，与'up'：'down'是同样的道理。但是，在某种程度上，'up'：'down'（垂直）的方向性是绝对的，而 right'：'left'和'front'和'back'的方向性则不是。这一点十分重要，后文会另行讨论（参见 15.5）。

比较一下'come'：'go'和'arrive'：'depart'，就会发现二者之间的各种差异。从理论上看，最重要的差异是，'come'：'go'之间的对立关系，像'here'和'there'等其他许多词对一样，都涉及直指*（参见 15.1）。相形之下，'arrive'和'depart'之间的对立关系则不涉及。我们可以说"X arrived in Paris last night"（X 昨晚到了巴黎），不管我们自己说这句话的时候是否在巴黎，或者描述事件的时候是否在巴黎。

除非在一个相对一般的框架之内，将区位（location）分析为处于某一种状态，同时将运动（motion）分析为状态的某种变化，否则就不能令人信服地讨论方向性对立关系。从这个角度来看，到达巴黎与正在巴黎的关系，就如同结婚与已婚、获取财富与拥有财富一样；离开巴黎之于正在巴黎的关系，就如同死亡之于活着、忘记之于会意一样。方向性对立关系作为一种结构关系，无论是直指的还是非直指的，都很难夸大其意义。方

282 向对立在语言的语法结构和词汇结构中无处不在：它对于时、体、格语法范畴以及人称代词和指示代词的分析至关重要；它是我们在使用特定词位和表达式时可能认为是隐喻的很多东西的基础。此外，我们理解方向对立也罢，理解一般对立也罢，都是基于我们对相关区分所进行的某种类比性延伸，这是我们根据自己的方向和外部世界其他物体的方位或运动首先学会运用的。这正是方位主义（localism）*的命题。对此，后文再继续讨论（参见 15.7）。

从 P 位移动，结果是非 P 位（或不在 P 位）；向 P 位移动，结果是在 P 位。两种移动产生两种基于方向性的可能结果（consequence）*关系，根据最终位置是 P 还是非 P，可将其区分为肯定结果或否定结果。'X has come/gone to P'（X 已经来到/去了 P）表达的命题和 'X is (now) at P'（X（现在）在 P）表达的命题，二者之间的蕴含关系即是正向结果的例证。'X has come/gone from P'（X 来自 P/从 P 出发）表达的命题和 'X is not/no longer at P'（X 不在 P/不再在 P）表达的命题，二者之间的关系即是反向结果的例证。正向结果或反向结果对于许多不同词汇域的对立词的涵义分析颇有价值。'learn' 和 'know'（在某些语境下）通过 "X has learned Y" → "X (now) knows Y"（即 X 已经从不知道 Y 变成了知道 Y）这样的命题对的蕴含关系产生关联。'forget' 和 'know' 通过 "X has forgotten Y" → "X does not know/ no longer knows Y"（即 X 从知道 Y 变成了不知道 Y）这样的命题对的蕴含关系产生关联。同样，对于正相关的 'get'（"acquire"）：'have'（"possess"）是如此；对于负相关的 'lose'：'have'、'die'：'be alive' 以及 '(get) divorced'：'(be) married' 也是如此。根据上述结果关系，'learn'：'forget'（以及在其他语境下蕴含义稍有不同的 'remember'：'forget'）和 'get married'：'get divorced' 等词对都可视为方向对立对，就像 'to'：'from' 一样。

现在区分一下正交（orthogonal）*对立和对跖（antipodal）*对立。

斟酌一下｛'北'，'南'，'东'，'西'｝这个集合蕴含的对立关系，就会发现两类关系。集合的四个成员每个都和另外两个是正交对立（纵向对立）（'北'和'东''西'是这样，'东'和'南''北'也是这样）。每个成员与另外一个成员之间又是对跖（截然相反）关系（因此，'北'和'南'对立，'东'和'西'对立）。对跖对立关系在四个词位构成的集合中占主导地位；具体而言，以英语为母语的人无疑会说'north'和'south'或'east'和'west'是对立词，而不说'north'和'east'或'north'和'west'是对立词。对跖对立词用作二元述谓表达式时（或用在'to the south of'这样的二元述谓表达式当中），它们自然就是互逆词。但是，'north'和'south'之间，'east'和'west'之间，它们的关系更特殊一些，因为四个词位属于同一个场，而且在二维空间中每个词位与其逆词之间是完全相反的对立关系。同样，在三维空间中，'above'和'below'完全对立，'in front of'和'behind'完全对立，'left'和'right'也是完全对立。对于这种对立关系，我们使用'对跖'这一术语来描述。

上文给出的例证以相对直接和直观上明显的方式阐明了对跖对立关系的性质。可是，对跖对立关系绝不限于和物理空间定位或定向有关的词汇域。可以认为，它至少一定程度上也在颜色词汇域中发挥作用。任何以英语为母语的人也许都会毫不犹豫地赞同'black'和'white'是对立词。少数一些人可能还会断言'green'和'red'以及'blue'和'yellow'同样也是对立词。[①] 如此说来，关注如下这一点也蛮有趣：根据伯林和凯提

---

① 实际上，三组词位在"基本英语"中被当作对立词来看待，尽管说英语的人几乎没几个会认为'blue'和'yellow'的对比，甚至'green'和'red'的对比，跟'black'和'white'的对比，属于同一量级。据奥格登（Ogden, 1932：88）所言："大凡敏锐的色彩学家……都会强调认为，红色和绿色是对立关系唯一典型且坚不可推的实证。可以说，他赋给两种色彩的情感各不相同。它们彼此中和，堪为互补，这只不过是其基本对立关系的一种必然结果。"

出的假设（参见 8.3），这些颜色词指谓的核心区域仅仅是拥有六色系统的语言业已从词汇上给予识别的区域，而且它们在三维空间中可排列成对跖对立词对。[①] 说英语的多数人把'black'和'white'当作对立词对，但（某些特殊语境除外）不把'red'和'green'当作对立词对，更不会把'blue'与'yellow'当作对立词对。这一点隐约表明，对跖对立原则虽然也许在儿童习得颜色词方面发挥某些作用，但在色彩词汇系统中也只是得到部分认可，至少在英语中如此。

284　　许多语言的亲缘关系词汇也以各种不同方式显示对跖对立关系原则。为了简单起见，此处不妨考察根据 being-married-to（being-the-spouse-of）和 being-born-of-the-same-parents-as（being-the-sibling-of）这些对称关系构建的二维空间。假设 a 是 b 的配偶（spouse），c 是 a 的兄弟姐妹（sibling），d 是 b 的兄弟姐妹，则可表示为：spouse(a, b) ≡ spouse(b, a)；sibling(a, c) ≡ sibling(c, a) ≡ sibling(b, d) ≡ sibling(d, b)。我们可将集合的四个成员 a、b、c、d 排列在一个矩形空间，就如定位指南针的基点一样。这样一来，a 与 b、b 与 c、c 与 d 之间分别就会呈现正交*（纵向）关系。现在可把 being-the-sibling-of-the spouse-of 这一复杂关系表示为 sibling-×-spouse(x, y)。它表示一种对跖对立关系，是 sibling(x, z) 和 spouse(z, y) 两个正交关系的乘积。spouse-×-sibling(y, x) 这一互逆对跖关系则是 spouse(y, z) 和 sibling(z, x) 的乘积。b 与 c、a 与 d 之间的对跖关系可称为姻亲关系。当然，我们无法预知这些关系在任一给定语言中是否会词汇化，尽管使用该语言的社会从语言上实现了一夫一妻婚姻的制度化和亲缘关系系统的结构化。不过，我们还是简单比较一下真正实现姻亲关系词汇化的英语和俄语这两种语言吧。

　　在英语中，丈夫的兄弟姐妹在词汇上和妻子的兄弟姐妹（'brother/

---

① 至少有一种颜色理论看来可解释这些对跖关系，也就是郝林（Hering, 1874）的理论（参见 Zollinger, 1973）。

sister-in-law')等同。进一步说，sibling-×-spouse(x, y)和 spouse-×-sibling(x, y)等同。但是，在标准英语中没有'sibling-in-law'这个词位（也不存在与此同义的任何单一词位）。我们必须根据被指称的那个人的性别在'brother-in-law'（小舅子/小叔子/姐夫/妹夫）和'sister-in-law'（小姨子/小姑子/嫂子/弟媳）之间进行选择。因此，我们发现英语以'brother-in-law'表示"brother-of-spouse"和"husband-of-sibling"（以及"husband-of-sibling-of-spouse"）在词汇上等同，以'sister-in-law'表示"sister-of-spouse"和"wife-of-sibling"（以及"wife-of-sibling-of-spouse"）在词汇上也等同。换言之，brother-in-law 即是 sibling-in-law 中的男性，sister-in-law 即是 sibling-in-law 中的女性。

就俄语而言，有六个词位需要考察。和在英语中一样，被指称人的性别在任何情况下都很重要。但是，丈夫的兄弟姐妹与妻子的兄弟姐妹在词汇上有区分，并且两种关系是不对称的。假定 a 是 b 的丈夫，b 和 c（"兄/弟的妻子"）的关系则词汇化为'nevestka'，d 和 a（"姐/妹的丈夫"）的关系则词汇化为'zjatj'。'nevestka'(b, c)的逆词在'deverj'（"丈夫的兄/弟"）和'zolovka'（"丈夫的姐/妹"）的析取项中词汇化；'zjatj'(d, a)的逆词在'shurin'（"妻子的兄/弟"）和'svojačinica'（"妻子的姐/妹"）的析取项中词汇化。显然，上述俄语词位的涵义比英语中'brother-in-law'和'sister-in-law'的涵义更易解释，是由排列有序的一对非对称关系的涵义共同生成的。这些关系从｛"丈夫"，"妻子"，"兄/弟"，"姐/妹"｝这一集合体的意义中提取而来，而且每一对关系和在英语中一样都已词汇化。最终结果当中有两个（"姐/妹的妻子"和"兄/弟的丈夫"）没有词汇化，这一点不言自明。不过，先验上完全可以想到，"male sibling of male"和"male sibling of female"应在词汇上有所区分。同样，先验上也完全可以想到，一方面'shurin'和'svojačinica'应各有其逆词；另一方面，'deverj'和'zolovka'也应各有其逆词。就正交关系而言，俄语系统和英语系统具有内部一致性和同构性，但在对跖对立关系的词汇化方面尚存在差异。①

上文佐证的正交对立和对跖对立的差别原则上不限于相对（互逆）词。正如'girl'与'boy'及'woman'正交对立一样，'man'与互补词'woman'在一个维度上对立，与互补词'boy'在另一个维度上对立。基于此，'man'和'girl'、'woman'和'boy'即是对跖对立对。不过，可能出于非语言学上的原因，它们在使用中不经常对立。但是，对于"某某词位的对立词是什么？"这一问题，通常未必只有一个答案，认识到这一点十分重要。在｛'男人'，'女人'，'男孩'，'女孩'｝这一集合中，正交对立关系占主导地位，在｛'北'，'南'，'东'，'西'｝这一集合中，对跖对立占主导地位。在｛'春'，'夏'，'秋'，'冬'｝这一集合体中，'冬'与对跖对立词'夏'对立，也与正交对立词'春'和'秋'对立，前者的强度更大一些。但是'春'与对跖词'秋'对立，也与'夏'和'冬'对立，二者的强度没有什么差别。从上文提及的或许是相当特殊的实例中可以看出，正交对立和对跖对立的区分也许看似十分清晰，但在词汇系统中不会总是如此清晰。一些实例的解释很可能会遭到质疑。此时，我们更关心的是阐明词汇对立这一概念的方方面面，而不是捍卫它在特定实例中的区分。

'反义关系'这一术语创造于19世纪，用于描述意义的对立性这一现

---

① 这两个系统之间也存在其他差异；如果要深入细致地分析这两个系统，就有必要考虑到这些差异。在俄语中，"wife's sister's husband"（妻子姐/妹的丈夫）有单独的词汇识别，尽管在"spouse-of-sibling-of-spouse"（配偶兄弟姐妹的配偶）这一范畴的其他三种可能情形不是如此。兄弟的妻子在"nevestka"关系中相互对称。姐妹的丈夫不属于任何词汇上认可的关系。此外，词汇化为'zjatj'的，不仅有"sister's husband"，还有"daughter's husband"；"son's wife"包含于'nevestka'的涵义。"husband's father"和"wife's father"，同"husband's mother"和"wife's mother"一样，在词汇上已有所区分。因此，陈述词位对之间各种互逆关系会非常复杂。不过，它们具有内部一致性，对此，各位读者可亲自验证。此处描述的19世纪的俄语系统目前已有所简化，但对本文提出的观点没有影响。

象，被想象为同义关系（synonymy）的对立面。迄今为止，将'同义词'（synonym）和'反义词'本身当作对立词这一惯常做法，在语义学上引起了不少混乱。通常认为，'反义关系'（广义上指"意义的对立性"）是指与意义同一性相悖的另一极端，也就是意义上最大程度的差异。但从语义学词典和著作引用的多数反义例子来看，上述观点显然是错误的。我们比较和对比两个对象以分析它们是否有某一个或多个属性时，一般的做法是，首先考察它们在其他方面的相似性。我们可以说，X 已婚，Y 是单身，但它们在其他所有方面相似。而且，除非还有一定数量的其他语词对 X 和 Y 断言，否则，我们不可断言 X '已婚'，Y 是'单身'。即便不是全部，多数对立词对都是如此。对立关系是在相似性的某一维度上描述的。

鉴于此，一些语义学家主张，词汇系统所有词位的涵义均应采用一组二元对比特征来描述。对此，我们将在讨论成分分析法一节中详述（参见 9.9）。这一观点隐约表明，在按照对立关系组构的多维空间，词汇系统的每一词位都可与另一词位进行比较。该空间中有许多正交对立关系（在单一维度上相对立的词位之间的关系）的实例；各个子空间中有上述类型的对跖对立关系的实例。不过，无论在整个空间中定义的其他所有成分是否存在，二维子空间的'北'和'南'与三维子空间的'红色'和'绿色'这样的对跖对立对（如果真要如此分析的话）当然是一致的。纵然如此，假定某些词位对在每个维度上都不一样，则另当别论。那么，这样的词对也许可描述为意义上极度不同或绝对不同的对立对（被看作整个词汇系统的一个完整的子系统），它们之间是一种极度对跖对立关系。如果按照这种方法对词位分类（如果看似有意义的话），就有可能产生类似这样一些问题，例如"'男人'之于'烟灰缸'，'男人'之于'美女'，前者的意义相似度是否更高？"及至当下，针对意义相似度的测量问题，已经提出了不少方案（等级从完全相同到极度不同）。原则上，这些方案有望回答上述一类问题。不过，就方案的使用情况而言，还都没有产生任何有用的结果。将意义异同等级这一概念应用于整个词汇系统，同时把同义关系和绝对对跖对立关系当作其理论终点，这种做法是否有效，令人心存疑窦。

无论如何，在分析特定词义场（如亲缘关系场）时，区分对跖对立和正交对立，看来不仅适用，而且还管用。识别多维场的对跖对立关系，也许就会把词位集合的分析纳入成分语义学的辖域，其中既会有某些循环排序的词位集合，如｛'北'，'南'，'东'，'西'｝，甚至还会有'黑色''白色''红色''绿色''黄色''蓝色'这样部分循环的词位集合体。

9.3　非二元对比对

较之对立关系，涵义的非二元对比对，没有必要多说。许多一目了然的非二元对比对（如颜色词集合的每个成员与其他任一成员构成的对比对），即使最终证明依据若干二元区分特征才可分析，似乎也是显见的一种存在。不过，按照这样的方式分析｛'星期天'，'星期一'，……，'星期六'｝，｛'一月'，'二月'，……，'十二月'｝，甚至｛'玫瑰'，'牡丹'，'郁金香'，'飞燕草'，等等｝，产生令人信服的结果，倒是难以想象。同样，似乎也没有充分理由认为，如此一般的多成员词汇集合必然属于某个专业技术或科学领域的子系统，而不属于某一语言的普通词汇。也许最多可以说，详尽描述多成员词汇集合（例如，表示化学元素或各种植物的词汇）是专业分类系统的典型特征，但对于语言整体来说，又不是一种司空见惯的现象。值得注意的是，专业分类系统就算使用日常词汇，往往也会给其词汇集合施以比日常词汇典型结构更严格的一种结构。

就｛'星期天'，'星期一'，……，'星期六'｝这样的多成员词汇集而言，不同词位之间的涵义关系也许可用不相容性（incompatibility）*一词来描述。这个概念和对立概念一样难以精确描述。例如，有人已经指出，从矛盾对立这一角度定义不相容性，经常会遇到这样一些问题："X is a rose"（X是一朵玫瑰）蕴含"X is not a peony/tulip/delphinium, etc."（X

不是牡丹/郁金香/鸽子花,等等),但"X went there on Saturday"(X星期六去了那里)又不蕴含"X did not go there on Sunday/.../Friday"(X星期天/……/星期五没有去那里),"Bill punched Mary"(比尔打了玛丽一拳)也不蕴含"Bill did not kick/slap Mary"(比尔没有踢/掌掴玛丽)(参见Lehrer, 1974: 25)。道理的确如此;不过,有关词汇集合内部明显存在一种不相容关系。假定X只是某一天去的(或者我们在了解他去的时机),我们说 It was on Saturday that X went there(X是星期六去的那里),听话人一般都会认为,我们说的话蕴含"X did not go there on Sunday"。同样,假定比尔只是以某一种方式打了玛丽,我们说 Bill púnched Mary(重读动词,此处用尖音符标记),听话人一般都会认为,我们说的话蕴含"Bill did not kick/slap Mary"。X周六去与周日或此外的任何一天去不相容,这并不是说,他不能周六去周日也去,而是说他不能在既是周六又是周日的那一天去。进一步的困难是,不相容性是一种结构性关系,至少从前理论上来说,我们不总是能够把它和我们往往描述为意义不相关性之类的概念区分得清清楚楚。这一问题此处不再深入探讨。重要的是,不相容性作为一种词汇关系,像对立关系一样,也是基于相似性的一种对比:'玫瑰'和'猪'是矛盾对立对,但讨论它们的不相容状态反倒没有什么意义,因为一个指谓一种花,一个指谓一种动物,而且其一的涵义很难说可限定另一个的涵义。

各种不同排列方式可见于由不相容词位对构成的多成员集合:在此语境下,多成员集合是指包含至少两个词位的集合。多成员集的排列,要么是连续式(serially)*,要么是循环式(cyclically)*。连续排列集合的两端各有一个边缘成员(如果该集合确定的话),集合的其他所有词位排列在其间。在循环排列的集合中,每个词位分别排列在另外两个成员之间。根据成分词位是否可分级,连续排列集合可区分出阶序(scale)*和级序(rank)*(参见 Lehrer, 1974: 29)。从不相容这一点来看,阶序排列一般不如级序排列那么严格。以{'excellent'(优秀),'good'(良好),

'fair'（一般），'poor'（差），'bad'（较差），'atrocious'（糟糕）}这个集合为例。首先，它具有不确定性：我们该不该添加'superb'（超级好）、'awful'（超级差）等词位呢？其次，我们或许会赞同按照已有顺序把它们排列在同一阶序，但两个或多个语词也仅仅是在某一特定语境下显性对比时（比较：*She's not (just) good – she's excellent*（她不（只）是好——她很优秀））才可视为不相容。此外，在上述集合中，我们可识别出'good'∶'bad'这样的反义词对。较之其他词位，它们文体上相对中立，适用范围也许更广泛，堪称阶序的典型特征。通常被认为是文体不够中立、感情色彩较浓的词位，例如'excellent'或'atrocious'，从描述上看，也许等同于'very good'或'very bad'分级如此显性的表达式。{ 'hot'（热），'warm'（温），'cool'（凉），'cold'（冷）} 这样的阶序在英语中相当少见，因为它包含一对外围反义词和一对内围反义词：'hot'∶'cold'和'warm'∶'cool'。但是，正如莱勒（Lehrer）指出，这些词位按照食物或天气的正常温度标准显性分级时，它们"像不相容词一样构成一种对比关系"（Lehrer, 1973∶28）。阶序的外围成员（例如，{ 'boiling'（沸腾），'hot'，'warm'，'cool'，'cold'，'freezing'（冰冷）} 中的'freezing'和'boiling'）集合可描述为阶序对立词。

　　级序是连续排列原理相对严格的一种表现形式，语言非技术性使用特征相对不显。特里尔列举的词义场例证中有一个就属于这一范畴：用于根据考生表现对其进行分组的几个词位集合。如果考官采用的规范是按照 { 'excellent'，'good'，'average'（一般），'fair'，'poor'} 这一级序对每个考生进行分类，他们就会把这些词位识解为一个不相容、不可分级、连续性排序的集合，其中任一词位的涵义取决于它在级序中的位置。描述英国军衔差别的词位集合也是一个例证：{ 'field marshal'（陆军元帅），'general'（将军），……，'corporal'（下士），'private'（士兵）}，其中，两个外围成员'field marshal'（短词性词位）和'private'即是级序对立词。英文数字 { 'one'，'two'，...，'twelve'，...，'hundred'， 'thousand','million','billion',...}也是一个级序。它蕴含一个颇有趣味的特性：它有自己的子语法，据此可构建一个包含多个词法复杂的表达式的无限集。顺便而言，不同语言的数字子语法之间形式上存在有趣的差别，最近已经引起了语言学家的关注（参见 Hurford, 1975）。

循环集合或循环集（cycle）*最明显的例证可见于表示时间单位或周期的语词当中：{'春','夏','秋','冬'}；{'一月',……,'十二月'}；{'星期天',……,'星期六'}。这些词位按照连续性原则排列：因此，才会有"春季在夏季之前""星期六在周五之后""10月介于9月和11月之间"这样的分析性*（参见 Leech, 1969：116）。循环集合有别于阶序和级序，它没有外围成员或极端成员：集合的每个成员在其他两个成员之间有序排列。许多这样的集合都有约定俗成的起始成员和终点成员（例如，一月是一年中的第一个月，周六是一周的最后一天，等等），但这不会削减它们的循环性："John came on Saturday and Peter came on the following day"（约翰星期六来的，彼得第二天来的）蕴含"Peter came on Sunday"（彼得星期天来的），而"John came on Monday but Peter came on the preceding day"（约翰星期一来的，但彼得前一天来的）也蕴含"Peter came on Sunday"。然而，必须认识到，诸如'next Friday'（下周五）和'last Thursday'（上周四）这样的短语，言说它们时的日期不同，所指也会有所不同。如何对它们做出解释（"Friday of next week"（下周的周五）："the next Friday following today"（今天之后的下个周五）；"Thursday of last week"（上一周的周四）："the most recent Thursday"（最近一周的周四））取决于是把该集合看成一个循环还是看成一个序列两者之间的潜在冲突。

上文简单讨论了连续词位集和循环词位集，从中可观察到两条原则在同一词义场发挥作用。就英语的基本颜色词集合而言，{'black','grey','white'}是一个阶序，{'red','yellow','green','blue','purple'}是一个循环集。正如前文所述，'black'：'white'（位于颜色阶序的两个极端），还有'red'：'green'和'yellow'：'blue'（在同一个循环中）也许可视为对跖对立词对。

9.4 上下义关系

有一种聚合涵义关系，与对立和对比同等重要，是相对具体的支配词位与相对一般的被支配词位之间的关系，诸如'cow'：'animal'（母牛/动物），'rose'：'flower'（玫瑰/花卉），'honesty'：'virtue'（诚实/美德），'buy'：'get'（购买/得到），'crimson'：'red'（深红色/红色）等词对。就这种关系（或其互逆关系）而言，尚没有普遍公认的术语来表示。然而，上下义关系（hyponymy）*这一术语（类比'反义关系'和'同义关系'创造的）已经在广泛使用，较之'包含关系'（inclusion）或'从属关系'（subordination）这样的可选形式似乎更恰切一些。不过，它们在语言学和逻辑学中也用作其他涵义。如此说来，'母牛'是'动物'的一个下义词*，'玫瑰'是'花卉'的一个下义词，不一而足。而且，进一步来说，'玫瑰''郁金香'（tulip）以及'水仙花'（daffodil）等等，每个都是'花卉'的下义词，因此，它们是（同一词位的）共下义词（co-hyponym）*。表示上下义的相对关系，有一个相关术语，即'hyperonymy'（上义关系）（参见 Mulder & Hervey, 1972），显然源于希腊语，只可惜形式上和'hyponymy'（上下义关系）过于相似，很可能让人难以分辨。鉴于此，本文以'superordination'（支配关系）*取而代之。这个专门术语和'subordination'（从属关系）不同，在语言学中尚没有广泛使用，也不存在涵义上的冲突。

逻辑学家往往从类包含（class-inclusion）*角度讨论上下义关系（参见 6.4），在一定程度上足以令人信服。例如，如果 X 表示花卉的类，Y 表示郁金香的类，那么实际情况正是，X 真包含 Y（$X \supset Y$ & $Y \not\supset X$）。但是，采用类逻辑定义上下义关系，也存在一些问题。首先，是下义词包含于上义词，还是上义词包含于下义词，这一点还说不清楚。如果考虑词位的外延*，则可以说上义词位的包含性更强。可是，从词位的内涵*来看，则是下义词的包含性更强（郁金香不仅有花卉的所有定义特性，而且还有其他一些附加特性，使其有别于玫瑰、水仙花，等等）。这种情况本身并不存在什么麻烦。逻辑学的确有这样一条公理：在包含条件下，外延和内涵就应以这样的方式相互关联。然而，有个更严肃的问题是，类逻辑似乎不适于语义学的形式化，除非对指谓和涵义的可相互定义性做出颇有争议的假设：比如说'花卉'的所指对象是一类物体，其涵义是整个类的定义特征，这也是卡纳普（Carnap, 1956）这样的学者曾经遵循的方法。不过，针对词位与个体类或特性、活动、过程、关系之间的关系，我们一直使用'指谓'这一术语，它在特定情形下使用似乎很恰当（参见 7.4）。对于一个词位有涵义也必有指谓这一假设，我们一直不予采纳。

上下义关系可从单向蕴含关系角度来定义。例如，'深红色'是'红色'的一个下义词，'购买'是'得到'的一个下义词，正是根据这样两种蕴含关系确定的："She was wearing a crimson dress"（她穿着一条深红色裙子）→ "She was wearing a red dress"（她穿着一条红色裙子）和 "I bought it from a friend"（我从一个朋友那里买的它）→ "I got it from a friend"（我从一个朋友那里得到它）（分别说出上述两组句子进行断言时，每一组句子表达的两个命题之间是蕴含关系）。既然可根据单向蕴含关系定义上下义关系，也就能把同义关系*定义为双向或对称上下义关系：如果 x 是 y 的一个下义词，同时 y 也是 x 的一个下义词，则 x 和 y 同义。如果将上下义关系定义为非对称关系（如果将同义关系当作对称上下义关系，那么上下义关系必然是非对称关系），则可将真上下义关系*和同义关系相区分，视其为反对称关系（关于非对称和反对称关系的区分，参见 6.3）。把反对称上下义关系区分为非对称上下义关系的一个特例，和在类逻辑中通常从包含中区分出真包含相类似（参见 6.4）。本节主要关注真上下义关系,同时使用'上下义关系'这一术语,而且对其涵义不予限定。

上下义关系是一种传递关系。如果 x 是 y 的下义词,y 又是 z 的下义词,则 x 是 z 的下义词(参见 6.3)。例如,'cow'是'mammal'的下义词,'mammal'是'animal'的下义词,故 cow 是'animal'的下义词。

一般而言,在英语中,当上下义关系在名词之间成立,才有可能在'x is a kind of y'(x 是 y 的一种)这一公式(其中 x 是 y 的下义词)中插入包含这些名词且句法上合适的表达式来替代 x 和 y。这样就会产生一个表达元语言或自反性命题的句子,而且该命题是分析性的(这么说的依据是,和自然语言相关的任何元语言命题都是分析性的)(参见 6.5)。据此可认为,'A cow is a kind of animal'(母牛是一种动物)、'A tulip is a kind of flower'(郁金香是一种花卉)等语句表达的命题都是分析性的。在限制相对严格的条件下,英语口语可使用'sort'(种类)和'type'(类型)替代'kind':例如'A cow is a sort of animal'(母牛是一种动物),又如'A tulip is a type of flower'(郁金香是一种花卉)。x 和 y 的某些值可使用其他许多更具体的词位(它们本身是'kind'的下义词)来表示:例如'Crimson is a shade of red'(深红色是一抹红色)中的'shade','An Aston Martin is a make of car'(阿斯顿·马丁是一款品牌车)中的'make',等等。如果名词 x 是多个下义词(y、z 等)的上义词,这些表达式可视为是有意义的:'cows and other (kinds of) animals'(母牛和其他(种类)的动物),'tulips and other (kinds of) flowers'(郁金香和其他(种类)的花卉)。它们可与语义反常的'cows and other (kinds of) flowers'(母牛和其他(种类)的花卉)以及'tulips and other (kinds of) animals'(郁金香与其他(种类)的动物)形成对比。可假定的是,就语言习得而言,类似表达式反复出现,对于确立上下义关系和共上下义关系有着重要的作用。值得注意的是,原则上不必知道相关词位的其他意义,便可按此方式认识到,一个词位是另一词位的下义词,或者两个词位是共下义词。实际上，关于母语语词的意义，我们的很多知识也许都是这种类型。例如，我们或许知道'banyan'（榕树）是'tree'（树）的下义词，'osprey'（鱼鹰）是'bird'（鸟）的下义词，但说不清榕树与其他树种有何不同，鱼鹰与其他鸟类有何不同。

这样一来，*What kind of animal was it?*（那是一种什么动物？）（比如说，参观了动物园，家长问自己的孩子）这样一个问题也值得观察一番。回答这个问题，孩子要么说 *An elephant*（一头大象），要么说 *A big one*（一头大家伙）（其中'one'可认为是'animal'一词的代词形式），两种回答都是恰当的。上述例证隐约表明，至少在许多情形下，下义词将某一形容词修饰语的涵义封装*起来，把它和上义词的涵义结合在一起（参见 8.5）。这并不是说，一个下义词和单个或多个形容词修饰上义词的短语总是等同或同义。在某些实例中也许如此：'tyrant'（暴君）是'ruler'（统治者）的下义词，'despotic ruler'（专制统治者）或'cruel ruler'（残暴统治者）也许（在许多语境下）等同于'tyrant'。对于'tyrant'一词的涵义，一个人通常很可能是借助该词与上述任一短语的对等关系掌握的，因为他事先一直了解'cruel'（残暴的）或'despotic'（专制的）和'ruler'（统治者）的涵义。不过，对于'cow'一词的涵义，他肯定不是基于该词与'bovine animal'（牛科动物）之类的短语的对等关系学会的。这个过程倒可能是相反的。我们理解'bovine'（牛科动物）一词的前提是，我们先前就知道母牛是何种动物。此时阐述的一个观点是，至少对于许多名词而言，下义词的涵义可视为上义名词和实际或潜在形容词修饰语的涵义之共同产物。对 *What kind of ruler was x?*（x 是怎样一个统治者？）这个问题，使用 *A tyrant*（一个暴君）或 *A cruel one*（一个残暴的家伙）来回答都是合适的，也正是上述情形的一种反映。

294

动词、形容词、副词和其他词类，未经提前名词化（nominalization）*，都不能插入'*x is a kind of y*'（x 是一种 y）这个公式（参见 10.3）。即使这样，最终产生的句子，说不上绝对不可接受，总体上也是相当不自然（例如，'Buying is a kind of getting'（购买是一种获得））。不过，对于其他词类，还有别的一些语词和短语可用来组构词汇的上下义关系，和'What kind of...'用于名词的情形是一样的。与 *What kind of animal was it?* 和 *Was it a cow or some other kind of animal?*（它是头母牛还是别的什么动物？）这些问题相类似的是，*How did you get it – by buying it or stealing it?*（他是怎么搞来的？——买来的还是偷来的？），还有 *Did he buy it or get it in some other way?*（他是买来的还是用其他办法搞来的？）。同样，对于'friendly'（友好的）和'nice'（不错的）这样的形容词也是如此：*When you say he's nice, do you mean that he is friendly or nice in some other way?*（你说他不错，是说他友好呢，还是其他方面不错呢？）。正如我们可以说 *A cow is an animal of a certain kind*（母牛是某种类型的一种动物）一样，我们也可以说（虽然这么说也许不够通俗易懂）：*To buy something is to get it in a certain way*（买东西就是以某种方式获得东西）；*To be friendly (to someone) is to be nice (to someone) in a certain way*（（对某人）友好即是以某种方式（对某人）不错）。

一般来说，形容词修饰名词，副词修饰动词和形容词。'What kind of...'这样的问题可采用形容词修饰的名词或下义名词来回答；'how'或'in what way'这样的问题可采用副词修饰的动词或形容词来回答，或者使用下义动词或形容词来回答。但是，副词有许多不同子类。'how'或'in what way'不总是适合相关的副词修饰类型。就不同词类及其子类而言，使用疑问词或短语，或者使用包含'some other'或'a certain'（类似于'some other kind'和'of a certain kind'）的短语，试图列出其上下义关系的所有表现方式，即使可行，也很烦琐。这些语词和短语的功能和分布，除非纳入相关语言的综合语法描述框架，否则无法给出令人信服的解释。但是，可假定的一点是，总体原则已十分清晰。上下义关系是一种聚合涵义关系，其前提条件是，下义词将上义词涵义的某种组合性修饰封装在一起。

一般而言，同一上义词的共下义词在涵义上相对比（我们暂且不考虑有非对比性或同义共下义词的可能性）。对比的本质可从封装的上义词组合性修饰的某一差异上来阐明。例如，在'x bought the book from y'（x从y那里买的书）和'x stole the book from y'（x从y那里偷的书）这样的句子中，'buy'和'steal'都是'get'的下义词，呈现为一种对比状态。

既然已经证明两个词位是同一上义词的下义词，而且处于一种对比状态，接着就可基于蕴含原则阐明两个词位与其他词位的关系，以确定其明显差异的性质。在一些（而不是所有）情形下，它们在涵义上的差异可能与上义词位两个组合性修饰语的差异有关。例如，'buy'与'steal'处于一种对比状态，都是'get'的下义词。两个共下义词之间的差异，可能和作为'get'组合性修饰语的状语性短语'by purchase'（通过购买）和'by theft'（通过盗窃）之间的差异有关联。但是，没有'buy'/'sell'和'steal'的观照，就无法对'purchase'和'theft'这些名词的涵义进行令人信服的分析。就'buy'和'steal'的非循环元语言释义而言，英语似乎还没有一对对比表达式可用作'get'一词的组合性修饰语。这种情况不能说不典型。表达式'by purchase'和'by theft'这样使用时，上佳的认识是，它们是对封装于'buy'和'steal'的'get'一词的涵义一整套具体修饰特征的总结。

9.5 词汇的层级结构

上下义关系将层级结构施加于词汇及其特定语义场。词位的层级排列形式上可表示为树形图，如图7所示。该图中的 $a, b, c, ..., k, l$ 等字母代表单个词位，树的源点或根部标记为零（∅）。每个节点显示有两个分支，这当然仅仅适用于具有对立关系（参见8.3）的共下义词。虚线表示树的进一步分支。如前所述，上下义关系是传递性的。如此一

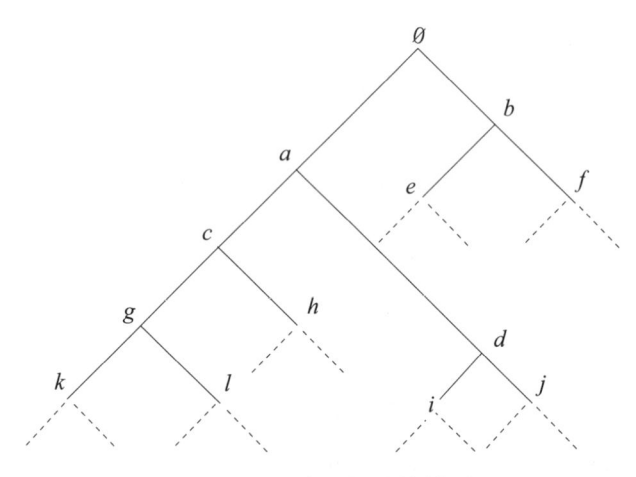

图 7　词汇的层级结构模型

来，树形图上的任一词位都是支配（dominate）* 它的另一词位（位于树形图的相对高处，通过一条仅由下分支组成的路径和下义词相连接）的下义词。例如，就图 7 而言，上下义关系可表示为 $H(f, b)$，$H(l, a)$，$H(l, c)$，$H(g, a)$，等等（此处的 'H' 表示上下义关系）。此时如果采用直接支配这一概念（仅由一个下分支连接），则可以说：a 直接（immediately）* 支配 c 和 d，但不直接支配 g，h，l 等；c 直接支配 g 和 h；b 直接支配 e 和 f；依此类推。a 是 c 和 d 的直接上义词，c 和 d 是 a 的直接下义词。鉴于此，a 没有（真）下义词，以至于 c 或 d 成了它的（真）下义词。

现在，我们可考虑的是，树形图（如图 7）是否如实反映整体或部分词汇的结构。这个问题比较宽泛，可分为若干具体问题。构建这样的图形（可解释为某一实证域的简单数学模型）有诸多启发性优势，主要在于它促使我们思考可能注意不到的问题。

有人也许会提到这样的一个问题，但未经深究又认为不屑一提。观察图 7，自然会探究这样一个问题：g 和 h 的涵义关系是否必然或总是与 i 和 j 的涵义关系相同？从更一般的角度来说，如果（ⅰ）y 和 z 是 x 的直接共下义词，（ⅱ）q和r是p的直接共下义词，（ⅲ）x和p是n的直接共下义词，那么$R_i(y, z) = R_j(q, r)$是否总是或一直成立？答案似乎是，有时成立，有时不成立。例如，在日常英语中（在不使用'mammal''vertebrate'（脊椎动物）等词的情况下），'horse'（马）（x）和'sheep'（羊）（p）是'animal'（n）的直接共下义词；'stallion'（公马）（y）和'mare'（母马）（z）是'horse'的直接共下义词；'ram'（公羊）（q）和'ewe'（母羊）（r）是'sheep'的直接共下义词。我们可以假设，'stallion'和'mare'的涵义关系，与'ram'和'ewe'的涵义关系相同。另外，'bird'（鸟）和'fish'（鱼）（以及'animal'，或许还有'person'）是'creature'（生物）的直接共下义词。但是，{'eagle'（鹰），'thrush'（鸫），'starling'（椋鸟），'curlew'（杓鹬），'tern'（燕鸥），'oyster-catcher'（蛎鹬），等等}和{'cat'，'horse'，'sheep'，'cow'，'wolf'，'elephant'，等等}，两个集合内部的对比成分具有异质性和特异性。我们充其量能根据大小、对人类是否友好或是否有用这样的标准，在每个集合中找到不同种类的阶序对立词。不过，按照与两个集合都相关的对比特征，尝试全面分析各集合成员的涵义，是不可能的。我们进一步探讨成分分析问题时，上述一点的理论意义将会愈发清晰。同时，请各位读者不妨按照本段提出的观点，考察一下英语和其他语言的各种共下义词集合。

图7将树状图的根部标注为零，而没有采用表示某个实际词位的字母。这么做的目的在于提示，可从一个点（其本身与任一实际词位没有联系）开始创建整个词汇或其任一特定部分的层级结构。就图7所示的整个词汇的层级结构而言，可以说在源点上显然没有词位。至少在多数语言中，词位可分为许多不同词类，这一点本身会妨碍根据单一词位的上下义关系对词汇进行分层排序，因为一个词位属于某一词类，就不可能成为属于不同词类的另一词位的下义词。如果图7反映整个词汇的结构，则a和b是上义词，而不是其他任何词位的下义词；而且，从树状图的根部向下

延伸的各个分支都必须予以剔除。①

但是，任何一种语言的词汇是否都按照上下义关系从若干不同源点开始分层次组织呢？（每个源点与某一特定词类或一种词类的某一主要子类相关联。）至少乍一看，这是一个相对合理的观念，与亚里士多德的述谓范畴学说以及其后的发展状况相关。首先以英语的名词为例。英语中没有任何词位堪为所有名词的上义词。甚至'entity'（实体）这一专门术语都无法在这一方面有所作为，因为它仅仅涵盖可数名词，而且在日常英语中最贴近的两个对等词'thing'（事物）和'object'（物体）还有较多限制。对于英语来说，尚没有任何一个词位堪为所有抽象名词的上义词，或所有具体名词和所有物质名词的上义词，或习惯上认可的名词主要子类的所有成员的上义词（参见 11.3）。我们倒是发现了一组非常一般的词位：'person'（人）（或者'human being'（人类）），'animal'（动物），'fish'（鱼），'bird'（鸟），'insect'（昆虫），'thing'（事物），'place'（场所），'stuff'（东西），'material'（材料），'quality'（质量），'property'（属性），'state'（状态），等等。这些语词是名词不同子类或大或小子集的上义词。②可以观察到的是，名词的传统定义涵盖指谓人、地和物的语词，是有缺陷的（还有其他一些不足），因为它没有提及动物、鱼类、鸟类，也没有提及质量、状态、感觉，等等。同样，值得注意的是，日常英语中的'animal'不是'person''fish''bird''insect'等语词的上义词，二者之间是一种对比关系。虽然'creature'是上述五个词位的上义词，但文体上有各种各样的限制。因此，英语的词汇结构丝毫不支持这样

---

① 人类学家一直非常关注词汇的层级结构这一概念，涉及通俗分类（folk-taxonomies）*这一论题的研究时尤其如此（参见 Berlin, Breedlove & Raven, 1966, 1974; Conklin, 1962, 1972; Frake, 1962; Sturtevant, 1964）。似乎已经确定的一点是，通俗分类与现代科学分类不同，对所分类的领域没有达到穷尽性；在所有领域也没有达到同一确定性程度。

② 在许多语言中，一些最通用的名词，语义上和英语的'person''animal''thing'等语词类似，句法功能上可用作量词（参见 11.4）。

一种观点：指谓有灵存在的所有名词可按照上下义关系分层次排列成单独一个类。

　　名词不是以某一单个上义词为源点分层次组织的，对于其他词类来说，显然更是如此。有一些非常普通的动词都有大量的下义词，例如'act'（行动）、'move'（搬动）、'become'（变成）、'make'（使得）、'get'（得到）、'be'（是），等等。例如，前文提到的'get'一词，它有'buy'和'steal'这样的下义词，还可增补'borrow'（借来）、'win'（赢得）、'earn'（赚得）、'catch'（接住）、'find'（找到）、'grasp'（抓住）等语词。但是，英语中尚没有一个最普通的动词堪为所有及物或不及物动词的上义词，或者充当传统上公认的动词子类的所有成员的上义词。关注一下英语最常用的形容词，就会发现，根本上就不存在上义形容词，也不存在可作为其下义词的特定子集。表示不同颜色的形容词都是下义词，它们也没有相应的上义词。我们不说 *Was it red or coloured in some other way?*（它是红色的还是以其他某种方式上的色？），而说 *Was it red or (of) some other colour?*（它是红色还是其他某种颜色？）。同样，表示形状、质地、味道、声音、年龄、大小、精神状态的形容词子类也是如此。不存在'round'（圆的）、'square'（方的）、'oblong'（长方形的）作为下义词的聚合上义词：我们反倒发现有一种也许可称作准聚合关系（quasi-paradigmatic relation）的现象，即这些具体形容词与相对一般的抽象名词'shape'（形状）之间的一种关系（比方说，*What shape was it, round or square?*（它是什么形状，圆的还是方的？））。像'sweet'（甜的）、'sour'（酸的）和'bitter'（苦的）这类形容词与上义动词'taste'（尝）之间也有类似的一种准聚合关系（例如，*What does it taste like?*（它尝起来像什么味道？）），也衍生性地和相应的名词'taste'（味道）生成一种准聚合关系（例如，*What kind of taste has it got?*（它有什么味道？））。而且，名词'shape'、'size'（尺寸）、'colour'（颜色）与动词'look (like)'（看起来）也是准聚合关系；'look (like)'，可用于 *What does it look like?*

（它看起来怎样？）这样的语句，同时与其对应的名词 'appearance'（外观）之间是聚合关系（例如，*Describe its appearance – what color and shape was it, red and square, or green and round?*（请描述它的外观——是什么颜色和形状，是又红又方，还是又绿又圆？））。

　　以上例证应足以阐明此处使用的'准聚合'这一术语的涵义。将其纳入一个既合理又综合的英语转换（transformational）*语法框架，就不难对其精确界定（参见 10.3）。此处可将 'round' 与 'shape' 或 'sweet' 与 'taste' 之间的关系描述为一种准上下义关系（quasi-hyponymy）*。如果把准上下义关系纳入上下义关系，以此对不同词汇进行分层次组织，那么如下假设看上去则相当合理可信：所有语言的词汇，都是以相对少量具有通用意义的词位为基础分层组织的。可是，这一假设很难基于目前已有的证据进行评估。

　　常规词典按照字母顺序排列词位（采用基本形式），不仅定义其主要涵义，而且采用引语（通常源于书面文本）示例，还会给部分词条（虽然不是全部）附加一些所谓的同义词和反义词。品质和综合性俱佳的字母顺序词典，不仅会提示基本对等的词位可相互替换的语境，还会提示它们在意谓或情感意义上的差别。但是，还没有任何词典系统区分过语言中不同类型的词汇对立关系（参见 8.3）。就上下义关系和反义关系而言，词典很少给予明示，也不能总是从所给的定义中推断出来。

　　但是，还有另一种词典，通常称作概念词典，而不是字母顺序词典（参见 Ullmann, 1957：313ff；1962：254ff）。最著名也是现代最早的一部词典是《罗热英语同义词词典》（*Roget's Thesaurus of English Words and Phrases*, 1852）。正如罗热在第一版前言中指出，概念词典或同义词词典（thesaurus）*（使用同义词词典这一不同术语，不预设对语义学概念论*的任何承诺：参见 4.3）的基本原则是"不依据语音或拼写体系，而是严格依据意指，对语言的单词和短语进行分类"。虽然罗热的研究工作重在"促进思想表达，辅助文学创作"，但深受17世纪构造一种理想语言推动科学知识系统化与发展这一哲学推想的影响（源自弗朗西斯·培根、笛卡尔和莱布尼茨的思想），也特别深受约翰·威尔金斯（John Wilkins）著名专题论文（1668）（参见 Robins, 1967：112ff；Salmon, 1966）的影响。和罗热的英语同义词词典相类似的词典有多恩赛夫的德语同义词词典（Dornseiff, 1933）和卡萨雷斯的西班牙语同义词词典（Casares, 1942），它们吸收了从罗热到20世纪三四十年代这一时期描述语义学的研究成果。还有一部法语简明同义词词典（Bally, 1909），附录部分明显仿拟罗热的词典编纂而成。此处也要提及与此相关的另一部词典，即巴克（Buck）的《主要印欧语言精选同义词词典》(*Dictionary of Selected Synonyms in the Principal Indo-European Languages*, 1949）。不过，这些词典虽然很有价值，可是没有为我们解决如下这个问题提供必需的信息：他们处理的不同语言的词汇是否按照严格的层级原则组织。

按照所称的语义范畴与子范畴一般框架构造同义词库，迄今为止，设计规模最大的方案非哈利格和瓦特堡（Hallig & Wartburg）1952年提出的概念系统（Begriffssystem）莫属。据称，该系统是一种基于实证且普遍适用的分类系统，反映了"智力正常的普通人心目中的世界画面（Weltbild），因为这是由语言中建立的前科学一般概念决定的（durch die sprachlich bedingten vorwissenschaftlichen Allgemeinbegriffe bestimmt）"。姑且如此，该系统还是受到了批评：它的理论基础是描述语义学，支持言说沃尔夫（Whorf, 1956）所称的标准普通欧洲语言（Standard Average European）的人们心存的天真现实主义。就此而言，它和罗热的系统别无二致，都是一个先验体系，或许还少不了主观偏见。该系统还受到从其他方面提出的批评（参见 Ullmann, 1957：314f；Geckeler, 1971：99f）。罗热将词位分为六大类，涵盖：(ⅰ)抽象关系；(ⅱ)空间；(ⅲ)物质；(ⅳ)智力；(ⅴ)意志；(ⅵ)知觉力和道德力。按照下义关系和准下义关系，很难证明这一分类的合理性。再说，至少就英语而言，将所有词汇分为与宇宙有关、与人类有关、与人类和宇宙共同有关三大类，甚至连这样最高层级的三分法，都无法证明其合理性。

到目前为止，我们对于世界上绝大多数语言的词汇结构知之甚少。而且，如前文所述，对于词汇整体上按照上下义关系和准上下义关系分层级排列这一假设，不可能给予评价，即使是研究充分、方便可及的欧洲语言，也是如此。理论语义学家提出类似一般假设时，理应持相应的审慎态度。然而，不可否认，就业已考察的语言来说，其词汇的各个领域皆存在一定程度的层级结构。一种语言在一种文化里令人满意地发挥着作用，其词汇却不是按照上下义和对比互补原则组织的，这样的语言的确令人难以想象。针对特定语言各领域词汇已经完成的描述性研究似乎也支持上述结论。

9.6 词汇空位

本节不再把图 7 解释为某一语言词汇系统层级结构的一种表征，而把它解释为某一词汇特定词义场（参见 8.2）层级结构的一种表征。就此而言，遇到的问题之一是：会不会出现我们一直所称的词汇空位（lexical gap）*。讲某一语言的文化中不存在某物，也就缺少相应的词位，对此，我们此时不会关注，更不会关注矛盾组合修饰语涵义封装所需词位的缺失问题（例如，不存在表示"married bachelor"（结婚的单身汉）或"square circle"（方的圆）之意的词位）。所谓词汇空位，此处指的是结构主义者通常隐喻性地描述为模式之洞的东西：也就是某一词义场结构的某一特定位置缺少某一词位这种现象。此时不妨回想一下特里尔的观点，他认为这一点在理论上难以想象。他否认词汇空位存在的可能性，可是，决定他这一态度的假设是存疑的（参见 8.2）。此处所关注的词汇空位属于莱勒（Lehrer, 1974 : 97）所称的矩阵空位范畴。正如她所言："将相关词项分析为语义特征，将其置于图表或矩阵，就会显现矩阵空位。"不过，我们会专门结合层级结构来讨论这个问题。从这个角度来看，该问题可分解为两个具体问题：(ⅰ) 在没有上义词的情况下，能否有共下义词？（ⅱ）如果说现存的每个上义词都有下义词，还能否说层级结构的某个位置存在词汇空位？

就第一个问题而言，按照提出问题的条件来回答，首先取决于我们如何定义上下义关系，最终也取决于我们如何界定共上下义关系。但是，这个问题也可按照如下方式重新表述：两个或两个以上词位处于一种对比状态，但没有使其成为直接下义词的上义词，如此情形是否存在？我们已经考察了和此类词汇空位有关的不少例证。假如图7呈现的是英语颜色形容词这一词义场，那么树状图的根部则不会有任何词位。另一方面，如果将词义场不同词类的词位归并起来（假定语法和词汇结构可妥善地实现某种整合），则可以说'colour'这一名词是｛'red'，'green'，...｝的直接上义词。根据层级结构的这种解释，上义词当中词位空位的数目就会大幅减少，但词汇空位不会完全消失。英语的'go'和'come'、'teacher'和'pupil'、'buy'和'sell'，还有其他许多对立词，都没有直接上义词。某些上义词不存在（还有，某些上义词的使用频次相对较少，应用范围也有限制：例如'spouse'是'husband'和'wife'的上义词，'parent'是'father'和'mother'的上义词），这与可编码性这一重要概念有关（参见 Brown, 1958：235ff）。

第二个问题相对难以概括性地回答。援引乔姆斯基的一个实例（Chomsky, 1965：231；参见 Lehrer, 1974：97）：英语有一个语词'corpse'，大致意思是"body of a dead human being"（一具已死人类的躯体）；还有一个语词'carcass'，意思是"body of a dead animal"（一具已死动物的躯体）；但没有任何语词可用于死了的植物。不过，这个例子倒不像乍一看那么简单。首先，应注意的是，'corpse'的涵义不是'dead'和'person'二者涵义的简单组合，'carcass'的涵义也不是'dead'和'animal'二者涵义的简单组合。'corpse'不是'person'的下义词，'carcass'也不是'animal'的下义词。一旦将'body'的涵义纳入释义，'corpse'、'carcass'以及一个可用于死了的植物的潜在但未现实化的词位，三者之间所谓的并行关系就会遭到破坏。此外，也许有人会认为，'corpse'和'carcass'没有按照我们在附加的释义中提示的那种方式形成一种对比。如果英语国家将食人主义制度化，人类和羊、牛、猪一样可屠宰食用，可以预见的是，'carcass'也会用于被运送到屠宰店的人类尸体。再者，如果玛丽心爱的小羊羔死了，她决定把它埋在花园里，或许还会在下葬仪式上祈祷一番，那么玛丽肯定不会把她做的事说成是埋葬小羔羊的carcass，而会说成是葬埋小羔羊的body或corpse。

就上述例子而言，我们陈述的观点并非是无聊的、可笑的，也不能以语词的认知意义和情感意义不同为由遭到否定。'corpse'和'carcass'是否按照所提示的方式在情感意义或涵义上产生关联，确实尚不清楚。关键之处在于，我们对待死去的人和死去的动物的方式大相径庭。对待人类的尸体，有验尸和葬礼等惯例化的做法；对待动物的尸体，有屠宰场、肉店和烹饪等惯例化的做法。'corpse'和'carcass'区别特征的词汇化正是与上述文化制度关联的产物。我们没有表示"dead plant"（死掉的植物）这个涵义的词位，对此大概可做出如是一种解释：在英语不断演变的各个社会里，死掉的植物作为一类物体没有被赋予文化上认可的地位。莱勒（Lehrer, 1974）对各种语言烹饪词汇的讨论，既表明文化考量的重要性，也表明确定普通上义词之下是否存在结构上可定义的词汇空位的难度。

不妨再看一个例子。如前文所述（参见9.2），俄语有单独语词来表示"妻子的兄弟""丈夫的兄弟""妻子的姐妹""丈夫的姐妹""兄弟的妻子"以及"姐妹的丈夫"，但（果不其然）没有表示"兄弟的丈夫"和"姐妹的妻子"的语词。毫无疑问，这些点的型式上有两个空位，但英语没有相应的词汇空位，因为英语姻亲关系词汇，如上文所述，是根据不同对立关系组织的。也许有人很可能会说，任何语言都不会有表示"兄弟的丈夫"或"姐妹的妻子"的语词。可是，事实并非如此。性别相同的两个人约定了永久关系，不仅同居，而且还有显而易见的不同角色，和传统婚姻中的不同角色相类似。假如这种现象比现在更常见，社会上更接受，又会如何呢？这种关系很可能始于一场婚礼和互表誓言。这样的一对新人可能会说自己成婚了，别人也可能会说他们成婚了，一个是丈夫，一个是妻子。这又会对词汇结构产生什么影响呢？'姐妹'和'妻子'的涵义相结合，'兄弟'和'丈夫'的涵义相结合，最终就有了"姐妹的妻子"和"兄弟的丈夫"这样的语词。在我们想象的情境下，这样的结果解释起来非常容易。因此，俄语亲缘关系词汇结构中的词汇空位与潜在的、目前尚不存在的词位相对应。如果某些空位被新词填补，相关语言的词汇结构在此程度上不受影响。实际上，目前尚不存在的语词，它们的涵义已经存在，随时都会被词汇化。但是，假设词汇空位不是新词填补的，而是通过拓展姻亲关系之类的词位的涵义填补的，就可能产生'zjatj'和'nevestka'，前者逐渐表示"sibling's (or child's) husband"（兄弟姐妹（或孩子）的丈夫），后者逐渐表示"sibling's (or child's) wife"（兄弟姐妹（或孩子）的妻子）。这将会是一种结构性的变化。它会扭曲该词义场现存的关系模式。但是，就英语而言，无论是创造新词，还是扩展已有语词的涵义，都没有需要填补的空位。某个人的兄弟的丈夫大概就是某个人的兄弟姐妹的男性配偶，因此随时可用'brother-in-law'来指称。另外，如果认为所指对象的性别不确定，但他/她的社会角色是确定的，某个人的兄弟的男性配偶，就可根据其在婚姻关系中是丈夫还是妻子，分别用'brother-in-law'或'sister-in-law'来指称。

上一段讨论的例证可能看起来相当有虚构性。但是，社会制度和日常习惯确实会发生变化，语言也可能按照上文提示的路线不断适应业已变化的环境。关于亲缘关系的人类学讨论应有警示作用，提醒我们不要超前做出如是假设：甚至像生物性别这样普遍的特征也必然会在这一词汇域有所反映，进而占据主导地位。然而，此时采用这一假设性例证的主要理由在于，阐明结构语义学框架之内的词汇空位这一概念，同时也在于，提示我们开始认真思考可能词位和不可能词位的区别时会遇到的困难。说英语的多数人也许会认为，表达式'female husband'（女性丈夫）和'male wife'（男性妻子）语义上是不可接受的（像'square circle'一样）。但是，如前文所述，设想这样的表达式不再被视为矛盾的一个世界，并不需要太多的想象力。即使在我们认知所及的世界，这样的句子所表达的命题，譬如'She is the father of five children'（她是五个孩子的父亲）或'She still loves her wife'（她仍然爱着她的妻子），语义上也绝不是反常规。例如，新闻记者詹姆斯·莫里斯（James Morris）成为一名女士时，照样还是几个孩子的父亲（改名为'Jan Morris'：参见 Morris, 1974）。设想我们这个世界之外的可能世界，以此为参照思考现有词位及其搭配的适用性，这是一项困难重重的技术活。面向一组讲母语的人发放调查问卷，问他们在某某情境下会说什么（语言学家诉诸自己的直觉，甚至更容易给出自己的答案），乃轻而易举之事。但是，对于采用上述方法获得的结果，其解释总是受制于奥斯汀这一告诫："日常语言在特殊情形下往往失灵"（Austin, 1970 : 68）。

不同语言都有一些清晰的词汇空位案例。它们和此处详细讨论的例证不同，就某人在某一环境下也许会使用某个具有某种特定涵义的语词这一点，不会有任何问题。法语和英语等其他语言一样，在描述空间扩展或定位时，会使用许多对跖对立词：例如'haut'：'bas'（高/低），还有'long'：'court'（长/短）。法语有一个词位'profond'，其意为'深的'，但没有相应的对跖对立词（比较英语的'shallow'（浅的）一词）。不过，可以用'profond'的否定式，或者用'peu profond'（稍深）这个表达式来填补词汇空位。假如法语缺少'bas'和'court'这样的词位，而又经常使用'peu huat'（稍高）、'peu long'（稍长）等表达式，我们当然不会谈及词汇空位，正如我们发现反义词在理论上可有可无一样（参见9.1）。

9.7 有标记词项与无标记词项

标记（marking）*（或标记性（markedness）*）源于布拉格学派的著

作（参见 Vachek, 1964, 1966），是结构主义语言学一个非常重要的概念。但遗憾的是，此概念涵盖众多迥然不同、自成一体的现象。下文仅关注与词汇结构分析有关的标记，区分被描述为有标记（marked）*或无标记（unmarked）*词位的三种涵义。

首先讨论被称作形式标记（formal marking）*的这类现象。'host'：'hostess'、'count'：'countess'、'lion'：'lioness'等语词是形态上或形式上相关联的互补词（参见 9.1）。每个词对第二个成员的形式（例如 *hostess*, *hostesses*）包含 -ess 这一后缀，第一个成员（host, hosts）的形式中没有这一后缀。此后缀是对立关系的形式标记，和 *un-*、*in-*、*dis-* 三个前缀分别在 'friendly'：'unfriendly'、'consistent'：'inconsistent'、'respectful'：'disrespectful'这些对立词中表示对立关系的情形是一致的（比较"对立词对的一个成员出现标记，另一成员缺少标记（Merkmal）"（Trubetzkoy, 1939：67））。既然如此，标记这一概念存在的前提是，某种特定形式成分在场或不在场。可以说，形式包含该成分的词位被（在形式上）标记以表示对立关系。相形之下，每个词对的未标记成员则缺少相关成分。应注意的一点是，并非所有对立关系都要符合上述条件，以至于把形式上有标记的词项都描述为语义学上的否定词。就形式上相关联的对立词对而言，也不是一个必有形式标记，另一个必无形式标记：比较'useful'：'useless'，还有'fruitful'：'fruitless'。

这么说来，形式标记通常与分布（distribution）*差异相关，虽然不总是相关。就对立关系而言，较之形式上无标记的成员，形式上有标记成员的分布限制（也就是出现的语境范围）往往会多一些。但是，分布限制这一标准与形式标记本身无关，也可用于形式上没有关联的词位。如前文所述（参见 9.1），在 'high'：'low'、'good'：'bad'、'happy'：'unhappy'这样的对立关系中可视为否定成员的词项，通常不会出现在'How...was X?'（X有多……？）这样的句子中。在这种语境下，对立关系可以说被悬置或中和（neutralize）*。关于语言不同层级的结构，有一点颇为重要：

对立关系有了形式标记这一特征,有形式标记的成员会被排除在起中和作用的语境之外。认识到形式标记与分布之间的这种普遍相关性,故可基于纯粹分布的理由把'有标记'和'无标记'两个术语扩展到形式上没有关联的词位对。但必须强调的是,此处涉及两种不同特性,如果都使用'标记'一词,难免会引起混淆。

现在不妨考察一下'count':'countess'和'lion':'lioness'两个词对。在每一词对中,第二个成员形式上有标记,第一个成员形式上无标记。但从分布限制或中和标准来看,两个词对是有差异的。'lion'的分布比'lioness'更广:'male lion'(雄性狮子)和'female lion'(雌性狮子)均是可接受的搭配,但'male lioness'(雄性母狮子)和'female lioness'(雌性的母狮子)不可接受(一个自相矛盾,另一个同义反复)。但是,'count'(伯爵)和'countess'(女伯爵)(或'prince'(王子)和'princess'(公主))之间的对立关系在类似语境下不会被中和:'female count'(女性男伯爵)和'male countess'(男性女伯爵)这样的搭配自相矛盾,'male count'(男性男伯爵)和'female countess'(女性女伯爵)同义反复。因此,我们能够区分形式标记和分布标记。两种标记同时相关,就会趋于一致(例如'lion':'lioness'和'happy':'unhappy'等)。不过,也有许多形式上有标记的词位在分布上没有标记(例如,'countess'与'count'的关系)。也有许多分布上有标记的词位形式上没有标记,尤其是形式上无关联的反义词对的否定成员,例如'good':'bad',还有'high':'low'等。

分布标记与语义标记(semantic marking)*相关。在许多情形下,对分布标记的一种合理解释是,它取决于语义标记。这一点原则上也与形式标记无关。语义上有标记的词位,其涵义比对应的语义上无标记的词位更具体。'lioness'的涵义比'lion'具体,'bitch'(母狗)的涵义比形式上不相关的'dog'具体。'lioness'和'bitch'仅指雌性。相对而言,在许多语境下,'lion'和'dog'既可用于雄性,也可用于雌性。正是出于这个原因，'male lion'和'female lion'，还有'male dog'和'female dog'这些搭配同样可接受。在这样的语境下，'lion'和'lioness'、'dog'和'bitch'的语义对比趋于中和。但是，在其他语境下，最明显的一点是，当对立词对用于析取疑问句（*Is it a dog or a bitch?*（这狗是公是母？））或用于兼有述谓成分和否定成分的陈述（*It's a dog, not a bitch.*（是公狗，不是母狗））时，无标记词位的涵义反倒更具体，这与有标记词位涵义更具体的本性不相一致。然而，应注意的是，所有语义上有标记的词位（其涵义更具体）分布上也有标记，但反过来说则不成立。无论指称的动物是雄性还是雌性，言说 *X has a dog*（X有一只狗），便可给出一个真实陈述。可是，如果有一套房子的实际面积小于（不是大于）相关标准，一般认为，言说 *X has bought a big house*（X买了一套大房子）所表达的命题则为假。

到目前为止，我们基于上下义关系必是一种非自反关系这一假设（参见 9.4）讨论了上下义关系（和准上下义关系）问题。但是，关于语义标记，上文已经表明，对立关系中未标记成员的涵义随语境而变，既可能是一般涵义，也可能是具体涵义。鉴于此，上述假设是存疑的。由于'dog'有时和'bitch'相对比，有时又是'bitch'的上义词，因此，在某些情形下，'dog'是它自身的下义词。"Is that dog a dog or bitch?"（那只狗是公狗还是母狗？）这个句子，或许相当怪异，但也有意义。如果这是一个孤立的语言现象，有人也许会这么说：'dog'有两种不同的涵义，即"dog_1"和"dog_2"；按照"dog_1"的涵义，'dog'是'bitch'的上义词；按照"dog_2"的涵义，'dog'和"bitch"是共下义词。但是，这种现象普遍存在于英语和其他语言的词汇系统。它是语义标记的直接结果，因而不应视为一词多义*的一种实例（参见 13.4）。就'dog'和'bitch'的关系而言，就好像英语的词汇结构不期望我们关注狗的性别似的，除非它们都是母狗，可是，它们又不总是母狗。

值得强调的是，两个词位表示特定的一种动物，一个词位语义上有标记，另一个表示性别没有标记，也不总是表示雌性的词位才有标记（如'lion'∶'lioness'、'tiger'∶'tigeress'以及'deer'∶'doe'），所有表示未驯化的兽类和鸟类、语义上有标记的词位对通常也是如此。'bull'相对于'cow'有标记，'cock'（'rooster'）相对于'hen'有标记，或'ram'相对于'sheep'（对于通常不使用'ewe'一词的人来说）有标记。这种现象背后的原因似乎是，农人饲养的这些物种当中，雄性数量通常少于雌性，这么做也纯粹是为了繁殖：家畜家禽的主体是雌性，被视为英语词汇结构的无标记规范。无论是什么原因，理论上重要的一点是，在性别特征词汇化过程中，对某些物种来说，表示雄性的词位在语义上有标记，对另外一些物种来说，表示雌性的词位在语义上有标记。成分分析的蕴涵是，雄性正负值（plus-or-minus male）或雌性正负值（plus-or-minus female），任何一个二值特征（two-valued feature）都不能类推到整个词汇体系（参见9.9）。

仔细考察这些和其他一些例证，就会发现，词位语义上是否有标记，是一个程度问题。至少对于许多讲英语的人来说，'dog'相对于'bitch'语义上完全无标记，因为相对于有标记的下义词，它可以没有限制地起到上义词的作用。'cow'的标记性强于'dog'，'hen'（或'chicken'）是如此，抑或'sheep'也是如此。有人很可能会用'those cows（over there）'这样的表达式指称一群牛，由此而不会暗示这群牛中没有公牛。不过，有人也可能会使用同一表达式指称一群公牛。再者，有人很可能会把'male cow'这一表达式用作'bull'的自反性或元语言解释。但是，'male cow'（跟'female dog'不同），就其自反性使用而言，倒不是可接受的搭配（虽然据说在19世纪被当作'公牛'的一种委婉表达）。它和'female bull'完全一样，是自相矛盾的。谁也不会说 That cow is a bull（但可以说 That dog is a bitch）这样的话，除非在某种情形下'that cow'被识解为"你（不正确地）称之为母牛的动物"。

'cow'的标记性弱于'bull'，相对而言，'man'的标记性更弱于

'woman'。'man'和'woman'在英语普通可数名词当中非常独特，因为它们可用作类*指表达式的单数形式，不需要添加限定词（参见 7.2）。就此而言，'man'比'woman'更常用。如此一来，'man'用作类指表达式的单数形式，它是无标记的：例如 *It is man that is responsible for environmental pollution*（正是人类对环境污染有责任），其中，'man'这个表达式的指称，既可识解为包括女人，也可识解为不包括女人。同样，'man'的复数形式也可用作类指表达式：比如，*Men have lived on this island for ten thousand years*（人类在这座岛上生活了一万年）。就其他类型的多数表达式（如果不是全部）而言，无论是指称表达式，还是述谓表达式，'man'都不会被认定为'woman'的上义词。不仅不能说 *That man is a woman*（除非在类似 'That cow is a bull' 的情形下），而且在指称含有一个或多个女人的群体时，通常也不能使用 'those men (over there)' 这样的表达式，而应使用 'those people (over there)'。如果说'man'相对于'woman'是无标记的，就必须承认，这一点也只是在严格限制的情形下才成立。

如前文所述，下义词的涵义通常可分析为其上义词的涵义和其上义词某个组合修饰语的涵义的产物。语言通过显性组合修饰这种方式构造无限多的下义表达式（例如 'book' 'large book' 'large red book'）。语言让我们能够做到这一点，也让我们能够根据情景需要，具体又精确地描述人、物、活动等。这种能力正是以语言的能产性*这一设计特征为前提的（参见 3.4）。许多这样的短语，由于在某些语境下频繁使用，以至于它们的某些蕴含义被中和化或不再适用，最终才有了一种专门化的涵义，和单一语词在相同条件下的涵义演变是一样的。既然如此，它们就会很快获得短语词位甚或语词词位的地位。关于这个问题，后续章节（13.2）再全面讨论。此处关注的是，它与语义标记这一现象之间的联系。

此处有两组例证，一组是 'nurse'、'female nurse' 和 'male nurse'，另一组是 'student'、'male student' 和 'female student'。'student' 这

一词位与其下义表达式'male student'和'female student'之间的关系，是以'student'为基础、以语言系统的能产性规则为依据、以组合修饰为方法构造的。这种关系一点都不复杂。从 My cousin is a student（我的表（堂）兄/弟（或姐/妹）是个学生）这一陈述中，根本推断不出所指对象'my cousin'的性别。所以，没有理由让我们把'male student'和'female student'当作独立的短语词位。但是，从 My cousin is a nurse 这一陈述中，说英语的多数人都会推断被指称的人是女性。这样的推断是不是基于'nurse'涵义的某个蕴含义呢？如果是的话，那么'nurse'在语言系统中是不是就像'cow'一样，采用与'male nurse'相关的语义无标记形式蕴含'female'之意？或者，这样的推断是不是概率性的，取决于我们对多数护士（像多数秘书、家政学或言语治疗专业的多数学生恰好都是女性一样）的认识呢？

可以说，'nurse'按照其目前的语言系统涵义，蕴含'female'之意（或'girl'及'woman'的析取义）。相对于'male nurse'，'nurse'是无标记的。首先，应注意的是，My cousin is a male nurse 是完全正常的一句话（相比之下，My cousin is a female nurse 显然很怪）。此外，'male nurse'这一短语不仅在日常话语中相对频现，而且在英语口语中用作述谓表达式时，它的两个子成分都要重读。这一点本身就表明，'male'不是在与'female'的隐性对比中被用作直接定语这样的形容词来修饰'nurse'的。医院里的女护士和男护士，他们的角色在某种程度上是不同的。说某人是个'male nurse'（按照正常方式重读），其言下之意不是，他是一名护士，碰巧是男性。我们曾经这样设想，随着'丈夫'和'妻子'蕴含义的变化，最终可能导致同性恋婚姻制度化这种结果，同时维持丈夫和妻子的角色区分基本不变（参见8.3）；同样，我们现在也可设想，'nurse'和'male nurse'的蕴含义会发生变化，最终无论性别如何，承担一种角色的人会被称作护士，承担另一种角色的人会被称作男护士。然而，'nurse'和'male nurse'目前也许应被看作涵义上关联的一对词位，是词汇系统一种对立关系的无标记成员和有标记成员。就语义标记而言，较之'dog'和'bitch'，'nurse'和'male nurse'更像'cow'和'bull'。就此而言，也许可说明的一点是，在世纪之交的英国，'lady typist'一词在目前使用'typist'一词的语境下（例如在广告中）司空见惯。

关于语义标记，我们在讨论中只不过指出，比较全面地探讨一个复杂且有争议的论题，需要厘清一些区别特征。针对某些特定实例，我们做出的陈述也许在事实层面会受到质疑。然而，毫无疑问，语义标记是一个程度问题，是语言词汇结构的一个重要特征。上文所有例证都与人和动物的性别特征的词汇化有关，但不应把这一点理解为是在隐约表明，语义标记是性别特征独有的一种现象。我们之所以专注于这一区别特征，一部分原因是它相对直接明了，另一部分原因是它在语义标记的讨论中经常会被提及。很少有著者讨论语义标记的程度差异问题。只要针对各种语言开展大量的描述性研究工作，就有可能推出综合性专著之类的成果。

9.8 部分-整体关系

本节应提及和上下义关系稍有不同的一种层级结构关系，即部分-整体（part-whole）*关系，例如'arm'∶'body'、'wheel'∶'bicycle'等。观察这样的例证，上下义关系与部分-整体关系的区别显而易见。一只手臂不是躯体的一种，而是躯体的一部分。'arms and other kinds of body'（手臂及其他类型的躯体）之类的短语是无稽之谈。正如许多著者（参见 Bierwisch, 1965；Kiefer, 1966）指出，词位之间的部分-整体关系与名词领属结构的某一特定子类关系密切，比如'John's right arm'（约翰的右臂）和'John has a right arm'（约翰有只右臂）等这样语义上甚或语法上相关联的短语和句子。在很多语言中（虽然不在英语中），这种类型的领属结构在语法上有别于'John's book'（约翰的书）和'John has a book'（约翰有一本书）之类的短语和句子；前者被描述为不可让渡（inalienable）*领属关系，后者被描述为可让渡（alienable）*领属关系。

在语言中可以发现，部分-整体的词汇关系种类多样，至少和上下义关系不相上下。对此，我们不予详细探讨。关于这一论题，最近的几次讨论反复争论的一个问题是：部分-整体关系是否像上下义关系一样，具有传递性。不同著者对此认识不一，这一点也许表明，语言中存在各种不同的部分-整体关系，它们之间的逻辑差别大于各种不同上下义（以及准上下义）关系之间的逻辑差别。这可能也是无法维持如下两个关系一致性区分的反映：其一，表达式所指对象之间的整体-部分关系（即某物的独立或可分离成分与它们所组成的整体之间的关系）；其二，语言各种词汇的涵义结构关系。物理上分立的指称对象之间的部分-整体关系，显然具有传递性：假设某物 x 是某物 y 的一部分，某物 y 是某物 z 的一部分，则 x 总会被描述为 z 的一部分。如果有关指称对象不是物理实体，而是物理空间（或空间-时间）的点或域，那么在适当考虑到表达式的指称中存在一定程度的不确定性的前提下，传递性也成立。假设 x 是一个点或域，x 是 y 域的一部分，y 是 z 域的一部分，则 x 是 z 的一部分。

但是，一个实体可描述为另一实体的一部分，并不意味着指称实体的表达式中使用的词位之间存在部分-整体关系。例如，如果某物 x 可称作'the handle'（把手），它是另一物 y 的一部分，y 可称作'the door'（门），是第三物'the house'（房子）z 的一部分，那么 x 即是 z 的一部分（凭借物理实体之间部分-整体关系的传递性）。但是，如'The house has a/no handle'或'There is a/no handle on this house'这样的句子，至少可以说，也是怪异的；而'the house-handle'或'the handle of the house'这样的短语绝对不可接受。如'the door-handle'和'the handle of the door'这样的短语，还有'The door has a/no handle'这样的句子，倒是完全可以接受。同样，'the door of the house'（或许还有'the house-door'）和'The house has a/no door'也是可接受的。因此，如果我们有可能建立一种部分-整体关系，那也是'handle'与'door'的关系或'door'与'house'的关系，而不会是'handle'与'house'的关系。

然而，词位间的部分-整体关系这一概念也有许多问题。如果我们认为部分-整体关系从定义上看是非传递性的，那么我们就不得不接受大量部分-整体词位对。但正如比尔维施（Bierwisch, 1965）提示的那样，在分析词汇过程中，根据基于传递性的一般冗余规则（general redundancy rules）*，许多词位对会被剔除。例如，'cuff'：'sleeve'（袖口/袖子），还有'sleeve'：'jacket'（袖子/夹克）是部分-整体词位对。'cuff'：'jacket'也是如此，例如'These sleeves have no cuffs'（这些袖子没有袖口），'The sleeves of this jacket have no cuffs'（这件夹克的袖子没有袖口），还有'This jacket has no cuffs'（这件夹克没有袖口）。为了系统解释三个句子的可接受性和语义相关性，似乎颇有必要援引传递性这一概念。'cuff'与'jacket'的部分-整体关系的确应视为'cuff'与'sleeve'、'sleeve'与'jacket'这两个部分-整体关系的结果。这样一来，我们可基于两种类型的例子讨论问题，一种是'handle'：'door'：'house'这样的例子，另一种是'cuff'：'sleeve'：'jacket'这样的例子。各位读者也可自行构造或考察两种类型的其他例子。一旦这么做了，就会对问题的本质产生一些认识。如果有人说词汇的部分-整体关系没有传递性，否认完全传递或非传递，也非常正确，但这几乎推进不了我们对语言词汇结构的理解。我们需要的是某种一般原则。如果能找到这样的原则，不必明确每个词位在部分-整体链中的位置（其涵义的一部分），也能依据特定词位集合的涵义，确定它们是否在词汇系统中构成比尔维施（Bierwisch, 1965）所称的部分-整体链（Teil-von-Ketten）。关于这一论题，新近研究对特定词位集合进行了探讨，也许颇有启迪性，但还都没有揭示出既满足要求又切实可行的一般原则。

有人也许会认为，整个问题与语言语义学没有关联：这只不过是我们对外部世界实体关系的普遍认知。不过，这种说法是不成立的。比如，

314 我们很可能说，'door'有特定意义，'house'也有特定意义（可从涵义和指谓上分析），上文指定给'door'：'house'这一词位对的部分-整体关系，反倒应归于我们对所有房子（或所有正常的房子）都有门这一纯粹偶然事实的认识。这么说可能听起来也非常合情合理。但是，语言的词汇系统当中有相当多的词位，一旦脱离相关的部分-整体关系，也就无法明确它们的涵义。就'sleeve'与'lapel'（翻领）而言，如果不付诸它们与'coat''jacket''garment'等之间的部分-整体关系（以及'sleeve'与'arm'之间的不同关系），我们又何以指望分析出这两个词的意义呢？像'second''minute''hour''month''day''week'这样的语词集合甚至会更有说服力。'day''month'和'year'（或许还有'week'）的意义，不必提及词位集合内部的部分-整体关系，至少也可从局部做出解释。阴历月每月大概有30天，一年有12到13个月不等，这只能视为一个偶然事实。可是，如果不明确词位集合内部的部分-整体关系，原则上就不能解释'second''minute''hour'的意义。如果不提及这个词位集合内部的部分-整体关系，也就不可能区分阳历月（或日历月）和阴历月。

如前文所述，观察'arm'：'body'和'wheel'：'bicycle'这样的例子（当这些词位指谓离散物体的名词时），便可清楚看出上下义关系与部分-整体关系的区别。语言学家讨论部分-整体词汇关系大多限于这样的情形。然而，可以认为，除了指谓离散物体的具体名词外，其他词类的词位也可能存有部分-整体关系。不过，就上述实例而言，上下义关系与部分-整体关系的区别往往一点都不明显。比如，金既是一种物质，也是物质的一部分。我们完全可以说 This substance has gold in it（这种物质含有金），也可以说 This substance consists of/is composed of gold (and other metals)（这种物质由金（或其他金属）构成），还可以说 This substance is gold（这种物质是金）。我们显然不能说 This animal consists of a cow (and other mammals)，也不能说 This body is an arm。具体物质名词和抽象名词一样，二者之间存在逻辑上的某种契合性（参见11.3），同样既有上下义关系，也有部分-整体关系。诚实既可视为一种美德，又可视为美德的一部分。许多表示活动的动词也是如此。比如，一般认为，"X can sew"（X 会缝）这一命题蕴含 "X can tack"（X 会钉）、"X can hem"、（X 会缝边）、"X can baste"（X 会粗缝）三个命题的合取。在｛'tack', 'hem', 'baste', 等等｝这个词位集合中，每个动词都是 'sew' 的下义词，但也可以说是表示 'sew' 这一活动本身的一部分活动。这些为数不多的例子旨在表明，除了表示离散物体的可数名词之外，其他词位之间的层级结构关系在语言中何以被视为上下义关系或部分-整体关系，或许又何以被视为二者当中的一种居间关系，拥有和它们一样的某些典型特征。如果考察某一较长时期之于一个时间片段这样特殊的部分-整体关系（比较：'childhood' 与 'life' 之间的部分-整体关系，还有 'child' 与 'person' 之间的上下义关系），就会出现进一步的复杂问题和相互关系。对此，这里不再探讨。

　　本节还应提及各种类型的集合名词（collective）*，诸如 'cattle' 'clergy' 'furniture' 'herd' 'flock' 'family' 'library' 等等。集合名词在语义学上可定义为表示人或物的集合或群组，在英语中，它们分为许多不同的语法类。例如，'cattle' 和 'clergy' 被当作复数，'furniture' 被当作单数（比较 'These cattle are ...'：'This furniture is ...'）。还有一些集合名词按照名词短语内的一致性原则是单数，但为了和句中的动词或动词短语保持一致，（至少在英国英语中）有时被识解为单数，有时被识解为复数（例如，'this family'：'The family has decided ...' 或 'The family have decided ...'）。就单复数区分而言，许多集合名词在语法上是矛盾的，的确应基于下述这一点才能解释得清楚：一组物体，从某一角度看，可视作单个实体，从另一角度看，或出于其他目的，也可视为多元一体。前文已提到，复数名词短语（如 'those men'（那些人）），作为一般指称表达式，有时用于将某种属性指定给每个类成员，但也可用于对整个类的某个方面断言（参见 7.2）。就此而言，包含集合名词的名词短语类似于复数名词短语。注意到如下这一点十分有趣：这样的名词短语分配性地指称人类群体时，它们必然选择关系代词'who'（而不选择'which'），主谓一致上使用复数形式。以下两个句子（在英国英语中）都可能出现：一是'The Government, who have ..., are ...'；一是'The Government, which has ..., is ...'；前者分配性地指称政府，后者集体性地指称政府。但是，'The Government, who has ..., is ...'或'The Government, which have ..., are ...'在语法上都不可接受。

此处关注集合名词在词汇结构中的位置问题。许多集合名词具有上义词功能，涉及一组准下义词。然而，这是一种不同类型的准上下义关系，有别于上文特别提到的与'round'：'shape'或'blue'：'colour'相关的准上下义关系。例如，'cattle'是{'cow'，'bull'，'steer'，等等}的上义词，经常使用的'cows, bulls and other cattle'（母牛、公牛以及其他牛）这种表达式即是明证。'clergy'是{'bishop'，'priest'，等等}的上义词。不过，上述两例是有区别的。虽然'priest'和'bishop'是'clergy'的准下义词，跟'cow'和'bull'是'cattle'的准下义词（或'man'和'woman'是'people'的准下义词）是一样的，但'priest'和'bishop'与'clergy'之间还是一种特定的部分-整体关系：例如'priests, bishops and other members of the clergy'（牧师、主教和其他神职人员）。'furniture'与'clergy'语法上有差异，但语义上是平行的：例如'tables, chairs and other kinds/items of furniture'（桌子、椅子和其他几种/几件家具）。在英语和其他语言的词汇系统中，有许多这样的集合名词，它们在层级结构关系中是词位集合的上义词。从上下义关系和部分-整体关系的区分来看，层级结构关系处于居间位置。这种模棱两可的状态与集合名词的这一特征相关：集合名词，无论语法上是单数还是复数，语义上都和物质名词非常相似。如前文所述，上下义关系与部分-整体关系的区分，就表示离散物体、担任上位词的可数名词来说，相对清晰；就充当上义词的物质名词来说，相对不清晰。还应注意的是，诸如'kind'（种类）、'part'（部分）、'member'（成员）、'item'（件）（可见于'kinds of animals'（各种动物）、'members of the clergy'（神职人员）、'parts of the body'（身体的各部分）以及'items of furniture'（数件家具）等表达式）等语词的功能，类似于语法上不区分单复数的语言的量词*的功能（参见 11.4）。

另一种集合名词的例子有：'flock''herd''library'和'forest'。'sheep'与'flock'，'cow'与'herd'，显然不是上下义关系：'sheep and other kinds of flock'（羊和其他种类的群）这样的短语是无意义的。'sheep'与'flock'也不是'arm'与'body'这种类型的部分-整体关系。'flock'这样的集合名词，跟'two pools of water'（两池水）和'three pounds of butter'（三磅黄油）当中的'pool'或'pound'一样，也具有个体化功能（参见 7.6）。两者之间当然也有差别：'water'和'butter'是物质名词，而'sheep'是可数名词。羊群里的每只羊都是单一个体。'flock'这样的集合名词的功能是，将一组没有差别的个体再个体化，跟'pool'和'pound'将一定量的水和黄油个体化是一样的方式。一群羊也许是由绵羊和羊羔组成，和神职阶层由主教、牧师等组成，身体由手臂、腿等组成，是一样的道理。从这个角度来看，'flock''clergy'和'body'也许都可视为实体的集合。但是，'the flock of sheep'（那群羊）不同于'the clergy of priests'和'the body of legs'，是一个可接受的短语。'flock''herd''library''forest'等等，类似于'set''collection''group'等等这些相对一般的语词；区别在于，前者在组合上有限制（这也是各种语言（虽然不是全部）的量词*的特征：参见 11.4）。由于它们在组合上有限制，因此也许就会把表示集合成员的词位的涵义封装*起来（参见 8.2）。短语'a herd of cattle'（一群牛）和'a suite of furniture'（一套家具）正是这两类不同集合名词差异的佐证。

9.9 成分分析法

当今的大多数结构语义学家会认同此版本或彼版本的成分分析法（componential analysis）*，这么说也许是正确的。这种描述语词意义的方法是以这样一个命题为前提的：每个词位的涵义皆可根据一组相对一般的涵义成分（sense-component）*（或语义特征（semantic feature）*）进行分析，其中，有些涵义成分甚或所有涵义成分是词汇系统若干不同词位共有的。从成分分析法与概念论的联系来看（参见 4.3），涵义成分（迄今为止尚无普遍接受的术语）可视为原子概念，特定词位的涵义可视为分子概念。例如，可以认为，'man' 的涵义（可识解为 'woman' 的互补词：参见 9.1）（在分子概念 'man' 中）是 "male" "adult" 以及 "human" 这些原子概念的一种组合。同样，也可以认为，'woman' 的涵义不同于 'man'，主要体现在这一点：在保持 "adult" 和 "human" 的同时，它组合的是 "female"（"not-male"），而不是 "male"。成分分析法，如果以这种方式解释，则可与莱布尼茨和威尔金斯的观念相联系。如前文所述，他们的观念对罗热的同义词词典编纂工作颇有启发（参见 9.5）。

就后索绪尔式结构主义传统而言，叶姆斯列夫（Hjelmslev）和雅各布森是最早支持成分分析法的学者，也是最有影响力的学者。他们的观点不同，但在倡导成分分析法这一点上，倒非常相似：他们一致认为，特鲁别茨柯伊（Trubetzkoy, 1939）给音位学注入的那些原理可以而且应当扩展到语法和语义学。独具欧洲特色的这种成分分析法最具代表性的学者有：格雷马（Greimas, 1965, 1970）、鲍狄埃（Pottier, 1974）、普列托（Prieto, 1964, 1966）和科塞留（Coseriu）（参见 Coseriu & Geckeler, 1974）。美国版的成分分析法看来是独立发展而来的。它最初不是作为语义结构的一般理论由语言学家提出的，而是作为描述和比较各种语言亲缘关系词汇的一种方法由人类学家提出的（参见 Goodenough, 1956；Lounsbury, 1956；

Wallace & Atkins, 1960）。没过几年，兰姆（Lamb, 1964）、奈达（Nida, 1964, 1975）、魏因赖希（Weinreich, 1963, 1966）、卡茨和福多（Katz & Fodor, 1963）等学者跟踪研究和推广了成分分析法。卡茨和福多合作撰写的一篇开山之作（Katz & Fodor, 1963）最终在转换语法（transformational grammar）*框架下将语义学和句法学相集成（参见 10.5）。

对于上一段提到的若干版本的成分分析法，我们不会系统探讨它们的异与同，而会注重任一版本的成分分析法都必须面对的一般理论问题和方法论问题。此处首先推介一种符号表示规范，以便我们能够清晰地描述这些问题。我们的表示规范使用小型大写字母表征涵义成分。我们不说"man"是"male""adult"和"human"的 product（乘积），而说"man"（'man'这一词位的意义，更确切地说，它的涵义：参见 7.3）是 MALE、ADULT 和 HUMAN 的乘积。何为'乘积'，这是我们必须讨论的其中一个问题。另一个问题关涉 MALE 和"male"的关系，ADULT 和"adult"的关系，还有 HUMAN 和"human"的关系。正如"man"是英语词位'man'的意义，"male"同样也是英语词位'male'的意义，"human"同样也是英语词位'human'的意义。

MALE 是否和"male"等同，ADULT 是否和"adult"等同，不一而足，对于此类问题，我们给出的一种回答是，词位的意义和原子概念（或涵义成分）之间原则上存在显著差别，词位的意义可分解为原子概念或涵义成分，因此 MALE 和 ADULT 不等于"male"和"adult"。一般认为，诸如 MALE 和 ADULT 这样的形式归属一套具有普遍性的原子概念，它们在特定语言中也许词汇化*，也许没有词汇化。一般认为，词汇化产生词位，它的意义至少包含其中一个原子涵义成分。由此可见，不同的语言不一定都将相同的涵义成分词汇化，就算它们真正把相同涵义成分词汇化，其组合方式也未必相同。我们暂且接受这一观点。正如前文所述，它有助于结构语义学家规避趋于极端的那种相对主义（参见 8.3）。

有人说（例如）"man"是 MALE、ADULT 和 HUMAN 的乘积时，我们禁不住会问'乘积'一词是什么意思。既然如此，依据涵义成分的合取，便可对'乘积'做出合理的解释：'man'的外延（被识解为'woman'的互补词）是 M、A 和 H 三个类的交集，其内涵分别是 MALE、ADULT 和 HUMAN 这些原子概念（参见 6.4）。正是乘积的这种解释（虽然很少予以明确）似乎构成欧洲和美国早期多数成分分析工作的基础。例如，鲍狄埃（Pottier, 1964）的分析非常有名。他依据 FOR SITTING UPON（用来坐的）、WITH LEGS（带腿的）、WITH A BACK（有靠背的）、WITH ARMS（有扶手的）和 FOR ONE PERSON（给一个人用的）这些涵义成分分析了法语词位'chaise''fauteuil''canapé'和'tabouret'（大体上和英语的'chair'（椅子）、'arm-chair'（扶手椅）、'sofa'（沙发）和'stool'（凳子）对应）；他的这个分析大致应按此方式来解释。叶姆斯列夫（Hjelmslev, 1959）对'ram''ewe''man''woman''boy''girl''stallion'和'mare'的分析，还有卡茨和福多（Katz & Fodor, 1963）对'bachelor'四种不同涵义的分析，也都是如此。

然而，亲缘关系词汇的分析通常会考虑到涵义成分的析取和合取。例如，假定这是实际上的正确分析方法，同时再假定不仅 MALE 是原子概念，而且二元关系谓词 SPOUSE(x, y) 和 SIBLING(x, y) 也是原子概念，就可将'brother-in-law'的涵义（至少可部分地）表示为 MALE(x) & (SPOUSE-OF-SIBLING-OF(x, y) $\vee$ SIBLING-OF-SPOUSE-OF(x, y))。如例证所示，一旦将合取和析取相结合，就必须将（X.(Y + Z)）和（(X.Y) + Z）这样的类区别特征引入词位涵义的表示形式（使用括号或其他符号：参见 6.4）。(X.(Y + Z)) 外延上等同于 (X.Y) + (X.Z)，((X.Y) + Z) 却不等同：例如，如果 x 是 y 的 brother-in-law，那么 x 要么既是男性又是 y 的姐妹的配偶，要么既是男性又是 y 的配偶的兄弟。这个例子也表明：（ⅰ）如果允许 SPOUSE(x, y) 和 SIBLING(x, y) 这样的关系谓词进入原子概念库，就必须得有某种方式（无论使用 x 和 y，还是使用其他变元）指示关系的方向性；（ⅱ）如果使用 SPOUSE-OF-SIBLING-OF(x, y) 和 SIBLING-

OF-SPOUSE-OF(x, y)这样的复杂关系,那么定义它们的方式必须以不必等同为原则。因此,如果说一个词位的涵义即是一组非结构化的涵义成分,那是行不通的:例如,"brother-in-law"是 MALE、SPOUSE 和 SIBLING 的乘积。如前文所述(对英语和俄语的简要考察,参见 9.2),SPOUSE-OF-SIBLING-OF(x, y)和 SIBLING-OF-SPOUSE-OF(x, y)也许会、也许不会采用同一词位进行词汇化。判断的标准也许是 y 的性别,而不是 x 的性别,或者是 x 的性别再加上 y 的性别。从原则上讲,MALE(x)& MALE(y)& SIBLING-OF-SPOUSE-OF(x, y),MALE(x)& FEMALE(y)& SIBLING-OF-SPOUSE-OF(x, y),MALE(x)& MALE(y)& SPOUSE-OF-SIBLING-OF(x, y),以及 MALE(x)& FE-MALE(y)& SPOUSE-OF-SIBLING-OF(x, y),都可在词汇上相区分。它们在不同语言中是否如此区分倒是一个偶然事实问题。

确实,不用多想,就会发现,SPOUSE 和 SIBLING 还可能有某些更复杂的组合。它们在特定语言中是否可以词汇化,又是如何词汇化的,也是一个偶然事实问题。许多说英语的人(虽然明显不是所有人)把 SPOUSE-OF-SIB-LING-OF-SPOUSE-OF(x, y)归于 'brother-in-law' 和 'sister-in-law' 范畴,而非 SIBLING-OF-SPOUSE-OF-SIBLING-OF(x, y),或 SPOUSE-OF-SIBLING-OF-SPOUSE-OF-SIBLING-OF(x, y),或 SIBLING-OF-SPOUSE-OF-SIBLING-OF-SPOUSE-OF(x, y),等等。所有这些关系都是可词汇化的。而且,同一词位的哪些关系可归为一类,哪些不可归为一类,一定可能具体描述。原则上讲,也一定有可能处理 SPOUSE(x, y)和 SIBLING(x, y)的某些递归(recursive)*组合。某人的兄弟姐妹的兄弟姐妹,要么是他自己,要么是他的兄弟姐妹。但是,在没有实行一夫一妻制的社会,某人的配偶的配偶不一定是他(她)自己。由此可见,像 SPOUSE(x, y)这样的简单关系是无限递归的,跟 'being the ancestor of'(是……的祖先)这种非常明显的递归(和想必是非原子)关系不同,还没有传递性(参见 6.4)。英语的亲缘关系词汇(除 'ancestor'(祖先)和 'descendant'(后代)之外)似乎都不涉及递归关系。但是,在其他语言中,同一原子关系的递归性应用是亲缘关系词汇成分分析的重要基础（参见 Lounsbury, 1964）。就英语而言，如 SPOUSE(x, y)和 SIBLING(x, y)这样具有推定性的原子关系有无限多的结果，我们必须说明哪些已经词汇化，哪些还没有词汇化。如前文所述，简单罗列已组合的涵义成分，是不可能做到这一点的。包含 SPOUSE(x, y)和 SIBLING(x, y)的关系，不是每一个都可词汇化为"brother-in-law"或"sister-in-law"。

可以认为，我们说一个词位的涵义是一组原子概念的乘积时，使用的乘积这一概念，涵义非常丰富，一定超过我们以往阐述的涵义。根据魏因赖希（Weinreich, 1966）的观点，词位有其内部结构，是句子和短语句法结构的反映；这一观点已为人们所称的生成语义学家（generative semanticist）*所采纳（参见 10.5）。例如，麦考利（McCawley, 1971）曾表明，动词'kill'（杀死）的涵义可分析为 CAUSE（致使）、BECOME（成为）、NOT（否定）和 ALIVE（活着）。这些成分不是简单地并列在一起（比如，像 MALE、ADULT 和 HUMAN 在'man'的涵义中并列一样），而是按层级结构组合的，可表示为（省略某些变元）(CAUSE(BECOME(NOT(ALIVE))))。麦考利还进一步提出和上述分析相关的一个主张：既然如此，英语不仅对整个复合体词汇化，而且还对每个子组合词汇化：ALIVE 被词汇化为'alive'，(NOT ALIVE) 被词汇化为'dead'，(BECOME(NOT ALIVE)) 被词汇化为'die'。

对于上述分析，此处不再继续深入。指出下述一点，足以达成当下目的：假设 CAUSE、BECOME、NOT 和 ALIVE 相组合可生成动词'kill'的涵义这一乘积，那么它们就必须按照一定的层级结构组合在一起。其类型应体现为'cause to become not alive'（致使变成不活的状态）这种复杂表达式，而不应体现为（例如）'cause not to become alive'（致使不变成活的状态）或者'not(to)cause to become alive'（没有致使变成活的状态）。正如后续章节所述，关于词位的内部结构，提出基于配价（valency）*概念的语法理论的学者，他们持有的观点稍有不同（参见 12.2）。不过，他们也会认为，涵义成分之于词汇化过程，语词和表达式之于句法上合式的语句，二者的组合原则或运算过程本质上是一样的。

以上言说足以表明，至少对于某些词位来说，颇有必要对经常用于涵义成分列表的那种类型的矩阵进行补充，同时具体说明涵义成分的组合方式。涵义成分的组合不是在所有实例中都可依据合取和析取的简单运算（递归或不递归）来解释。我们现在可讨论其他几点。

第一点涉及二元论（binarism）*问题和特征表示（feature-notation）*的使用（虽然通常和二元论有关，但也不是必然有关）。如上文所述，二元对比原则在语言的词汇结构方面非常重要：许多词位对可描述为反义词或互补词（参见 9.1）。此外，可以认为，反义词和互补词的许多对立关系包含一个有标记成员和一个无标记成员（参见 9.7）。二元论这一命题表明，正如下文对此术语的解释一样，所有对比词对，既是二元的，又是缺值对立的。正如法语的两个音位 /p/ 和 /b/ 在声音的音系学维度上处于一种对立关系一样，'man' 和 'woman'、'boy' 和 'girl' 等在性别的语义学维度上也处于一种对立关系（参见 Greimas, 1965：20ff；Pottier, 1974：61ff）。而且，正如可以说 /b/ 包含 /p/ 缺少的音系特征一样，（可以说）"man" 和 "boy" 也包含 "woman" 和 "girl" 所缺少的涵义成分 MALE。

但是，也许有人会问，为什么我们说 "woman" 和 "girl" 缺少涵义成分 MALE，而不说 "man" 和 "boy" 缺少涵义成分 FEMALE？如前文所述，'man'（而不是 'woman'）是对立关系中的无标记成员，虽然 'man' 绝对不像 'dog' 之于 'bitch' 那样完全无标记（参见 9.7）。如果把特鲁别茨柯伊（Trubetzkoy, 1939）引入到音系学的区别特征也用在语义学，显然比较可取的说法是，FEMALE 这一涵义成分在场或不在场，正是区分 "woman" 和 "man"、"bitch" 和 "dog" 的依据。但没有理由这样说：'boy' 相对于 'girl' 无标记，'ram' 相对于 'ewe' 无标记，'stallion' 相对于 'mare' 无标记。正如 "boy" 和 "ram" 包含 "girl" 和 "ewe" 缺乏的 MALE 这一涵义成分，同样，"girl" 和 "ewe" 包含

"boy"和"ram"缺少的 FEMALE 这一涵义成分，这么说也是恰当的。在'cow'：'bull'和'duck'：'drake'（母鸭/公鸭）之类的互补词对中，表示雄性的那个词位语义上有标记；要不是因为这一点，上述说法也许就不会是个问题。

如果认为特定语言中被词汇化的东西是一套具有普遍性的原子概念，那么从性别区分上说，在一对互补词有标记成员的意义当中，有时 MALE 可见，有时 FEMALE 可见，则是我们面临的两难问题。MALE 也罢，FEMALE 也罢，我们可任意选择其一，把它认定为具有普遍性的原子概念，然后据此否定性地定义另外一个词（例如，我们在运算时，可采用任一形式，要么是+FEMALE 和 –FEMALE，要么是+MALE 和 –MALE）。不过，如前文所述，就某些互补词对而言，这样的分析不能产生令人信服的结果。不妨换一种方式，我们把 MALE 和 FEMALE 都认定为原子概念；但是，这又会和二元论的整体精神相悖。既然这种做法会使+MALE 和+FEMALE 成为理论上不相关、可能同时并存的两个涵义成分（在缺少某一补充性陈述或规则（其大意是，+MALE 隐含 –FEMALE，+FEMALE 隐含 –MALE）的情况下即是如此），那么无论如何也不会有助于阐明类似"That horse is a stallion"（那是一匹种马）和"That horse is a mare"（那是一匹母马）这样的命题之间的蕴含关系。

上文引入了更进一步的表示规范，也就是采用加减号来区别特征*这一语言学专门术语的正负值。或许可补充的一点是，也可从变元值这个方面来使用'特征'：不仅 ±MALE（或 ±FEMALE）这个变元被描述为特征，而且它的两个值+MALE 和 –MALE（或+FEMALE 和 –FEMALE）也被描述为特征。我们将继续使用'成分'这个术语表示变元值，保留'特征'这个术语，专门用于表示包含两个值的变元。

使用特征表示也会产生进一步的问题。如果我们认为 –MALE 表示的不是和 FEMALE 对等的涵义成分，而是+MALE 的缺位，那又如何去理解"horse"和"mare"的不同呢？因为"horse"也缺少+MALE 这个涵义成分（假定借以区分"stallion"和"mare"的特征是 ±MALE，而不是 ±FEMALE）。此时也许还可补充的一点是，语言学家使用'无标记'这一术语的方式让人无法看清'dog'或'duck'与'horse'或'child'之间的区别，这种情况并不少见。按照'无标记'的这种用法，'horse'和'child'两个语词，就 ±MALE（或 ±FEMALE）这一特征而言，可以说是无标记的。可是，'horse'和'child'，跟'dog'和'duck'一样，也不是缺值对立关系中的无标记成员。因此，我们必须谨慎区分一个特征的负值和零值：也就是说，区分 –MALE（例如"duck"）和 ØMALE（例如"horse"或"child"），或者区分 –FEMALE（例如"dog"）和 ØMALE（例如"horse"或"child"）。如果没有做出这样的区分，那么无论选择 ±MALE 还是 ±FEMALE 哪一个特征，进而运用相应特征的值来区分"stallion"和"mare"，也都会错把"That's a horse over there"（那是一匹马）这样一个命题和"That's a stallion over there"（那是一匹公马）或"That's a mare over there"（那是一匹母马）等同起来。

　　实际上，如果或然希望这么做的话，还可做出进一步的区分：一方面是意义与二元特征正负值都相容的词位，另一方面是意义与二元特征正负值都不相容的词位。例如，"horse"与 +MALE 和 –MALE 都相容（或者与 +FEMALE 和 –FEMALE 都相容），相形之下，可以认为，"house"与两者都不相容。如果认可二元特征负值和零值之区分，那么就可轻而易举地对零赋值的'horse'和未赋值的'house'这种进一步的区分做出如是描述：'horse'的意义包含 ØMALE（或 ØFEMALE）这一涵义成分，而'house'的意义没有包含 ±MALE（或 ±FEMALE）的任何值。但是，采用此种方式描述"horse"和"house"在 ±MALE（或 ±FEMALE）这一特征上的区分，显然使相关特征成为三值特征，而不是二值特征。另一种可能的做法是，摒弃零赋值词位与未赋值词位之间的这种区分，断言'horse'和'house'均未指定 ±MALE（或 ±FEMALE）的任何值。这更符合二元论的精神；而且可以说，区分负值和未指定值，足以达成成分分析法的目的。'male horse'和'female horse'均是正常且易于解释的表达式，而'male house'和'female house'则不是（假定这一点应根据'horse'和'house'的意义来解释），如此差异可从 +ANIMATE 这样一个涵义成分在"horse"中存在和在'house'中缺位两个方面做出解释。唯独有灵实体才可以是雄性的或雌性的。至于有一些无性或雌雄同体的生物，也许有理由认为，这只是一个偶然性问题，而不是一个逻辑必然性问题，与描述英语或其他任何语言没有什么干系。

当然，有许多对比词对似乎也不是一分为二的（参见 9.3）。正如我们此时和先前看到的一样，即使是一目了然的二元对比对，例如'man'与'woman'、'ram'与'ewe'、'stallion'与'mare'等等，如果希望把它当作一种缺值对立关系来看待，类似于 /b/ 和 /p/、/d/ 和 /t/ 等音位之间的音系对立关系，就会带给分析者各种不同的问题。

特征表示的进一步困难在于，即使可以描述两种二元对比的相似性，也无法顺理成章地描述互补关系与反义关系的区别（参见 9.1）。例如，比尔维施（Bierwisch, 1969）曾经针对如下两个方面做出一种区分：一方面是他所称的如 HUMAN 这样的单数标记词，其逻辑否定式为 NON-HUMAN。此词不过是其矛盾词，不表示肯定的属性；另一方面是他所称的反义 n 元组（n-tuple）（采用源自卡茨（Katz, 1964, 1966）的'反义'这一术语非常宽泛的涵义），例如 {MALE, FEMALE} 和 {BLACK, WHITE, RED, GREEN, ...}。有人认为，此类集合的每个成员都是某一 n 值特征（$n = Z$）的正值。因此，MALE 可称作 SEX 这一特征两个可能等价量值中的一个，BLACK 是 COLOUR 这一特征可能量值中的一个，等等。（更确切地说，上文描述的 MALE 和 BLACK 是二元涵义成分，包括（ⅰ）从集合 M={SEX, COLOUR, AGE, SPECIES, ...} 中选取的一个上位标记和（ⅱ）一个下位标记 μ，指明上位标记所表示领域的内部特定位置。不过，就目前而言，我们没有必要深入讨论比尔维施形式主义的详细内容。）既然两个成员的 n 元组只是 n 值 n 元组的一种特例，那么在此框架下就很容易制定一条通用规则来解释某个二值特征两个互补等价量值之间的关系。如果根据定义 n 元集合任意成员与其余 n-1 成员的合取或析取之间的逻辑关系成立,那么这样的逻辑关系在二元集合的其一成员与另一成员之间也同样成立。但是,语言中的二元词汇对立十分重要,以至于将互补关系当作和多重等价对比关系完全一样的东西,至少说是反直觉的,即便从纯粹形式上来看这么做也许令人非常信服。此外,不引入某种补充性的表示规范或某一附加成分(例如,二值特征 ±POLAR 的正值或二元关系成分 GREATER(x, y):参见 Bierwisch, 1967, 1970),就不能在此框架内处理反义关系(此处取其狭义,参见 9.1)以区分反义词和互补词。

本节不再进一步使用特征表示,也不再赘述二元论及其产生的形式或表示问题。下文将围绕成分分析法阐述各种不同的一般观点。

可以认为,成分分析法是场理论的一种拓展,更具体地说,也是为场理论建立合理理论和方法论基础的一种尝试(参见 8.4),这正是欧洲结构主义学者通常描述成分分析法的方式(参见 Geckeler, 1971)。如此解释成分分析法是一件顺理成章之事。但是,成分分析法不预设场理论,场理论也不以成分分析法为预设,认识到这一点颇为重要。一方面,有可能继续坚持如是观点:一门语言中全部词位的某些子集构成一个场,子集之间形成各种各样的涵义关系;同时,也有可能不认可成分分析法是辨识词汇场和描述其成员间涵义关系的一种方法。另一方面,人们很可能照样使用成分分析法,视其为描述词位集合涵义关系的一种方法,但不愿承认词汇场这个概念具有任何作用。

一些学者认为,场理论和成分分析法相互依存,但其中仅有一个方面需要我们给予关注:也就是基于两种语义成分之间所谓的依存关系而做出的区分,即义素(seme)* 和类素(classeme)* 的区分(参见 Pottier, 1974;Coseriu, 1967)。根据科塞留的观点,义素是在单一词义场起作用的最小意义区别特征,其功能是按照各种不同对立关系组构词义场(参见 Coseriu & Geckeler, 1974:149)。举例来说,义素即是鲍狄埃认为在

'chaise'（椅子）、'fauteuil'（扶手椅）等语词构成的语义场中具有区别特征的涵义成分。类素有别于义素，是归属若干不同词义场的词位共有的非常一般的涵义成分，不仅被词汇化，而且还被语法化（参见 Coseriu & Geckeler, 1974：152）。类素的例子有 ANIMATE / INANIMATE 和 MALE / FEMALE，还有 CAUSE 和 HAVE。叶姆斯列夫分析了'man''woman''stallion''mare'等语词的意义，可能会涉及义素，也会涉及类素。

上文之所以提及义素和类素之分，是因为这一区分在某些方面与同样有争议但更为人知的区分符（distinguisher）* 与标记符（marker）* 之分大体一致。区分符和标记符的区分最初是卡茨和福多（Katz & Fodor, 1963）提出的，据认为是反映一门语言词位意义的系统与非系统之分。其系统部分由一组标记符表示，而剩余部分由区分符表示。卡茨和福多（Katz & Fodor, 1963）没有阐明判定某一成分是标记性还是辨义性的必要条件和充分条件。博林格（Bolinger, 1965）、魏因赖希（Weinreich, 1966）、比尔维施（Bierwisch, 1969）等学者对区分上述两种成分的整体基础有所质疑。此处关心的是，欧洲某些结构主义者提出的义素/类素之分，转换语法学者有人假定、有人排斥的区分符/标记符之分，两种区分之间有何相似性。

乍一看，两种区分似乎没有什么共同之处：一种明显有赖于词汇场的先验定义；另一种与场理论毫无干系，被认为首先取决于语言内部的系统性这一概念。但是，欧洲结构主义者的类素和卡茨的标记符，两个概念之间倒有一个相似之处。卡茨说标记符对于语言来说具有系统性（例如 male 对于英语就是系统性的）的时候，他心中的想法是，按照他自己的理论，标记符在陈述选择限制*的过程中发挥什么作用（参见 10.5）。例如，只要确保'pregnant'（怀孕的）一词不能与包含 MALE 这一成分的任何名词组合这一点，便可对'That man is pregnant'（假定语义上是反常的）这一反常表述做出解释。不言而喻，MALE 对英语来说是系统性的。同样，鲍狄埃和科塞留把语义成分划分为义素

第九章 结构语义学（二）：涵义关系

与类素是在强调，类素决定名词与形容词、名词与动词之间基于语义的组合依存关系：例如，就包含动词'marry'的英语句子而言，在其他语言相应的句子中，MALE 这一类素对其选词皆有决定性影响——意大利语会选择'ammogliarsi'（而非'maritarsi'），罗马尼亚语会选择'a se însura'（而非'a se mărita'）、俄语会选择'ženitsja'（而非'vyxoditj zamuž'）。'义素'和'区分符'的相似性也许不多，因为前者取决于最小功能对立关系（无论是缺值对立，还是等值对立），后者仅仅是词义的剩余部分，也就是不依据标记符解释的那部分意义。同时，鲍狄埃提出的 FOR SITTING UPON 这样的成分（鲍氏将其归为义素）显然会被卡茨当作区分符。

语言内部系统性这一概念，正如卡茨识解的一样，往往和其他一些特征之间存在相关性。词位之间的语义差异与对等，在使用两种语义成分的著者给出的例证中，是从类素或标记符方面解释的，以至于（ⅰ）如此解释的语义差异与对等在不同语言中皆可容易识别，较之从义素或区分符方面解释的语义差异与对等，语言或文化依赖性明显不强；（ⅱ）它们在句法上相关联，不仅可词汇化，而且还可语法化；（ⅲ）它们并不局限于少数词位，而是广泛分布于整个词汇系统。这些标准相互没有关系。因此，如果其中任何一条标准被确定（假设针对特定目的可精准描述），也许就会与其他标准发生冲突。例如，在土耳其语（没有性别差异，人称代词不是按照指称对象的性别来区分的，等等）中，MALE 与句法没有关联，但似乎又广泛分布于土耳其语的词汇系统，和在英语、法语、俄语等语言中的情形是一样的。这显然是也许可认定的语言（文化）依赖型原子概念的一个特别合理的例证。

探讨义素/类素之别和区分符/标记符之别，不仅仅是为了强调精准描述这些区分的难点所在，更是为了将成分分析法这一概念和上一章（参见 8.3）关于普遍主义和相对主义的讨论相联系这一积极目的。及至当下，我们在阐述成分分析法过程中没有明确对涵义成分必是普遍原子概念这一假设提出质疑。可是，这一假设可能会引起异议。

就涵义成分的概念地位而言，必须强调的一点是，成分分析与我们界定的概念论*（参见4.3）之间没有任何必然联系。分解词位间的涵义关系，进而把其因子视为理论构念，是完全可能的；假定这样的构念有助于简化语言描述工作，但并不使语言学者认同相应心理实体的存在。举例来说，因为（7×3）:（7×2）::（5×3）:（5×2），所以可从算术比例21:14::15:10当中提取出7、5、3、2四个因子。同理，我们也可从'man':'woman'::'stallion':'mare'这一语义比例当中提取出a、b、c、d四个因子（不管这些因子在语言学家的语言系统模型中如何标记或表示）。每个因子都能让语言学家对句子集合在语义上是否可接受做出解释，所有因子的语言学意义正是源于这一点：如在上例中，"man"中有因子a在场，就可解释'That man cuts his own hair'（那个男人剪他自己的头发）一句的可接受度，也可解释'That man cuts her own hair'抑或'That man is pregnant'的不可接受度；"mare"中有因子b和d在场（d与"foal"（小马驹）的一个或多个指定性成分相组合），就可解释'That mare has just given birth to a beautiful little foal'（那匹母马刚生了个漂亮的小马驹）的可接受度；"man""woman""stallion"中有因子a或c（或两者兼有）在场，也可解释'That man/woman/stallion has just given birth to a beautiful little foal'的不可接受度。当然，至于这些句子的语义实际上是否反常，则是另一个问题（参见10.5）。关键之处在于，能否基于'man':'woman'::'stallion':'mare'这样的比例提取涵义成分。这些因子是否有效，取决于它们之于语言使用的解释力。

事实上，提倡成分分析法的多数学者都不满足于认为，涵义成分的界定有望止于句子的可接受度和单一语言内部句子对等（蕴含）关系这些尺度。（但可以看出，这是叶姆斯列夫的观点。就此而言，对于他分析的'man':'woman'、'stallion':'mare'等词汇关系，我们的描述有误导性。)料想他们希望说的是，较之代数因子 a、b、c 和 d，选用的涵义成分识别标签包含的内容更丰富。料想他们还希望根据指谓关系至少能把一些因子和外部世界联系起来，如 MALE（上例中的因子 a）指谓具有某种属性的一类实体的全部，HUMAN（上例中的因子 c）指谓具有除 MALE（但可兼容）之外的某一属性的一类实体的全部，依此类推。这一点无可辩驳。但是，显而易见，除非能提供 MALE、HUMAN 等特征的某种外延定义或元语言上不使用'male''human'等英语语词（或'mâle''humain'等法语语词，'mužkoj''čelovečeskij'等俄语语词，或其他自然语言的相关语词）的某种内涵定义，否则就不能说已经解释了'male''human'的意义抑或'man'的意义中的涵义成分。这种解释对使用纯代数符号的分析工作是一种补充（参见 Lewis, 1972）。此外，鉴于语义学家使用'概念'一词往往有失严谨，也鉴于哲学家和心理学家针对概念论提出的诸多批评意见，因此必须强调，MALE、HUMAN 等特征的外延或内涵定义未必都与相关心理实体的假定有涉。

现在讨论原子性问题。莱布尼茨曾多次提议构造一种普遍符号语言，自此以来，原子性原理在如下议题的哲学讨论中一直发挥着显著作用：语词的意义可分析为更小且很可能更基本的成分。在此语境下，'基本'（basic）的隐含义是，相关成分是语言与外部世界之间的结合点：也就是说，其成分可通过直接与语言之外的实体相关联获得定义。普遍语言的符号表达简单（原子）观念，这正是莱布尼茨的意图所在。一般认为，至少按照经验主义的传统，这一观点隐约表明，观念应该通过直接感官经验获得。无论经验主义原子性原理在哲学上有何长处，语言学家假定的多数涵义成分（如 MALE, ALIVE, FOR SITTING UPON）显然都不具有此种涵义的原子性。

或许，某些词位的指谓可从具有生理学原子性的感知差异上予以解释，由此可见其是否取决于对于感官刺激的全反应或无反应。例如，识别红色或绿色色调或许就有生理学意义上的原子性：视网膜有特定的细胞,根据外部刺激是否为细胞所调谐的色调这一点,要么做出反应,要么不做出反应。我们已经发现,这一点可能与伯林和凯的假设之间存在某种关系(参见 8.3)。但是,就多数涵义成分而言,很难看出,人们有可能如何判定,甚至在理论上如何判定,它们是原子性的还是非原子性的。感知原子性这一概念似乎和这些涵义成分(例如 SPOUSE,SIBLING)无关。原子性的其他任何概念都会因为其有效性无法验证而受到批评。可是,原子主义和概念论一样,显然也不是成分分析法的基本要素。对此,我们不必赘述。

331　　成分分析和普遍主义之间的联系要复杂很多,因为存在若干版本的普遍主义。成分分析的相当一部分吸引力无疑源自它与普遍主义某一两个版本之间的联系,无论这种联系是偶然的,还是必然的。普遍主义最极端的命题形式至少兼有三个不同子命题:(ⅰ)存在一个固定的语义成分集合,其语义成分是普遍的,因为它们在所有语言中皆可词汇化;(ⅱ)这些涵义成分相组合最终生成词位意义(乘积)的形式原则具有普遍性(还可能是内在的);(ⅲ)就所有语言的所有词位而言,其涵义均可没有剩余地分解成(同种类)涵义成分的可变组合。(ⅰ)与(ⅱ)之分跟乔姆斯基(Chomsky, 1965)的实体普遍特征与形式普遍特征之分有关。鉴于此,我们分别将(ⅰ)与(ⅱ)称作实体普遍性命题和形式普遍性命题,而将(ⅲ)称作无剩余命题。

　　如前文所述,卡茨不赞成极端普遍主义的复合命题:他不坚信无剩余命题;而且在他看来,实体普遍特征不是在所有语言中都必须词汇化(或语法化),而是任一语言词汇化的所有涵义成分(区分符除外)皆来自一个固定的词库(其知识是内在的)。这正是乔姆斯基及其所有追随者对语义、句法和音系上的所有实体普遍特征的一致看法。这当然也是比尔维施的观点。他批评了卡茨的区分符观,理由是区分符还可分析成更基本的元素;而且在提出批评之时,比尔维施旗帜鲜明地声称,他对初看上去貌似极端普遍主义的东西坚信不疑。这似乎也是人们所称的生成语义学家*的观点（参见 10.5）。由此可见，较之上文（i）的陈述，乔姆斯基式的实体普遍性命题要弱得多。

及至当下，欧洲结构主义者一直都不是极端普遍主义者。叶姆斯列夫维系着他自己那种相对较弱的形式普遍性命题，但又明确不愿接受任何形式的实体普遍性命题。最近有一批秉承后索绪尔主义传统的著者（特别是鲍狄埃、科塞留和格雷马）也明确表示，他们至少不愿接受强式实体普遍性命题。他们之所以对无剩余命题的坚守有所减弱，一部分原因来自其方法论原则，即分析不应超越每个词位与其他每个非同义词位的区分点；另一部分原因是，他们识别了两种涵义成分，即类素和义素。虽然有些义素也许是普遍的，甚至是原子的（例如，区分"红"与"绿"的义素），但其中大多数显然不是普遍的，一些义素既复杂，又如卡茨的区分符一样有成分剩余。最后，也许有必要提及俄罗斯学者（如 Meljčuk、Žolkovskij、Apresjan，后续章节会参考他们的著作，参见 12.6）。虽然他们对构造一种具有普遍性的语义学元语言颇有兴趣（其词汇由原子涵义成分构成，类似于莱布尼茨的符号语言：参见 Apresjan, 1974：38），但看上去也不会支持极端普遍主义的命题。利奇（Leech, 1974：231-262）或莱勒（Lehrer, 1974）再或维尔兹比卡（Wierzbicka, 1972）也都不赞同极端普遍主义。维尔兹比卡还用了一整本书讨论了普遍涵义成分库的构造问题，举例说明了入库涵义成分是如何词汇化的。简而言之，在目前倡导或实践成分分析法的语言学人当中，是否有极端普遍主义的代表人物，尚不清楚。

基于目前的证据，普遍主义命题最可信的版本，似乎是我们在上文讨论伯林和凯提出的假设时所概述的版本（参见 8.1）。如果语言中的某些（绝非全部）语义区别特征是对生物和文化显著性刺激做出反应的一种遗传倾向决定的，那么语言将趋向于把这些语义区别特征词汇化（或许也会语法化）：例如，纵向延伸与非纵向延伸的差异，固体与非固体的差异，有灵与无灵的差异。最终，分析许多（即使不是全部）语言系统，就会发现，许多词汇域都有涵义关系。对此，可通过假设 VERTICAL（垂直的）、SOLID（固体的）、ANIMATE（有灵的）等涵义成分做出解释。这些涵义成分（在世界各语言中，它们编码的区别特征的相对显著性不同，其分布比例也会不同）被卡茨视为标记符（而不是区分符）。既然标记符/区分符之分与类素/义素之分相一致（如上文所述，两组区分还都不精确），那么它们也都是类素（而非义素）：因为它们往往与句法相关联，同时作用于若干词义场。但是，由于没有什么可阻止语言对非普遍语义特征词汇化，同时使其与句法相关联，所以在特定语言的分析中识别的所有标记符和类素，并非都是实体普遍特征。因此，（ⅰ）类素与义素之分也罢，标记符与区分符之分也罢，都不应指望它们和全称涵义成分与非全称涵义成分之分相一致，二者只不过是近似而已；（ⅱ）用于描述任何特定语言词汇的涵义成分库，可能既包含全称涵义成分，也包含非全称涵义成分。

  前文阐述了成分分析法的一般原理。新近的语言语义学文献中尽是程序性的陈述，其大意是，解释所有语言的所有词位的意义，可以而且必须立足于据称的、可能具有普遍性的涵义成分的组合。但及至当下，已经公开发表的相关分析成果是不完整的，而且大部分没有说服力；这些分析仅限于相对较少的语言和相对较少的词汇域。单单就这一条理由，对于满腔热忱的支持者以成分分析法之名提出的主张，我们应对其有效性持谨慎态度。不过，个中缘由也不止于此。

  当下有一种广泛认识是，在某些已进行成分分析的词汇域，尤其是在亲缘关系词汇域（参见 Romney & D'Andrade, 1964），针对同一词位集合，有可能给出几种同样看似合理的分析结果。假若事实如此，又该如何判定哪种分析是对的，哪种分析是错的？及至当下，这个问题一直没有答案。实际上，这个问题是否可以回答，尚不清楚。语言学家分析词位意义时往往援引的那种涵义成分在语言话语的生成与理解中到底有何作用，还有待证明；而且，如果不能证明据称的更基本的涵义成分具有心理效度，成分分析法就不会像最初那样有吸引力。

第九章 结构语义学（二）：涵义关系

涵义成分的心理现实经常遭到质疑，涵义成分的普遍性也是如此。但是，关于成分分析法价值的一般讨论，通常都未提到这样一点：即使在貌似有说服力的领域，成分分析法已经解释的和没有解释的一样多。例如，如果根据 HUMAN、ADULT 和 FEMALE 这些涵义成分分析 'man' 'woman' 'adult' 'girl' 'boy' 'child' 等词位的意义，也就能轻而易举地解释 'adult child' 或 'male girl' 之类的语义异常短语。我们这样解释时，必须假设（在成分分析的有关论述中经常假设，而非阐明）"male"（取英语词位 'male' 的涵义）包含涵义成分 –FEMALE，由此获得穷尽性；"adult" 不仅包含涵义成分 ADULT，也由此获得穷尽性；依此类推。但是，按照这样的假设，'male child' 应与 'boy' 同义。不过，实际上并非如此。一个 18 岁的男孩，显然不再是儿童。此外，如果 "boy" 与 "girl" 的不同，仅仅在于 "boy" 包含涵义成分 –FEMALE 而不包含 FEMALE，再者，据称的共同涵义成分 –ADULT 可给予一种统一的解释，可 'boy' 与 'girl' 两个词位并不是按照此种方式使用的，又如何解释这一点呢？按照任何最明显的标准（如性成熟度等）来判断，通常认为，女孩较之男孩早到成年期，而不是晚于男孩。可是，女孩被叫作女孩，男孩被叫作男孩，前者的时间更长一些。命题 "X is now a man"（X 现在是个男人）有可能蕴含 "X is no longer a boy"（X 不再是个男孩）之意；可是，"X is now a woman"（X 现在是个女人）倒不蕴含 "X is no longer a girl"（X 不再是个女孩）之意。当然，可能有人会反驳说，词位 'boy' 'girl' 和 'child' 使用上的这种差异，根据所称的共同涵义成分 –ADULT 在三种情形下分别给定的不同解释，往往涉及某种超出其字面意义的东西。可是，这种额外的涵义成分又是什么呢？设定尚未识别的额外涵义成分，或不假思索地援引字面意义与非字面意义的区分，也难以拯救针对上述问题做出的任何假设。既然成分分析法始终在推进对一般化的追寻（也就是说，面对数量尽可能多的词位，识别相同的涵义成分），就难免深受粗枝大叶的过度一般化之害。每当诉诸 HUMAN、ADULT 和 FEMALE 这样的据称是共同涵义成分时，我们都必须问一问自己，它们的跨词位状态为何，又应如何识别它们，还有，它们的解释力何在。

　　词位、词位的意义，还有与词位意义相对应的某一假设性涵义成分，三者之间是有差异的（例如'human'"human"和HUMAN之间的区别），将这一点牢记于心也同样颇为重要。从原则上讲，没有任何理由可表明，应采用源自英语或其他语言的词位基本形式来表示英语语义分析中假设的涵义成分。假如采用其他某种识别系统（比如，根据涵义成分在某个标准化主列表中的位置而构造的一种数值系统），我们就不大可能这样假设：因为知道（例如）'human'的意义，所以也就知道HUMAN的意义。既然'human'的意义应根据假定的理论实体HUMAN来解释（一般认为，"human"包含HUMAN，也由此获得穷尽性），那么该理论实体本身就必须根据'human'之外的语词来界定。除非这样做，否则成分分析法不仅在实践中而且在原理上，都会沦为一种令人高度质疑的程序。具体而言，语言学家在分析他所描述的语言时，从其母语或通常被用作理论语言学和描述语言学元语言的其他某种语言出发，将某些词位（如'human''adult'或'female'）的意义视为基本涵义成分。

参考文献

Abercrombie, D. (1965). *Studies in Phonetics and Linguistics*. London: : Oxford University Press.
Abercrombie, D. (1967). *Elements of Phonetics*. Edinburgh: Edinburgh University Press.
Abercrombie, D. (1968). 'Paralanguage'. *British Journal of Disorders of Communication* 3. 55–59.
Abraham, S. & Kiefer, F. (1966). *A Theory of Structural Semantics*. The Hague: Mouton.
Adams, P. (ed.) (1972). *Language in Thinking*. Harmondsworth: Penguin.
Ader, D. (1964). 'Verzeichnis der Schriften Jost Triers'. In W. Foerste & K. H. Borck (eds.) *Festschrift für Jost Trier zum 70. Geburtstag*. Köln & Graz: Böhlen.
Al, B. P. F. (1974). *La Notion de Grammaticalité en Grammaire Générative-Transformationelle*. Leyde: Press Universitaire de Leyde.
Alston, W. P. (1964). *Philosophy of Language*. Englewood Cliffs, N.J.: Prentice-Hall.
Allwood, J. *et al.* (1977). *Logic in Linguistics*. Cambridge & New York: Cambridge University Press.
Antal, L. (1963). *Questions of Meaning*. The Hague: Mouton.
Antal, L. (1964). *Content, Meaning and Understanding*. The Hague: Mouton.
Apresjan, J. D. (1974). *Leksičeskaja Semantika*. Moskva: Izd. 'Nauka'.
Argyle, M. (1967). *The Psychology of Interpersonal Behaviour*. Harmondsworth: Penguin Books.
Argyle, M. (1969). *Social Interaction*. London: Methuen.
Argyle, M. (1972). 'Non-verbal communication in human social interaction'. In Hinde (1972).
Argyle, M. (ed.) (1973). *Social Encounters*. Harmondsworth: Penguin Books.
Argyle, M. (1974). *Bodily Communication*. London: Methuen.
Austin, J. L. (1958). 'Performatif-Constatif': paper presented at Royaumont Conference. English translation in Caton (1963).
Austin, J. L. (1961). *Philosophical Papers*. London: Oxford University Press. (2nd edi-

tion, 1970).

Austin, J. L. (1962). *How To Do Things With Words*. Oxford: Clarendoon Press.

Ayer, A. J. (1936). *Language, Truth and Logic*. London: Gollancz. (2nd edition, 1946.)

Baldinger, K. (1957). *Die Semasiologie: Versuch eines Überblicks*. Berlin: Deutsche Akad. der Wissensch. zu Berlin.

Baldinger, K. (1970). *Teoría Semantica: Hacia una Semántica Moderna*. Coleción Romania, 12. Madrid: Alcala.

Bally, C. (1909). *Traité de Stylistique Française*. Paris: Leroux.

Bar-Hillel, Y. (1954a). 'Logical syntax and semantics'. *Language* 30. 230–237. (Reprinted in Bar-Hillel, 1964.)

Bar-Hillel, Y. (1954b). 'Indexical expressions'. *Mind* 63. 359–376. (Reprinted in Bar-Hillel, 1964.)

Bar-Hillel, Y. (1964). *Language and Information*. Reading, Mass.: Addison-Wesley.

Bar-Hillel, Y. (1967a). 'Dictionaries and meaning-rules'. *Foundations of Language* 3. 409–414. (Reprinted in Bar-Hillel, 1970: 347–353.)

Bar-Hillel, Y. (1967b). Review of Fodor & Katz (1964). In *Language* 43. 526–550. (Reprinted in Bar-Hillel, 1970.)

Bar-Hillel, Y. (1970). *Aspects of Language*. Jerusalem: Magnes.

Bar-Hillel, Y. (ed.) (1971). *Pragmatics of Natural Language*. Dordrecht-Holland: Reidel.

Bar-Hillel, Y. & Carnap, R. (1952). 'An outline of a theory of semantic information'. Technical Report, 257. Cambridge, Mass.: MIT Research Laboratory of Electronics. (Reprinted in Bar-Hillel, 1964: 221–274.)

Barthes, R. (1964). *Eléments de Sémiologie*. Paris: Seuil. English version: *Elements of Semiology*. London: Cape, 1967.

Barthes, R. (1967). *Système de la Mode*. Paris: Seuil.

Bartsch, R. & Vennemann, T. (1972). *Semantic Structures*. Frankfurt: Athenäum.

Bates, E. (1976). *Language in Context: The Acquisition of Pragmatics*. New York: Academic Press.

Bateson, P. P. G. & Klopfer, P. (eds.) (1974). *Perspectives in Ethology*. New York: Plenum.

Bazell, C. E. (1958). 'Linguistic Typology'. In Strevens (1966: 29–49).

Bazell, C. E. *et al.* (eds.) (1966). *In Memory of J. R. Firth*. London: Longmans.

Beckman, J. & Callow, J. (1974). *Translating the Word of God*. Grand Rapids, Michigan: Zondervan.

Bendix, E. M. (1966). *Componential Analysis of General Vocabulary*. The Hague: Mouton. (Also published as pt 2 of *International Journal of American Linguistics*, 32: 2, and publication 41 of Indiana University Research Center in Anthropology, Folklore and Linguistics.)

Bennet, J. (1976). *Linguistic Behaviour*. Cambridge: Cambridge University Press.

Benveniste, E. (1939). 'Nature du signe linguistique'. *Acta Linguistica* I. 23–29. (Reprinted in Benveniste, 1966: 49–55. Also in Hamp *et al.*, 1966: 104–108.)

Benveniste, E. (1966). *Problèmes de Linguistique Générale*. Paris: Gallimard.

Berlin, B., Breedlove, D. E. & Raven, P. H. (1966). 'Folk taxonomies and biological classification'. *Science* 154. 273–275. (Reprinted in Tyler, 1969.)

Berlin, B., Breedlove, D. E. & Raven, P. H. (1974). *Principles of Tzeltal Plant Classification*. New York & London: Academic Press.

Berlin, B. & Kay, P. (1969). *Basic Color Terms*. Berkeley: University of California Press.

Bierwisch, M. (1965). 'Eine Hierarchie syntaktisch-semantischer Merkmale'. *Studia Grammatica* 5. 29–86. (3rd edition, revised, Berlin: Akademie-Verlag, 1970.)

Bierwisch, M. (1967). 'Some semantic universals of German adjectivals'. *Foundations of Language* 3. 1–36.

Bierwisch, M. (1969). 'On certain problems of semantic representation'. *Foundations of Language* 5. 153–184.

Bierwisch, M. (1970). 'On classifying semantic features'. In Bierwisch & Heidolph (1970).

Bierwisch, M. & Heidolph, K. E. (1970). *Progress in Linguistics*. The Hague: Mouton.

Biggs, C. (1975). 'Quantifiers, definite descriptions and reference'. In Keenan (1975: 112–120).

Birdwhistell, R. L. (1954). *Introduction to Kinesics*. Louisville, Ky.: University of Louisville Press.

Birdwhistell, R. L. (1970). *Kinesics and Context*. Philadelphia: University of Pennsylvania Press & Harmondsworth: Penguin Books.

Black, M. (1959). 'Linguistic relativity: the views of Benjamin Lee Whorf'. *Philosophical Review* 68. 228–238.

Black, M. (1968). *The Labyrinth of Language*. New York: Praeger. (Published in Great Britain ; London: Pall Mall, 1970 & Harmondsworth: Penguin Books, 1972.)

Bloom, L. (1973). *One Word at a Time*. The Hague: Mouton.

Bloomfield, L. (1914). *Introduction to the Study of Language*. New York: Holt.

Bloomfield, L. (1926). 'A set of postulates for the science of language'. *Language* 2.

153-164. (Reprinted in Joos, 1957: 26-31.)

Bloomfield, L. (1935). *Language*. London: Allen & Unwin. (American edition New York: Holt, Rinehart & Winston, 1933.)

Bloomfield, L. 'Meaning'. *Monatshefte für Deutschen Unterricht* 35. 101-106.

Bobrow, D. G. & Collins, A. (eds.) (1975). *Representation and Understanding*. New York, San Francisco & London: Academic Press.

Bolinger, D. W. (1946). 'Visual morphemes'. *Language* 22. 333-340.

Bolinger, D. (1961). *Generality, Gradience and the All-or-None*. The Hague: Mouton.

Bolinger, D. (1965). 'The atomization of meaning'. *Language* 41. 555-573.

Bolinger, D. (1968). *Aspects of Language*. New York: Harcourt Brace & World.

Bolinger, D. (ed.) (1972). *Intonation*. Harmondsworth: Penguin.

Bononi, A. *Le Vie del Riferimento*. Milano: Bompiani.

Bower, T. G. R. (1974). *Development in Infancy*. San Francisco: Freeman.

Bréal, M. (1897). *Essai de Sémantique*. Paris. English translation: *Semantics: Studies in the Science of Meaning*. London, 1900.

Brekle, H. E. (1972). *Semantik*. München: Fink.

Broadbent, D. E. (1958). *Perception and Communication*. London & New York: Pergamon.

Broadbent, D. (1973). *In Defence of Empirical Psychology*. London: Methuen.

Brower, R. A. (ed.) (1959). *On Translation*. London: Oxford University Press. (Republished New York: Oxford University Press (Galaxy Books), 1966.)

Brown, J. C. (1966). *Loglan: A Logical Language*. Gainsville, Fla.: Loglan Institute.

Brown, R. W. (1958). *Words and Things*. Glencoe, III.: Free Press.

Brown, R. W. (1970). *Psycholinguistics: Selected Papers*. New York: Free Press.

Brown, R. W. (1973). *A First Language*. London: Allen & Unwin.

Buck, C. D. (1949). *A Dictionary of Selected Synonyms in the Principal Indo-European Languages*. Chicago: University of Chicago Press.

Bühler, K. (1934). *Sprachtheorie*. Jena: Fischer. (Reprinted Stuttgart: Fischer, 1965.)

Burling, R. (1964). 'Cognition and componential analysis: God's truth or hocus-pocus?' *American Anthropologist*. 66. 20-28.

Burling, R. (1970). *Man's Many Voices*. New York: Holt, Rinehart & Winston.

Buyssens, E. (1943). *Les Langages et le Discours*. Bruxelles: Lebègue.

Caplan, D. & Marshall, J. C. (1975). 'Generative grammar and aphasic disorders': review of Whitaker (1971). *Foundations of Language* 12. 583-597.

Carnap, R. (1942). *Introduction to Semantics*. Cambridge, Mass. M.I.T. Press.

Carnap, R. (1950). *The Logical Foundations of Probability*. Chicago: University of Chicago Press.

Carnap, R. (1952). 'Meaning postulates'. *Philosophical Studies* 3. 65–73. (Reprinted in Carnap, 1956b.)

Carnap, R. (1956a). 'The methodological character of theoretical concepts'. In H. Feigl & M. Scriven (eds.) *Minnesota Studies in the Philosophy of Science*, vol. 1. Minneapolis: University of Minnesota Press. (Reprinted in Zabeeh *et al.*, 1974: 33–76.)

Carnap, R. (1956b). *Meaning and Necessity*, 2nd edition. Chicago.

Carnap, R. (1958). *Introduction to Symbolic Logic*. New York: Dover. (Translation, with revisions, of *Einführung in die Symbolische Logik*. Wien: Springer, 1954.)

Carroll, J. (1953). *The Study of Language*. Cambridge, Mass.: Harvard University Press.

Casares, J. (1942). *Diccionario Ideológico de la Lengua Española*. Barcelona: G.G.

Cassirer, E. (1923). *Philosophie der Symbolischen Formen*, vol. 1. Berlin. English translation: *The Philosophy of Symbolic Forms*. New Haven, Conn.: Yale University Press, 1953.

Cassirer, E. (1945). 'Structuralism in modern linguistics'. *Word* 1. 99–120.

Castañeda, H.-N. (1967). 'On the logic of self-knowledge'. *Nous* 1. 9–22.

Catford, J. C. (1965). *A Linguistic Theory of Translation*. London: Oxford University Press.

Caton, C. E. (ed.) (1963). *Philosophy and Ordinary Language*. Urbana, Ill.: University of Illinois Press.

Chafe, W. L. (1970). *Meaning and the Structure of Language*. Chicago & London: University of Chicago Press.

Chappell, V. C. (ed.) (1964). *Ordinary Language*. Englewood Cliffs, N.J.: Prentice-Hall.

Chase, S. (1938). *The Tyranny of Words*. New York: Harcourt, Brace.

Cherry, C. (1957). *On Human Communication*. Cambridge, Mass.: M.I.T. Press. (Reprinted New York: Science Editions, 1959.)

Cherry, C. (ed.) (1974). *Pragmatic Aspects of Communication*. Dordrecht: Reidel, 1974.

Chomsky, N. (1957). *Syntactic Structures*. The Hague: Mouton.

Chomsky, N. (1965). *Aspects of the Theory of Syntax*. Cambridge, Mass.: M.I.T. Press.

Chomsky, N. (1968). *Language and Mind*. New York: Harcourt, Brace & World. (Enlarged edition, 1972.)

Chomsky, N. (1976). *Reflections on Language*. London: Temple Smith.

Chomsky, N. & Halle, M. (1968). *The Sound Pattern of English*. New York: Harper & Row.

Church, A. (1956). *Introduction to Mathematical Logic*. Princeton: Princeton University Press.

Clark, E. V. (1973). 'What's in a word? On the child's acquisition of semantics in his first language'. In Moore (1973: 65-110).

Clark, H. H. (1973). 'Space, time, semantics and the child'. In Moore (1973: 28-64).

Clark, H. H. & Clark, E. V. (1977). *Psychology and Language*. New York: Harcourt Brace Jovanovich.

Cohen, L. J. (1966). *The Diversity of Meaning*, and edition. London: Methuen.

Conklin, H. C. (1955). 'Hanunoo color categories'. *Southwestern Journal of Anthropology* II. 339-344. (Reprinted in Hymes, 1964: 189-192.)

Conklin, H. C. (1962). 'Lexicographical treatment of folk taxonomies'. In Householder & Saporta (1962: 119-141). (Reprinted in Tyler, 1969: 41-59.)

Conklin, H. C. (1972). *Folk Classification: A Topically Arranged Bibliography of Contemporary and Background References Through 1971*. New Haven: Department of Anthropology, Yale University.

Conklin, H. (1973). 'Color categorization': Review of Berlin & Kay, 1969. *American Anthropologist* 75. 931-942.

Cooper, David, E. (1973). *Philosophy and the Nature of Language*. London: Longmans.

Copleston, F. (1953). *A History of Philosophy*, vol. 2. London: Burns Oates & Washbourne.

Coseriu, E. (1952). 'Sistema, norma y habla'. In Coseriu (1962: 11-113).

Coseriu, E. (1962). *Teoria del Lenguaje y Lingüística General*. Madrid: Gredos. German translation: *Sprachtheorie und Sprachwissenschaft*. München: Fink, 1975.

Coseriu, E. (1967). 'Lexikalische Solidaritäten'. *Poetica* 1. 293-303.

Coseriu, E. & Geckeler, H. (1974). 'Linguistics and semantics'. In Sebeok (1974: 103-171).

Croce, B. (1902). *Estetica Come Scienza dell' Espressione e Linguistica Generale*. Palermo: Sandron. (3rd and subsequent editions, Bari: Laterza.) English translation: *Aesthetics as Science of Expression and General Linguistics*. London: Macmillan, 1922.

Cruse, D. A. (1976). 'Three classes of antonyms in English'. *Lingua* 38. 281-292.

Crystal, D. (1969). *Prosodic Systems and Intonation in English*. London & New York: Cambridge University Press.

Crystal, D. (1975). *The English Tone of Voice*. London: Arnold.

Dahl, Ö. (1970). 'Some notes on indefinites'. *Language* 46. 33-41.

Dahl, Ö. (1975). 'On generics'. In Keenan (1975: 99-111).

Dalgarno, G. (1661). *Ars Signorum*. London.

Davidson, D. & Hintikka, J. (eds.) (1969). *Words and Objections: Essays on the Work of W. V. Quine*. Dordrecht: Reidel.

Davidson, D. & Harman, G. (eds.) (1972). *Semantics of Natural Language*. Dordrecht: Reidel.

Dean, J. D. (1977). *Semantics: Theories of Meaning in Generative Linguistics*. New York: Crowell.

Deese, J. (1965). *The Structure of Associations in Language and Thought*. Baltimore: Johns Hopkins Press.

Deese, J. (1970). *Psycholinguistics*. Boston: Allyn & Bacon.

De Laguna, G. (1927). *Speech*. New Haven, Conn.: Yale University Press. (Reprinted, Bloomington, Ind.: Indiana University Press.)

De Mauro, T. (1965). *Introduzione alla Semantica*. Bari: Laterza.

De Mauro, T. (1967). *Ludwig Wittgenstein*. Dordrecht: Reidel.

Dik, S. C. (1968). 'Referential identity'. *Lingua* 21. 70–97.

Dimond, S. J. & Beaumont, J. G. (1974). *Hemisphere Function in the Human Brain*. London: Elek Science.

Dixon, R. M. W. (1971). 'A method of semantic description'. In Steinberg & Jakobovits (1971).

Dixon, R. M. W. (1973). 'The semantics of giving'. In Gross *et al.* (1973: 205–223).

Donnellan, K. (1966). 'Reference and descriptions'. *Philosophical Review* 75. 281–304. (Reprinted in Steinberg & Jakobovits, 1971.)

Dornseiff, F. (1933). *Der Deutsche Wortschatz nach Sachgruppen*. Berlin: De Gruyter.

Ducrot, O. & Todorov, T. (1972). *Dictionnaire Encyclopédique des Sciences du Langage*. Paris: Seuil.

Dummett, M. (1973). *Frege: Philosophy of Language*. London: Duckworth.

Eco, U. (1971). *Le Forme del Contenuto*. Milano: Bompiani.

Eco, U. (1972). 'Introduction to a semiotics of iconic signs'. *Versus* 2. 1–15.

Elwert, W. T. (ed.) (1968). *Probleme der Semantik*. Wiesbaden: Steiner.

Engler, R. (1968). *Lexique de la Terminologie Saussurienne*. Utrecht & Anvers: Spectrum.

Erdmann, K. O. (1925). *Die Bedeutung des Wortes*, 4th edition. Leipzig.

Esper, E. A. (1968). *Mentalism and Objectivism in Linguistics*. New York: American Elsevier.

Fauconnier, G. (1974). *La Coréférénce: Syntaxe ou Sémantique?* Paris: Seuil.

Feibleman, J. K. (1946). *An Introduction to Peirce's Philosophy*. New York: Harper.

Feigl, H. & Sellars, W. (eds.) (1949). *Readings in Philosophical Analysis*. New York: Appleton-Century-Crofts.

Ferguson, C. & Slobin, D. (eds.) (1973). *Studies in Child Language Development*. New York: Holt, Rinehart & Winston.

Fillmore, C. (1971). 'Types of lexical information'. In Steinberg & Jakobovits (1971).

Fillmore, C. & Langendoen, T. (eds.) (1971). *Linguistic Universals*. New York: Holt, Rinehart & Winston.

Firth, J. R. (1935). 'The technique of semantics'. In *Transactions of the Philological Society*. (Reprinted in Firth, 1957.)

Firth, J. R. (1937). *The Tongues of Men*. London: Watt.

Firth, J. R. (1950). 'Personality and language in society'. *The Sociological Review* 42. 37−52. (Reprinted in Firth, 1957a.)

Firth, J. R. (1957a). *Papers in Linguistics*, 1934−1951. London: Oxford University Press.

Firth, J. R. (1957b). 'Ethnographic analysis and language with reference to Malinowski's views'. In Raymond Firth (ed.) *Man and Culture*. London: Routledge. (Reprinted in Palmer, 1968.)

Firth, R. (1972). 'Verbal and bodily rituals of greeting and parting'. In J. S. La Fontaine (ed.) *The Interpretation of Ritual*. London: Tavistock Publications.

Flew, A. (ed.) (1953). *Logic and Language*, first series. Oxford: Clarendon Press.

Flores D'Arcais, G. & Levelt, W. J. M. (eds.) (1970). *Advances in Psycholinguistic*. Amsterdam: North-Holland.

Fodor, J. A. (1968). *Psychological Explanation*. New York: Random House.

Fodor, J. A. & Katz, J. J. (1964). *The Structure of Language: Readings in the Philosophy of Language*. Englewood Cliffs, N.J: Prentice-Hall.

Fodor, J. D. (1977). *Semantics*. New York: Crowell.

Frake, C. O. (1962). 'The ethnographic study of cognitive systems'. In Gladwin & Sturtevant (1962: 72−85). (Reprinted in Tyler, 1969: 28−41.)

Frege, G. (1892). 'Über Sinn und Bedeutung'. *Zeitschr. f. Philosophie und philosoph. Kritik* 100. 25−50. English translation: 'On sense and reference'. In Geach & Black (1960: 56−78). Reprinted in Zabeeh *et al.*, 1974: 118−140 ; Feigl & Sellars, 1949: 82−102 ; etc.

Gallie, W. B. (1952). *Peirce and Pragmatism*, revised edition. London: Penguin Books & New York: Dover Publications, 1966.

Gardiner, A. H. (1932). *The Theory of Speech and Language*. Oxford: Clarendon Press.

Gardner, B. T. & Gardner, R. A. (1971). 'Two-way communication with an infant chimpanzee'. In A. Schrier & F. Stollnitz (eds.) *Behavior of Non-Human Primates*, vol. 4. New York: Academic Press.

Garver, N. (1965). 'Varieties of use and mention'. *Philosophy and Phenomenological Research* 26. 230–238. (Reprinted in Zadeeh *et al.*, 1964: 96–104.)

Garvin, P. L. (1955). *A Prague School Reader in Aesthetics*. Bloomington, Ind.: Indiana University Press.

Geach, P. & Black, M. (eds.) (1960). *Translations from the Philosophical Writings of Gottlob Frege*. Oxford: Blackwell.

Geach, P. T. (1962). *Reference and Generality*. Ithaca, N.Y.: Cornell University Press. (Amended edition, 1968.)

Geckeler, H. (1971). *Strukturelle Semantik und Wortfeldtheorie*. München: Fink.

Gelb, I. J. (1963). *A Study of Writing*, 2nd edition. Chicago: University of Chicago Press.

Gipper, H. (ed.) (1959). *Sprache, Schlüssel zur Welt: Festschrift fur Leo Weisgerber*. Düsseldorf: Schwann.

Gipper, H. (1963). *Bausteine zur Sprachinhaltsforschung*. Düsseldorf: Schwann.

Gipper, H. (1972). *Gibt es ein Sprachliches Relativitätsprinzip?: Untersuchungen zur Sapir-Whorf Hypothese*. Frankfurt: Fischer.

Givón, T. (1970). 'Notes on the semantic structure of English adjectives'. *Language* 46. 816–837.

Gladwin, T. & Sturtevant, W. C. (eds.) (1962). *Anthropology and Human Behavior*. Washington, D. C.: Anthropological Society of Washington.

Gluckman, M. (ed.) (1962). *Essays on the Ritual of Social Relations*. Manchester: Manchester University Press.

Gochet, P. (1972). *Esquisse d'une Théorie Nominaliste de la Proposition*. Paris: Colin.

Godel, R. (1957). *Les Sources Manuscrites du Cours de Linguistique Générale de Ferdinand de Saussure*. Genève & Paris: Droz.

Goffman, E. (1956). *The Presentation of Self in Everyday Life*. Edinburgh: Edinburgh University Press.

Goffman, E. (1971). *Relations in Public*. Harmondsworth: Penguin.

Goodenough, W. H. (1956). 'Componential analysis and the study of meaning'. *Language* 32. 195–216.

Goodman, N. (1952). 'On likeness of meaning'. In Linsky (1952). (Reprinted in Olshewsky, 1969: 537–542.)

Greene, J. (1972). *Psycholinguistics*. Harmondsworth: Penguin.

Greenfield, P. & Smith, J. (1974). *Communication and the Beginning of Language*. New York & London: Academic.

Greimas, A. J. (1965). *La Sémantique Structurale*. Paris: Larousse.

Greimas, A. J. (1970). *Du Sens: Essais Sémiotiques*. Paris: Seuil.

Greimas, A. J. *et al.* (ed.) (1970). *Sign, Language, Culture*. The Hague: Mouton.

Grice, H. P. (1957). 'Meaning'. *Philosophical Review* 67. (Reprinted in Zabeeh *et al.*, 1974.)

Grice, H. P. (1957). 'Meaning'. *Philosophical Review* 66. 377–388. (Reprinted in P. F. Strawson (ed.) *Philosophical Logic*. Oxford: Oxford University Press, 1971. Also in Steinberg & Jakobovits, 1971.)

Grice, H. P. (1968). 'Utterer's meaning, sentence-meaning, and word-meaning'. *Foundations of Language* 4. 1–18. (Reprinted in Searle, 1971.)

Gross, M., Halle, M. & Schützenberger, M. P. (1973). *The Formal Analysis of Natural Languages*. The Hague: Mouton.

Guiraud, P. (1971). *La Sémiologie*. Paris: Presses Universitaires de France. English translation: *Semiology*. London: Routledge & Kegan Paul, 1975.

Hall, E. T. (1959). *The Silent Language*. New York: Doubleday.

Hall, E. T. (1966). *The Hidden Dimension*. New York: Doubleday & London: Bodley Head.

Halliday, M. A. K. (1970). 'Functional diversity in language'. *Foundations of Language* 6. 322–361.

Halliday, M. A. K. (1973). *Explorations in the Functions of Language*. London: Arnold.

Hallig, R. & Wartburg, W. von (1952). *Begriffssystem als Grundlage für die Lexikographie. Versuch eines Ordnungsschemas*. Berlin: Akademie-Verlag.

Hammel, E. A. (ed.) (1965). *Formal Semantic Analysis*. Special publication of *American Anthropologist* 67: 5, pt 2.

Hamp, E. P., Householder, F. W. & Austerlitz, R. (eds.) (1966). *Readings in Linguistics II*. Chicago & London: University of Chicago Press.

Harman, G. (ed.) (1974). *On Noam Chomsky*. New York: Doubleday.

Harris, Z. (1951). *Methods in Structural Linguistics*. Chicago: University of Chicago Press. (Reprinted as *Structural Linguistics*, 1961.)

Harrison, B. (1972). *Meaning and Structure: An Essay in the Philosophy of Language*. New York: Harper & Row.

Harrison, B. (1973). *Form and Content*. Oxford: Basil Blackwell.

Hayakawa, S. I. (1949). *Language in Thought and Action*. New York: Harcourt, Brace.

Hayden, D. E. & Alworth, E. P. (eds.) (1965). *Classics in Semantics*. London: Vision.

Hayes, J. R. (ed.) (1970). *Cognition and the Development of Language*. New York: Wiley.

Hayes, K. J. & Hayes, C. (1955). 'Intellectual development of a home-raised chimpanzee'. *Proceedings of the American Philosophical Society* 95. 105–109.

Heider, E. R. (= Rosch, E. H.) (1971). ' "Focal" color areas and the development of color names'. *Developmental Psychology*. 4. 447–455.

Heider, E. R. (1972). 'Universals in color naming and memory'. *Journal of Experimental Psychology*. 3. 337–354.

Heider, E. R. & Olivier, D. C. (1972). 'The structure of the color-space in naming and memory for two languages'. *Cognitive Psychology* 3. 337–354.

Hempel, C. G. (1965). *Aspects of Scientific Explanation*. New York: Free Press.

Henle, P. (ed.) (1958). *Language, Thought and Culture*. Ann Arbor: University of Michigan Press.

Herder, J. G. (1772). 'Abhandlung über den Ursprung der Sprache'. In B. Suphan (ed.), *Herder's Sämmtliche Werke*, vol. 2. Berlin, 1877.

Hering, E. (1874). 'Grundrisse einer Theorie des Farbensinnes'. *Sitz. Ber. Öst. Akad. Wiss, Math.-Naturwiss. Kl., Abt.* 3. 70. 169–204.

Herriot, P. (1970). *An Introduction to the Psychology of Language*. London: Methuen.

Hewes, G. W. (1973). 'Primate communication and the gestural origin of language'. *Current Anthropology* 14. 5–32.

Hinde, R. A. (ed.) (1972). *Non-Verbal Communication*. London & New York: Cambridge University Press.

Hintikka, J. (1969). 'Semantics for propositional attitudes'. In J. W. Davis *et al.* (eds.) *Philosophical Logic*. Dordrecht: Reidel. (Reprinted in Linsky, 1971: 145–167).

Hjelmslev, L. (1953). *Prolegomena to a Theory of Language*. (Translated from the Danish, 1943, by F. J. Whitfield.) Bloomington, Ind. ; Indiana University.

Hjelmslev, L. (1959). 'Pour une sémantique structurale'. In *Essais Linguistiques*. Copenhague: Cercle Linguistique de Copenhague, 1959.

Hockett, C. F. (1953). Review of Shannon & Weaver (1949). In *Language* 29. 69–93.

Hockett, C. F. (1958). *A Course in Modern Linguistics*. New York: Macmillan.

Hockett, C. F. (1960). 'The origin of speech'. *Scientific American* 203. 89–96.

Hockett, C. F. & Altmann, S. (1968). 'A note on design features'. In Sebeok (1968: 61–72).

Hoenigswald, H. M. (1960). *Language Change and Linguistic Reconstruction*. Chicago:

University of Chicago Press.

Hook, S. (ed.) (1969). *Language and Philosophy: A Symposium*. New York: New York University Press.

Höpp, G. (1970). *Evolution der Sprache und Vernunft*. Berlin, Heidelberg & New York: Springer.

Householder, F. W. (1971). *Linguistic Speculations*. London & New York: Cambridge University Press.

Householder, F. W. & Saporta, S. (eds.) (1962). *Problems in Lexicography*. Publications of Indiana University Research Center in Anthropology, Folklore and Linguistics, 21. (Supplement to *International Journal of American Linguistics*, 28.) Baltimore: Waverley Press.

Hughes, G. E. & Cresswell, M. J. (1968). *An Introduction to Modal Logic*. London: Methuen.

Humboldt, W. von (1836). *Über die Verschiedenheit des Menschlichen Sprachbaues*. Berlin. (Reprinted Darmstadt: Claasen & Roether, 1949.)

Hurford, J. R. (1975). *The Linguistic Theory of Numerals*. London, New York & Melbourne: Cambridge University Press.

Huxley, R. & Ingram, E. (eds.) (1972). *Language Acquisition: Models and Methods*. New York: Academic Press.

Hymes, D. (ed.) (1964). *Language in Culture and Society*. New York: Harper & Row.

Ipsen, G. (1924). 'Der alte Orient und die Indogermanen'. In *Festschrift...Streitberg*. Heidelberg: Winter.

Itkonen, E. (1974). *Linguistics and Metascience*. Studia Philosophica Turkuensia, 2. Kökemäki: Societas Philosophica et Phaenomenologica Finlandiae/Risteen Kirjapaino.

Jackendoff, R. (1972). *Semantic Interpretation in Generative Grammar*. Cambridge, Mass.: M.I.T. Press.

Jakobson, R. (1936). 'Beitrag zur allgemeinen Kasuslehre'. *Travaux du Cercle Linguistique de Prague* 6. 240–288. (Reprinted in Hamp *et al.*, 1966.)

Jakobson, R. (1959). 'On linguistic aspects of translation'. In Brower (1959: 232–239).

Jakobson, R. (1960). 'Linguistics and poetics'. In Sebeok (1960).

Jakobson, R. (1971). *Selected Writings*, vol. 2: *Word and Language*. The Hague: Mouton.

Jakobson, R. & Halle, M. (1956). *Fundamentals of Language*. The Hague: Mouton.

Jespersen, O. (1924). *The Philosophy of Grammar*. London: Allen & Unwin.

Jespersen, O. (1909–1949). *A Modern English Grammar on Historical Principles*. Copenhagen: Munksgaard. Reprinted, London: Allen & Unwin, 1954.

Jolles, A. (1934). 'Antike Bedeutungsfelder'. *Beiträge zur Deutschen Sprache und Literatur* 58. 97–109.

Joos, M. (ed.) (1957). *Readings in Linguistics*. Washington, D. C.: American Council of Learned Societies. (Republished as *Readings in Linguistics I*. Chicago & London: Chicago University Press.)

Kamp, J. A. W. (1975). 'Two theories about adjectives'. In Keenan (1975: 123–155).

Kasher, A. (1972). 'Sentences and utterances reconsidered'. *Foundations of Language* 8. 313–345.

Katz, J. J. (1964). 'Analyticity and contradiction in natural language'. In Fodor & Katz (1964: 519–543).

Katz, J. J. (1966). *The Philosophy of Language*. New York: Harper & Row.

Katz, J. J. (1972). *Semantic Theory*. New York: Harper & Row.

Katz, J. J. & Fodor, J. A. (1963). 'The structure of a semantic theory'. *Language* 39. 170–210. (Reprinted in Fodor & Katz, 1964: 479–518.)

Kay, P. (1975). 'Synchronic variability and diachronic change in basic color terms'. *Language and Society* 4. 257–270.

Keenan, E. L. (ed.) (1975). *Formal Semantics of Natural Language*. London & New York: Cambridge University Press.

Key, M. R. (1975). *Paralanguage and Kinesics*. Metuchen, N. J. ; Scarecrow.

Kiefer, F. (1966). 'Some semantic relations in natural language'. *Foundations of Language* 2. 228–240.

Kiefer, F. (ed.) (1969). *Studies in Syntax and Semantics*. Dordrecht: Reidel.

Koerner, E. F. K. (1973). *Contribution au Débat Post-Saussurien sur le Signe Linguistique*. The Hague: Mouton.

Korzybski, A. (1933). *Science and Sanity*. Lancaster, Pa.: International Non-Aristotelian Library.

Koziol, H. (1967). *Grundzüge der Englischen Semantik*. Wien & Stuttgart: Braumüller.

Kripke, S. A. (1963). 'Semantical considerations on modal logic'. *Acta Philosophica Fennica* 16. 83–94. (Reprinted in Linsky, 1971: 63–72.)

Kronasser, H. (1952). *Handbuch der Semasiologie*. Heidelberg: Winter.

Kühlwein, W. (1967). *Die Verwendung der Feindseligkeitsbezeichnungen in der Altenglischen Dichtersprache*. Neumünster: Karl Wachholtz.

Kunjunni Raja, K. (1963). *Indian Theories of Meaning*. Madras: Adyar Library and Research Centre.

Kurylowicz, J. (1936). 'Dérivation lexicale et dérivation syntaxique'. *Bulletin de la So-*

ciété de Linguistique de Paris 37. 79–92. (Reprinted in Hamp et al., 1966: 42–50.)

Kurytowicz, J. (1960). 'La position linguistique du nom propre'. In *Esquisses Linguistiques*, pp. 182–192. Wroclaw-Krakow: Wydawnictwo Polskieij Akademii Nauk. (Reprinted in Hamp et al., 1966: 362–370.)

Ladefoged, P. (1971). *Preliminaries to Linguistic Phonetics*. Chicago: University of Chicago Press.

Lamb, S. M. (1964). 'The sememic approach to structural semantics'. In Romney & D'Andrade (1964: 57–78),

Langer, S. K. (1942). *Philosophy in a New Key*. Cambridge, Mass.: Harvard University Press.

Latacz, J. (1967). *Zum Wortfeld 'Freude' in der Sprach Homers*. Heidelberg: Winter.

Laver, J. (1968). 'Voice quality and indexical information'. *British Journal of Disorders of Communication* 3. 43–54.

Laver, J. (1970). 'The production of speech'. In Lyons (1970).

Laver, J. (1975). 'Communicative functions of phatic communion'. In A. Kendon *et al.* (eds.) *The Organization of Behavior in Face-to-Face Communication*. The Hague: Mouton.

Laver, J. (1976). 'Language and nonverbal communication'. In E. C. Carterette & M. P. Friedman (eds.) *Language and Speech* (vol. 7 of *Handbook of Perception*). New York: Academic Press.

Laver, J. (1977). *The Phonetic Description of Voice Quality*. London & New York: Cambridge University Press.

Laver, J. & Hutcheson, S. (eds.) (1972). *Face to Face Communication*. Harmondsworth: Penguin.

Lawler, J. (1972). 'Generic to a fault'. In *Papers from the Eighth Regional Meeting Chicago Linguistic Society*. Chicago: Chicago Linguistic Society.

Leech, G. N. (1969). *Towards a Semantic Description of English*. London: Longmans.

Leech, G. N. (1974). *Semantics*. Harmondsworth: Penguin.

Lehrer, A. (1974). *Semantic Fields and Lexical Structure*. Amsterdam & London: North Holland & New York: American Elsevier.

Lehrer, A. & Lehrer, K. (eds.) (1970). *Theory of Meaning*. Englewood Cliffs, N. J.: Prentice-Hall.

Leibniz, G. W. von (1704). 'Table de définitions'. In Louis Couturat (ed.) *Opuscules et Fragments Inédits de Leibniz*, pp. 437–510. Paris, 1903.

Leisi, E. (1953). *Der Wortinhalt*. Heidelberg: Winter. (3rd edition 1967).

Lenneberg, E. H. (1967). *The Biological Foundations of Language*. New York: Wiley.
Leontjev, A. A. (ed.) (1971). *Semantičeskaja Strucktura Slova*. Moskva: Izd. 'Nauka'.
Lepschy, G. C. (1966). *La Linguistica Strutturale*. Torino: Einaudi. English edition: *A Survey of Structural Linguistics*. London: Faber, 1970.
Lévi-Strauss, C. (1963). *Anthropologie Structurale*. Paris: Plon. English translation: *Structural Anthropology*. London & New York: Basic Books, 1963.
Lewis, C. I. (1943). 'The modes of meaning'. *Philosophy and Phenomenological Research* 4. 236–250. (Reprinted in Linsky, 1952.)
Lewis, D. (1969). *Convention*. Cambridge, Mass.: Harvard University Press.
Lewis, D. (1972). 'General Semantics'. In Davidson & Harman (1972: 160–218).
Lewis, D. (1975). 'Adverbs of quantification'. In Keenan (1975: 3–15).
Lieberman, P. (1974/5). 'On the evolution of language: a unified view'. *Cognition* 2. 3–94.
Linsky, L. (1950). 'On using inverted commas'. *Methodos* 2. 232–236. (Reprinted in Zabeeh *et al.*, 1974: 106–116.)
Linsky, L. (ed.) (1952). *Semantics and the Philosophy of Language*. Urbana, Ill.: University of Illinois Press.
Linsky, L. (1967). *Referring*. London: Routledge & Kegan Paul.
Linsky, L. (ed.) (1971). *Reference and Modality*. London: Oxford University Press.
Ljung, M. (1974). 'Some remarks on antonymy'. *Language* 50. 74–88.
Lounsbury, F. G. (1956). 'A semantic analysis of the Pawnee kinship system', *Language* 32. 158–194.
Lounsbury, F. G. (1964). 'The structural analysis of kinship semantics'. In H. G. Lunt (ed.) *Proceedings of the Ninth International Congress of Linguists* pp. 1073–1093. The Hague: Mouton.
Lyas, C. (ed.) (1971). *Philosophy and Linguistics*. London: Macmillan.
Lyons, J. (1963). *Structural Semantics*. Oxford: Blackwell.
Lyons, J. (1968). *Introduction to Theoretical Linguistics*. London & New York: Cambridge University Press.
Lyons, J. (ed.) (1970). *New Horizons in Linguistics*. Harmondsworth: Penguin.
Lyons, J. (1972). 'Human language'. In Hinde (1972: 49–85).
Malinowski, B. (1930). 'The problem of meaning in primitive languages'. In second and subsequent editions of Ogden & Richards, *The Meaning of Meaning*.
Malinowski, B. (1935). *Coral Gardens and Their Magic*, vol. 2. London: Allen & Unwin. (Reprinted Bloomington, Ind.: Indiana University Press, 1965.)

Malkiel, Y. (1959). 'Studies in irreversible binomials'. *Lingua* 8. 113–160. (Reprinted in Malkiel, 1968: 311–355.)

Malkiel, Y. (1968). *Essays on Linguistic Themes*. Oxford: Blackwell.

Malkiel, Y. (1974). Review of H. Geckeler *Zur Wortfelddiskussion* (1971). In *Foundations of Language* 12. 271–285.

Malmberg, B. (1972). *Readings in Modern Linguistics*. The Hague: Mouton.

Martin, R. M. (1958). *Truth and Denotation*. Chicago: University of Chicago Press.

Martinet, A. (1957). 'Arbitraire linguistique et double articulation'. *Cahiers Ferdinand de Saussure* 15. 105–116. (Reprinted in Hamp *et al.*, 1966: 371–378.)

Martinet, A. (1949). 'La double articulation linguistique'. *Travaux du Cercle Linguistique de Copenhague* 5. 30–37.

Martinet, A. (1960). *Eléments de Linguistique Générale*. Paris: Colin.

Matoré, G. (1953). *La Méthode en Lexicologie*. Paris: Didier.

Matthews, P. H. (1972). *Inflexional Morphology*. Cambridge: Cambridge University Press.

Matthews, P. H. (1974). *Morphology*. London: Cambridge University Press.

Matthews, P. H. (1975). Review of Brown (1973). *Journal of Linguistics* II. 322–343.

McCawley, J. (1971). 'Prelexical syntax'. In R. J. O'Brien (ed.) *Report of the Twenty-Second Annual Round Table Meeting on Linguistics and Language Studies*. Washington, D. C.: Georgetown University. (Reprinted in Seuren, 1974: 29–42.)

McIntosh, A. (1961). 'Patterns and ranges'. *Language* 37. 325–337.

McNeill, D. (1970). *The Acquisition of Language*. New York: Harper & Row.

McNeill, N. B. (1972). 'Colour and colour terminology': review of Berlin & Kay (1969). *Journal of Linguistics* 8. 21–34.

Meljčuk, I. A. (1974). *Opyt Teorii Lingvističeskikh Modelej "Smysl↔Tekst"*. Moskva: 'Nauka'.

Mill, J. S. (1843). *A System of Logic*. London: Longmans.

Miller, G. A. (1951). *Language and Communication*. New York: McGraw Hill.

Miller, G. A. (ed.) (1968). *Psychology of Communication*. Harmondsworth: Penguin.

Miller, G. A. (1972). 'English verbs of motion: a case-study in semantics and lexical memory'. In Melton, A. W. & Martin, E. (eds.) *Coding Processes in Human Memory*. Washington: Winston.

Miller, G. A. & Johnson-Laird, P. N. (1976). *Perception and Language*. Cambridge, Mass.: Harvard University Press & London: Cambridge University Press.

Minsky, M. (ed.) (1966). *Semantic Information Processing*. Cambridge, Mass.: M.I.T. Press.

Mohrmann, C., Sommerfelt, A., & Whatmough, J. (eds.) (1961). *Trends in European and American Linguistics* 1930–1960. Utrecht & Antwerp: Spectrum.

Moore, T. E. (ed.) (1973). *Cognitive Development and the Acquisition of Language*. New York & London: Academic Press.

Morris, C. W. (1938). *Foundations of the Theory of Signs*. In Neurath *et al*. (1939). (Reprinted in Morris, 1971.)

Morris, C. W. (1946). *Signs, Language and Behaviour*. Englewood Cliffs, N. J.: Prentice Hall. (Reprinted in Morris, 1971).

Morris, C. W. (1964). *Signification and Significance*. Cambridge, Mass.: M.I.T. Press. (Chapter I reprinted in Morris, 1971.)

Morris, C. W. (1971). *Writings on the General Theory of Signs*. The Hague: Mouton.

Morris, Jan (= James) (1974). *Conundrum*. London: Faber.

Morton, J. (ed.) (1971). *Biological and Social Factors in Psycholinguistics*. London: Logos.

Mounin, G. (1963). *Problèmes Théoriques de la Traduction*. Paris: Gallimard.

Mounin, G. (1970). *Introduction à la Sémiologie*. Paris: Éditions de Minuit.

Mounin, G. (1974). Review of Hinde (1972). *Journal of Linguistics* 10. 201–206.

Mulder, J. & Hervey, S. (1972). *Theory of the Linguistic Sign*. The Hague: Mouton.

Nash, W. (1971). *Our Experience of Language*. London: Batsford.

Neurath, O., Carnap, R. & Morris, C. (eds.) (1939). *International Encyclopedia of Unified Science*. Chicago: University of Chicago Press.

Nida, E. A. (1951). 'A system for the description of semantic elements'. *Word* 7. 1–14.

Nida, E. A. (1964). *Towards a Science of Translating*. Leiden: Brill.

Nida, E. A. (1975). *Exploring Semantic Structures*. Munich: Fink.

Nida, E. A. & Taber, C. R. (1969). *The Theory and Practice of Translation*. Leiden: Brill.

Nöth, W. (1975). *Semiotik: Eine Einführung mit Beispielen für Reklameanalysen*. Tübingen: Niemeyer.

Ogden, C. K. (1932). *Opposition*. London. (Reprinted, with a new introduction by I. A. Richards, Bloomington, Ind.: Indiana University Press, 1968.)

Ogden, C. K. (1968). *Basic English: International Second Language*. (A revised and expanded edition of *The System of Basic English*, prepared by E. C. Graham.) New York: Harcourt Brace.

Ogden, C. K. & Richards, I. A. (1923). *The Meaning of Meaning*. London: Routledge & Kegan Paul.

Öhman, S. (1951). *Wortinhalt und Wortbild*. Stockholm: Almqvist & Wiksell.

Öhman, S. (1953). 'Theories of the linguistic field'. *Word* 9. 123–134.

Oksaar, E. (1958). *Semantische Studien im Sinnbereich der Schnelligkeit*. Stockholm: Almqvist & Wiksell.

Oldfield, R. C. & Marshall, J. C. (eds.) (1968). *Language*. Harmondsworth: Penguin.

Olshewsky, T. M. (ed.) (1969). *Problems in the Philosophy of Language*. New York: Holt, Rinehart & Winston.

Orr, J. (1962). *Three Studies on Homonymics*. Edinburgh: Edinburgh University Press.

Osgood, C. E. (1953). *Method and Theory in Experimental Psychology*. London & New York: Oxford University Press.

Osgood, C. & Sebeok, T. (eds.) (1954). *Psycholinguistics*. Bloomington: Indiana University Press.

Osgood, C. E., Suci, G. J. & Tannenbaum, P. H. (1957). *The Measurement of Meaning*. Urbana, Ill.: University of Illinois Press.

Palmer, F. R. (ed.) (1968). *Selected Papers of F. R. Firth, 1952–1959*. London: Longmans & Bloomington, Ind.: Indiana University Press.

Palmer, F. R. (ed.) (1970). *Prosodic Analysis*. London: Oxford University Press.

Palmer, F. R. (1976). *Semantics: A New Outline*. Cambridge: Cambridge University Press.

Parisi, D. (1972). *Il Linguaggio Come Processo Cognitivo*. Torino: Boringhieri.

Parkinson, G. H. R. (ed.) (1968). *The Theory of Meaning*. London: Oxford University Press.

Partee, B. (Hall). (1972). 'Opacity, reference and pronouns'. In Davidson & Harman (1972: 415–441).

Partee, B. (Hall). (1975). 'Deletion and variable binding'. In Keenan (1975: 16–34).

Passmore, J. (1957). *A Hundred Years of Philosophy*. London: Duckworth & New York: Basic Books, 1966.

Pedersen, H. (1931). *Linguistic Science in the Nineteenth Century*. (Translated from the Danish.) Cambridge, Mass.: Harvard University Press. (Republished as *The Discovery of Language*. Bloomington, Ind.: Indiana University Press, 1959.)

Peirce, C. S. (1931–1958). *Collected Papers*, vols. 1–8, edited by C. Hartshorne & P. Weiss. Cambridge, Mass.: Harvard University Press.

Peirce, C. S. (1940). *The Philosophy of Peirce: Selected Writings*, edited by J. Buchler. London.

Piaget, J. (1923). *Le Langage et la Pensée chez l'Enfant*. Neufchâtel & Paris.

Pike, K. (1948). *Tone Languages*. Ann Arbor: University of Michigan.

Pike, K. L. (1967). *Language in Relation to a Unified Theory of the Structure of Human Behaviour*. The Hague: Mouton.

Popper, K. (1968). *The Logic of Scientific Discovery*, 2nd revised edition. New York: Harper & Row.

Porzig, W. (1934). 'Wesenhafte Bedeutungsbeziehungen'. *Beiträge zur deutschen Sprache und Literatur* 58. 70−97.

Porzig, W. (1950). *Das Wunder der Sprache*. Bern: Francke.

Pottier, B. (1964). 'Vers une semantique moderne'. *Travaux de linguistique et de literature* 2. 107−137.

Pottier, B. (1974). *Linguistique Générale*. Paris: Klincksieck.

Premack, D. (1970). 'Language in a chimpanzee?' *Science* 172. 808−822.

Premack, A. (1974). *Chimps who can Read*. New York: Harper & Row.

Prieto, L. (1964). *Principes de la Noologie*. The Hague: Mouton.

Prieto, L. J. (1966). *Messages et Signaux*. Paris: Presses Universitaires de France. (2nd edition 1970.)

Prior, A. N. (1962). *Formal Logic*, 2nd edition. Oxford: Clarendon Press.

Putnam, H. (1975). *Mind, Language & Reality*. London & New York: Cambridge University Press.

Quadri, B. (1952). *Aufgaben und Methoden der Onomasiologischen Forschung*. Romanica Helvetica, 37. Bern.

Quillian, M. R. (1966). 'Semantic memory'. In Minsky (1966).

Quine, W. V. (1940). *Mathematical Logic*. Cambridge, Mass.: Harvard University Press.

Quine, W. V. (1951). 'Two dogmas of empiricism'. *Philosophical Review* 60. 20−43. (Reprinted in Quine, 1953: 20−46 ; Olshewsky, 1969: 398−417 ; Zabeeh *et al.*, 1974: 584−610.)

Quine, W. V. (1953). *From a Logical Point of View*. Cambridge, Mass.: Harvard University Press.

Quine, W. V. (1960). *Word and Object*. Cambridge, Mass.: M.I.T. Press.

Quine, W. V. (1966). *The Ways of Paradox*. New York: Random House.

Quine, W. V. (1969). 'Reply to Chomsky'. In Davidson & Hintikka (1969: 302−311).

Quine, W. V. (1970). *Philosophy of Logic*. Englewood Cliffs, N. J.: Prentice Hall.

Quirk, R. & Svartvik, J. (1966). *Investigating Linguistic Acceptability*. The Hague: Mouton.

Reichenbach, H. (1947). *Elements of Symbolic Logic*. London & New York: Macmillan.

Robey, D. (ed.) (1973). *Structuralism: An Introduction*. Oxford: Clarendon Press.

Robins, R. H. (1967). *A Short History of Linguistics*. London: Longmans.
Roget, P. M. (1852). *Thesaurus of English Words and Phrases*. London. (Abridged and revised, with additions by J. L. Roget & S. R. Roget, Harmondsworth, Middlesex: Penguin, 1953.)
Romney, A. K. & D'Andrade, R. G. (eds.) (1964). *Transcultural Studies in Cognition*. (Special publication of *American Anthropologist* 66, no. 3, pt 2.)
Rorty, R. (ed.) (1967). *The Linguistic Turn*. Chicago: University of Chicago Press.
Rosch, E. H. (=Heider, E. R.) (1973a). 'On the internal structure of perceptual and semantic categories'. In Moore (1973: 114–144).
Rosch, E. H. (1973b). 'Natural categories'. *Cognitive Psychology*. 4. 328–350.
Rossi, I. (ed.) (1974). *The Unconscious in Culture: The Structuralism of Lévi-Strauss in Perspective*. New York: Dutton.
Roulet, E. (1975). *F. de Saussure: Cours de Linguistique Générale*. Paris: Hatier.
Russell, B. (1905). 'On denoting'. *Mind* 14. 479–493. (Reprinted in Feigl & Sellars, 1949: 103–115.)
Russell, B. (1940). *An Inquiry into Meaning and Truth*. London: Allen & Unwin.
Russell, B. (1949). *A Critical Exposition of the Philosophy of Leibniz*. London: Allen & Unwin.
Ryle, G. (1949). *The Concept of Mind*. London: Hutchinson. (Reprinted Harmondsworth: Penguin Books, 1963.)
Ryle, G. (1957). 'The theory of meaning'. In C. A. Mace (ed.) *British Philosophy in the Mid-Century*. London: Allen & Unwin, 1957. (Reprinted in Zabeeh *et al*., 1974: 219–244 ; Olshewsky, 1969: 131–150.)
Salmon, V. G. (1966). 'Language planning in seventeenth-century England'. In Bazell *et al*. (1966: 370–397).
Salomon, L. B. (1964). *Semantics and Commonsense*. New York: Holt, Rinehart & Winston.
Sampson, G. (1975). *The Form of Language*. London: Weidenfeld & Nicolson.
Sapir, E. (1921). *Language*. New York: Harcourt, Brace & World.
Sapir, E. (1944). 'On grading: a study in semantics'. *Philosophy of Science* 2. 93–116. (Reprinted in Sapir, 1949.)
Sapir, E. (1949). *Selected Writings in Language, Culture and Personality*, edited by D. G. Mandelbaum. Berkeley: University of California Press.
Saussure, F. de (1878). *Mémoire sur le Système Primitif des Voyelles dans les Langues Indo-Européennes*. Leipzig. (Reprinted in *Recueil des Publications Scientifiques de F.*

de Saussure. Genève & Heidelberg, 1922.)

Saussure, F. de (1916). *Cours de Linguistique Générale*. Paris: Payot. English translation: *A Course in General Linguistics*. New York: Philosophical Library.

Saussure, F. de (1967–1971). *Cours de Linguistique Générale: Édition Critique*, par Rudolf Engler. Wiesbaden: Harrassowitz.

Schaff, A. (1960). *Wstęp do Semantyki*. Warszawa. English translation: *Introduction to Semantics*. London: Pergamon, 1962.

Schaff, A. (1964). *Język i Poznanie*. Warszawa.

Schaff, A. (1969). 'A Marxist formulation of the problem of semantics'. (From the English translation of Schaff, 1960.) In Olshewsky (1969: 101–111).

Schank, R. C. (1975). *Conceptual Information Processing*. Amsterdam: North-Holland.

Schiffer, S. (1973). *Meaning*. Oxford: Oxford University Press.

Schillp, P. A. (ed.) (1963). *The Philosophy of Rudolph Carnap*. La Salle, Ill.: Open Court.

Schoenfield, J. R. (1967). *Mathematical Logic*. London: Addison-Wesley.

Schmitt, F. O. & Worden, F. G. (eds.) (1974). *The Neurosciences: Third Study Volume*. Cambridge, Mass.: M.I.T. Press.

Searle, J. R. (1958), 'Proper names'. *Mind* 67. 166–171.

Searle, J. R. (1969). *Speech Acts*. London & New York: Cambridge University Press.

Searle, J. R. (ed.) (1971). *The Philosophy of Language*. London: Oxford University Press.

Sebeok, T. A. (ed.) (1960). *Style in Language*. Cambridge, Mass.: M.I.T. Press.

Sebeok, T. A. (ed.) (1968). *Animal Communication*. Bloomington, Ind.: Indiana University Press.

Sebeok, T. A. (ed.) (1974). *Current Trends in Linguistics*, vol. 12. The Hague: Mouton.

Sebeok, T. A. & Ramsay, A. (eds.) (1969). *Approaches to Animal Communication*. The Hague: Mouton.

Seiffert, L. (1968). *Wortfeldtheorie und Strukturalismus*. Stuttgart: Kohlhammer.

Seuren, P. (ed.) (1974). *Semantic Syntax*. London: Oxford University Press.

Shannon, C. E. & Weaver, W. (1949). *The Mathematical Theory of Communication*. Urbana, Ill.: University of Illinois Press.

Sinclair, H. (= Sinclair-de-Zvart, H.) (1972). 'Sensorimotor action patterns as a condition for the acquisition of syntax'. In Huxley & Ingram (1972).

Sinclair, H. (1973). 'Language acquisition and cognitive development'. In Moore (1973: 9–25).

Skinner, B. F. (1957). *Verbal Behavior*. New York: Appleton Crofts.

Slobin, D. I. (ed.) (1971). *The Ontogenesis of Grammar*. New York & London: Academic.

Smith, A. G. (ed.) (1966). *Communication and Culture*. New York: Holt, Rinehart & Winston.

Smith, N. V. (1975). 'On generics.' *Transactions of the Philological Society 1975*.

Sommer, R. (1969). *Personal Space*. Englewood Cliffs, N. J.: Prentice-Hall.

Sørensen, H. S. (1963). *The Meaning of Proper Names*. Copenhagen: Gad.

Spang-Hanssen, H. (1954). *Recent Theories of the Nature of the Linguistic Sign. Travaux de Cercle Linguistique de Copenhague*, 9. Copenhagen.

Spang-Hanssen, H. (1961). 'Glossematics'. In Mohrmann *et al.* (1961: 128–162).

Sperber, H. (1930). *Einführung in die Bedeutungslehre*. Bonn & Leipzig. (3rd edition Bonn, 1965.)

Spradley, J. P. (ed.) (1972). *Culture and Cognition*. San Francisco, London & Toronto: Chandler.

Stampe, D. W. (1968). 'Towards a grammar of meaning'. *Philosophical Review* 77. (Reprinted in Harman, 1974.)

Steinberg, D. D. & Jakobovits, L. A. (eds.) (1971). *Semantics*. London & New York: Cambridge University Press.

Steiner, G. (1975). *After Babel: Aspects of Language and Translation*. London: Oxford University Press.

Stern, G. (1931). *Meaning and Change of Meaning*. Gothenburg. (Reprinted, Bloomington, Ind.: Indiana University Press, 1965.)

Stevenson, C. L. (1944). *Ethics and Language*. New Haven, Conn.: Yale University Press.

Strawson, P. F. (1950). 'On referring'. *Mind* 59. 320–344. (Reprinted in Caton, 1963: 162–193 ; Strawson, 1971 ; Olshewsky, 1969 ; Zabeeh *et al.*, 1974.)

Strawson, P. F. (1952). *Introduction to Logical Theory*. London: Methuen.

Strawson, P. F. (1959). *Individuals*. London: Methuen.

Strawson, P. F. (1964). 'Intention and convention in speech acts'. *Philosophical Review* 73. 439–460. (Reprinted in Searle, 1971 and Strawson, 1971.)

Strawson, P. F. (1971). *Logico-Linguistic Papers*. London: Methuen.

Strevens, P. D. (ed.) (1966). *Five Inaugural Lectures*. London: Oxford University Press.

Stroll, A. (ed.) (1967). *Epistemology*. New York & London: Harper & Row.

Sturtevant, E. H. (1917). *Linguistic Change*. Chicago: University of Chicago Press. (Reprinted, with a new introduction by Eric P. Hamp, Chicago: University of Chicago Press (Phoenix Books), 1961.)

Sturtevant, W. C. (1964). 'Studies in ethnoscience'. In Romney & d'Anrade (1964: 99–131).

Tarski, A. (1935). 'Der Wahrheitsbegriff in den formalisierten Sprachen'. *Studia Philosophica* 1. 261–405. English translation in Tarski (1956).

Tarski, A. (1944). 'The semantic conception of truth'. *Philosophy and Phenomenological Research* 4. 341–375. (Reprinted in Tarski, 1956; Olshewsky, 1969; Zabeeh *et al.*, 1974.)

Tarski, A. (1956). *Logic, Semantics and Metamathematics.* London: Oxford University Press.

Thorpe, W. H. (1972). 'The comparison of vocal communication in animals and man'. In Hinde (1972: 27–47).

Trier, J. (1931). *Der Deutsche Wortschatz im Sinnbezirk des Verstandes.* Heidelberg: Winter.

Trier, J. (1934). 'Das sprachliche Feld. Eine Auseinandersetzung'. *Neve fahrbücher für Wissenschaft und Jugendbildung* 10. 428–449.

Trier, J. (1938), 'Über die Erforschung des menschenkundlichen Wortschatzes'. *Actes du IVème Congrès International des Linguistes,* pp. 92–97. Copenhague: Munskgaard. (Reprinted in Hamp *et al.*, 1966: 90–95.)

Trubetzkoy, N. S. (1939). *Grundzüge der Phonologie.* Prague: Cercle Linguistique de Prague. (French edition, *Principes de Phonologie.* Paris: Klincksieck, 1949.)

Turner, V. W. (1969). *The Ritual Process.* Chicago: Aldine.

Tyler, S. A. (ed.) (1969). *Cognitive Anthropology.* New York: Holt, Rinehart & Winston.

Uldall, H. J. (1944). 'Speech and writing'. *Acta Linguistica* 4. 11–16. (Reprinted in Hamp *et al.*, 1966: 147–151.)

Uldall, H. J. (1957). *Outline of Glossematics. Travaux de Cercle Linguistique de Copenhague,* 10. Copenhagen.

Ullmann, S. (1957). *The Principles of Semantics,* 2nd edition, Glasgow: Jackson & Oxford: Blackwell.

Ullmann, S. (1962). *Semantics.* Oxford: Blackwell & New York: Barnes & Noble.

Ullmann, S. (1972). 'Semantics'. In T. A. Sebeok (ed.), *Current Trends in Linguistics,* vol. 9: *Linguistics in Western Europe.* The Hague: Mouton.

Ullmann, S. (1973). *Meaning and Style.* Oxford: Blackwell.

Urban, W. (1939). *Language and Reality.* London: Allen & Unwin.

Urmson, J. O. (1956). *Philosophical Analysis.* Oxford: Clarendon Press.

Vachek, J. (1945/9). 'Some remarks on writing and phonetic transcription'. *Acta Linguistica* 5. 86–93. (Reprinted in Hamp *et al.*, 1966: 152–157.)

Vachek, J. (ed.) (1964). *A Prague School Reader in Linguistics.* Bloomington, Indiana: Indiana University Press.

Vachek, J. (1966). *The Linguistic School of Prague*. Bloomington : Indiana University Press.

Van Gennep, A. (1908). *Les Rites de Passage*. English translation: *The Rites of Passage*. Chicago: University of Chicago Press, 1960.

Vossler, K. (1932). *The Spirit of Language in Civilization*. London: Routledge & Kegan Paul.

Waismann, F. (1965). *The Principles of Linguistic Philosophy*. London: Macmillan.

Wallace, A. F. C. & Atkins, J. (1960). 'The meaning of kinship terms'. *American Anthropologist* 62. 58–60.

Warnock, G. J. (1958). *English Philosophy Since 1900*. London: Oxford University Press.

Watson, J. B. (1924). *Behaviourism*. New York.

Weaver, W. (1949). 'The mathematics of communication' (from *Scientific American* 181). In Smith (1966).

Weinreich, U. (1963). 'On the semantic structure of language'. In J. Greenberg (ed.) *Universals of Language*. Cambridge, Mass.: M.I.T. Press, 1963.

Weinreich, U. (1966). 'Explorations in semantic theory'. In T. A. Sebeok (ed.), *Current Trends in Linguistics*, vol. 3. The Hague: Mouton.

Weisgerber, L. (1939). *Die Volkhaften Kräfte der Muttersprache*. Frankfurt.

Weisgerber, L. (1950). *Vom Weltbild der Deutschen Sprache*. Düsseldorf: Schwann.

Weisgerber, L. (1954). 'Die Sprachfelder in der geistigen Erschliessung der Welt'. In *Festschrift...Trier*. Meisenheim: Hain.

Weiss, A. P. (1928). *A Theoretical Basis of Human Behavior*. Columbus, Ohio.

Westcott, R. W. (1971). 'Linguistic iconism'. *Language* 47. 416–428.

Whitaker, H. (1971). *On the Representation of Language in the Human Brain*. Edmonton, Alberta: Linguistic Research.

Whorf, B. L. (1956). *Language, Thought and Reality: Selected Writings of Benjamin Lee Whorf*, edited by J. B. Carroll. New York: Wiley.

Wiener, P. P. & Young, F. H. (eds.) (1952). *Studies in the Philosophy of Charles Sanders Peirce*. Cambridge, Mass.: Harvard University Press.

Wierzbicka, A. (1972). *Semantic Primitives*. Frankfurt: Athenäum.

Wiggins, D. (1967). *Identity and Spatio-Temporal Continuity*. Oxford: Blackwell.

Wilkins, J. (1668). *An Essay Towards a Real Character and a Philosophical Language*. London.

Winograd, T. (1975). 'Frame representations and the declarative-procedural controversy'. In Bobrow & Collins (1975: 185–210).

Wittgenstein, L. (1953). *Philosophical Investigations*. Oxford: Blackwell & New York: Macmillan.

Woods, W. A. (1975). 'What's in a link: foundations for semantic networks'. In Bobrow & Collins (1975: 35-82).

Wotjak, G. (1971). *Untersuchungen zur Struktur der Bedeutung*. Berlin: Akademie.

Wundt, W. (1912). *Völkerpsychologie*, Band 2. Leipzig.

Zabeeh, F., Klemke, E. D. & Jacobson, A. (1974). *Readings in Semantics*. Urbana, Chicago & London ; University of Illinois Press.

Ziff, P. (1960). *Semantic Analysis*. Ithaca, N. Y.: Cornell University Press.

Zollinger, H. (1973). 'Zusammenhange zwischen Farbennennung und Biologie des Farbensehens beim Menschen'. *Vierteljahrschr. der Naturforsch. Gesellsch. in Zurich* 118. 227-255.

Zwicky, A. (1969). Review of Brown (1966). In *Language* 45. 444-457.

主题索引

所有索引所标页码为英文版页码,即本汉译版的边码。

(标星号(*)的条目为专门术语;粗体数字表示专门术语首次出现的页码。)

A

a posteriori* 后验的,**39**
a priori* 先验的,**39**
abstraction* 抽象化,**131**, 132
accent 口音,108, 255
acoustic signals decoded 解码的声学信号,46
addressee*,受话人,**34**, 37, 53
adverbs and adverbial modification 副词与副词修饰,294
affective indices 情感标指符号,108
affective meaning* 情感意义,**175**
agglutinating* 黏着型的,**72**, 73
alienable possessives* 不可让渡的领属关系,**312**
allophones* 音位变体;同位异音,**233**
alternation* 替代,**74**
ambiguity: eliminated 歧义性:消除,151; of utterances 话语的~,38; unsatisfactorily represented 表示不尽如人意的~,190
American English 美国英语,264

American linguistics 美国语言学,230
American sign-language 美国手语,92
analyticity* 分析性,**195**; considered a dogma of empiricism 被当作经验主义教条的~,203; explication of 阐明~,204; of propositions 命题的~,39, 147, 164; of statements 陈述的~,117
animal signalling 动物的传信,84, 87, 92
answering 回应,56
antecedent* 前件,**145**
anthropologists 人类学家,56
antipodal opposition* 对跖对立关系,**282**, 283, 284; absent ~缺位,305; dominant 主要的~,286; lexemes in ~的词位,287
antonymy* 反义关系,**242**, 270, 271; and categorization of experience in terms of dichotomous contrasts ~和二元对比经验范畴化,277, 322; and oppositeness of meaning ~与意义对立,286; distinguished from complementarity 有别于

370

互补关系的～, 325; in relation to hyponymy 与上下义关系有关的～, 299; restricted to gradable opposites 限于可分级对立词的～, 279

Appell 阿佩尔, 52

appellative utterance* 称谓话语, 217

applicability* 适用性, 213; equivalence in ～上的对等, 237

Arabic 阿拉伯语, 242

arbitrariness* 任意性, 70; and creativity ～与创造性, 78; and duality ～与二重性, 74, 75; as a characteristic property of language 作为语言典型特征的～, 87; characterizing productivity in terms of grammatical structure 标志语法结构能产性的～, 77; customary interpretation of ～的惯常解释, 101; of the linguistic sign 语言符号的～, 100; other features of language with which it is connected 与～相关的其他语言特征, 79; reference to the absence of iconicity ～指涉类象性缺位现象, 71. 另见 iconicity

arbitrary relations* 任意关系, 109, 264. 另见 iconicity, motivated relations

area* (Bezirk) 域, 251, 253

arguments* 论元, 146; on which a predicate operates 谓词运算的～, 149

Aristotelian concept of matter 亚里士多德学派的质料概念, 239

Aristotelian doctrine of the categories of predication 亚里士多德学派的述谓范畴学说, 297

articulateness (Gliederung) 清晰表达, 253

artificial signalling-systems* 人工传信系统, 118. 另见 signalling-systems

ascription* 赋予, 归因, 148, 161, 177, 178

aspect 体, 282

aspectless propositions* 无体命题, 194

assertion* 断言, 177; distinguished from presupposition 有别于预设的～, 191

asymmetrical inclusion 反对称包含, 156

asymmetrical relations* 反对称关系, 154

atomic ideas 原子观念, 330

atomic propositions* 原子命题, 162

attitudinal colouring 态度渲染, 65

attitudinal indices 态度标指符号, 108

attitudinal meaning 态度意义, 51, 65, 108

aural channel 听觉信道, 37

Ausdruck 表达, 52

axiom of existence 存在公理, 209. 另见 existence

B

babbling 咿呀学语, 88, 89

base-form* 基础形式, 59, 275

basic proposition* 基本命题, 162

Bedeutung 意义, 4, 198, 199. 另见 Bezeichnung

bee-dancing 蜜蜂飞舞, 77, 78

behaviorism* 行为主义, 121, 122, 123, 124, 125, 126, 135; and the postulation of some innate mechanisms ～与某些先天机制之假设, 225; as a framework within which to state the meaning of language-utterances or their constituent words and expressions ～作为阐明语言–话语意义或其成分词和表达式的框架, 133; semantics ～语义学, 82, 120, 133; theories of meaning ～意义理论, 98, 125; theory of language ～语言理论, 136, 137

belief-sentences* 信念句, 146

371

belief-statements 信念陈述, 202
Bezeichnung 指符, 199. 另见 Bedeutung
biconditional* 双重条件, 145
bilateral hyponymy 双向上下义关系, 292
binarism* 二元论, 322; and problems it gives rise to ～及其产生的问题, 326
binary opposition 二元对立关系, 271
bind* 约束, 150
biological salience* 生物学显著性, 247
bits* 比特, 42
boundary-signals（Grenzsignale）边界信号, 75
Braille 布拉耶盲文, 68
British English 英国英语, 315
broadcast transmission 广播传输, 38

C

calculi* 演算, 138, 139, 164, 165. 另见 functional calculus, predicate calculus, propositional calculus
calling and naming 称呼与命名, 224
case (as a grammatical category) 格（语法范畴）, 282
central denotation 中心指谓, 247. 另见 denotation
centrality evaluated 中心性之评价, 62
cerebral dominance 大脑优势, 89, 93
chaffinch song 苍头燕雀鸣啭, 83
channel-dependent and channel-free messages 信道依赖型和信道独立型讯息, 38
channel of communication* 信道, 53, 63, 68, 69, 79; design features of ～的设计特征, 70. 另见 signal
channel of transmission 传输信道, 84
children's language 儿童语言, 86
chimpanzees: experiments with 黑猩猩：～实验, 91; reference to entities absent from the immediate environment 指涉脱离直接环境的实体, 81
Chinese 中文, 60, 72
citation distinguished from quotation 有别于引用的引录, 19
citation-form* 基本形式，注音形式, 9, 19, 59
class* 类, 154, 155
classemes* 类素, 326; and semes distinguished 类素与义素之别, 327, 328, 332, 333
classifiers* 量词, 227; and syntagmatic restriction ～与组合限制, 317; drawing no distinction between singular and plural 不区分～单复数形式, 316
class-inclusion* 类包含, 156, 291
class logic 类逻辑, 208
closed class* 封闭类, 155
code* 符码, 53
cognitive abilities and development 认知能力与发展, 91
cognitive meaning* 认知意义, 51, 175, 197; and emotive meaning ～与情感意义, 303
cognitive psychology 认知心理学, 248; and social psychology ～与社会心理学, 210
co-hyponymy* 共上下义关系, 291, 295, 296, 297, 302
collective nouns* 集合名词, 315; and individuation of sets ～与集合的个体化, 317; serving as superordinates in relation to a set of quasi-hyponyms ～作为与一组准下义词相关的上位词, 316
collective reference* 集体指称, 178, 187
collocation* 搭配, 241, 262; and bipartite

syntagms ～与二元组合体，261；and lexemes ～与词位，265；learning the construction and use of 学习～的组构与使用方法，226

colour terms 颜色词项，246

commands 命令，30, 55, 62；their validation in terms of some notion analogous to the logical notion of truth 依据类似于真值逻辑的某个概念对～确证，56

common nouns 普通名词，219, 226；phrases containing 包含～的短语，225

communication 交际，交流，传播 4, 34, 38, 42；different, interconnected senses of 既有联系又有区别的～涵义，32；model of ～模型，36；process of ～过程，39；systems of ～系统，88；theory of ～理论，45；vocal signals produced for the purpose of 为了～而发出的声音信号，58

communication channels* 信道，**37**

communications-engineering 通信工程，36, 44

communicative functions 交流功能，40

communicative intention 交流意图，34

communicative interaction and process 交流互动与过程，40

communicative signals* 交流信号，**33**, 80

comparative sentences 比较句，273

competence* （语言）能力，29；of speaker and hearer 说话人和听话人的～，81

complement of a class* 类的补集，**158**

complementaries* 互补词对，**279**, 306, 322, 325；unsatisfactory analysis of certain pairs of 对于某些～不能令人满意的分析，323

complementarity 互补性，281, 325

complementary subsets* 互补子集，**271**

complex propositional formulae* 复杂命题公式，**142**

componential analysis 成分分析法，286, 297, 318, 328, 335；and universalism ～与普遍主义，331；and vocabulary ～与词汇，333；as an extension of field-theory ～作为场理论的一种扩展，326；its proponents ～的支持者，317, 329；promoting the search for generalization ～促进对一般化（泛化）的探究，334

components* 成分，**245**

comprehensibility 可理解性，82

conative function* 意动功能，52；and phatic function ～与应酬功能，55；merging with expressive function ～与表情功能相融合，53

concept* 概念，**96**, 110；individual 个体～，172

concept-formation* 概念形构，16, **113**

conceptual area (Sinnbezirk) 概念域，253；and lexemes ～与词位，254

conceptual field* 概念场，**253**, 258, 259；change in the structure of ～的结构变化，256；comparison of diachronically distinct lexical fields covering the same 对涵盖同一～的历时词汇场的比较，255

conceptual field (Sinnfeld) 概念场，251；and the conceptual area (Bezirk) ～与概念域，254

conceptualism* 概念论，109, **112**, 113, 114, 300；and componential analysis ～与成分分析法，328

conditional* 条件式；见 implication

conditional probabilities* 条件概率，**43**, 44

conditioning of physiological reflexes 生理反射的调节；见 behaviorism

Confessions of St. Augustine 圣奥古斯丁的《忏悔录》, 216

conjunction*（as an operation in logic）合取式（一种逻辑运算）, 143；conjuncts 合取项, 182；in relation to disjunction and negation 与析取式和否定式有关的～, 152, 319, 322

connotation* 意谓, 278；in contrast with denotation 与指谓相对的～, 175；non-philosophical use of the term ～这一术语的非哲学用法, 176

consciousness 意识, 121

consequence* 结果, 影响 282

consequent* 后件, 145

constative utterances* 表述性话语, 15

constructed language 构造的语言, 13

context 语境, 97, 117, 269；not implying contiguity 不蕴含相邻性的～, 43；what is completely determined by 完全由～决定的, 46

context-dependent reference 语境依赖型指称, 208

contextual* 语境的, 43

contextual frequency of occurrence 语境出现率, 43

contextual probabilities* 语境概率, 43, 44

continuous* 连续的, 78

contradiction* 矛盾式, 147

contradictories* 矛盾词对, distinguished from contraries* 有别于反对词对的～, 272

contrast* 对比, 279；as a paradigmatic relation of sense 作为涵义聚合关系的～, 291

convention* 规约, 104

conversation as a study 作为一种研究的对话, 64

conversational implicatures* 会话含义, 278

converseness* 相对关系, 153, 242, 279, 280, 281

Copenhagen School 哥本哈根学派, 245

correctness of formation 形构的正确性, 82

correspondence theory* 符合论, 168

Cours de Linguistique Générale 《普通语言学教程》, 231

creativity* 创新性, 77, **107**, 265

cultural salience* 文化显著性, 248

cultural transmission as opposed to genetic transmission 与基因传递性相对立的文化传习性, 82

cyclically ordered sets* 循环排列的词位集, 280, **290**

Czech 捷克语, 75

D

Darstellung 表征, 52

declarative 陈述性的, 30, 249

decoding* 解码, 37, 38, 46；as a stage in the process of communication 作为交流一个阶段的～, 98

deep structure* 深层结构, **192**, 193

definite descriptions 有定摹状词, 179, 185；as a systematic means of referring 作为一种系统性指称方法的～, 180；speaker's use of 说话人对于～的使用, 183

definite expressions* 有定表达式, 178

definite noun-phrases 有定名词短语, 185, 196, 197

deixis* 直指, **180**, 281, 215

denotation* 指谓, **207**, 224, 227, 235, 238, 259, 270, 292；acquisition of ～的习得, 209, 225, 229, 266；analysability in terms of ～的可分析性, 314；and reference ～与指称,

176；covering extension and intension 涵盖外延与内涵的～，208；defined 被定义的～，211；difficulty of distinguishing 区分～的难点，218；functions of ～的功能，215；generally opposed to connotation 通常与意谓相对立的～，175；its absence ～的缺位，210, 213；of qualities ～特质，226；ostensive definition involving 涉及～的明示性定义，228；total 全部～，247

denotational boundaries 指谓界限，246

denotational equivalence and non-equivalence 指谓对等与非对等，237

denotatum* 所指对象，**98**, 206, 207, 210, 226, 228, 259

derivation* 派生，**59**, 60, 267, 275, 277

descriptive backing* 描述性后援，**220**, 221

descriptive function* 描述功能，**50**, 56；properties of adult language having to do with 与～有关的成人语言特性，93

descriptive information 描述性信息，50, 55, 63, 174

descriptive linguists 描述语言学者，265

descriptive meaning* 描述意义，80, **197**；in philosophical semantics 哲学语义学领域的～，51

descriptive noun-phrases 描述性名词短语，215；acquisition of ～的习得，225

descriptive semantics* 描述语义学，**138**, 205, 212；data to be accounted for in ～领域的数据解释，237, 265；referred to as a form of analysis 被视为一种分析形式的～，116

descriptive statements 描述性陈述，63

descriptive syntax* 描述性句法，**139**

descriptively equivalent statements 描述上对等的陈述，212

design features 设计特征，70；proposed by Hockett 霍基特提出的～，84

designation 指符，251

designative aspect of meaning 意义的指示性特征，51

destination* 信宿，**36**

determiners* 限定词，**188**；accompanying singular countable nouns 伴随单数可数名词的～，224

determinism 决定论，126

diachronic* 历时的，**243**；and synchronic dimensions in language distinguished 语言的～维度与共时维度之别，244；comparison ～比较，254；interpretation of names 名称的～解释，222；linguistics ～语言学，243, 252；semantics ～语义学，252, 264

dialect* 方言，68, **232**, 255；diachronically distinct states of the same 同一～的不同历时状态，244

Dictionary of Selected Synonyms in the Principal Indo-European Languages 《主要印欧语言精选同义词词典》，300

didactic nomination* 施教性指名，**217**, 218

direct discourse 直接话语，17

directional opposition* 方向性对立关系，**281**

directional reception 定向接收，38

discreteness* 离散性，70, **78**；distinctive of language by contrast with semiotic systems 与符号系统相对的语言的～特征，87；of prosodic features 韵律特征的～，79

disjunction* 析取式，**144**, 322；combined with conjunction 与合取式相组合的～，319；conventionally more extensive than conjunction 习惯上辖域广于合取式的～，152

displacement* 位移性, 80；and non-verbal systems ～与非言语系统, 81；phenomena included by Hockett under 霍基特～范畴所包含的现象, 84

dispositional theory of meaning* 倾向意义理论, 134；objections raised to 针对～的反对意见, 135

distinctive features* 区别特征, 232；phonemes and meanings of words analyzed into 可分析为～的单词音位与意义, 245

distinguishers* 区分符, 327；and markers ～与标记符, 327-328；complex and residual 复杂和剩余～, 332

distribution* 分布, 306, 307

distributive reference* 分配性指称, 150, 178, 187

duality* 二重性, 69；and grammatical productivity ～与语法能产性, 74；and signalling systems ～与传信系统, 70；distinctive of language by contrast with other semiotic systems 与其他符号系统相对照的语言特征, 87；not to be confused with the property of being meaningful ～不可与意义性相混淆, 71；one of the design features of language 作为语言设计特征之一的～, 79

E

echoic responses 回声反应, 132

emotive meaning* 情感意义, 175, 303

empiricism 经验（主义）论, 122；no necessary connection between nominalism and 唯名论与～之间没有必然联系, 225

empty class 空类, 157

encapsulation* 封装, 262, 293, 317. 另见 hyponym

encoded messages* 编码的讯息, 37, 38, 42, 45, 46, 98

Encyclopaedia of Unified Science 《统一科学百科全书》, 119, 126

England 英国, 181

English 英语, 73, 77, 91, 101, 143, 150, 151, 168, 204, 209, 211, 216, 225, 244, 284, 300, 302, 304, 312, 318, 320, 344；adjectives in ～形容词, 261；and other languages ～和其他语言, 59, 237, 238, 284, 285, 305, 308, 324, 328；and the distinction of the diachronic and the synchronic ～与历时和共时之分, 243；as a semiotic system ～作为一种符号系统, 276；colour terms in ～的颜色词项, 246, 283；common nouns in ～的普通名词, 208, 219, 224, 226, 227；comparative sentences in ～的比较句, 273；concord in ～的一致性, 315；dialects of ～方言, 254；evolution of ～的演化, 303；function of definite noun-phrases in ～有定名词短语的功能, 185；grammatical structure of ～语法结构, 277；hyponymy in ～的上下义关系, 292, 296, 297, 298；lexemes in ～词位, 156, 241, 242, 285, 308；metalinguistic use of words in ～语词的元语言使用, 329；names in ～的名称, 219, 221, 222, 224；opposites in ～的对立词, 275；phonology of ～音系学, 76；predicative expressions in spoken ～口语的述谓表达式, 310；reference and denotation in ～的指称与指谓, 176, 215；singular definite referring expressions in ～单称有定指称表达式, 179；tense in ～的时态, 234；translation into 译为～, 253；translation from 从～译出,

212；verbs in ～的动词，262, 263；vowel-system of ～的元音系统，255；word-stress in ～的词重音，60
entailment* 蕴涵（式），145, 165, 171, 202. 另见 implication
entities 实体，77, 298, 312
enumeration 列举，227
epistemology 认识论，99, 140
equative sentence* 等式句，185；and the making of equative utterances ～与等式话语的生成，201
equipollent opposites* 等值对立词，279
equivalence 对等，38, 145
equivalence relations* 对等关系，154
Eskimo 爱斯基摩人，242
Essay on Human Understanding 《人类理解论》，99
essential proposition* 基本命题，195, 196
etymological fallacy* 词源谬误，244
etymological meaning* 词源意义，222
etymology* 词源学，255
evolutionary theory of the origin of language 语言起源进化论，85
Ewe 埃维语，60
exclamations 感叹词，55
existential propositions 存在命题，183, 184
existential quantifiers 存在量词，150；and universal quantifiers ～与全称量词，151, 189
expectancy 预期性，46；identified with probability 与可能性等同的～，42
expression* 表达式，23, 31, 141, 176, 177；in relation to forms and lexemes 与形式和词位相关的～，18, 24, 25；logical 逻辑～，138；named（Quine）（蒯因）命名的～，8

expressive function* 表情功能，50, 51, 53, 55, 80, 174
expressivity 表情性，107
extension* 外延，146, 158, 160, 176, 208, 291
extensional worlds 外延世界，170, 171
extensionality* 外延性，146；and philosophical controversy ～与哲学论争，200
extensionally identical* 外延上同一的，156

F

face-to-face conversation 面对面交谈，63
factual information 事实信息，36, 50
feature-notation* 特征表示，322, 323, 326；and the distinction between complementarity and antonymy ～与互补关系和反义关系的区别，325
feedback 反馈，66；complete 全反馈，81, 82, 90
field（Feld）theory* 场理论，250-252；and modern languages ～与现代语言，258；as a general theory of semantic structure 作为语义结构一般理论的～，267；distinction independent of 独立于～的特征，327；interdependence of componential analysis and ～与成分分析法的相互依存性，326；situations handled by 运用～处理的情景，256；strongest version of ～的最强版，268；valid only for the analysis of abstract words 仅对抽象词汇分析有效的～，259
finite class* 有限类，155
first-order predicate calculus* 一阶谓词演算，150. 另见 calculi
floor-apportionment* 说话时间分配，66
focal denotation 焦点指谓，247. 另见 denotation

folk taxonomies* 通俗分类法，**297**

form* 形式，**7**；and lexemes ～与词位，**25**；as defined by most linguists 多数语言学家定义的～，**18**；identification of expression with 将表达式与～等同，**23**, **24**；Saussurean distinction between substance and 索绪尔式的实体与～之分，**239**

formal universality 形式普遍性，**331**. 另见 universalism

free variation* 自由变异，**233**

French 法语，**101**, **168**, **219**, **222**, **237**, **238**, **254**, **262**, **266**, **300**, **305**, **322**, **328**

frequency-counts 频率计数，**20**, **43**

function* 函项，**146**, **149**

functional calculus 函项演算，**147**

functional contrast* 功能对比，**233**, **234**

functionalism* 功能主义，**230**；in association with structuralism 与结构主义相关联的～，**249**

G

general expressions* 一般表达式，**178**

general redundancy rules* 一般冗余规则，**313**

general semantics movement 普通语义学运动，**97**

generalization (semantic)* （语义）一般化，**228**, **264**-**265**

generative grammar 生成语法，**230**

generative semanticists* 生成语义学家，**321**

generic*：reference 类指：指称，**193**, **196**, **309**；propositions ～命题，**194**-**197**；statements ～陈述，**14**

genetic transmission 基因传递，**82**

German 德语，**77**, **101**, **222**, **250**, **251**, **253**, **254**, **255**, **256**, **257**, **258**, **263**, **300**；Middle High 中古高地～，**256**, **258**；Old High 古代高地～，**253**

German idealist philosophy 德国唯心主义哲学；见 idealist philosophy

gestures 手势，**61**；complex system of ～的复杂系统，**86**

gradable antonymy 可分级反义关系，**276**, **278**, **279**

gradable opposites* 可分级对立词，**271**, **272**, **277**, **278**

grading 分级，**271**；explicit 显性～，**273**；semi-explicit 半显性分级，**274**

grammar and its theories 语法及其理论，**74**

grammatical categories 语法范畴，**234**

grammatical complexity 语法复杂性，**93**

grammatical distinctions 语法区别特征，**90**

grammatical level* 语法层，**72**

grammatical productivity 语法能产性，**74**

grammatical structure 语法结构，**55**；principles of ～的原则，**90**

grammaticalization* 语法化，**234**, **235**

graphic medium* 书面媒介，**68**, **103**

Greek 希腊语，**73**, **99**, **108**, **155**, **212**, **221**, **291**

group-identifying indices* 群体识别标指符号，**108**

H

Heraclitean flux 赫拉克利特式流变，**244**

hierarchical structure 层级结构，**295**

historical semantics* 历史语义学，**244**

holophrastic speech* 单词句言语，**90**

homography* 同形异义词，**22**

homonymy* 同形异义，**21**, **22**, **72**, **235**

homophony* 同音异义，**22**

Hungarian 匈牙利语，75

hyperonymy 上义关系，291. 另见 superordination

hyponymy* 上下义关系，242, 291, 292, 293, 298, 299, 301, 302, 308, 309, 311；and part-whole relations ～与部分-整体关系，314, 315, 316；and structure ～与结构，295；and verbs ～与动词，298, 315；definable in terms of unilateral implication 可根据单向蕴含定义的～，292；differences between various kinds of 各类～之间的差异，312；in language-acquisition 语言习得中的～问题，293

I

iconicity* 类象性，70, 100, 102, 109；and convention ～与规例，104；medium-dependent 媒介依赖型～，103；metaphor as a constitutive factor in secondary 作为衍生～构成要素的隐喻，105

idealist philosophy 唯心主义哲学，231, 240

ideational aspect of meaning 意义的纯理特征，51. 另见 meaning

identical classes* 具有同一性的不同类，156

identity of indiscernibles* 不可分辨项的同一性，160

identity relationship 同一性关系，18

ideograms 表意文字，102-103

idiolect* 个人语型，243

idiosyncratic feature* 个体异质性特征，108

illocutionary force* 言外之力，173；stress and intonation with respect to 与～有关的重音与语调，186

immanent realism* 内在实在论，111

imperative sentences 祈使句，30, 249

implication* 蕴含（式），144, 145, 165, 278, 292

implicatures 含义；见 conversational implicatures

inalienable possessives* 不可让渡的领属关系，312. 另见 possessive constructions

inclusive disjunction* 相容析取式，144

incompatibility* 不兼容性，242, 288

incongruence 不一致，236

indefinite*：reference 无定：指称，178, 187, 190；noun-phrase ～名词短语，188-191, 196-197

indeterminate class* 不确定类，155；distinguished from open classes 有别于开放类的～，156

index* 标指符号，100, 105, 106；adoption of a particular definition of 采用～的某一特定定义，106；point-of-reference 参照点，170

indexical features and components 标指特征与成分，107, 108, 109

indirect discourse 间接引语，17

individual* 个体，108, 110；and classes ～与类，154, 155, 158；and the metaphysics of everyday usage ～与日常使用的形而上学，148

Indo-European vowel-system 印欧语系的元音系统，231

infinite class* 无限类，155

inflection* 屈折变化，60, 72

informants 信息提供者，40

information* 信息，33, 80, 241；absence or loss of ～缺位或缺失，45, 46；distinction between two senses of ～两种涵义之别，41, 49-50. 另见 semantic information, signal-information

information-theory* 信息理论，41, 42, 124；

principle that what is completely determined by its context carries no information 完全取决于语境的言语不承载任何信息这一原理, 46; principles of general importance deriving from 源于～的普遍原理, 43

instantiation* 实例化, 13; and the recognition of identity relative to some purpose or function ～与目的或功能同一性的识别, 15

instinct 本能, 122

instrumental function* 工具功能, 52; and the conative function of language ～与语言的意动功能, 53

instrumental function of language* 语言的工具功能, 130

intension* 内涵, 146, 158, 159; and connotation ～与意谓, 176; and hyponyms ～与下义词, 291; regarded as the meaning of a proposition 被视为命题意义的～, 160

intensional world 内涵世界, 170-171

intention 意图, 33; presupposition of the notion of ～概念的预设, 4

interaction-management information 交互管理信息, 53. 另见 information

interchangeability* 可互换性, 81; and complete feedback ～与全反馈, 90

International Encyclopedia of Unified Science 《统一科学国际百科全书》, 114

interpersonal* 人际, 51, 55; function ～功能, 56

interpretation 解释, 阐释, 46, 150; of names 名称的～, 222

interpreted calculus* 解释型演算, 139. 另见 calculi

interrogative 疑问的, 30; sentences 疑问句, 249

intersection*, of classes 类的交集, 157

intonation 语调, 29, 60; and stress ～与重音, 59, 61, 62

intransitive relations* 反传递关系, 154

intraverbal responses 言语内反应, 132

introspection 内省, 113; rejection of 排斥内省法, 120, 121

intuition* 直觉, 27

Irish 爱尔兰语, 77

irreflexive relations* 非自反关系, 154

irreversible binomials* 不可逆二项式, 276

isolating* 孤立型, 72; in relation to English word-forms 与英语词形式有关的～, 73

Italian 意大利语, 219, 258, 327

J

Japanese 日语, 72

jargon 行话, 108

K

kinesics* 体势学, 67

kinship vocabulary 亲缘关系词汇, 284; allowance for conjunction and disjunction of sense-components ～与涵义成分合取与析取的可能性, 319; and componential analysis ～与成分分析, 333

L

language 语言, 13, 67, 121, 139; as an instrument of communication 作为交流工具的～, 32; non-language and 非语言与～, 61, 93; sensory-motor intelligence in control of its development 控制～发展的感觉运动智能, 92; verbal component of ～的言语成分, 87; vocalization of ～的发声, 86

language-acquisition 语言习得, 77, 81, 83,

88, 89-91, 228, 266
language-behaviour* 语言-行为, **26**, 239; everyday or normal 日常或常态～, 64, 65, 216, 278; general conditions governing 管约～的一般条件, 249; underlying language-system 内在语言系统的～, 121; variations in ～变异, 243
language-change 语言变化, 45
language-system* 语言系统, 26, 243; analysis ～分析, 257, 270; and lexical structure ～与词汇结构, 253; and the linguist's model of one 语言学家的～模型, 29, 61; combinatorial possibilities of parts of speech in the underlying 内在～中词性组合的可能性, 241; diachronic comparison ～的历时比较, 254, 255; productive rules ～的能产性规则, 310; temporal modification of ～的因时修改, 279; uniqueness of every 每个～的独特性, 249
language-utterances 语言话语, 36, 96; processing of ～处理, 46
langue* 语言, **239**
Latin 拉丁语, 73, 96, 148, 160, 221, 257, 258, 266
learnability 可学性, 83; regarded as a design feature of language 被视为语言设计特征之一的～, 87
learning 学习, 122
level* 层级, **14**; combination of a unit with others of the same 将同一～的一个单元与其他单元相组合, 240; of analysis 分析～, 72; of structure 结构～, 43, 69
lexemes* 词位, **19**, 20, 22, 23, 24, 25, 31, 60, 72, 74, 78, 101, 206, 219, 235, 240, 241, 251, 255, 262, 306, 310, 318, 332;

and antonymy ～与反义关系, 271; and expressions distinguished ～与表达式之别, 97; and homonymy ～与同音异义, 21-22; and hyponymy ～与上下义关系, 293, 296, 298, 299; and morpho-syntactic words ～与形态句法词, 73, 233; and part-whole relations ～与部分-整体关系, 313, 314; and sense-components ～与涵义成分, 317-335; converse 互逆～, 280; defining the meaning of 定义～的意义, 265; denotation of ～的指谓, 210, 213, 224, 259, 308, 330; in collocation 搭配关系中的～, 265, 266, 307; in combination 组合关系中的～, 77, 261; marking of ～标记, 307, 311; Roget's division into six main classes 罗热的～六分法, 301; translation of ～的翻译, 257, 265
lexical field* 词汇场, **253**, 260, 287, 290, 326; conceptual field covered by ～涵盖的概念场, 256; delimitation of ～的界定, 327
lexical field(Wortfeld) 词汇场, 251, 253, 254, 268
lexical gaps* 词汇空位, **301**, 305; in the structure of the Russian vocabulary of kinship 俄语亲缘词汇结构的～, 304
lexical opposition 词汇对立关系, 281, 286
lexical relation 词汇关系, 288
lexical sets 词汇集合, 288-290
lexical structure* 词汇结构, **235**, 251, 304; principle of dichotomous contrast in ～的二元对比原则, 322; principles of ～的原则, 259; structure of reality and 现实结构与～, 260; theory of ～理论, 261
lexicalization* 词汇化, **235**-236, 277;

381

of sense-components 涵义成分的～, 319
lexicography 词典编纂学, 21, 23, 222
lexicon* 词库 268
linguistic relativism* 语言相对论, 245; as a subject of controversy ～作为一个有争论的议题, 246
linguistic signalling and signals 语言传信与信号, 43, 45, 61
localism* 方位主义, 282
logic, in relation to language 与语言相关的逻辑, 56, 138–141, 167
logical atomism* 逻辑原子主义, 140
logical calculi 逻辑演算, 139, 169, 171, 204
logical connectives* 逻辑联结词, 142
logical constants* 逻辑常元, 142
logical necessity* 逻辑必然性, 164
logical positivism* 逻辑实证主义, 140
logical possibility* 逻辑可能性, 164
logical probability 逻辑概率, 48, 49; measurement of semantic information content in terms of 以～测量语义信息内容, 50
loudness 响度, 61

M

macrolinguistic semantics 宏观语言语义学, 139
mand 指令语, 130, 133
marker*/distinguisher distinction 标记符/区分符之别, 327, 328, 332–333
marking*, in the analysis of lexical structure 词汇结构分析中的标记, 305–311
mass-nouns 物质名词, 316
material sense* 实质涵义, 145
mathematical logic 数理逻辑, 139–140. 另见 calculi
meaning 意义, 1, 2, 3, 4, 20, 27, 32, 33, 97, 199, 231, 318; and reference ～与指称, 174; defined in terms of a stimulus-response world of behavior 根据行为世界的刺激–反应定义的～, 128; defined independently of syntagmatic considerations 独立于组合因素而定义的～, 265; distinction of form and 形式与～之分, 54; of utterances 话语的～, 127; our intuitions about 我们对～的直觉, 191; regarded as identical with the intension of a proposition 被视为和命题内涵相同的～, 160; symbolic, etymological or translational 象征～、词源～或翻译～, 223; theory of ～理论, 267
meaning(Bedeutung) 意义, 251
meaning postulates 意义公设, 204
meaningfulness 意义性, 33; and duality ～与二重性, 71; implying choice 蕴含选择的～, 46
meaning-relation(wesenhafte Bedeutungsbeziehung) 意义关系, 261, 262
mechanism 机制, 122
medium* 媒介, 7, 37, 69, 79, 87; distinction between language and 语言与～的区别, 68; properties of ～特性, 54; spoken and written 口语与书面语～, 232; transferability ～的可转移(迁移)性, 87
mentalism* 心灵主义, 120, 121; and the mentalist ～与唯心论者, 123; distrust of 对于～的怀疑, 126
mention*, and use distinguished (有别于使用的)提及, 6, 25
message* 讯息, 36; and linguistic signals ～与语言学信号, 43; and logical probability ～与逻辑概率, 49; orientation of the poetic function towards 诗学功能的～导向, 54
metalanguage* 元语言, 10, 53; and ob-

ject-language ~与对象语言, 11, 12, 25, 55
metalanguage proposition 元语言命题, 168
metaphor* 隐喻, 103, 104, 263, 264
metonymy 转喻, 104
microlinguistic semantics* 微观语言语义学, 139
modality* 情态, 63, 164; and mood ~与语气, 53
model of the language-system 语言系统模型, 29, 39, 205
model-theoretic semantics* 模型论语义学, 167, 169, 172, 173; relativizing the nature of truth 使真性相对化的~, 185
modulation* 调变, 65, 66
morphemes* 词素, 72; complexity of ~的复杂性, 21; sequence of ~序列, 73; related and unrelated in opposites 对立词对中的相关~与不相关~, 275
morphosyntactic words* 形态句法词, 73, 74; associated with different lexemes 与不同词位关联的~, 233
motivated relationship* 有理据的关系, 105, 264
multiple denotation 多重指谓, 207
multiple quantification* 多重量化, 152

N

names* 名称, 名字, 148, 225, 226; distinguished from common nouns 有别于普通名词的~, 219; institutionalized personal 惯习化的个人~, 221; vocative function of ~的呼语功能, 217
naming 命名, 218, 224; as the basic semantic function of words 作为词项基本语义功能的~, 215; distinguished from describing 有别于描述的~, 225; reference by 通过~指称, 180. 另见 nomination
natural language 自然语言, 11, 13
natural selection 自然选择, 125
natural signalling-systems* 自然传信系统, 118
necessity* (logical) （逻辑）必然性, 165
negation* 否定式, 143; effect of ~的效应, 151
negative polarity* 负极性, 275
neurophysiology 神经生理学, 89, 247
neutralization* 中和, 306, 307
noise* 噪声, 37; distorting effects of ~产生的声音失真效应, 44
nominalism* 唯名论, 100, 110, 111, 225; and realism ~与实在论, 211: and subjectivism ~与主观论, 112
nominalization* 名词化, 294
nomination 指名, 217-218
non-definite noun-phrase* 非有定名词短语, 188
non-language 非语言, 61
non-linguistic signalling 非语言传信, 61, 85, 86
non-reflexive relations* 非自反关系, 154
non-specific reference* 非特指性指称, 188. 另见 indefinite noun-phrase
non-symmetrical relations* 非对称关系, 154
non-transitive relations* 非传递关系, 154
non-verbal communication 非言语交流, 57, 61, 64, 66, 72, 86, 87; and the social and expressive function of language ~与语言的社交和表情功能, 63
notation 符号表示, 31
null-class* 空类, 157

O

objective concepts* 客观概念，111
object-language* 对象语言，**10**；and Tarski on the nature of truth ～与塔尔斯基关于真的本质，168；distinction between metalanguage and 元语言与～之别，55；treatments of metalanguage and 有关元语言与～的讨论，25
observational vocabulary 观察性词汇，27
occupational indices* 职业标指符号，**108**
Ockham's razor* 奥卡姆剃刀，**112**
onomastics* 专名学，221
onomatopoeia* 拟声词，**101**, **102**；and the dissociation of duality and arbitrariness ～与二重性和任意性之离析，75
ontological parsimony 本体简约性，112
open class* 开放类，**155**, 156
operators* 算子，**146**, 149, 152
opposition* 对立关系，**279**, 281；co-hyponyms related by 基于～的下义词，296；maximum antipodal 最大对跖～，282
ordinary language philosophy 日常语言哲学，141
Origin of Species 《物种起源》，85
orthogonal opposites* 正交对立词对，**282**, 284, 285, 286, 287
ostensive definition* 明示性定义，**228**

P

paradigmatic relationship* 聚合关系，**240**, 241, 243, 261, 264, 268, 269, 270
paralinguistics 副语言学，53, 61, 64, 65-66
parole* 言语，**239**
part-whole relationship* 部分-整体关系，311-317；and collectives ～与集合名词，315-317；between lexemes 词位之间的～，312-314；distinguished from hyponymy 有别于上下义关系的～，311-312, 314-315
pattern recognition 模式识别，16
performance* （语言）运用，**29**；speaker's monitoring of his own 说话人对自身～的监控，82
performative nomination* 施为性指名，217, 218；may be determined by culturally prescribed conditions of semantic appropriateness ～也许由文化规制的语义适宜性条件所决定，221
performative utterances* 施为性话语，**15**
personal names 人名，221-223
phatic function* 应酬功能，**53**, 54, 55, 136
phenomenalism 现象论，240
philosophical semantics 哲学语义学，159；and the logic of classes ～与类的逻辑，158；descriptive meaning of central importance in 对～中十分重要的描述意义，51
philosophy and linguistics 哲学与语言学，184
phonaesthesia* 语音联觉，**104**
phoneme* 音位，**232**, 233；and the two levels of the structural organization of language ～与语言结构组织的两个层级，72；marking the boundaries of forms 标记形式边界的～，75；restrictions on combination ～对组合的限制，76；unique to particular languages 特定语言的～特征，245
phonic medium* 语音媒介，**68**；its biological advantages ～的生物学优势，88；sounds iconically represented in 以～表征的类象性声音，103
phonology* 音系学，**72**, 90, 232

phrasal lexemes*　短语词位，**23**
phrase　短语，7
physical disabilities　身体失能，88
physicalism　物理主义，128
pitch　音高，60
place names　地名，223
poetic function*　诗学功能，**54**；closely connected with the metalinguistic function　～与元语言功能的紧密关系，55
point-of-reference*　参照点，**170**；determines the extension of names and predicates in natural languages　～决定自然语言名称与谓词的外延，172
Polish　波兰语，222
polysemy　一词多义，**235**；and hyponyms　～与下义词，308
positional probabilities*　位置概率，**43**, 44
positive polarity*　正极性，**275**
positivism　实证主义，128
possessive constructions　领属结构，312
possibility*（logical）（逻辑）可能性，**165**
pragmatic implication*　语用蕴含，**204**；for utterances　话语的～，204；for sentences 句子的～，205
pragmatics　语用学，117, 119；ambiguity of　～的模糊性，114；descriptive semantics regarded as part of　被视为～一部分的描述语义学，116
Prague School　布拉格学派，245, 249, 305
predicate（logical）（逻辑）谓词，140, 141, 147-154, 161, 171, 178, 208
predicative expression*　述谓表达式，**23**, 185, 224；and denotation　～与指谓，214
presupposition*　预设，**183**；and assertion　～与断言，191
pre-theoretical terms　前理论术语，27

prevarication*　避实性，**83**, 84
primary iconicity*　原初类象性，**103**
privative opposites*　缺值对立词对，**279**
probability　概率，42, 43, 45
product*（logical）（逻辑）乘积，**157**
product, in componential analysis （成分分析法中的）乘积，318, 319, 321
productivity*　能产性，**76**, 310；acquisition of a semiotic system with some degree of 习得具有某种～的符号系统，92；and syntagms　～与组合体，265；interpreted in terms of grammatical structure　依据语法结构解释的～，77；regarded as one of the design features of language　被视为语言设计特征之一的～，70, 79, 87
promises　许诺，56
proper names　专名；见 names and personal names
property*　属性，**110**, 148
proposition*　命题，**38**, 173, 305；and informants　～与信息提供者，40；and terms　～与术语，148；atomic　原子～，162；conflict　～冲突，39；conjunction 合取式～，182；construed as having tense 被识解为有时态性的～，164；in intensional and extensional worlds　外延世界和内涵世界的～，170；in the standard interpretation of the propositional calculus 命题演算标准解释之中的～，142；semantically ill-formed　语义上非合式～，161；specifying the truth-value of 指定～的真值，169；state-descriptions　状态描述类的～，48；subject of philosophical controversy 作为哲学上有争议议题的～，141；tenseless　无时态～，149, 163；various logical relations　～的各种逻辑关

系，171；whether logically possible 逻辑上是否可行的～，166
propositional aspect of meaning 意义的命题特征，51
propositional attitudes* 命题态度，190
propositional calculus 命题演算，140-147. 另见 calculi
prosodic features* 韵律特征，58, 59, 61, 62, 63, 79, 88, 186；applicability ～的适用性，213
prosodic modulation* 韵律调变，62
proxemics* 体距学，67
punctuation* 停顿，65

Q

quantification* 量化，150, 151, 152；mixed 混合～，153；predicate-calculus theory of ～的谓词演算理论，190
quasi-hyponymy* 准上下义关系，299, 308, 312, 316；and a hierarchically ordered vocabulary ～与层级化的词汇，301
quasi-referential function* 准指称功能，217；in language-behaviour 语言行为中的～，223
questions 疑问（句），30, 56
quotation 引用，19

R

rank* 级，289
rationalism 理性主义 122
realism* 实在论，110；and nominalism ～与唯名论，211
reality, and lexical structure 现实与词汇结构，260
Received Pronunciation 标准发音，255
receiver* 接收器，接收者，37；features of a signal which identifies the intended 可识别目标～的信号特征，34；information derived from a signal by ～从信号中提取的信息，33
recursive combinations* 递归组合，320, 322
redundancy* 冗余，42, 43, 44；in the situation 情景性～，103；of written texts 书面文本的～，45
reference* 指称，170, 174, 175, 208, 223, 224, 225, 226, 251, 270；acquisition of ～的习得，226；and denotation ～与指谓，176, 208, 211, 226；and names ～与名称，219, 223；and presupposition ～与预设，182-183；and substitutability ～与可替换性，202；and sense ～与涵义，199, 200, 206；definition of ～的定义，177；linguistic and generic 语言～与类指～，193；philosophically distinguished 哲学上区分的～，175, 183-184, 193；specific vs. non-specific 特指～与非特指～，188-190；successful 有效～，180-181；utterance-dependent 话语依赖型～，180
referent* 指称对象，98, 175, 177, 180, 182, 183, 189, 206
referential opacity* 指称模糊性，192
referring expressions 指称表达式，178-180, 191, 225；and prosodic features ～与韵律特征，186, 189；collective 集体性～，187；co-referential 共指性～，191-192；definite 有定～，178-179, 180, 184, 192；indefinite 无定～，178, 187-191, 192；generic 类指～，193-194；with copula 与系动词连用的～，193-194
reflexive relations* 自反关系，154
reflexivity* 反身性，5, 6, 12, 83
regional indices* 地域标指符号，108

relations*（logical）（逻辑）关系，**153**
relativism* 相对主义，234, 319
replication* 复制，**18**
reported speech 间接引语，17
requests 请求，55, 62
responses* 反应，**123**；and learning the grammar of a language ～与学习一门语言的语法，124
right hemisphere 右脑，93；processing by ～加工，89
Rumanian 罗马尼亚语，327
Russian 俄语，60, 75, 263, 284, 285, 303, 304, 320, 327, 328, 329, 332

S

salience* 显著性，**247**
Sarah（chimpanzee）萨拉（猩猩名），91, 92
satisfaction of a description 摹状词符合度，112
satisfaction*（philosophical）（哲学上的）符合，150, 181, 182
Saussurean structuralism* 索绪尔式结构主义，**230**, 231, 239, 240
scalar opposites* 阶序对立词，**289**, 297
scope*（of operator）（算子）辖域，**152**, 153, 189
Scottish English 苏格兰英语，254
secondary iconicity* 衍生类象性，104. 另见 iconicity
selection restriction* 选择限制，**265**；and markers ～与标记符，327
self-presentation* 自我展示，**58**
semantic content 语义内容，47；relative to a recipient's state of knowledge 相对于接收者知识状态的～，48
semantic equivalence 语义对等，236

semantic features* 语义特征，**317**
semantic field（Bedeutungsfeld）语义场，251, 261
semantic fields* 语义场，**250**-261, 266, 268；in terms of sense-relations 基于涵义关系的～，270
semantic information* 语义信息，**41**, 45, 50, 54, 62, 63, 241；conveyed by a proposition 命题表达的～，48；interaction of signal-information and 信号信息与～的互动，46；notions of ～的不同概念，40；quantifiability of its content ～内容的可量化度，47；selection of one unit rather than another 选择某一～单元而非另一～单元，242；theory of ～理论，47
semantic marking* 语义标记，**307**, 308
semantic representation* 语义表征，**192**
semantic structure 语义结构，267, 318
semes* 义素，**326**, 327, 328, 332；and classemes distinguished ～与类素的区分，333
semiology 记号学，100
semiotic conflict 符号冲突，63
semiotic systems* 符号系统，55, **57**, 58, 78, 80, 87, 89, 91, 94, 118；and productivity ～与能产性，76；behaviour and intentions of those who use ～使用者的行为与意图，84；classification of ～的分类，85；languages compared with other 较之其他～的语言，70；non-human 非人类～，83；their acquisition ～的习得，92
sender 发送者，33
sense* 涵义，**174**, 176, 197, 199, 200, 201, 206, 210, 211, 220, 224, 228, 229, 270, 297,

303, 321；and denotation ～与指谓，207, 235, 314；broadening and narrowing of ～的扩展与窄化，252；non-binary contrasts of ～的非二元对比对，287；whether names have 名称是否有～，219, 223

sense（Sinn） 涵义，198, 251

sense-components* 涵义成分，**317**, 318, 334, 335；distinction between universal and non-universal 全称与非全称～的区分，333；their variable distribution throughout the world ～在世界不同语言中的可变分布，332

sense-relations* 涵义关系，**204**, 296, 326；basic principles of the theory of semantic fields in terms of 根据～建立的语义场基本原理，270；determine the limits of the denotation of particular lexemes ～决定特定词位的指谓界限，228

sensory-motor intelligence 感觉运动智能，92

sentence 句子，25, 180, 205；correspondence between utterances and 话语与～的对应，27；in everyday discourse about language 日常话语中关于语言的～，29；meaning of arbitrary 任意～的意义，35. 另见 system-sentence, text-sentence

serial set 连续集，**289**, 290

sign 符号；见 signification

signal* 信号，36, **37**, 52, 62, 96, 109；difference between a transmitted and a received 传递～与接收～的差异，44；informative 信息～，33, 41；probability of its occurrence ～的出现概率，42

signal-information* 信号信息，**41**, 42；content inversely proportionate to statistical probability 与统计概率成反比的～内容，

43；contexts without 无～的语境，44, 45；in relation to semantic information 与语义信息有关的～，46, 50, 54, 241；its equivalence to the elimination of uncertainty ～与消除不确定性等同，49；quantifiability of ～的可量化度，42, 47

signalling-systems* 传信系统，**32**；analysis of ～的分析，100；human and other 人类和其他物种的～，62, 83, 84, 87, 93

significant items of news 重要新闻，45

signification* 意指，95, 101, 118, 129, 174, 175；as a triadic relation ～三元关系，96, 97；in relation to sign 与符号相关的～，100；meaning in terms of 依据～定义的意义，99；recognition of different kinds of 识别不同种类的～，114；term introduced for the mediating concept 用作中介性概念的～，110；traditional notion of 传统～观，210

sign-languages 手语，87

singular definite reference 单称有定指称，178. 另见 reference

singular expressions* 单称表达式，**178**

social*：function 社交（社会）：功能，50, 56；constraints ～制约因素，51；information ～信息，50, 55；interaction ～互动，32, 34；meaning ～意义，80, 174；psychology ～心理学，56, 210；relationships ～关系，66

sociology 社会学，210

sound-symbolism* 语音象征，**104**；and onomatopoeia ～与拟声，75

source* 信源，**36**

Spanish 西班牙语，60, 300

specialization*（semantic）（语义）特殊化，**228**, 265-266

specialized response* 专门化反应, **131**

specific reference 特指性指称, 188. 另见 reference

speech-act* 言语行为, 35, 52, 137

speech-organs 言语器官, 232

speech-production 言语生产, 90

Sprache und Gemeinschaft movement 语言与社会运动, 250

state-description* 状态描述, **47**, 48, 166, 167; defined as any conjunction of basic propositions 被定义为基本命题任一合取式的～, 162; interpretation in terms of the notion of 依据～概念的解释, 165; relative number ～的相对数, 50; set of possible universes defined ～所界定的可能论域之集合, 163

statements 陈述, 30, 55, 62, 141

statistical probability 统计概率, 43, 46, 49

status indices* 地位标指符号, **108**

stimulus-bound utterances* 刺激约束型话语, **136**

stimulus control* 刺激控制, **129**, 131; freedom from 不受～, 84

stimulus-free utterances* 非刺激约束型话语, **136**

stimulus-response model 应激模型, 32, 98, 123, 124, 131, 134, 135

Stoics 斯多葛派人, 99, 104

stress* 重音, 重读, **29**, 59, 61, 75; and pitch ～与音高, 60; in relation to presupposition 与预设有关的～, 186

strict implication* 严格蕴含, **145**; as a semantically important notion 作为重要语义概念的～, 165. 另见 implication

structural linguistics* (structuralism) 结构语言学 (结构主义), 102, **230**, 247, 267, 270, 319, 326, 327, 331; and grammar ～与语法, 234-235, 239, 248; and phonology ～与音系学, 232-234, 239; and vocabulary ～与词汇, 235-238, 239, 240, 247, 248, 253-254; central thesis ～的核心命题, 231-232, 234; post-Bloomfieldian 后布隆菲尔德式～, 230; post-Saussurean 后索绪尔式～, 245, 249, 252, 268; Saussurean 索绪尔式～, 230-231, 239, 245, 268

stylistics* 文体学, 107, **244**

subclass 子类, **156**

substance* 实体, **111**; in the Saussurean sense 索绪尔式的～涵义, 239

substantive universality 实体普遍性, 331

substitutability 可替换性, 201

sum*, of classes 类的合集, **157**

superordinates 上义词, 295, 298, 299, 302, 309, 316. 另见 lexemes

superordination* 支配关系, **291**

surface structure* 表层结构, **186**

surprise-value 惊喜值, 45

suspended opposition 对立关系悬置, 306

symbol* 象征符号, 95, 96, **100**, 105, 109, 219; descriptive of what is signified 描写意指对象的～, 52; icons distinguished from 有别于～的类象符号, 102; Peirce's technical use of 皮尔斯～的专业用法, 105; Skinner's rejection of 斯金纳对～的拒斥, 129

symbolic logic 数理逻辑, 符号逻辑, 139

symmetrical hyponymy 对称上下义关系, 292

symmetrical inclusion 对称包含, 156

symmetrical relations* 对称关系, **154**

symptom* 征候, **71**, 96, 108; expressive of what is in the speaker's mind 表达说话人

心思的~, 52; naturally or conventionally motivated 基于自然或规约理据的~, 109
synchronic linguistics* 共时语言学, 222, 243, 244, 252
syncretism* 屈折形式融合, 74
synecdoche* 借代, 104, 219
synonymy* 同义关系, 175, 198, 202, 286, 292; intersubstitutable lexemes 可互换词位, 199, 242
syntactic structure 句法结构, 92
syntactics 句法学,语形学 114–118
syntagm* 组合体, 240, 241, 265
syntagmatic relationship* 组合关系, 240, 243, 264, 267, 268; actualized in language-behaviour 语言行为中实现的~, 241; to be incorporated in any satisfactory theory of lexical structure 可纳入令人满意的词汇结构理论的~, 261
syntax 句法; 见 syntactics
synthetic propositions* 综合性命题, 39, 117, 147, 164
systematicity* 系统性, 231, 327, 328
system-sentence* 系统句, 29, 30, 31; and text-sentence ~与文本句, 180

T

taboo 禁忌, 222
tacts* 触发语, 130, 133
tactile channel 触觉信道, 37
tautology* 重言式, 48, 147
telephone signals 电话信号, 37
tense* 时态, 170; analysis of the grammatical categories of ~的语法范畴分析, 282; and tense-logic ~与时态逻辑, 164
terms* (logical) (逻辑)项, 148
text-sentence* 文本句, 15, 29, 30, 31, 180

textual responses 文本反应, 132
theoretical semantics* 理论语义学, 138, 265; and semanticists ~与语义学家, 212; data to be accounted for in ~的数据解释, 237; present state of ~现状, 209
theoretical syntax* 理论句法, 139
therapeutic semantics 治疗语义学, 98. 另见 semantics
thesaurus* 同义词词典, 300
Thesaurus of English Words and Phrases 《英语同义词典》, 300
token* 形符, 7, 16, 28, 73; and type distinguished ~与类符之分, 13–14
token-quotes* 形符引用符, 15. 另见 quotation
token-reflexivity* 形符反身性, 15
tone of voice 声调, 65
tone-languages* 声调语言, 60
transcendental realism* 超验实在论, 111
transformational grammar* 转换语法, 299, 318, 327
transitional probability* 转移概率, 43
transitive relations* 传递关系, 154
translation 翻译, 235, 252; and translatability ~与可译性, 238; equivalents ~对等项, 222, 257; so-called faithful 所谓的忠实~, 257, 258; word-for-word 逐词~, 236, 246
transmitter* 传输器, 37
tree-diagram 树形图, 296
Trier-Weisgerber theory 特里尔-魏斯格贝尔理论, 250
triggering 触发, 82
truth: of propositions 真值:命题的~, 39,

56, 170; reference, existence and 指称、存在与～, 181
truth-conditions* 真值条件, 169, 172, 197. 另见 model-theoretic semantics
truth-function* 真值函项, **146**, 160
truth-table* 真值表, **143**, 145
truth-values* 真值, **142**, 160; and Frege ～与弗雷格, 160
Turkish 土耳其语, 72, 75, 77, 242, 328
Twi 契维语, 60
type* 类符, **7**, 13, 14, 16, 28, 73
type-token relationship 类符-形符关系, 15-17, 20, 233

U

unconditioned stimulus 无条件刺激, 124
understanding 理解, 135; field of knowledge and 知识与理解场, 256, 258
ungradable antonyms 不可分级的反义词, 279
ungradable opposites* 不可分级的对立词, **271**, 277
union*, of classes* 类的并集, **157**
uniqueness 唯一性, 184; in referring expressions 指称表达式的～, 199
universals* 普遍特征, **110**, 157
universal quantifier* 全称量词, **150**, 151, 189
universalism* 普遍主义, **230**, 234; extreme form of the thesis 命题的极端形式, 331, 332; structuralism compatible with 与～兼容的结构主义, 249
universe-of-discourse* 论域, **157**, 166
use*, and mention distinguished 使用与提及之分, **6**, 25
utterance* 话语, **26**, 27; ambiguous 模糊～, 46; expressive, vocative or descriptive 表情～、呼格～或描述～, 52; information encoded in 编码于～的信息, 54; observed 被观察的～, 25; of declarative and other sentences 陈述句和其他句子～, 30; sets of implications accepted from 取自～的蕴含义集合, 205
utterance-tokens 话语形符, 35

V

valency* 配价, **321**
value 价值, 33. 另见 truth-value, significance
value (Geltung) 价值, 251
verbal behaviour 言语行为, 121; misleading use of the expression 表达式的误导性使用, 57. 另见 language-behaviour
verbal component 言语成分, 79, 87; and non-verbal component compared ～与非言语成分比较, 61, 62, 63, 64, 86
verbal features* 言语特征, **58**
verbal operants* 言语操作, **130**, 132, 133
verbal signalling 言语传信, 87
Vietnamese 越南语, 72
Viki (chimpanzee) 维吉（猩猩名）, 91
vocabulary of colour 颜色词汇, 247
vocabulary of kinship 亲缘关系词汇 304
vocal signals* 声音信号, 37, **57**, 58, 86, 88
vocal-auditory channel* 声音-听觉信道, **57**; language-utterances transmitted in ～传输的语言话语, 77
vocative expression 呼语表达式, 225
vocative function* 呼语功能, **34**, 52; of names 名称的～, 217, 218, 223
voice dynamics 声音动力学, 65
voice-quality* 音质, **58**, 62, 107
vowel-harmony 元音和谐, 75

W

Washoe (chimpanzee)　华秀（猩猩名），91, 92

well-formed formulae　合式公式，143；and ill-formed propositions　～与非合式命题，161；sentences in any natural language　～之于任一自然语言的句子，169

well-formedness　合式，117, 143, 161, 169

Whorfianism　沃尔夫主义，245

word-form*　词形（式），14, **19**, 44, 74, 75, 130；analysis　～分析，73

word-magic　语词魔性，222

word-order　词序，77

words　词，7, 29, 176, 231；and names　～与名，226；and word-forms　～与词形式，73；and word-tokens　～与词形符，18, 27

word-stress　词重音，60

written language　书面语言，9；and formal lectures　～与正式演讲，69

姓名索引

A

Abercrombie 阿伯克伦比，64, 65, 68, 106, 107
Alston 奥尔斯顿，207
Apresjan 阿普列相，267, 332
Argyle 阿盖尔，51, 58, 65
Aristotle 亚里士多德，239
Augustine, St 圣奥古斯丁，216
Austin 奥斯汀，56, 173, 186, 216, 218

B

Bacon 培根，300
Bally 巴利，300
Bar-Hillel 巴尔-希勒尔，30, 47, 48, 49, 50, 106, 117, 118, 280
Barthes 巴特，267
Berlin & Kay 伯林和凯，246, 283, 330, 332
Bierwisch 比尔维施，311, 313, 325, 327
Birdwhistell 伯德惠斯特尔，67
Bloom 布卢姆，92
Bloomfield 布隆菲尔德，17, 18, 21, 26, 114, 119, 125, 126, 127, 128, 129, 133, 209, 210, 265
Boas 博厄斯，267
Bolinger 博林格，327
Bréal 布雷亚尔，104, 264
Brekle 布雷克勒，251

Brown 布朗，51, 92, 134, 135, 302
Buck 巴克，300
Bühler 比勒，51, 52, 53, 54, 95, 107

C

Carnap 卡纳普，47, 48, 49, 50, 114, 115, 116, 117, 118, 119, 126, 138, 200, 203, 204, 207, 291
Casares 卡萨雷斯，300
Cassirer 卡西雷尔，231
Chase 蔡斯，97
Cherry 彻里，95
Chomsky 乔姆斯基，21, 29, 76, 82, 90, 230, 302, 331
Chomsky & Halle 乔姆斯基和哈勒，76
Cicero 西塞罗，199, 219, 220
Clark 克拉克，266, 276
Copleston 科普尔斯顿，112
Coseriu 科塞留，318, 326, 327, 331
Coseriu & Geckeler 科塞留和格克勒，250, 318, 326
Croce 克罗齐，51
Crystal 克里斯特尔，64

D

Dalgarno 达尔加诺，74
Darwin 达尔文，85

393

Descartes 德斯卡斯特，300
Donnellan 唐纳伦，185, 186, 191, 192, 215
Dornsieff 多恩赛夫，300
Durkheim 涂尔干，239

F

Firth 弗斯，51, 70, 267
Frege 弗雷格，111, 160, 176, 197, 198, 199, 207, 251

G

Gardiner 加德纳，34, 110
Gardner & Gardner 加德纳和加德纳，91
Geach 吉奇，206, 214, 222, 223
Geckeler 格克勒，250, 251, 253, 259, 260, 300, 326
Gelb 盖尔布，103
Gipper 吉佩尔，245
Goffman 戈夫曼，66
Goodenough 古迪纳夫，318
Goodman 古德曼，211
Greimas 格雷马，267, 318, 322, 331
Grice 格莱斯，34, 278

H

Halliday 韩礼德，51
Hallig & Wartburg 哈利格和瓦特堡，300
Harris 哈里斯，26
Hayakawa 早川，97
Hayes & Hayes 海斯和海斯，91
Herder 赫德，231, 250
Hewes 休斯，85, 88
Hinde 欣德，80, 85
Hjelmslev 叶姆斯列夫，71, 260, 317, 319, 326, 329, 331
Hockett 霍凯特，70, 71, 77, 79, 80, 81, 82, 83, 84, 87

Hockett & Altmann 霍凯特和奥尔特曼，70
Hoenigswald 赫尼希斯瓦尔德，266
Householder 豪斯霍尔德，70, 87
Hughes & Cresswell 休斯和克雷斯韦尔，165
Humboldt 洪堡，231, 250, 253, 267
Hume 休姆，132
Hurford 赫福德，290
Husserl 胡塞尔，199
Hymes 海姆斯，267

I

Ipsen 伊普森，250, 251

J

Jakobson 雅各布森，36, 52, 53, 54, 107, 258, 317
Jespersen 叶斯柏森，220
Jolles 若勒，250, 251

K

Kant 康德，147
Katz 卡茨，325, 327, 328, 331, 332
Katz & Fodor 卡茨和福多，318, 319, 327
Kiefer 基弗，311
Korzybski 科日布斯基，97
Kronasser 克罗纳瑟，251, 266
Kühlwein 屈尔魏因，250, 261
Kuryłowicz 库里洛维奇，267

L

Lamb 兰姆，318
Langer 兰格，231
Laver 拉弗，58, 107
Laver & Hutcheson 拉弗和哈奇森，53, 67
Leech 利奇，332
Lehrer 莱勒，276, 288, 289, 301, 303, 332
Lehrer & Lehrer 莱勒和莱勒，207
Leibniz 莱布尼茨，39, 147, 160, 165, 166,

199, 231, 300, 330, 332
Lenneberg 伦内伯格，87
Lewis 刘易斯，196, 207, 330
Liebermann 利伯曼，85
Locke 洛克，99, 132
Lounsbury 劳恩斯伯里，318, 320
Lyons 莱昂斯，206, 212

M

Malinowski 马林诺夫斯基，51, 53, 136
Malkiel 马尔基尔，250, 276
Martin 马丁，207
Martinet 马丁内特，71, 75
Matoré 马托雷，267
McCawley 麦考利，321
Meljčuk 梅尔丘克，267, 332
Mill 米尔，175, 176, 220
Miller 米勒，95
Molière 莫里哀，54
Morris (James) 莫里斯，305
Morris (Jan) 莫里斯，305
Morris 莫里斯，85, 97, 106, 108, 114, 115, 117, 118, 119, 121, 126, 134, 204
Mulder & Hervey 马尔德和赫维，291

N

Neurath 诺伊拉特，114
Nida 奈达，318

O

Ockham 奥卡姆，112
Ogden 奥格登，279
Ogden & Richards 奥格登和理查兹，95, 96, 97, 98, 101, 131, 175
Öhman 厄曼，250, 254
Oksaar 奥克萨尔，250, 253, 258

P

Partee 帕蒂，192

Pavlov 巴甫洛夫，124
Peirce 皮尔斯，13, 95, 99, 100, 102, 104, 105, 106, 114, 118, 119
Piaget 皮亚杰，92, 137
Plato 柏拉图，110, 111, 212, 274
Porzig 波尔齐希，250, 251, 261, 262, 263, 264, 265, 267
Pottier 鲍狄埃，318, 322, 326, 327, 328, 331
Premack 普雷马克，91
Prieto 普列托，318

Q

Quadri 夸德里，259
Quine 蒯因，131, 137, 190, 192, 203, 207, 225, 226

R

Robins 罗宾斯，300
Roget 罗热，300, 301
Romney & D'Andrade 罗姆尼和丹德雷德，333
Russell 罗素，39, 111, 179, 182, 183, 190, 200, 215
Ryle 莱尔，216, 222

S

Salmon 萨蒙，300
Sapir, 萨丕尔，267, 271, 273, 274, 276, 277
Saussure 索绪尔，71, 98, 100, 101, 231, 239, 240, 245, 252, 253
Schillp 席尔普，116
Searle 塞尔，181, 209, 220
Seiffert 塞弗特，250
Shakespeare 莎士比亚，220, 243
Shannon 香农，36
Shannon & Weaver 香农和韦弗，48
Skinner 斯金纳，129, 130, 131, 132, 133, 137

Smith 史密斯, 116
Spang-Hanssen 斯庞-汉森, 260
Stern 斯特恩, 104
Stevenson 史蒂文森, 134
Strawson 斯特劳森, 34, 181, 183, 198, 208
Sturtevant 斯特蒂文特, 266

T

Tarski 塔斯基, 13, 167, 168, 169, 170
Thorpe 索普, 77, 83
Trier 特里尔, 231, 250, 251, 252, 253, 256, 257, 258, 259, 260, 261, 262, 267, 270, 289
Trubetzkoy 特鲁别茨柯伊, 75, 279, 306, 318, 322
Tully 塔利, 199, 220

U

Uldall 乌达尔, 260
Ullman 乌尔曼, 95, 96, 98, 101, 104, 105, 110, 113, 219, 250, 251, 253, 257, 264, 266, 300
Urban 厄本, 231

V

Vachek 瓦赫克, 305

Vossler 沃斯勒, 51

W

Waismann 魏斯曼, 212
Wallace & Atkins 华莱士和阿特金斯, 318
Watson 沃森, 124, 125, 129, 133, 134
Weaver 韦弗, 36
Weinreich 魏因赖希, 318, 321, 327
Weisgerber 魏斯格贝尔, 231, 250, 251, 252, 261
Weiss 韦斯, 125, 129, 133
Whorf 沃尔夫, 245, 300
Wierzbicka 维尔兹比卡, 332
Wilkins 威尔金斯, 74, 300
William of Ockham 奥卡姆的威廉, 110
Wittgenstein 维特根斯坦, 212, 216
Wundt 冯特, 125

Z

Żolkovskij 佐尔科夫斯基, 332

语言学及应用语言学名著译丛书目

句法结构（第2版）	〔美〕诺姆·乔姆斯基	著
语言知识：本质、来源及使用	〔美〕诺姆·乔姆斯基	著
语言与心智研究的新视野	〔美〕诺姆·乔姆斯基	著
语言研究（第7版）	〔英〕乔治·尤尔	著
英语的成长和结构	〔丹〕奥托·叶斯柏森	著
言辞之道研究	〔英〕保罗·格莱斯	著
言语行为：语言哲学论	〔美〕约翰·R. 塞尔	
理解最简主义	〔美〕诺伯特·霍恩斯坦〔巴西〕杰罗·努内斯〔德〕克莱安西斯·K. 格罗曼	著
认知语言学	〔美〕威廉·克罗夫特〔英〕D. 艾伦·克鲁斯	著
历史认知语言学	〔美〕玛格丽特·E. 温特斯 等	编
语言、使用与认知	〔美〕琼·拜比	著
我们的思维方式：概念整合与心智的隐匿复杂性	〔法〕吉勒·福柯尼耶〔美〕马克·特纳	著
为何只有我们：语言与进化	〔美〕罗伯特C. 贝里克 诺姆·乔姆斯基	著
语言的进化生物学探索	〔美〕菲利普·利伯曼	著
叶斯柏森论语音	〔丹〕奥托·叶斯柏森	著
语音类型	〔美〕伊恩·麦迪森	著
语调音系学（第2版）	〔英〕D. 罗伯特·拉德	著

韵律音系学	〔意〕玛丽娜·内斯波 著
	〔美〕艾琳·沃格尔
词库音系学中的声调	〔加〕道格拉斯·蒲立本 著
音系与句法：语音与结构的关系	〔美〕伊丽莎白·O.塞尔柯克 著
节律重音理论——原则与案例研究	〔美〕布鲁斯·海耶斯 著
语素导论	〔美〕戴维·恩比克 著
语义学（上卷）	〔英〕约翰·莱昂斯 著
语义学（下卷）	〔英〕约翰·莱昂斯 著
做语用（第3版）	〔英〕彼得·格伦迪 著
语用学原则	〔英〕杰弗里·利奇 著
语用学与英语	〔英〕乔纳森·卡尔佩珀 著
	〔澳〕迈克尔·霍
交互文化语用学	〔美〕伊斯特万·凯奇凯什 著
应用语言学研究方法	〔英〕佐尔坦·德尔涅伊 著
复杂系统与应用语言学	〔美〕戴安娜·拉森-弗里曼 著
	〔英〕琳恩·卡梅伦
信息结构与句子形式	〔美〕克努德·兰布雷希特 著
沉默的句法：截省、孤岛条件和省略理论	〔美〕贾森·麦钱特 著
语言教学的流派（第3版）	〔新西兰〕杰克·C.理查兹 著
	〔美〕西奥多·S.罗杰斯
语言学习与语言教学的原则（第6版）	〔英〕H.道格拉斯·布朗 著
社会文化理论与二语教学语用学	〔美〕雷米·A.范康珀诺勒 著
法语英语文体比较	〔加〕J.-P.维奈 J.达贝尔内 著
法语在英格兰的六百年史（1000—1600）	〔美〕道格拉斯·A.奇比 著
语言与全球化	〔英〕诺曼·费尔克劳 著
语言与性别	〔美〕佩内洛普·埃克特 著
	萨利·麦康奈尔-吉内特
全球化的社会语言学	〔比〕扬·布鲁马特 著
话语分析：社会科学研究的文本分析方法	〔英〕诺曼·费尔克劳 著
社会与话语：社会语境如何影响文本与言谈	〔荷〕特恩·A.范戴克 著

图书在版编目(CIP)数据

语义学. 上卷/(英)约翰·莱昂斯(John Lyons)著；李瑞林,梁宇,李博言译. —北京：商务印书馆,2024
(语言学及应用语言学名著译丛)
ISBN 978-7-100-22790-2

Ⅰ.①语… Ⅱ.①约… ②李… ③梁… ④李… Ⅲ.①语义学—研究 Ⅳ.①H030

中国国家版本馆CIP数据核字(2023)第142933号

权利保留,侵权必究。

语言学及应用语言学名著译丛
语义学
上卷
〔英〕约翰·莱昂斯 著
李瑞林 梁宇 李博言 译

商 务 印 书 馆 出 版
(北京王府井大街36号 邮政编码100710)
商 务 印 书 馆 发 行
北京市十月印刷有限公司印刷
ISBN 978-7-100-22790-2

2024年7月第1版　开本880×1230 1/32
2024年7月北京第1次印刷　印张13⅛
定价：95.00元